HAMBURGER STUDIEN ZUR KRIMINOLOGIE

Herausgegeben von
Lieselotte Pongratz, Fritz Sack, Sebastian Scheerer,
Klaus Sessar und Bernhard Villmow

Band 23

Klaus Sessar/Martin Holler (Hg.)

Sozialer Umbruch und Kriminalität

Centaurus Verlag & Media UG 1997

Der Druck erfolgte mit freundlicher Unterstützung der Volkswagen-Stiftung.

Die Deutsche Bibliothek – CIP-Einheitsaufnahme

Sozialer Umbruch und Kriminalität / Klaus Sessar, Martin Holler (Hg.). –
Pfaffenweiler : Centaurus-Verl.-Ges., 1997
  (Hamburger Studien zur Kriminologie ; Bd. 23)
  ISBN 978-3-8255-0187-7   ISBN 978-3-86226-884-9 (eBook)
  DOI 10.1007/978-3-86226-884-9

ISSN 0930-9454

Alle Rechte, insbesondere das Recht der Vervielfältigung und Verbreitung sowie der Übersetzung, vorbehalten. Kein Teil des Werkes darf in irgendeiner Form (durch Fotokopie, Mikrofilm oder ein anderes Verfahren) ohne schriftliche Genehmigung des Verlages reproduziert oder unter Verwendung elektronischer Systeme verarbeitet, vervielfältigt oder verbreitet werden.

© *CENTAURUS-Verlagsgesellschaft mit beschränkter Haftung, Pfaffenweiler 1997*

Satz: Fuchs & Orth, Freiburg (Brsg.)

In Memoriam

László Pusztai

INHALT

Klaus Sessar/Martin Holler
Vorwort IX

Klaus Sessar
Einführung 1

László Pusztai
Einführung 6

I. KRIMINALITÄT VOR DEM UMBRUCH UND IHRE AUFARBEITUNG NACH DEM UMBRUCH

Jan Grajewski
Probleme der Strafverfolgung des staatlichen Unrechts
aus der Zeit 1944–1989 in Polen 13

Kálmán Györgyi
Kriminalität in Ungarn vor dem Umbruch und
ihre Aufarbeitung nach dem Umbruch 29

Klaus Lüderssen
Entkriminalisierung durch Politisierung? 44

II. UMBRUCH UND KRIMINALITÄT, UMBRUCH ALS KRIMINALITÄT

Jakov Gilinskij
Umbruch und Kriminalität in Rußland 69

Ferenc Irk
Die Eigenarten des ungarischen Systemwandels und die Kriminalität 80

Fritz Sack
Umbruch und Kriminalität – Umbruch als Kriminalität 91

III. Aus Umbruchsforschungen

Wolfgang Bilsky
Die Bedeutung der Kriminalitätsfurcht in Ost und West — 157

László Korinek
Die Verbrechensfurcht und deren Derivate in Mittel-Osteuropa — 180

Michael Walter, Andrea Wagner, Helena Válková
Sozialer Wandel und die Folgen für die Jugendkriminalität — 189

IV. Transnationale Kriminalität als Folge des Umbruchs

Hans-Jörg Albrecht
Transnationale Kriminalität als Folge des Umbruchs
und kriminalpolitische Konsequenzen — 227

István Szikinger
Grenzöffnung und Kriminalität in Ungarn — 267

V. Schlussbetrachtung

Klaus Boers
Sozialer Umbruch und Kriminalität in Mittel- und Osteuropa –
Gedanken zu einer Tagung — 277

Die AutorInnen — 310

VORWORT

„Sozialer Umbruch und Kriminalität" – so lautete das Thema des ungarisch-deutschen Symposiums, das vom 20. bis 25. August 1995 im „Staatlichen Institut für Kriminologie und Kriminalistik" in Budapest stattfand und von diesem Institut sowie dem „Seminar für Jugendrecht und Jugendhilfe" der Universität Hamburg organisiert und durchgeführt wurde. Die Hauptreferate sind in diesem Band dokumentiert. Einer der Beiträge nennt das Tagungsthema ein „Thema zur Überschreitung von Grenzen". Eine solche Überschreitung war in der Tat beabsichtigt, sie trifft auch die Zielsetzung der vorliegenden Publikation. Die politischen, ökonomischen und sozialen Transformationsprozesse in Europa haben schließlich den gesamten Bereich dessen erfaßt, was üblicherweise als Kriminalität verstanden und diskutiert wird; nunmehr wird allmählich die Enge und Dürftigkeit bisheriger theoretischer Einrahmungen in einer Weise offenkundig, daß Grenzen überschritten (vielleicht auch Denkgefängnisse gesprengt) werden müssen, nicht zuletzt um Handlungsfelder einzubeziehen, um welche die Kriminologie nur stets herumgeschlichen war (Regierungskriminalität, transnationale Kriminalität, u. dgl.). Ob sich die epistemologisch bislang als notwendig angesehenen Differenzierungen zwischen Kriminalität und Konformität durchhalten lassen, wird dadurch zunehmend zweifelhaft.

Grenzüberschreitungen überall. Fast schon vergessen schien die Grenze aus Stacheldraht und Minen, die den kriminologischen Dialog zwischen Ost und West so sehr erschwerte und gemeinsame Projekte fast unmöglich machte (doch es gab Ausnahmen, gerade zwischen der alten BRD und Ungarn). Nun trifft man sich zwanglos, wie selbstverständlich, entdeckt die Verwandtschaft der Probleme mit alter und neuer Kriminalität und die Unterschiede in der Bereitschaft und den Versuchen, sie zu lösen – große Lernfelder für beide „Seiten". Und natürlich können die alten, mit Kriminalität befaßten Disziplinen in der Abgeschiedenheit ihrer Dogmatisierungen und Konstruktionen nicht mehr so bleiben wie bisher, ebensowenig wie Theorie und Praxis nicht weiter davon ausgehen können, ohne einander auszukommen. Auch diese Grenzen verschwinden also zunehmend, Multi- und Interdisziplinarität sind angesagt. Dem war durch die Zusammensetzung der Teilnehmerinnen und Teilnehmer Rechnung getragen worden: Kriminologen, Soziologen, Psychologen, Straf- und Verfassungsrechtler von der Universität und aus der Justizpraxis, Polizeibeamte als Lehrer und als Praktiker aus insgesamt zehn Ländern beteiligten sich während des Symposiums an den stets lebhaften Debatten (mit deutsch als Tagungssprache).

Die Beiträge entsprechen den schriftlichen Fassungen der gehaltenen Hauptreferate, einige von ihnen sind freilich erheblich überarbeitet und erweitert worden. Wir bedauern, nicht auch die vielen, qualitativ hochstehenden weiteren Referate abdrukken zu können, die sich nunmehr nur in der ungarischen Ausgabe des Tagungsbandes finden (Irk, F. (Hrsg.): Társadalmi átalakulás é bünözes. Magyar-német Kriminológiai szimposium, Budapest 1997).

Zu dem Erfolg des Symposiums haben in hohem Maße das Engagement und die Gastfreundschaft der ungarischen Kolleginnen und Kollegen vom Staatlichen Institut für Kriminologie und Kriminalistik beigetragen. Sie haben allen Beteiligten die Tage in Budapest, auch außerhalb der Sitzungen, zu einem unvergeßlichen Erlebnis gemacht.

Der damalige Leiter des Instituts, Dr. László Pusztai, ist im vergangenen Jahr an den Folgen eines Autounfalls gestorben. Seinem Andenken ist dieser Band gewidmet.

Klaus Sessar
Martin Holler

EINFÜHRUNG

Klaus Sessar

Im August 1994 hatte in Erfurt/Thüringen eine Kriminologische Sommerakademie unter der Leitung von Prof. Kerner von der Universität Tübingen und mir stattgefunden. Es hatte sich hierbei um eine Veranstaltung mit dem Ziel gehandelt, den aktuellen Wissensstand in den Bereichen der Kriminologie, der Kriminalpolitik und der Kriminalprävention zu vermitteln und zu reflektieren; Zielgruppen waren in erster Linie Professoren, Assistenten und Studenten aus den Neuen Bundesländern und den Ländern des ehemaligen Ostblocks gewesen. Die Veranstaltung führte zu einer Reihe wissenschaftlicher Kontakte und dabei auch zu der Überlegung, das Thema umbruchsrelevanter Kriminalität, das eine zentrale Rolle gespielt hatte, in einem anderen Rahmen zu vertiefen. Daher wurden entsprechende Gespräche insbesondere mit den ungarischen Kollegen vom hiesigen Staatlichen Institut für Kriminologie und Kriminalistik, und hier in erster Linie mit Ferenc Irk, fortgeführt, bis es zu einem Antrag bei der Volkswagen-Stiftung in Hannover auf Unterstützung dieser Tagung, und der Bewilligung dieses Antrags, kam. Ihr möchte ich an dieser Stelle für die umfassende Förderung sehr herzlich danken.

Es gibt natürlich viele Tagungen zum Sozialen Wandel oder Umbruch in Mittel- und Osteuropa als Ergebnis des Wegfalls des Eisernen Vorhangs. (Ich erinnere bei dieser Gelegenheit gerne daran, daß es hier in Ungarn war, wo an der Grenze zu Österreich dieser Vorhang, aus Stacheldraht gewebt, erstmals zerrissen wurde.) Soweit die behandelten Themen mit Kriminalität zu tun haben, gilt das größte Interesse sehr häufig der Frage, wann die Länder des früheren Ostblocks im Zuge durchlaufender Modernisierungsprozesse endlich auch in Sachen Diebstahl, Raub und Betrug modern werden („wollen").

Wenn man eine solche Tagung vorbereitet, kommt einem aber auch anderes in den Sinn. Ganz allgemein kann es ein Anliegen sein, sich an dem Zusammenwachsen der westlichen und östlichen Wissenschaften zu beteiligen, voneinander zu lernen, Erfahrungen auszutauschen und gemeinsam zu arbeiten. Natürlich stellte der Umbruch in seinen ökonomischen, sozialen und politischen Varianten (Boers 1995) für den Kriminologen des Westens zunächst ganz einseitig eine enorme Herausforderung dar, konnte er doch gleichsam im Wege teilnehmender Beobachtung seine Thesen und Theorien überprüfen, Anomietheorien oder Kontrolltheorien etwa. Vieles hiervon geschah in sehr konservativen, nämlich ätiologisch gefärbten Kontexten, die auch nicht verlassen wurden, als modernere Milieu- und Lebensstilansätze hinzukamen. Aber wenn Kriminalität seit der Wende auch im Westen weiter ansteigt, möglicherweise in der Form sogenannter organisierter Kriminalität, sicher aber in der Form einer auf staatliche und private Organisationen spezialisierten Kriminalität (schon redet man von der Korruption als einem verselbständigten sozialen Subsystem, ohne das nichts mehr läuft); wenn man bei uns davon spricht, daß die Gastarbeiterkriminalität wegen durchlässiger Grenzen durch die Zuwandererkriminalität abgelöst werde (Steffen 1993); wenn die „erlernte Hilflosigkeit" (Seligman 1975) vieler Menschen im ehemaligen Ostblock sie zu erstklassigen Opfern westlicher Unternehmenskriminalität macht; wenn umgekehrt aus dem Osten mafioser Unternehmungsgeist zu uns kommt – dann sollten wir von einem zunehmend gemeinsamen Problem sprechen, das mit den herkömmlichen kriminologischen Theorien nicht verstanden und mit den üblichen strafrechtlichen Mitteln nicht kontrolliert werden kann. Nicht nur das Strafrecht, sondern auch die traditionelle Kriminologie klebt ja an der naiven Vorstellung isolierbarer Ursache-Wirkungs-Abläufe, was zu falschen Interpretationen führen muß, wenn „gesamtgesellschaftliche Zusammenhänge" in die Gleichung aufgenommen werden müssen. So etwas gilt allemal in Zeiten des Umbruchs.

Denn was jetzt immer mehr verlangt wird, ist ein Denken in Strukturen, in wechselseitigen Wirkungszusammenhängen, in vernetzten Kausalitäten, wo alles voneinander abhängen kann, und wo Kriminalität nicht mehr ein vor-rationales Ausnahmephänomen darstellt (letztlich etwas „Böses" ist), sondern Teil dieser Strukturen und Vernetzungen ist. Sie ist dann ein soziales Problem, auf das man daher nur mit sozialen Mitteln (wenn überhaupt) reagieren kann, ebenso wie auf andere soziale Probleme auch. Die Möglichkeiten sind bekanntlich begrenzt. Eine Gesellschaft ohne Kriminalität ist nicht möglich; von Durkheim wissen wir, daß sie nicht einmal wünschenswert wäre, weil soziale Störungen dann woanders aufträten (1984, S. 161). Es wäre sicher reizvoll, unter diesem Aspekt einmal den Zusammenhang zwischen einer relativ geringen Mikrokriminalität in den Staaten des früheren Ostblocks und ihrer stark ausgeprägten Makrokriminalität zu untersuchen.

Kriminologie mag dann ihren traditonellen Bezugsrahmen verlieren und in der Soziologie, in den politischen Wissenschaften und in der Ökonomie aufgehen. Man kann dann auch differenzierter über die „Kriminalität der Mächtigen" diskutieren – unser erstes Thema. Natürlich werden wir uns darüber unterhalten, auf welche Weise damit heute strafrechtlich umgegangen wird. Das große Spektrum von tödlichen Spontanreaktionen (Rumänien) über völker- oder naturrechtliche Ansätze u.a. zum Zweck der Sicherstellung einer sonst höchst problematischen Strafverfolgung

(Deutschland; hierzu eingehend Lüderssen 1992, S. 115 ff.) bis hin zur weitgehenden Bereitschaft, auf eine strafrechtliche Aufarbeitung früheren Unrechts zu verzichten, deutet allerdings darauf hin, daß offenbar unterschiedliche soziale und politische Erfahrungshintergründe eine größere Rolle spielen als strafrechtliche Prinzipien; genauer: diese Prinzipien scheinen sozial und politisch eingebunden zu sein. Die beobachtbare Ambivalenz von Einstellungen drückt sich darin aus, daß die früheren Machthaber bei allem von ihnen zu verantwortenden Unrecht wenigstens für einen generelleen Mindestlebensstandard gesorgt hatten, der jetzt fehlt; daß sie ihre Art von Sicherheit, Ruhe und Ordnung hergestellt hatten, die man jetzt vermißt; oder daß die einzigen, die sich in den neuen Verhältnissen administrativ auskennen, oftmals die gleichen sind, die früher die Administration zur Unterdrückung eingesetzt hatten. Der schwer widerlegbare Satz von Brecht: Erst kommt das Fressen, dann kommt die Moral, gilt auch für die Gerechtigkeit (und für die Freiheit), die nicht nur von den sozialen Rahmenbedingungen abhängt, sondern auch kulturell determiniert ist, wie die vergeblichen Bemühungen zeigen, sich auf universale Menschenrechte zu einigen. Die entscheidende Frage scheint zu sein, auf welche Weise ein sozialer Frieden erreichbar ist. Müssen die Peiniger von gestern bestraft werden, anders ein Frieden nicht möglich ist, oder geht es auch dadurch, daß ein Schlußstrich gezogen wird? Natürlich ist dann nach den Ebenen des Unrechts zu differenzieren, es ist ein Unterschied, ob jemand fremde Truppen in das eigene Land rief (der Fall Milos Jakes in Tschechien), ob jemand den Befehl gab, auf flüchtende Bürger zu schießen und sie gegebenenfalls zu erschießen, ob jemand als Richter höchste Strafen aus geringfügigem Anlaß verhängte, oder ob jemand das ihm anvertraute Volkseigentum nutzte, um sich aus dem Westen mit Luxusgütern zu versorgen.

Über all dem geht der traditionelle Verbrechensbegriff verloren. Wenn früher Macht gleich Recht war, jedenfalls in entscheidenden Bereichen, dann fällt es noch schwerer, die Naivität beizubehalten, die normalerweise für die Analyse von Kriminalität nötig ist. Das Strafrecht war in Teilen politisiert und stand im Dienst der Macht, die Kriminalisierung diente der Machterhaltung, was u.a. dadurch anschaulich wurde, daß die Machthaber sich aus der Kriminalisierung herauszunehmen verstanden. Kriminalität ist somit, einmal mehr, nicht ontologisch vorgegeben, sondern ist das Ergebnis gesellschaftlicher und politischer Konstruktion, und für den individuellen Täter ist dann insoweit nur noch wenig Platz.

Aber man benötigt gar nicht ein politisches Szenarium, um Zweifel an dem überkommenen Verbrechensbegriff zu bekommen. Was bedeutet es denn, wenn beklagt wird, daß – unser zweites Thema – mit dem sozialen Umbruch viel Kriminalität und neue Formen von Kriminalität einhergehen, so, als sollte der Umbruch dadurch diskriminiert werden? Die These ist, daß Kriminalität in die ablaufenden Transformationsprozesse eingeht, sie wird notwendiger Teil davon, und zwar als Produkt *und* als Träger dieser Prozesse, oder anders: ein Umbruch ohne Kriminalität wäre keiner, womit sich freilich der Begriff aufhebt und anderen Kategorien Platz macht; er kann im übrigen auch soziale Funktionen übernehmen, etwa die der Versorgung oder der Ordnung, wenn zweifellos auf sehr undogmatische Weise. Es ist dann vielleicht naheliegender, sich kriminologisch für besagte Transformationsprozesse zu interessieren (doch abermals: ist dies jetzt noch Kriminologie?), und das, was wir bislang als Kriminalität, auch als Kriminalitätsfurcht, Verhaltensänderungen oder Einstellungen, untersucht haben, dient uns als Sonde, um die Prozesse von Desorganisation und anschließender Reorganisation in einer im Umbruch befindlichen Gesellschaft nachzuzeichnen (vgl. Sessar 1995, S. 167).

Dies sieht nach vorübergehenden Erscheinungen aus, irgendwann ist der Umbruch dann geschafft, und alles pendelt sich auf einem bestimmten Niveau ein; die Kriminalität wird auch im Osten bürgerlich. Wären da nicht die neuen Phänomene transnationaler Kriminalität – unser drittes Thema –, die Ost und West zunehmend verbinden. Der Umbruch im Osten, die Öffnung der Grenzen, die zunehmende Zugehörigkeit der mittel- und osteuropäischen Staaten zu den Institutionen Europas, das Zusammenwachsen also aller unserer Länder wird uns in der Zukunft auch die gleichen Probleme bescheren. Wie sie aussehen werden, weiß man natürlich nicht, aber es ist vorstellbar, daß die grenzüberschreitende Kriminalität eine bis dahin nicht gekannte Herausforderung darstellt, die abermals und vielleicht endgültig unsere traditionellen Vorstellungen von dem sprengt, was Unrecht ist, jedenfalls soweit bis jetzt mehr damit assoziiert wurde als die Übertretung formaler Normen. Diese Kriminalität folgt offensichtlich den Gesetzen des Marktes, übernimmt dessen Strukturen und die am Profit ausgerichteten Wertorientierungen, und auch die Akteure orientieren sich ganz an dem Kalkül von Nutzenmaximierung und Kostenminimierung, wie es der Wirtschaft vertraut ist. Traut man sich Bekämpfung und Prävention dieser neuen Kriminalitätsphänomene überhaupt zu, muß man über rein technokratische Lösungsmodelle hinauszugelangen versuchen, was abermals verlangt, sie aus ihren traditionellen Kontexten herauszulösen und in größere gesellschaftliche Zusammenhänge zu stellen. In diese Richtung weist auch der Bericht des Ausschusses für Grundfreiheiten und innere Angelegenheiten des Europäischen Parlaments über die „Kriminalität in Europa" vom 27.1.1994 (A3-0033/94), der eine Mobilisierung der Gesellschaft verlangt; nur eine Bevölkerung, deren Freiheiten und Rechte erheblich erweitert werde (größere Mitbestimmung bei der Verwaltung, Lenkung und Kontrolle des Staates, Transparenz der Entscheidungsprozesse), stelle ein wirksames Gegengewicht gegen eine den Staat infiltrierende Organisierte Kriminalität dar.

Diese wenigen Bemerkungen mögen genügen, um deutlich zu machen, auf welche Weise das Thema dieses Symposiums zustandekam und begründet wurde. Das Spektrum ist weiter und differenzierter als es hier anklingen konnte; sicher ist das Thema auch noch woanders ansiedelbar, es war dies der kriminologische Standpunkt. Wie immer die Diskussionen laufen werden, wir alle befinden uns als Wissenschaftler, Justizjuristen, Polizei- und Kriminalpolitiker auf einem Feld wieder, das uns vor nie geahnte Aufgaben stellt. Ich wünsche uns, daß dieses Symposium einen kleinen Beitrag dazu leistet, die großen Probleme, die mit dem sozialen Umbruch und damit einhergehenden Kriminalitätsentwicklungen verbunden sind, besser verstehen zu lernen. Darüber hinaus sollte das Symposium dem Gespräch außerhalb des Konferenzraumes dienen, dem Austausch, der Vereinbarung vielleicht eines nächsten Treffens oder vielleicht sogar von Kooperationen. Wichtig und nötig ist es allemal, ganz abgesehen davon, daß es auch Spaß macht.

Literatur

Boers, K.: Sozialer Umbruch und Kriminalität in Deutschland, in: Sahner, H. (Hrsg.): Gesellschaften im Umbruch. Beiträge für den 27. Kongreß der Deutschen Gesellschaft für Soziologie 1995 in Halle an der Saale. Kongreßband II.

Durkheim, E.: Regeln der soziologischen Methode. Frankfurt/Main 1984

Lüderssen, K.: Der Staat geht unter – das Unrecht bleibt? Regierungskriminalität in der ehemaligen DDR. Frankfurt/Main 1992

Seligman, M.E.P.: Helplessness. San Francisco 1975

Sessar, K.: Zum Sinn künftiger Opferbefragungen, in: Kaiser, G., Jehle, J.-M. (Hrsg.): Kriminologische Opferforschung Teilband II. Heidelberg 1995, S. 159–170

Steffen, W.: Ausländerkriminalität in Bayern, in: Neue Zeitschrift für Strafrecht 1993, S. 462–467

EINFÜHRUNG

László Pusztai

Um mich dem Thema unseres Symposiums „Sozialer Umbruch und Kriminalität" zu nähern, möchte ich etwas weiter ausholen. Vor einigen Wochen habe ich im Auftrag des Rechtswissenschaftlichen Ausschusses der Ungarischen Akademie der Wissenschaften einen Bericht über die Lage und die Ergebnisse der Strafrechtswissenschaften in den vergangenen 5 bis 10 Jahren erstellt. Als wichtigstes Ergebnis konnte ich in meinem Bericht hervorheben, daß die Rechtswissenschaften in ihrer Gesamtheit und das materielle Strafrecht wie das Strafprozeßrecht als ihre Bestandteile eine angemessene Antwort auf die Herausforderungen des politischen Systemwechsels zu geben in der Lage waren. Zu diesen Herausforderungen, die der soziale Umbruch mit sich gebracht hat, zählt neben der Zunahme der Kriminalität auch die Bewältigung des vom früheren Staat geschaffenen Justizunrechts.

Der Systemwechsel brachte bekanntlich allen Zweigen der Rechtswissenschaften und unter ihnen natürlich auch den Kriminalwissenschaften vielfältige neue Aufgaben. Stark vereinfachend könnte man sagen, daß diese einerseits darin bestanden, die theoretischen Grundlagen für die rechtliche Ausgestaltung des Übergangs der sozialistischen Planwirtschaft zur Marktwirtschaft zu schaffen. Andererseits mußte eine Begründung für den Paradigmawechsel auf dem Gebiet des Strafrechts erarbeitet werden, die erklärt, daß Grundlage der strafrechtlichen Reaktion des Staates in Zukunft statt der früheren „sozialistischen Gesetzlichkeit" nun das Prinzip der Rechtsstaatlichkeit sein soll.

Während die erste Aufgabe bahnbrechenden Charakter hatte, bestand die zweite überwiegend aus Adaptionsarbeit. Obwohl in unseren westeuropäischen Nachbarländern im Rahmen ähnlicher Rechtssysteme gut funktionierende rechtliche Regelungen zur Ausgestaltung der Marktwirtschaft existieren, konnten diese keine Anleitung für den Übergang vom Sozialismus zum Kapitalismus geben. Die entsprechenden Regelungen mußten also erst erarbeitet werden. Das Prinzip der Rechtsstaatlichkeit, dessen gesetzliche Ausgestaltung und die entsprechenden rechtlichen Institutionen mußten dagegen nicht „erfunden" werden. Hier war nur unter den funktionierenden westeuropäischen Modellen dasjenige zu wählen, das unseren heimischen rechtlichen Erfahrungen am Nächsten stand und im Hinblick auf die internationalen Abkommen, denen wir beigetreten sind, zu adaptieren.

Als Ergebnis dieses Vorgangs, der bei uns „Harmonisierung strafrechtlicher Vorschriften" genannt wird, wurden das ungarische materielle Strafrecht und das Strafprozeßrecht zu auch nach europäischen Maßstäben akzeptablen Rechtszweigen. Die Realisierung erfolgte mittels diverser Strafrechtsnovellen: In den vergangenen zehn Jahren wurde allein das ungarische Strafgesetzbuch 27mal durch Novellen des Parlaments und fünfmal durch Beschlüsse des Verfassungsgerichts geändert. Seit 1989 betrafen 15 Novellen und fünf Beschlüsse des Verfassungsgerichts die Strafprozeßordnung.

Die detaillierte Darstellung aller dieser Veränderungen ginge bei weitem über den Rahmen einleitender Gedanken hinaus, so daß ich bei meinem eigentlichen Fachgebiet, dem Strafprozeßrecht, bleiben möchte. Dies kann ich wohl schon deswegen getrost tun, weil wir sicherlich über die Veränderungen des materiellen Strafrechts in den kommenden Tagen von den ungarischen Teilnehmern alles Wichtige erfahren werden.

Wenn wir Bilanz über die Änderungen der ungarischen StPO ziehen, so können wir feststellen, daß die wichtigsten, den rechtsstaatlichen Charakter des Strafverfahrens stärkende Gesetzesänderungen überwiegend schon aus der Zeit vor dem Umbruch stammen. Hierzu gehört beispielsweise die erste große Verfahrensnovelle aus dem Jahr 1989, die eine öffentliche Bekanntmachung von gerichtlichen Entscheidungen und die richterliche Kontrolle der Anordnung von Untersuchungshaft und aller Phasen des Verfahrens vorläufiger Zwangsheilbehandlung vorsieht. Außerdem wurden hierdurch die Rechte der Verteidigung im Ermittlungsverfahren ausgeweitet, eine gerichtliche Überprüfung der Aufrechterhaltung von Untersuchungshaft und vorläufiger Zwangsheilbehandlung in bestimmten Zeitabschnitten eingeführt sowie die Belehrung des Beschuldigten über sein Zeugnisverweigerungsrecht vor der Vernehmung angeordnet.

Das Gesetz Nr. LVII aus dem Jahre 1991 hat die selbständige Organisation der Militärgerichtsbarkeit abgeschafft und die sachliche Zuständigkeit für Militärstrafsachen den Komitatsgerichten übertragen. Einem Beschluß des Verfassungsgerichtes folgend, hat eine Novelle im Jahre 1992 die Regelungen über die „Gesetzlichkeitsüberprüfung" als außerordentliches Rechtsmittel gegen rechtskräftige Urteile aufgehoben und statt dessen das sogenannte Überprüfungsverfahren eingeführt. Insoweit abschließend möchte ich noch die Novelle aus dem Jahre 1994 erwähnen, die das ungarische Strafprozeßrecht in Einklang mit der Europäischen Menschenrechtskonvention brachte. Hierdurch wird zum Beispiel die Dauer der vorläufigen Festnahme auf 72 Stunden begrenzt. Falls innerhalb dieses Zeitraums nicht die Untersuchungshaft angeordnet wird, ist der Beschuldigte freizulassen.

Wie sich hoffentlich aus dieser sehr kurzen Zusammenstellung ergibt, hat sich in den vergangenen Jahren bei uns ein „faires" Strafverfahren entwickelt. Die Änderungen, die hierzu geführt haben, waren aber teilweise derart weitreichend, daß sie die Grundlagen des Verfahrenssystems verändert und so zu Widersprüchen innerhalb des Gesetzes geführt haben. Um diese zu beseitigen, hat das Justizministerium einen Kodifikationsausschuß ins Leben gerufen, der eine Neukodifizierung vorbereiten soll.

Den zweiten Teil der Zeit, den die Organisatoren unseres Kolloquiums mir zur Verfügung gestellt haben, möchte ich als Hausherr auf die Vorstellung unseres Instituts verwenden.

Das Staatliche Institut für Kriminologie und Kriminalistik wurde im Jahre 1960 durch einen Beschluß der damaligen Regierung gegründet. Als wissenschaftsgeschichtlich interessant sei erwähnt, daß es ursprünglich als „Institut für Kriminalistik" errichtet wurde, da die Kriminologie damals bei uns ebenso wie in den übrigen sozialistischen Ländern als „bourgeoise Pseudowissenschaft" galt. Den heutigen Namen, der die tatsächlichen Tätigkeitsgebiete zutreffender beschreibt, bekam das Institut erst 10 Jahre später, als die Kriminologie – nicht zuletzt aufgrund der Erfolge eben unseres Instituts – wieder hoffähig wurde.

Dem Gründungsbeschluß entsprechend arbeitet unser Institut unter der Aufsicht des Generalstaatsanwalts der Republik Ungarn. Dem Direktor des Instituts steht ein Kuratorium zur Seite, der sogenannte Wissenschaftliche Rat, dem führende Vertreter der Generalstaatsanwaltschaft, des Justizministeriums, des Innenministeriums, des Ministeriums für Sozial- und Gesundheitswesen, des Obersten Gerichtshofs, der Ungarischen Akademie der Wissenschaften sowie der Staats- und Rechtswissenschaftlichen Fakultät der Budapester Eötvös Lóránd Universität angehören. Vorsitzender des Wissenschaftlichen Rats ist der Generalstaatsanwalt von Ungarn.

Auch die Aufgaben des Instituts ergeben sich aus dem Gründungsbeschluß; hierzu gehören neben der Ausarbeitung, Erprobung und Verallgemeinerung von Methoden zur Vorbeugung und Verfolgung von Kriminalität auch die Erstellung und Publikation entsprechender Unterrichts- und Dokumentationsmaterialien in ungarischer Sprache. Die Aufgabenbestimmung umfaßt also praktisch alle kriminologischen und kriminalistischen Fragen. Um dem Institut die Erfüllung seiner Aufgaben zu ermöglichen, sind alle Staatsorgane und Gerichte verpflichtet, auf Anfrage entsprechende Auskünfte zu geben.

Der organisatorische Aufbau des Instituts entspricht den verschiedenen Aufgabenkreisen. Innerhalb des Instituts existieren drei unterschiedliche Forschungseinheiten; die Abteilung für Kriminologie, die Abteilung für Kriminalistik mit den Untergruppen Kriminaltaktik und Kriminaltechnik sowie die Abteilung für Forschungsorganisation und Methodologie.

Mit seiner Personalstärke von 40 Mitarbeitern, darunter 24 wissenschaftlichen, ist das Institut die größte Forschungsstelle auf dem Gebiet der Kriminalwissenschaften in

Ungarn. Der Bibilotheksbestand umfaßt 15.000 Bände sowie alle heimischen und die wichtigsten internationalen Fachzeitschriften.

Hinsichtlich der Forschungstätigkeit des Instituts muß ich mich wegen der mir gesetzten engen zeitlichen Grenzen auf wenige Stichworte beschränken.

Auf kriminologischen Gebiet beschäftigen sich die Mitarbeiter des Instituts mit Problemen der Gewaltkriminalität, der Fahrlässigkeitstaten, der Verkehrskriminalität sowie der Jugend- und Rückfallkriminalität. Forschungsthemen waren weiterhin die Korruption, die Prostitution und die Zusammenhänge zwischen Lebensalter, Geschlecht und Kriminalität. In letzter Zeit erlangten auch viktimologische Fragestellungen immer größere Bedeutung. Die Aufzählung läßt sich mit der Erwähnung der verschiedenen kriminalpsychologischen und kriminalpolitischen Forschungen sowie den Studien auf dem Gebiet der Kriminalitätsprognose, der gesellschaftlichen Integrationsstörungen und des abweichenden Verhaltens weiterführen.

Da die Kriminaltaktik ebenso wie die Kriminalistik selbst mit dem Strafverfahrensrecht untrennbar verbunden ist, waren die kriminaltaktischen und kriminaltechnischen Studien stets mit entsprechenden strafverfahrensrechtlichen Problemen eng verknüpft. So war das grundlegende Ziel der kriminalistischen Forschungen von Anfang an die Weiterentwicklung einer zweckmäßigen und wirkungsvollen Anwendungstaktik der im Strafverfahren erlaubten Beweismittel.

Das Ziel unserer Forschungstätigkeit ist der Dienst an der Praxis. Um die Ergebnisse einer Fachöffentlichkeit bekannt zu machen, gibt das Institut jährlich einen Studienband und diverse Monographien heraus. Daneben veröffentlichen die Mitarbeiter des Instituts natürlich auch Studien, Artikel und Rezensionen in in- und ausländischen Fachzeitschriften und Studienbänden. Hier beträgt die Gesamtzahl der Veröffentlichungen mittlerweile rund 1.000.

Zum Abschluß möchte ich mir erlauben, Sie bei uns im Staatlichen Institut für Kriminologie und Kriminalistik nochmals herzlich zu begrüßen und Ihnen allen eine erfolgreiche Tagung und unseren ausländischen Gästen einen angenehmen Aufenthalt in Budapest zu wünschen.

I.

KRIMINALITÄT VOR DEM UMBRUCH UND IHRE AUFARBEITUNG NACH DEM UMBRUCH

PROBLEME DER STRAFVERFOLGUNG STAATLICHEN UNRECHTS AUS DER ZEIT 1944–1989 IN POLEN

Jan Grajewski

1

Die politische Umwälzung in Mittel- und Osteuropa 1989/90 bedeutete den Zusammenbruch des sowjetischen politischen und wirtschaftlichen Hegemonialsystems, das mit seinen Bestandteilen (dem Warschauer Pakt, dem Rat für gegenseitige Wirtschaftshilfe, bilateralen Beistandspakten und interparteilichen Vereinbarungen) in rechtlicher Hinsicht einen auf der Vormachtstellung der Sowjetunion beruhenden Hegemonialverband gebildet hatte[1]. Das Ende dieses Systems – verbunden mit der Auflösung der Militärstrukturen am 1. Juni 1991 und dem Abzug der russischen Kampftruppen – ermöglichte den ehemaligen sozialistischen Ländern, u.a. auch Polen, einen unabhängigen, selbständigen Weg der staatlichen, nationalen und ideologischen Entwicklung einzuschlagen, ohne daß damit bestimmte sicherheitspolitische Vorteile und Einflußmöglichkeiten für die Sowjetunion bzw. Rußland erhalten blieben.

Die Rückkehr Polens zur staatlichen Souveränität bedeutete jedoch erst den Anfang des Umbaus der ideologisch geprägten politischen und wirtschaftlichen Strukturen. Zu denen gehörte – unter vielen anderen – die Wiederherstellung einer unabhängigen, von politischem Einfluß und den Direktiven der kommunistischen Parteioligarchie befreiten Strafjustiz, die Sicherstellung der persönlichen und sachlichen Unabhängigkeit der Richter, die Beseitigung der Überlegenheit der Staatsanwaltschaft, besonders im strafrechtlichen Vorverfahren, und die Beseitigung justizwidriger Mani-

---

1 Vgl. Meissner, B.: Die Vertragsbeziehungen zwischen der Russischen Föderation und den ost-, mittel- und südosteuropäischen Staaten, „Osteuroparecht" 1 (1995) S. 30 ff.

pulations- und Eingriffsmöglichkeiten der damaligen Sicherheitsorgane und der Miliz. Der Prozeß der Überwindung des negativen Erbes aus der totalitären Vergangenheit Polens mußte auch den tragischen Problemen der politischen Verfolgung unter Ausnutzung des strafrechtlichen Instrumentariums in der Zeit von 1944 bis 1989 gewidmet sein. Um jedoch über Einzelheiten dieses Themas zu sprechen, muß man einige Vorbemerkungen machen, die die historischen und politisch-rechtlichen Implikationen dieser Problematik dem nichtpolnischen Zuhörer zugänglicher machen können. Es versteht sich von selbst, daß diese Bemerkungen nur einige Erscheinungen des Problems berühren können und daß es noch viele andere Aspekte gibt, die nicht angesprochen werden können.

2

Als Grundlage der Organisation des Justizwesens wurde 1944 die bis zum 1. September 1939 aktuelle Gesetzgebung angenommen. Diese Vorschriften blieben in allgemeinen Umrissen bis 1950 erhalten. Jedoch wurden viele einzelne Änderungen eingeführt, die zu einer vollständigen Umgestaltung des allgemeinen Gerichtswesens führen sollten, um aus der unabhängigen Justiz ein Dispositionswerkzeug der politisch einseitig eingestellten Staatsmacht zu machen. Für das kommunistische Regime war der „Kampf um das Gerichtswesen" von größter Bedeutung. Die Unterwerfung der Gerichte sollte das Verhalten der Sicherheitsorgane legitimieren, um im Schein des Rechts die Liquidation der politischen Gegner durchzuführen. Viele Jahrzehnte sprach man in offiziellen Äußerungen der Politiker und auch der systemtreuen Wissenschaftler von der Pflicht der Gerichte zur Verwirklichung der „Aufgaben der Volksherrschaft", nicht aber über die Sicherstellung der Gesetzmäßigkeit und einer unvoreingenommenen Rechtspflege. Die Festigung des politischen Systems sollte die oberste Pflicht der Gerichte sein.[2] In dem neuen Staatssystem konnte trotz der entsprechenden Verwaltungsvorschriften keine Rede mehr von einer unabhängigen Justiz und Gewaltenteilung sein. So wurden diese Prinzipien auch in den Programmen der kommunistischen Partei[3] nicht erwähnt.

Die Anpassung der Gerichtsbarkeit an die politischen Bedürfnisse erfolgte auf verschiedenen Wegen: durch Kaderpolitik und Änderungen des Straf- und Verfahrens-

---

2   Ausführlich über die politische Unterordnung der Justiz in Polen in der Zeit von 1944 bis 1989 schreiben besonders: Rzeplinski, A.: Sadownictwo w PRL (Justiz in der Volksrepublik Polen), London 1990, und Litynski, A.: Inaczej o pierwszej dekadzie Polski Ludowej. Obraz sadów karnych (Anderes über die erste Dekade Volkspolens. Das Bild der Strafgerichte), Universitätsverlag Kattowitz 1990, H. 1200, S. 139–162
3   Vgl. z.B. Schaff, L.: Polityczne zalozenia wymiaru sprawiedliwosci w Polsce Ludowej (Die politischen Voraussetzungen der Rechtspflege in Volkspolen), Warschau 1950, S. 181 ff.

rechts und durch Sondergerichte und Quasi-Gerichte. Anfangs wurden die Richter und Staatsanwälte der Vorkriegszeit wieder eingestellt. Schon im Jahre 1945 hatte man das Verbot der Parteizugehörigkeit bei Justizbeamten aufgehoben, und bis 1950 wurden die Gerichte von den Kommunisten und ihnen ergebenen Personen voll kontrolliert, was man u.a. auch mit den sorgfältig nach politischen Kriterien ausgewählten Volksschöffen erreichte. Es war selbstverständlich, daß die Ernennung von Personen, die leitende Funktionen innerhalb der Gerichte zu erfüllen hatten, von der Genehmigung der Partei abhängig waren. Von 1946 an konnte der Justizminister die Erlaubnis erteilen, daß Personen als Richter, Staatsanwälte, Notare und Rechtsanwälte fungieren konnten, die kein Jurastudium absolviert, keine Referendarzeit abgeleistet und keine staatliche Prüfung abgelegt hatten. Im selben Jahre wurde das Gerichtsverfassungsgesetz mit einer Vorschrift versehen, die bis zum Ende der achtziger Jahre als Präventivmittel gegen politisch unbequeme Juristen vielfach Anwendung gefunden hat. Es geht hier um die in Verruf geratene Vorschrift zur „Gewährleistung der ordnungsgemäßen Ausübung der Richter-, Staats- und Rechtsanwaltspflichten". Eine negative Beurteilung solcher „Gewährleistung" durch die Obrigkeit führte zur Entlassung des Betroffenen aus dem Justizdienst, was auch nicht gerade eine Empfehlung bei der Suche nach einem anderen Arbeitsplatz war. Der Justizminister hatte auch die Befugnis, die Versetzung eines Richters oder Staatsanwalts ohne dessen Zustimmung anzuordnen. Es ist nicht mehr nur eine Vermutung, daß diese Berechtigung de facto die richterliche Unabhängigkeit liquidierte. Der Justizminister konnte selbst den Präsidenten eines Gerichts und seinen Vertreter absetzen.

Um die Gerichte und die Staatsanwaltschaft mit gesellschaftlich entsprechenden „Fachkräften" zu besetzen, funktionierten in der Zeit von 1946 bis 1952 sechs staatliche Juristenschulen. Von den Kandidaten forderte man keine besondere Qualifikation, so daß sogar Personen mit nur Volksschulbildung diese 6 bis 15 Monate dauernde Schulung absolvierten. Angenommen wurden jedoch nur Bewerber, die sich mit einer Empfehlung der politischen Parteien, Gewerkschaften oder gesellschaftlichen Organisationen ausweisen konnten. Nach Abschluß dieser Schulen traten 1.081 Personen als Richter und Staatsanwälte ihren Dienst an.[4] So darf man sich nicht wundern, daß in den 50er Jahren der Generalstaatsanwalt Polens von Beruf Straßenbahnangestellter und der Präsident der Strafkammer des Obersten Gerichts Polens ein Schlosser war.

Auch gründete man im Jahre 1950 unter den obengenannten Bedingungen eine zweijährige Juristische Fachhochschule in Warschau, die bis zum Jahre 1953 von 421 Hörern absolviert wurde.

In den Jahren 1949 und 1950 wurden bedeutende Änderungen des Gerichtsverfassungsgesetzes und der Strafprozeßordnung eingeführt, wobei die sowjetische Gesetzgebung in vielen Fällen als Vorbild galt. U.a. wurden im Bereich der Rechtsmittel die Appellation und die Kassation abgeschafft und durch ein anderes Rechtsmittel, die

---

4 Litynski, A.: a.a.O., S. 143–144.

sogenannte Revision, ersetzt. Beseitigt wurde auch das Amt des Untersuchungsrichters. Seine Befugnisse wurden dem Staatsanwalt übertragen. Der Staatsanwalt konnte auch die Untersuchungshaft anordnen, womit man mit „liberalistischen Tendenzen" in der Anwendung der Inhaftierung brechen wollte[5], was in der Praxis meist zu einer obligatorischen Anordnung dieses Mittels führte.

Ein weiteres Beispiel der Begrenzung der Gerichte war die Befugnis des Obersten Gerichtshofs, auf Antrag des Justizministers oder des Ersten Präsidenten des Obersten Gerichts für alle Gerichte verbindliche Richtlinien festzusetzen, deren Nichtbeachtung als Grundlage eines Rechtsmittels dienen konnte. Da diese Richtlinien auch Aufgaben der Justiz formulierten und besondere Hinweise für die Strafzumessung enthielten, wurden sie zutreffend als eine wichtige politische Ingerenzmöglichkeit bewertet.[6]

Auf der Grundlage dieser „Reformgesetze" wurde im Jahre 1950 die Staatsanwaltschaft aus den Strukturen des Justizministeriums herausgenommen, was man auch als Zeichen der Stärkung der Unabhängigkeit dieser Organe von der Regierung bewertete. Im Sinne der „leninistischen Staatsanwaltskonzeption" wurde die Staatsanwaltschaft ein selbständiges Organ der Staatsmacht.[7] In formeller Hinsicht wurde sie dem Staatspräsidenten untergeordnet und später dem Staatsrat und damit faktisch der Partei, mit großem, auch personalem Einfluß des Sicherheitsdienstes.

Noch während auf dem Gebiet Polens der Krieg wütete, also noch in einer Zeit, in der von einer staatlichen Souveränität keine Rede war, bereitete man im Osten die Grundlagen für eine Sondergerichtsbarkeit vor. Von Anfang an spielten die Sondergerichte eine große politische Rolle, die erst Mitte der 50er Jahre abnahm, dann aber wieder in den 80er Jahren (Kriegsrecht) zur Geltung kam. Besonders berüchtigt waren die militärischen Justizstrukturen, also neben Gerichten und Staatsanwaltschaften vor allem die im Ermittlungsverfahren tätigen Organe, die längere Zeit in ihrer Führungsschicht mit sowjetischen Beratern besetzt waren.

Schon am 26. November 1943 wurde von dem Kommandeur des I. Korps der polnischen Streitkräfte, die in der Sowjetunion von polnischen Kommunisten aufgestellt worden waren, eine Strafprozeßordnung erlassen, die auch die Organisation der Militärgerichte und der Militärstaatsanwaltschaft regelte. Ein halbes Jahr später, am 1. Juni 1944, wurden diese Regelungen durch neue ersetzt. Die genannten Regelungen wurden vom Oberbefehlshaber der I. Polnischen Armee eingeführt, weil in dieser Zeit im Osten keine Staatsorgane bestanden. Erst am 23. September 1944 wurden die Erlasse

---

5 Vgl. Kapitaniak, Z.: W obliczu reformy sadownictwa karnego (Aspekte der Reform der Strafgerichtsbarkeit). In: Jodlowski, J./Kapitaniak, Z.: Prawo i wymiar sprawiedliwosci w okresie budowy podstaw socjalizmu, Warschau 1949, S. 70
6 Litynski, A.: a.a.O., S. 148.
7 Vgl. Zieba, H.: Organizacja i funkcje Prokuratury PRL (Organisation und Funktion der Staatsanwaltschaft der Volksrepublik Polen), Rzeszów 1984, S. 2–46; Smolenski, J.: Ustawa o Prokuraturze Polskiej Rzeczypospolitej Ludowej (Das Gesetz über die Staatsanwaltschaft der Volksrepublik Polen), Warschau 1971, S. 10

durch ein Dekret des von den Kommunisten gegründeten Polnischen Komitees der Nationalen Befreiung (PKWN) bestätigt.[8] Hier kann noch hinzugefügt werden, daß Aleksander Tarnowski, der Vizevorsitzende der Kommission, die diese Vorschriften bearbeitete, nicht nur Offizier der Roten Armee war, sondern gleichzeitig auch den Vorsitz des Militärgerichts des I. Polnischen Korps innehatte.[9]

Ohne über Einzelheiten der Militärgerichtsorganisation zu sprechen (die auch vielen Änderungen unterlag), ist zu erwähnen, daß den Militärgerichten eine weitgehende sachliche Zuständigkeit gegenüber Zivilpersonen eingeräumt wurde. Im Jahre 1944 wurde auch die polnische Staatsbahn (PKP) militarisiert[10]; sie hatte eigene Gerichte und eine eigene Staatsanwaltschaft bis zum Jahre 1949. Die Militärgerichte standen wie die Militärstaatsanwaltschaft unter der Aufsicht des Oberbefehlshabers, der die Richter, Staatsanwälte und Untersuchungsoffiziere nominierte. Er hatte auch das Begnadigungsrecht.

Die Militärstaatsanwaltschaft ist verantwortlich für die brutalen und unmenschlichen Untersuchungsmethoden, die jahrelang von der Zentralen Informationsabteilung (dem Abwehrdienst)[11] des Verteidigungsministeriums angewandt wurden.[12] Sowohl in der Staatsanwaltschaft als auch in der sogenannten „Information" reservierten sich die sowjetischen Offiziere die oberen Ränge.[13] Dies bedeutet aber natürlich nicht, daß nicht auch viele polnische Kommunisten an dem Aufbau dieses Terrorsystems einen großen Anteil gehabt hätten. Die „Information" hatte auch eigene konspirative Gefängnisse, die selbstverständlich unter keiner justiziellen Aufsicht standen.

Erst mit dem Gesetz vom 5. April 1955[14] wurde die sachliche Zuständigkeit der Militärgerichte reduziert durch Herausnahme der Straftaten von Zivilpersonen, mit Ausnahme der Spionage. In dieser Zeit entledigte man sich auch der besonders kompromittierten Richter, Staatsanwälte und Untersuchungsoffiziere, besonders derer, die an der Verfolgung prominenter kommunistischer Würdenträger teilgenommen hatten.

Die Unterordnung der Gerichte und die breite sachliche Zuständigkeit der Militärjustiz für Zivilpersonen waren nicht die einzigen Wege der Abhängigkeit von den kommunistischen Behörden. Wie schon hervorgehoben wurde, war die Gründung der Ausnahmegerichte ein charakteristisches Merkmal dieser Zeit. Durch das Dekret vom 12. September 1944[15] wurden bei den Appellationsgerichten sechs Sonder-Strafgerichte mit eigener Staatsanwaltschaft gegründet, die für nationalsozialistische Ver-

---

8 Gesetzblatt 1944, Nr. 6, Position 27, 28 und 29
9 Litynski, A.: a.a.O., S. 152
10 Gesetzblatt 11, Position 55
11 Glówny Zarzad Informacyjny
12 In den Jahren 1949 bis 1956 war der sowjetische Marschall Konstantin Rokossowski polnischer Verteidigungsminister. Nach seiner Abberufung wurde er zum Vizeverteidigungsminister der Sowjetunion ernannt.
13 Z.B. war von 1950 an der sowjetische Oberst Dimitr Wozniesienski Leiter der Information.
14 Gesetzblatt Nr. 15, Position 122
15 Gesetzblatt Nr. 4, Position 21

brechen der Kriegszeit zuständig waren. Diese Gerichte verhandelten nur in einer Instanz, ihre Urteile waren rechtskräftig. Von einem dieser Gerichte wurde zu Anfang des Jahres 1946 der Bischof von Danzig und Apostolische Administrator von Kulm, Dr. Karl Maria Splett, zu acht Jahren Zuchthaus verurteilt. Man weiß heute, daß dieser Prozeß den kommunistischen Behörden als Vorwand für die einseitige Auflösung des Konkordats von 1925 mit Rom diente.[16]

In erster Instanz und mit rechtskräftigen Urteilen verhandelte auch der Oberste Nationalgerichtshof (Najwizszy Trybunal Narodowy), der am 22. Januar 1946 mit eigener Staatsanwaltschaft gegründet wurde.[17] Er war ein außerordentliches Gericht, das berufen wurde – ich zitiere – „für die Verurteilung der Kriegsverbrecher und Personen, die für die Faschisierung des Staatswesens und die Septemberniederlage" von 1939 verantwortlich waren. Dieses Tribunal verurteilte 46 Hitlerverbrecher, darunter 20 zum Tode. Darunter befanden sich: Artur Greiser – ehemaliger Präsident der Freien Stadt Danzig und von 1939 an Gauleiter des sog. Warthegaus; Ludwik Fischer – Gouverneur des Distrikts Warschau; Rudolf Hoess – der Kommandant des Vernichtungslagers Auschwitz; Albert Forster – Gauleiter von Danzig-Westpreußen; und Josef Bühler – der Chef der „Generalgouvernement"-Regierung.

Zu einer Rezipierung der sowjetischen Gesetzgebung kann man die Gründung eines Quasi-Gerichts im Jahre 1946 – der Sonderkommission zur Bekämpfung von Mißbrauch und Wirtschaftsdelikten[18] – rechnen. Diese Kommission wurde mit Staatsanwalts- und Gerichtsbefugnissen ausgestattet und konnte – ohne die Strafsache den ordentlichen Gerichten zu überweisen – selbständig Urteile fällen, mit bis zu zwei Jahren Freiheitsentzug in einem Zwangsarbeitslager und Geldstrafe ohne Begrenzung. Zur Zuständigkeit dieser Kommission gehörten nicht nur „Straftaten, die gegen das Interesse des wirtschaftlichen und öffentlichen Lebens gerichtet waren" oder „Panikmache zum Zweck des Schadens für das Interesse der Werktätigen", sondern auch Handlungen des Täters, „die im Zusammenhang mit Arbeitsscheu stehen oder eine Gefahr für die Verübung einer Wirtschaftsstraftat darstellen können". Auf diese Weise konnte jeder in ein Zwangsarbeitslager gebracht werden, ohne eine Straftat begangen zu haben, wenn nach dem Ermessen der Kommission die Person des „Täters" eine Gefahr für die Verübung einer nicht näher bestimmten Straftat darstellte. Am ganzen Verfahren durfte kein Verteidiger teilnehmen. Wenn man noch hinzufügt, daß die Bestimmungen der Kommission unanfechtbar waren, so darf man wohl zu der Schlußfolgerung kommen, daß dieses Quasi-Justiz-Gebilde mit Gerechtigkeit nichts

---

16 In der letzten Zeit erschienen in Polen zwei ausführliche Bücher über das Strafverfahren gegen den Danziger Bischof. Vgl. Raina, P.: Karol Maria Splett biskup gdanski na lawie oskarzonych (Karl Maria Splett, Bischof von Danzig, auf der Anklagebank), Warschau 1994, und Bogdanowicz, S.: Karol Maria Splett, Biskup Gdanski czasu wojny. Wiezien specjalny PRL (Karl Maria Splett, Danziger Bischof der Kriegszeit. Sonderhäftling der Volksrepublik Polen), Danzig 1995
17 Gesetzblatt Nr. 5, Position 45
18 Komisja Specjalna do Walki z Naduzyciami i Szkodnictwem Gospodarczym

zu tun hatte. Als Nebenstrafen konnten auch verhängt werden: Warenbeschlagnahme, Beschlagnahme von Betriebseinrichtungen, die Schließung eines privaten Betriebes, der Entzug der Handels- und Betriebsberechtigung und des Rechtes auf einen Betriebsraum. Eine schwere Konsequenz der Verurteilung konnte auch ein Wohnungsverbot von bis zu fünf Jahren im Bereich der Woiwodschaft sein, in dem der Täter bisher gewohnt hatte.

Ein außerordentlicher Verstoß gegen alle Regeln dessen, was man in der zivilisierten Welt unter Gerichtsbarkeit versteht, waren geheime Sondergerichte bei manchen Woiwodschafts- und Appellationsgerichten, im Justizministerium und am Obersten Gerichtshof.[19] Nach sowjetischem „Trojka"-Vorbild verhandelten sie häufig in Gefängnissen. In Warschau z.B. existierte so ein Gebilde von 1950 bis 1954, anfangs im Justizministerium (u.a. besetzt mit Beamten, die keine richterlichen Befugnisse hatten), später am Appellations- und Woiwodschaftsgericht. Auch das Oberste Gericht wurde mit einer geheimen Abteilung ausgestattet. Es liegt auf der Hand, daß an allen „Gerichten" nur ausgesuchte Richter urteilen konnten . Das Oberste Gericht bestätigte u.a. das Todesurteil für den General August Fieldorf „Nil", der eines der bedeutendsten Mitglieder des Oberkommandos der polnischen Untergrundarmee A. K. (Armia Krajowa) gewesen war. Erst Ende der 80er Jahre wurde bekannt, daß an diesem Urteil Igor Andrejew beteiligt gewesen war, der später viele Jahre Professor und Direktor des Instituts für Strafrecht der Universität Warschau war und auch das Amt eines der Vizepräsidenten der Association Internationale de Droit Pénal (AIDP) bekleidet hatte.[20] Gegen die einzige noch lebende Richterin, die 80jährige Maria Gurowska, hat die Staatsanwaltschaft ein Ermittlungsverfahren eingeleitet. Sollte es zum Gerichtsverfahren kommen, würde das in Polen der erste Prozeß sein, in dem einem Richter Rechtsbeugung vorgeworfen wird.

Die Struktur der Volksrepublik Polen war vielschichtig. So findet man in verschiedenen Phasen des kommunistischen Staates sowohl Elemente einer Okkupation als auch Bestandteile der Souveränität, koloniale Abhängigkeit genauso wie Symptome der Unabhängigkeit. Diese Phasen spiegeln sich auch wider in der Auswahl rechtlicher und außerrechtlicher Methoden der Verfolgung des polnischen nationalen und ideologisch-politischen Widerstands. In der ersten Zeit spielte die Anwesenheit der

---

19 Vgl. Grzeskowiak, A.: Sady tajne w PRL (Die Geheimgerichte in der Volksrepublik Polen), Tygodnik Powszechny Nr. 28 vom 9.7.1989.
20 Zu diesem Prozeß vgl. Marat, S./Snopkiewicz, J.: Zbrodnia. Sprawa generala Fieldorfa Nila (Das Verbrechen. Die Strafsache des Generals Fieldorf Nil), Warschau 1989, und A. Litynski: a.a.O., S. 158–168, der auch über andere Aspekte der geheimen Justiz schreibt. Eine ausführliche historisch-juristische Darstellung der ersten zehn Jahre Polens nach dem Zweiten Weltkrieg findet man in dem Buch von M. Turlejska: Te pokolenia zalobami czarne ... (Die Generationen in Trauerschwarz gekleidet ...), Warschau 1990. Vgl. auch Kerstenowa, K.: Walka przeciw wladzy stanowionej przez komunistów. Stan faktyczny (Der Kampf gegen die von den Kommunisten bestimmte Macht. Der Tatbestand). In: Konspiracja i walka zbrojna z „wladza ludowa" w pierwszych latach powojennych – w swietle prawa, Warschau 1992, S. 4–24

Roten Armee und des sowjetischen Sicherheitsdienstes in diesem Bereich eine dominierende Rolle. Dem Anschein der Legalität sollte eine Abmachung zwischen Moskau und dem Polnischen Komitee der Nationalen Befreiung (PKWN) vom 27.7.1944 dienen, wo in Artikel 7 festgelegt worden war, daß westlich der neuen Ostgrenze Polens Straftaten, die gegen die sowjetischen Truppen gerichtet sind, den sowjetischen Militärgerichten unterstehen. So stand der Weg offen für politische Terroraktionen einschließlich Massendeportationen in die Sowjetunion und „Pazifizierungen". Diese Aktionen trafen nicht nur politische Aktivisten und Mitglieder der A. K., sondern auch Personen, die außerhalb der Organisation standen: Grundbesitzer, Förster, Justiz-, Bahn- und Selbstverwaltungsbeamte, Menschen unterschiedlichster Berufe und politischer Auffassungen, von Nationalisten bis zu Sozialisten. Die Leitung dieser Aktionen lag in der Hand des NKWD-Generals Iwan Sierow, der auch als faktischer Gründer des polnischen Sicherheitsdienstes gilt und von 1945 an Hauptberater im polnischen Sicherheitsministerium war. Als Unterdrücker des Aufstands in Budapest im Jahre 1956 ist er auch in Ungarn nur allzu gut bekannt geworden.[21]

In späterer Zeit hat der sowjetische Sicherheitsdienst die Aufgabe, mit terroristischen Aktionen das polnische Volk zu lähmen, dem polnischen Sicherheitsamt übertragen, jedoch unter seiner bis in die späten 50er Jahre dauernden politischen und personellen Aufsicht. „Pazifizierungsaktionen" gegen die bewaffneten Untergrundorganisationen wurden auch mit Hilfe der polnischen Armee durchgeführt.

Mit dem Mangel an Souveränität in den Jahren der unmittelbaren sowjetischen Intervention in die inneren Angelegenheiten Polens ist die Frage verbunden: War das damals beschlossene repressive Recht, auf dessen Grundlage Zehntausende von Menschen verfolgt und bestraft wurden, nicht in der Tat ein Unrecht, selbst vom Boden des Legalismus aus betrachtet, den die Kommunisten predigten? Es geht besonders um das PKWN-Dekret vom 30.10.1944 über den Schutz des Staates[22], das unmittelbar von Stalin inspiriert war[23], und um das Militärstrafgesetzbuch vom 23.9.1944, von dem man alles sagen kann, nur nicht, daß es ein souveräner Rechtsakt war. Das Dekret formulierte in elf Artikeln – alle mit Androhung der Todesstrafe – Straftatbestände, die sowohl politische Straftaten umfaßten als auch solche, die gegen die öffentliche Ordnung, Verwaltung und Wirtschaft gerichtet waren. Nach Feststellungen von M. Turlejska wurden auf der Grundlage des MilitärStGB in den Jahren 1945 bis 1948 23.000 Menschen verurteilt, davon 2.500 zum Tode, wobei zwei Drittel dieser Urteile vollstreckt wurden.[24] Welcher verfassungsmäßigen Staatsordnung sollten die-

---

21 Vor einigen Tagen [August 1995, d. Hrsg.] hat Präsident Walesa den Beschluß des Landesnationalrates (K.R.N.) aus dem Jahre 1946 aufgehoben, mit dem Sierow mit dem hohen Militärorden Virtuti Militari IV. Kl. ausgezeichnet worden war. Vgl. „Gazeta Wyborcza" Nr. 187 vom 12./13.8.1995
22 Gesetzblatt Nr. 10, Position 50
23 Kerstenowa, K.: a.a.O., S. 16 ff.
24 Turlejska, M., a.a.O., S. 41 ff.

se Terrorgesetze dienen, wie z.b. das politische Strafverfahren gegen die 16 Mitglieder des nichtkommunistischen Widerstands aus der Kriegszeit, u.a. den Vizeministerpräsidenten Jan Jankowski und den letzten Oberbefehlshabers der AK, den General Leopold Okulicki, die von den Sowjets nach Moskau verschleppt wurden und von dem Militärkollegium des Obersten Gerichts der Sowjetunion in einem vom 18. bis 21.6.1945 dauernden Schauprozeß verurteilt wurden auf Grund von Artikel 58 des StGB der Russischen Föderation.

So wie hinter der Fassade der Souveränität die Abhängigkeit verborgen war, so war das damalige Recht eine Attrappe des Unrechts. Mit welchem Maß soll eine Tat gegen den Staat beurteilt werden, in dem die Hegemonie nicht dem polnischen Volke gehörte, sondern einer fremden Großmacht, und in dem die Rechtsordnung – wenn man überhaupt von einer solchen sprechen kann – den Erfordernissen der aufgezwungenen Herrschaft untergeordnet war?

3

Die politischen Veränderungen, die nach dem Jahre 1956 folgten, und das offizielle Eingeständnis des Rechts- und Amtsmißbrauchs zu politischen Zwecken durch die Organe des Sicherheitsdienstes und der Militärjustiz führten zu einer Phase, in der das strafrechtliche Instrumentarium nicht weiter in der früheren brutalen Weise angewandt wurde. Diese „Liberalisierung" war jedoch nicht ein Resultat der humanen Einstellung der erneuerten Partei- und Regierungsequipe, sondern ein Ergebnis davon, daß sich die stalinistische Verfolgung auch gegen die kommunistischen Funktionäre wandte und sich die Unterdrückungsstruktur der Kontrolle der Partei entzog. Zwar wurden einige Sicherheitsfunktionäre sogar vor Gericht gestellt (Romkowski, Fejgin, Rózanski) und andere vom Dienst suspendiert (z.B. der Minister für Öffentliche Sicherheit, Radkiewicz, und der Militärgeneralstaatsanwalt Zarakowski), aber es kam niemals zu einer politischen und gesetzlichen Auseinandersetzung über diese schreckliche Phase der Geschichte Polens.

Diese Einstellung dauerte jedoch nicht lange, denn ein totalitäres Regime kann ohne eine ausgebaute Struktur von Sicherheitsdiensten nicht funktionieren. Je nach den politischen und wirtschaftlichen Umständen festigten und erweiterten sich wieder der Einfluß und die Bedeutung der politischen Polizei, deren Strukturen das ganze öffentliche Leben durchzogen. Jedes Symptom eines von der Parteilinie abweichenden Verhaltens oder einer entsprechenden Äußerung wurde nicht nur mit empfindlichen administrativen Mitteln verfolgt, sondern auch nach strafrechtlichen Kriterien bewertet, obwohl in vielen Fällen ein solches Verhalten nicht den Tatbestand einer Straftat erfüllte, weil die Gesetzgebung nicht mehr so repressiv wie in der Nachkriegszeit war.

Am 1. Januar 1970 traten in Polen drei umfangreiche Gesetzgebungswerke in Kraft, die das ganze Strafrechtssystem neu regelten: das Strafgesetzbuch (StGB), das Strafverfahrensgesetzbuch (StPO) und das Strafvollstreckungsgesetzbuch vom 19.4.1969.[25] Diese Gesetzgebungswerke stellen die normative Grundlage des noch heute geltenden polnischen Rechts dar.

Anfang der 80er Jahr entstand in der Atmosphäre großer geistiger Bewegung, die vor allem mit der Tätigkeit der Gewerkschaft „Solidarnosc" verbunden war, eine lebhafte Diskussion über die Möglichkeiten einer Liberalisierung des Straf- und Strafprozeßrechts. Durch den am 13.12.1981 ausgerufenen[26] und nach etwa 1 1/2jähriger Dauer am 22.7.1983 wieder aufgehobenen Kriegszustand[27] wurden diese Ansätze im Keim erstickt. Die Änderungen, die unter der Geltung des Kriegsrechts erlassen wurden[28], verliehen dem schon nicht gerade liberalen Strafrecht extrem repressive Züge und brachten eine radikale Beschneidung prozessualer Garantien.

Mit der formellen Aufhebung des Kriegszustandes traten die an dessen Fortdauer gebundenen Rechtsvorschriften außer Kraft. Zutreffend schreibt man, daß die Aufbruchstimmung der „Solidarnosc-Ära" wie auch die repressiven Maßnahmen unter der Geltung des Kriegsrechtes die politische und rechtliche Landschaft jedoch so weitgehend verändert hatten, daß eine Rückkehr zum früheren Zustand nicht mehr möglich war. Tatsächlich wurde daher die in der Zeit des Kriegszustandes hergestellte „Ordnung" in ihren wesentlichen Zügen festgeschrieben und rechtlich verankert.[29] So wurde z.B. die Strafbarkeit nach Art. 282 StGB wegen Aufforderung zum Ungehorsam auf alle Handlungen ausgedehnt, die öffentliche Unruhe oder einen Aufruhr bezweckten. Es handelte sich unmißverständlich um die Kriminalisierung unerwünschter Demonstrationen, Protestaktionen und Streiks. Mittels hoher Strafandrohungen sollte das Wiederaufflackern gewerkschaftlichen oder anderweitig politisch motivierten Widerstandes verhindert werden. Durch das Gesetz über das Amt des Innermini-

---

25 Gesetzblatt 1969, Nr. 13, Position 94, 96, 98
26 Gesetzblatt 1981, Nr. 29, Position 155
27 Gesetzblatt 1983, Nr. 39, Position 178
28 Zur Entwicklung des Strafrechts während des Kriegszustandes und nach seiner Aufhebung – vgl. die in deutscher Sprache erschienenen Aufsätze von E. Weigend: Das Straf- und Strafprozeßrecht in Polen unter der Militärregierung. In: Juristische Rundschau 1982, S. 133; dies.: Neue Entwicklungen im polnischen Straf-, Strafprozeß- und Jugendstrafrecht. In: Zeitschrift für die gesamte Strafrechtswissenschaft 96 (1984), S. 188; dies.: Das polnische Amnestiegesetz von 1984. In: Juristenzeitung 1984, S. 1090; Lammich, S.: Das Kriegsrecht in Polen. In: Juristenzeitung 1982, S. 237; ders.: Die rechtliche Regelung des Kriegszustandes in Polen. In: Osteuroparecht 1982, S. 396; ders.: Bemerkungen zur Rechtsentwicklung in Polen in der Zeit 1980 bis 1982. In: ROW 1983, S. 12; ders.: Das polnische Kriegsrecht – ausgewählte Probleme. In: Neue Zeitschrift für Wehrrecht 1983, S. 16; ders.: Neue Straf-, Polizei- und Disziplinarvorschriften im Zusammenhang mit der Aufhebung des Kriegsrechts in Polen. In: Osteuroparecht 1984, S. 286
29 Weigend, E.: Landesbericht Polen. In: Eser, A./Huber, B. (Hrsg.):, Strafrechtsentwicklung in Europa. Landesberichte 1982/1984 über Gesetzgebung, Rechtsprechung und Literatur, Freiburg i. Br. 1985, S. 573

sters und den Umfang der Tätigkeit der ihm unterstehenden Organe vom 14.7.1983[30] wurden die Befugnisse der Miliz und des Staatssicherheitsdienstes wesentlich erweitert. Im Rahmen ihrer Aufgabe, die Sicherheit des Staates und die öffentliche Ordnung zu schützen, konnten diese Organe nunmehr auch präventive Maßnahmen treffen, insbesondere Personen festnehmen, „die die öffentliche Sicherheit verletzen oder gefährden". Außerdem ermächtigte das Gesetz die Sicherheitsorgane ohne nähere Einschränkungen zum Einsatz unmittelbaren Zwanges, insbesondere von Schlagstökken, Gas- und Wasserwerfern, Hunden, lähmenden Mitteln und Schußwaffen. Auch die späteren Gesetze aus dem Jahre 1985 waren Beispiele der permanenten Verschärfung des Strafrechts in Polen.[31]

4

Diese negative Tendenz in der Kriminalpolitik dauerte in Polen bis 1988. Danach begann eine Periode gesetzlicher Reformen in den Bereichen des Straf-, Strafprozeß-, Strafvollzugs- und Übertretungsrechts. Ebenso gab es Veränderungen im Gerichtswesen und in anderen Staatsorganen. Es versteht sich von selbst, daß diese Erscheinungen mit den von der „Solidarnosc" der Partei und Regierung aufgezwungenen Gesprächen „am Runden Tisch" angefangen hatten und daß sie nach dem Zusammenbruch des diktatorischen Staatssystems fortgesetzt wurden. Auf diese vielen Novellierungen und auch neuen Gesetze kann hier nicht eingegangen werden. Es kann nur angedeutet werden, daß schon die Verfassungsnovelle vom 7.4.1989 eine Reihe wichtiger Änderungen im polnischen Justizwesen eingeführt hat. Gemäß dieser Novelle werden die Richter in Polen vom Staatspräsidenten auf Antrag des „Landesjustizrates" auf Lebenszeit berufen. Der Erste Präsident des Obersten Gerichts wird aus dem Kreise der Richter des Obersten Gerichts von der ersten Parlamentskammer (Sejm) auf Antrag des Staatspräsidenten berufen und abberufen; die übrigen Vorsitzenden des Obersten Gerichts werden vom Staatspräsidenten berufen und abberufen. Das gleiche gilt für den Generalstaatsanwalt, dessen Funktion nun der Justizminister ausübt und der dem Staatspräsidenten gegenüber zur Erstattung eines Berichtes über die Tätigkeit der Staatsanwaltschaft verpflichtet ist.[32]

Selbstverständlich unterlagen das Straf- und Strafverfahrensrecht wie auch das Gerichtsverfassungsgesetz und deren Nebengesetze vielen substantiellen Veränderungen, die vor allem die ideologisch-politischen Elemente aus den Gesetzen beseitigten

---

30 Gesetzblatt 1983, Nr. 38, Position 172
31 Näheres über diese Gesetze vgl. Weigend, E.: Landesbericht Polen. In: Eser, A./Huber, B. (Hrsg.): Strafrechtsentwicklung in Europa 2. Landesberichte 1984/1986 über Gesetzgebung, Rechtsprechung und Literatur, Freiburg i. Br. 1988, S. 1172
32 Gesetzblatt 1989, Nr. 19, Position 101

und das Gerichtswesen von Eingriffsmöglichkeiten zu politischen Zwecken befreite. In der StPO, die bisher 12 gesetzlichen Änderungen unterlag, ging es vor allem um die Ausweitung der Gerichtskontrolle im Ermittlungsverfahren und um die Stärkung der Garantiefunktionen des Verfahrensrechts.

Heute steht Polen vor einer vollständigen Strafrechtsreform. Das Ergebnis der langjährigen Arbeit einer Strafrechtskommission mit Anteil von vielen Wissenschaftlern und Praktikern sind Projekte eines neuen Strafgesetzbuches, einer Strafprozeßordnung und eines Strafvollzugsgesetzes. Diese Projekte wurden in der letzten Zeit von der Regierung verabschiedet und auf den legislatorischen Weg gebracht. Die neue Strafrechtskodifikation, die auch das Übertretungsrecht mit eigner Verfahrensordnung umfassen soll, wird von der Öffentlichkeit mit großem Interesse erwartet. Mit Grundprinzipien, die in der zukünftigen Verfassung verankert werden sollen, wird diese Reform eine Grundlage der Strafgerichtsbarkeit bilden, die den internationalen Standards entspricht und das endgültige Ende für übermäßige oder willkürliche staatliche Eingriffe in die Freiheitssphäre des einzelnen bedeutet.

5

Wenn man über die Rückkehr Polens zur staatlichen Souveränität und den Prozeß der Überwindung des negativen Erbes aus der totalitären Vergangenheit spricht, darf man sich zwei aktuellen Fragen nicht entziehen:
1. Welche gesetzlichen Möglichkeiten bestehen für die Rehabilitierung der Opfer des Staatsterrors und für eine Wiedergutmachung des erlittenen Schadens?
2. In welcher Form ist jetzt die Verfolgbarkeit der systemfördernden Taten möglich, die man unscharf Regierungskriminalität nennen kann, wie Tötungen, Folterungen, Freiheitsberaubung, Rechtsbeugung und Wahlfälschungen?

1

Das rechtliche Instrumentarium besteht in den beiden dem polnischen Prozeßrecht bekannten sogenannten außerordentlichen Rechtsmitteln – der außerordentlichen Revision (Art. 462 ff. StPO) und der Wiederaufnahme des gerichtlichen Strafverfahrens (Art. 474 ff. StPO).[33] Eine neue Rechtsquelle in diesem Bereich ist das Gesetz vom 23.2.1991 über die Nichtigkeitserklärung von Urteilen, die gegen Personen ergangen sind, die wegen ihrer Tätigkeit für die Unabhängigkeit des Polnischen Staates Repres-

---

33 Über Einzelheiten dieser Rechtsmittel vgl. Grajewski, J./Skretowicz, E.: Kodeks postepowania karnego z komentarzem (Die Strafprozeßordnung mit Kommentar), Danzig 1995, S. 313–331

salien erdulden mußten.³⁴ Die Auswertung der außerordentlichen Revision ist jedoch begrenzt, da zur Einlegung dieses Rechtsmittels nach geltendem Recht nur der Justizminister, der Generalstaatsanwalt der Republik Polen, der Erste Präsident des Obersten Gerichts und der Ombudsman berechtigt sind. Diese Rechtslage wird sich erst ab dem 1.1.1996 ändern, wenn das Gesetz vom 29.6.1995 in Kraft tritt, welches das Rechtsmittelverfahren radikal verändert und die Kassation als ein außerordentliches Rechtsmittel einführt. Die Kassation darf von jedem Verfahrensbeteiligten, also allen Prozeß-Subjekten verlangt werden.³⁵ Dagegen ist das Wiederaufnahmeverfahren schon wegen der gesetzlich eng umgrenzten Zahl von Wiederaufnahmegründen nicht für eine breite Anwendung geeignet.

Es muß jedoch betont werden, daß schon das Jahr 1989 der Anfang einer bis heute andauernden Tätigkeit der für die Einlegung der außerordentlichen Revision zuständigen Organe war. Die auf Antrag wie auch von Amts wegen vor dem Obersten Gericht eingeleiteten Verfahren betrafen vor allem ungerecht verfolgte Personen der stalinistischen Zeit (1944–1956)³⁶, aber auch diejenigen, die seit Dezember 1981 auf Grund von Gesetzen des Kriegszustandes verurteilt worden waren. Viele dieser Unrechtsurteile waren das Ergebnis einer nur auf dem Verdacht des Sicherheitsdienstes beruhenden Anklage, mangelhafter oder fehlender Beweiserhebung und unzulässiger Ermittlungsmethoden, wie erpreßter Geständnisse. Sie beruhten aber in vielen Fällen auch auf der willkürlichen Auslegung von Strafnormen. Zur letztgenannten Problematik kann als Beispiel dienen, daß man wiederholt eine Verbreitung wahrer, für das System unbequemer Nachrichten oder Ansichten strafrechtlich qualifizierte als eine „Vorbereitung zum gewaltsamen Sturz des demokratischen Staatssystems" oder als „Verbreitung einer falschen Nachricht, die dem Polnischen Staate einen wesentlichen Schaden zufügen kann".

Daß der Weg zur Rehabilitation unter Anwendung der obengenannten außerordentlichen Rechtsmittel auch juristisch nicht unkompliziert ist, liegt auf der Hand. Hier kann nur angedeutet werden, daß das Oberste Gericht in seiner Rechtsprechung das Vorliegen einer Straftat immer dann verneinte, wenn das Verhalten einer Person die Ausübung von jedem Menschen zustehenden Rechten darstellte, insbesondere wenn sie den von Polen unterschriebenen internationalen Verpflichtungen entsprach.³⁷

Über das ganze Ausmaß dieser Verfahren gibt es keine genauen Daten, denn – wie schon angedeutet – wurde auf Grund des Gesetzes von 1991 ein Teil dieser Strafsa-

---

34 Polnisch: Ustawa o uznaniu za niewazne orzeczen wydanych wobec osób represjonowanych za dzialalnosc na rzecz niepodleglego bytu Panstwa Polskiego. Gesetzblatt 1991, Nr. 34, Position 149; verändert: G.Bl. 1993, Nr. 36, Pos. 159
35 Gesetzblatt 1995, Nr. 89, Position 443
36 Vgl. die ausgewählten außerordentlichen Revisionen, die im Jahre 1989 vom Generalstaatsanwalt eingereicht wurden. In: Wybrane dokumenty rehabilitacyjne (Ausgewählte Rehabilitationsdokumente), Warschau 1989
37 Vgl. z.B. das Urteil (7 Richter) des Obersten Gerichtshofes vom 12.5.1992, II KRN 39/92

chen von den Woiwodschaftsgerichten übernommen. Auch die Militärkammer des Obersten Gerichts ist zuständig für Untersuchungen in diesem Bereich. Nur zur Orientierung soll gesagt werden, daß in einer der zwei Abteilungen des Obersten Gerichts in der Zeit von 1989 bis Ende 1994 2.226 Personen freigesprochen, d.h. rehabilitiert wurden, bzw. das gegen sie anhängige Strafverfahren wurde eingestellt. So darf man schätzungsweise annehmen, daß vor dem Obersten Gericht auf Grund der Einlegung der außerordentlichen Revision und der Wiederaufnahme des Gerichtsverfahrens etwa 4.600 Personen rehabilitiert wurden.

Eine bessere Möglichkeit, das staatliche Unrecht zu beseitigen, bestimmte das Gesetz vom 23.2.1991. Mit diesem Gesetz wurde ein Weg eröffnet, der die Woiwodschaftsgerichte zur Nichtigkeitserklärung der Verurteilungen aus der Zeit von 1944 bis 1956 ermächtigt, wenn die Tat im Zusammenhang mit den Interessen der Unabhängigkeit des polnischen Staates begangen wurde.[38] Das Verfahren kann auf Antrag des Verurteilten eingeleitet werden.

Sowohl die Aufhebung der Verurteilung im Wege der außerordentlichen Rechtsmittel als auch die Nichtigkeitserklärung eines Urteils eröffnen den Weg für Entschädigungsansprüche des unschuldig Verurteilten. Dieses Verfahren ist in den Vorschriften des 50. Abschnitts der StPO und in dem Gesetz von 1991 vorgesehen.[39]

Mit dieser Art von Verfahren sind leider die rechtlichen Möglichkeiten der Rehabilitation erschöpft. Vor allem drängt sich die Frage auf: Warum hat man in Polen bis heute für Verurteilungen aus der Zeit des Kriegsrechts, das in umfassender Weise eine Repression zur Erhaltung des totalitären Systems darstellte, nicht einen ähnlichen Weg gefunden wie für die Verurteilungen aus der stalinistischen Zeit? Hier kann nur angedeutet werden, daß ein solches Gesetz vorgesehen war, daß aber schon längere Zeit zu diesem Thema eine unverständliche Stille herrscht. Da bisher die Urheber des verfassungswidrigen Kriegszustandes und ihre aktiven Mithelfer nicht zur politischen, geschweige denn strafrechtlichen Verantwortung gezogen wurden und auch keine Bereitschaft, die Verantwortung zu übernehmen, an den Tag legen, kann man annehmen, daß dieses Gesetz entgegen ursprünglicher Erwartungen zu Grabe getragen wurde. Die heutige politische Regierungsequipe hat kein Interesse, mit einer Vergangenheit abzurechnen, an der sie selbst einen unrühmlichen Anteil hat.

2

Das Stillschweigen im Bereich des Staatsunrechts der Kriegszustandszeit spiegelt sich auch in dem wider, was man unter einem strafrechtlichen Verfolgungsmodell der Regierungskriminalität aus der totalitären Zeit verstehen kann. Selbstverständlich

---

38 Über Voraussetzungen und Einzelheiten der Anwendung dieses Gesetzes vgl. z.B. Gardocki, L.: Podstawy rehabilitacji w swietle ustawy z 23.2.1991 r. (Die Rehabilitationsgrundlagen im Lichte des Gesetzes vom 23.2.1991), Przeglad Sadowy 4 (1991), S. 4 ff.
39 Über Einzelheiten vgl. Grajewski, J./Skretowicz, E.: a.a.O., S. 333-339

muß dieser Zeitraum differenziert betrachtet werden. Daß bis zum Jahre 1989 von einer Bereitschaft des Regimes zur Aufklärung selbst eindeutiger Verbrechen, die einen politischen Hintergrund hatten, nicht die Rede sein konnte, liegt auf der Hand. Das beste Beispiel aus der ersten Phase ist die Straflosigkeit des Militärgeneralstaatsanwalts Zarakowski, der als Ankläger an vielen politischen Schauprozessen teilgenommen hatte, die mit Todesurteilen endeten. Auch aus jüngerer Vergangenheit ist exemplarisch an die geplante und von dem Sicherheitsdienst begangene Ermordung des katholischen Priesters Jerzy Popieluszko zu erinnern. Nur die unmittelbaren Täter wurden verurteilt; die im Hintergrund stehenden Drahtzieher sind bis heute unbekannt. Nicht unbekannt sind jedoch Fälle, in denen man falsche Beweise fabrizierte, um die Täter zu schützen.

Von der strafrechtlichen Verfolgbarkeit des Staatsunrechts kann man erst nach dem Sturz des kommunistischen Systems sprechen. Jedoch schon zu Beginn der Rückkehr zu rechtsstaatlichen Strukturen war dieses Problem auf Schwierigkeiten gestoßen, die mit der Versöhnungsbereitschaft der bisherigen Opposition – auch Schlußstrich-Paradigma genannt – zu tun hatte. Es war eine Bereitschaft, ohne beschränkende Voreingenommenheit gegenüber der Vergangenheit gemeinschaftliche Bemühungen auf sich zu nehmen, um die katastrophale wirtschaftspolitische Lage des Landes zu überwinden. Diese Erscheinung wurde jedoch von der anderen Seite als ein völliges Vergessen der Vergangenheit betrachtet und ausgenutzt, um sich selbst nicht einer sei es auch nur moralischen Beurteilung stellen zu müssen. Dies fand auch seinen Niederschlag in einem noch am 29.5.1989 erlassenen Amnestiegesetz „Über Vergeben und Vergessen bestimmter Straftaten und Übertretungen"[40]. Das Amnestiegesetz erstreckte sich seinem zeitlichen Geltungsbereich nach auf Tatbegehungen zwischen dem 31.8.1980 und dem 29.5.1989. Vergeben und vergessen wurden u.a alle Vergehen staatlicher Funktionäre, die im Zusammenhang mit der Bekämpfung von Streiks, Protestaktionen oder anderen politischen Verletzungen der öffentlichen Sicherheit und Ordnung verübt worden waren. So erfaßte die Amnestie auch alle staatlichen Ordnungshüter, die bei der Niederschlagung von Streiks und anderen Protestaktionen ihren politisch konträren Überzeugungen oftmals in krimineller Weise Geltung verschafft hatten.

Aber auch spätere politische Schritte brachten nicht selten unerwartete Resultate. Die als selbstverständlich betrachtete Unabsetzbarkeit der Richter wurde schnell eingeführt, ohne zuvor eine, wenn auch nur begrenzte, Lustration der weiter im Amt gebliebenen Richter durchzuführen. Später wurde zugegeben, daß man erwartete, daß die Dispositionsrichter ihr Amt selbst niederlegten. Die Praxis zeigte, daß dies eine naive Hoffnung gewesen war. So wundert es nicht, daß noch heute manche Richter Urteile „Im Namen der Republik Polen" fällen, obwohl sie vorher „Im Namen der Volksrepublik" an der Grenze der Rechtsbeugung fungiert hatten.

---

40   Gesetzblatt 1989, Nr. 34, Position 179

Auf eine „Selbstsäuberung" hoffe man besser auch nicht, wenn es um die Staatsanwaltschaft, die Miliz und besonders den Staatssicherheitsdienst geht. Aber auch Entlassungen in diesem Bereich werden von vielen als unbefriedigend angesehen. Zwar wurden zahlreiche Personen, vor allem in den gehobenen Positionen, entlassen, aber es blieben doch viele, die dem kommunistischen Staat treu gedient hatten und nicht nur im Bereich der Verbrechensbekämpfung aktiv gewesen waren. Auch die systematische Rückkehr der zunächst Entlassenen in den Dienst kann diese Einschätzung bestätigen.

Nach der Wende wurden nicht, wie z.B. in Deutschland, eine Zentralstelle der Polizei und eine eigene Staatsanwaltschaft gegründet zur Ermittlung von Justizunrecht und von politischen und wirtschaftlichen Straftaten einstiger Funktionäre des kommunistischen Regimes. Die Ermittlungsverfahren haben z.B. bisher nicht dazu geführt, die Schuldigen für die Ereignisse von 1970 in Danzig und anderen Städten, auch nicht für die verfassungswidrige Einführung des Kriegszustandes und seine Folgen, zur Verantwortung zu ziehen. Daß man bisher nur zwei Ermittlungsverfahren, gegen einen Richter und einen Staatsanwalt, wegen Rechtsbeugung eingeleitet hat, ist auch symptomatisch. Auch wurden niemals Bemühungen unternommen, um eine „Gauck"-Behörde einzurichten, obwohl man weiß, daß viele geheime Akten vernichtet wurden, um gesetzwidrige Aktivitäten der Miliz und des Militär- und Staatsgeheimdienstes zu verheimlichen. Schwierigkeiten bestehen auch in den aus der früheren Zeit stammenden Befugnissen des Innenministers, der Materialien, die als „Staatsgeheimnis" eingestuft wurden, anderen Behörden nicht zugänglich machen muß. Obwohl man, wie jetzt in Ungarn, in Polen schon lange eine Lustration der hohen Staatsbeamten postuliert, hat dieses Postulat in der heutigen politischen Wirklichkeit Polens keine Chance.

Diese Wirklichkeit erlaubt die Schlußfolgerung, daß es in Polen keine politische Bereitschaft gibt, von einer konsequenten Strafverfolgung der Regierungskriminalität aus der kommunistischen Zeit Gebrauch zu machen. Daran ändert auch das durch einen Zufall verabschiedete Gesetz über die Verlängerung der Verjährungsfristen nichts. Es soll darüberhinaus auch noch dem Verfassungsgericht zur Prüfung vorgelegt werden, da es angeblich verfassungswidrig ist.

Es wäre übertrieben zu behaupten, daß die geschilderte Situation einen Rückfall in die Vergangenheit bedeutet. Das ist einfach nicht möglich. Sie zeigt jedoch, daß alte Strukturen, auch persönliche, sehr schwer zu ändern sind und in vielen Fällen den Aufbau und Ausbau von Rechtsstaatlichkeit hemmen. Diese Wirklichkeit findet aber keine Akzeptanz in der Öffentlichkeit. Meiner Meinung nach kann von einer Rechtsstaatlichkeit nur dann gesprochen werden, wenn man in den gesetzlich gesteckten Grenzen auch kriminelle und menschenunwürdige Taten der Staats- und Parteifunktionäre aus der Vergangenheit verfolgt. Dazu muß jedoch eine politische Bereitschaft bestehen, die meines Erachtens nicht vorhanden ist.

KRIMINALITÄT IN UNGARN VOR DEM UMBRUCH UND IHRE AUFARBEITUNG NACH DEM UMBRUCH

Kálmán Györgyi

1 Einleitung

In Mittel- und Osteuropa gingen gegen Ende der 80er bzw. zu Beginn der 90er Jahre Umwandlungen weltgeschichtlichen Ausmaßes vonstatten. In den Geschichtsbüchern der Zukunft wird dieser Vorgang vielleicht als Zusammenbruch und Zerfall des kommunistischen Systems Aufnahme finden, vielleicht wird darüber aber auch unter der Überschrift „Fall der Diktaturen und Wiederherstellung der Demokratien" zu lesen sein.

Im wesentlichen geschah dies alles auch in Ungarn, jedoch können wir – bei einer genaueren Betrachtung der Ereignisse in den einzelnen Ländern der Region - zahlreiche länderspezifische, nur für ein betreffendes Land charakteristische Entwicklungen beobachten. Denken wir nur an die Wiedervereinigung Deutschlands, den Zerfall der Sowjetunion, die Teilung der Tschechoslowakei, den mörderischen Krieg auf dem Gebiet des ehemaligen Jugoslawiens; und es gibt auch unter den neu entstandenen politischen Formationen nicht eben unerhebliche Unterschiede.

Für all das, was sich in Ungarn in dieser Zeit ereignete, pflegt man gemeinhin den Ausdruck „Systemwechsel" zu gebrauchen; ich persönlich finde es besser, von einer demokratischen Umwandlung des Landes zu sprechen.

Die Parteien in der bei dieser demokratischen Umwandlung entstandenen bunten – zumindest jedoch mehrfarbigen – Parteienlandschaft werten die Veränderungen entsprechend ihrer speziellen Sicht natürlich in unterschiedlicher Weise, ja, wir können sogar Ansichten antreffen, die die demokratische Umwandlung des Landes schlechthin in Frage stellen. Die Mehrheit der Teilnehmer des politischen Lebens ist sich jedoch darüber einig, daß in Ungarn der Einparteienherrschaft ein Ende gesetzt wurde und an die Stelle des Parteistaates eine parlamentarische Demokratie getreten ist.

Der Kern der in unserem Lande durchgeführten Veränderungen spiegelt sich auch sehr gut in der Verfassungsreform Ungarns wider.

Das Grundgesetz des Parteistaates hatte Ungarn als eine „Volksrepublik" definiert, als einen „sozialistischen Staat", in dem die „führende Kraft der Gesellschaft die Arbeiterklasse ist", die „marxistisch-leninistische Partei der Arbeiterklasse die führende Kraft der Gesellschaft darstellt" und die „Volksrepublik Ungarn Bestandteil des sozialistischen Weltsystems ist [...]" usw.

Im Laufe des demokratischen Umwandlungsprozesses wurden diese Bestimmungen der Verfassung geändert, worauf nunmehr „Ungarn eine Republik ist", „ein unabhängiger, demokratischer Rechtsstaat", in dem „Parteien bei Beachtung der Verfassung und der verfassungsmäßigen Gesetze frei gegründet werden und tätig sein können", die „Parteien keine unmittelbare Staatsgewalt ausüben dürfen" und „die Republik Ungarn bestrebt ist, eine Kooperation mit allen Völkern und Staaten der Welt zu verwirklichen".

Dieser Umbruch ging in Ungarn auf friedlichem Wege, unter verfassungsmäßigen und demokratischen Rahmenbedingungen vonstatten. Von den grundlegenden Gesetzen, die zur demokratischen Umwandlung des Staates geführt haben, wurden einige noch vom letzten Parlament des „Einparteiensystems" im Jahre 1989 verabschiedet, so unter anderem das Gesetz über die Vereinigungsfreiheit[1], die Versammlungsfreiheit[2] und über das Streikrecht[3], die Gesetze über den Staatlichen Rechnungshof[4] und das Verfassungsgericht[5], das Gesetz über die politischen Parteien[6], um nur die wichtigsten zu nennen. Von diesem Parlament wurde auch die entscheidende Verfassungsreform[7] durchgeführt, wodurch die verfassungsmäßigen Rahmenbedingungen der demokratischen Umwandlung festgelegt wurden. An dieser Stelle muß auch erwähnt werden, daß die Legitimation dieser Verfassungsreform nicht mehr allein auf dem Mandat dieses letzten Parlaments des Parteistaates beruht hatte, sondern auch auf den Ergebnissen der 1989 zwischen der damaligen Staatspartei und der außerparlamentarischen Opposition durchgeführten Abstimmungsverhandlungen. Als Ergebnis dieser Verhandlungen wurde vom Parlament auch das Gesetz über die Wahlen[8] verabschiedet, auf dessen Grundlage 1990 die ersten freien, demokratischen Wahlen durchgeführt werden konnten.

---

1 Gesetz Nr. II/1989 über die Vereinigungsfreiheit (Magyar Közlöny 5/1989)
2 Gesetz Nr. III/1989 über die Versammlungsfreiheit (Magyar Közlöny 5/1989)
3 Gesetz Nr. VII/1989 über den Streik (Magyar Közlöny 22/1989)
4 Gesetz Nr. XXXVIII/1989 über den Staatlichen Rechnungshof (Magyar Közlöny 82/1989)
5 Gesetz Nr. XXXII/1989 über das Verfassungsgericht (Magyar Közlöny 77/1989)
6 Gesetz Nr. XXXIII/1989 über die Tätigkeit und Bewirtschaftung der Parteien (Magyar Közlöny 77/1989)
7 Gesetz Nr. XXXI/1989 über die Änderung der Verfassung (Magyar Közlöny 74/1989)
8 Gesetz Nr. XXXIV über die Wahl der Parlamentsabgeordneten (Magyar Közlöny 77/1989)

Mit den Wahlen im Jahre 1990 wurde ein neues Kapitel der neuzeitlichen Geschichte Ungarn aufgeschlagen. Ungarn konnte 1991 nach dem Abzug der sowjetischen Truppen seine nationale Unabhängigkeit wiedererlangen.

2 Entwicklung der Kriminalität in Ungarn in den letzten 15 Jahren

Es ist eine bekannte Tatsache, daß sich unter konsolidierten gesellschaftlich-wirtschaftlichen Verhältnissen – mögen diese gut oder schlecht sein – im Bereich der Kriminalität eine Art Gleichgewichtszustand einstellt, es also zu keinen spektakulären Veränderungen kommt. Eine solche Periode durchlebte Ungarn in den zwei Jahrzehnten der sogenannten „Kádár'schen Konsolidation", in den 60er und 70er Jahren. Das Ausmaß der von den Behörden registrierten Straftaten pendelte sich mit größeren oder kleineren Schwankungen um die 120.000 pro Jahr ein. Der Durchschnitt in den 70er Jahren ging kaum über 123.000 Straftaten pro Jahr hinaus[9].

Ich möchte die Kriminalitätssituation dieser Epoche dennoch nicht idealisieren, weil es ja eine der Binsenweisheiten in der Kriminologie ist, daß sich in diktatorischen Systemen die gewöhnliche Kriminalität auf einem relativ niedrigen Niveau bewegt.

Die ersten Anzeichen für Veränderungen der Kriminalität waren gegen Ende der 70er bzw. Anfang der 80er Jahre wahrzunehmen. Die Anzahl der bekanntgewordenen Straftaten nahm zunächst jährlich in 5.000er-, später fast 10.000er-Schritten zu, so daß die Zahlen im Jahre 1989 eine Erhöhung um 180 % gegenüber 1979 aufgewiesen haben. Der Durchschnitt über die 80er Jahre hinweg zeigte zwar nur einen Anstieg von 134,6 % gegenüber dem Durchschnitt der 70er Jahre, jedoch war die Tendenz eindeutig steigend.

Diese immer schneller werdende Zunahme der Straftaten führte zu einem sprunghaften Anstieg gegen Ende der 80er und Anfang der 90er Jahre, als dessen Ergebnis 1992 bereits mehr als 440.000 Straftaten registriert wurden[10]. Diese Zahl entsprach dem 3,5fachen der Gesamtkriminalität des Jahres 1979. Die Welle der Kriminalität hat ihre bisherige Spitze 1992 mit 447.222 registrierten Straftaten erreicht, in den darauffolgenden beiden Jahren kam es zu einem geringfügigen Rückgang: 1993 war ein Rückgang von 10 %, 1994 von weiteren 3 % zu beobachten. Diese rückläufige Entwicklung ist zwar nicht zu unterschätzen, dennoch wäre es verfrüht zu behaupten, sie würde sich auch weiterhin wie bisher fortsetzen. Dagegen sprechen nämlich auch die

---

9 Quelle: BM Adatfeldolgozó Csoportfönökség és a Legfőbb Ügyészség Titkársága (Hrsg.): Tájékoztató a bünözésről 1981 (Bulletin über die Kriminalität), S. 1
10 Quelle: BM Adatfeldolgozó Hivatal és az Ügyészségi Számítástechnika-alkalmazási és Információs Központ (Hrsg.): Tájékoztató a bünözésről 1993 (Bulletin über die Kriminalität), S. 7

Daten des ersten Halbjahres 1995, die eine Erhöhung der Kriminalität um 7 % signalisieren.

In Verbindung mit der Entwicklung in Ungarn in den Jahren 1989 bis 1992 kann man zu Recht von einer wahren Explosion der Kriminalität sprechen, und die vergleichsweise günstigeren Daten der letzten 2 1/2 Jahre berechtigen uns höchstens zu der vorsichtigen Aussage, daß die Welle der Kriminalität anscheinend ihre Dynamik eingebüßt und daß sich die Kriminalität auf diesem relativ hohen Niveau stabilisiert hat, zumindest was die quantitativen Kriminalitätsziffern anbelangt.

Betrachten wir den Durchschnitt der 90er Jahre im Vergleich mit dem der 70er Jahre, so beträgt der Anstieg 327 %, aber auch im Vergleich zum Durchschnitt der 80er Jahre 243 %!

Die in Ungarn in den 70er bzw. 80er Jahren erstellten Prognosen über die Kriminalität haben keine derart starke Zunahme voraussagen können, jedoch wird in letzter Zeit in der Fachliteratur ein weiterer Anstieg der Kriminalität prognostiziert. Pusztai schreibt hierzu: „Die seit 1980 zu beobachtende Anstiegstendenz wird sich bis zur Jahrtausendwende mit Sicherheit fortsetzen, wahrscheinlich jedoch auch noch ein paar Jahre danach andauern".[11]

In Ungarn wurde also der demokratische Umwandlungsprozeß des Landes von neuen Herausforderungen im Bereich der Kriminalität begleitet, was sich in erster Linie in der Zunahme der von den Behörden registrierten bzw. zu ermittelnden Straftaten niederschlägt.[12]

Für die Bevölkerung bedeutete die Bedrohung durch die Kriminalität einen echten Schock, und für viele stellte sich diese als eine Folge der politischen Wende dar. Das war schon deshalb ein erschütterndes Erlebnis, als der Beginn der demokratischen Umwandlung für die Menschen die „Zeit der großen Erwartungen" bedeutet hatte; ein massiver Anteil der Bevölkerung hatte von der neuen Gesellschaftsordnung in allen Bereichen des Lebens günstige Veränderungen – mehr Freiheit, höheren Wohlstand, größere öffentliche Sicherheit – erwartet.

Es gab jedoch auch einige, die darauf hinwiesen: Wenn wir die zu erwartenden Entwicklungsperspektiven des Landes und ihre Auswirkungen und Begleiterscheinungen frei von Illusionen betrachten, wenn wir also den gleichen Weg einschlagen wollen wie die westeuropäischen Demokratien, dann müssen wir uns auch die Situation der Kriminalität in diesen Ländern vor Augen führen. Es gab demnach keinerlei Anlaß für die optimistische These, daß die Massenkriminalität der modernen Indu-

---

11 Pusztai, L.: A bünmegelözés dilemmája (Das Dilemma der Kriminalitätsverhütung). In: Kriminológiai és Kriminalisztikai Évkönyv, XXXII (1995) S. 5 ff.
Zu früheren Kriminalitätsprognosen in Ungarn s. Pusztai, L.: Kriminálprognosztika (Kriminalprognostik). In: Belügyi Szemle XXVI (1988) Nr. 10, S. 3–15
12 Siehe Pusztai, L.: Systemwechsel und Wirtschaftsstrafrecht in Ungarn. In: Eser, A./Kaiser, G./Weigend, E (Hrsg.): Von totalitärem zu rechtsstaatlichem Strafrecht, Freiburg i.Br. 1993, S. 425–442

striegesellschaften und deren besonders gefährliche Formen ausgerechnet um Ungarn, das den Weg der Modernisierung eingeschlagen hat, einen Bogen machen würden. Trotzdem – also trotz des sprunghaften Anstiegs der Kriminalität – müssen wir festhalten, daß die Situation in Ungarn – im europäischen Vergleich – noch keinen Grund zur Verzweiflung gibt.

1991 hat die österreichische Firma TEAM CONSULT AUSTRIA die Situation der Kriminalität in einer Studie zur Reorganisation der ungarischen Polizei untersucht.[13] Sie stellte fest, daß das Ausmaß der Kriminalität – im gesamteuropäischen Vergleich – noch als niedrig angesehen werden kann. 1990 betrug die auf 100.000 Einwohner bezogene Kriminalitätsrate (Häufigkeitszahl) – ohne Verkehrsdelikte – 3.037. Zugleich hat jedoch diese Analyse auch darauf hingewiesen, daß das Wachstumstempo (neben dieser relativ günstigen Kriminalitätsrate) weit über die westeuropäischen Durchschnittswerte hinausgeht. Anhand dieser Studie kann man Budapest im Hinblick auf die Kriminalität als sicherer einstufen als die Städte Amsterdam, Brüssel, Köln, München, Stockholm oder Wien.

Wir haben bereits erwähnt, daß die Kriminalitätswelle in Ungarn 1992 ihre Spitze erreicht hat. In diesem Jahr stieg die auf 100.000 Einwohner bezogene Häufigkeit auf 4.326 an. Diese Häufigkeitszahl liegt jedoch in Österreich über 6.000, in den Bundesländern Bayern und Baden-Württemberg (die eine ähnliche Bevölkerungszahl wie Ungarn haben) um 5.700 bzw. über 6.100. Aber wir könnten auch die Daten von den Niederlanden, Schweden oder der im westeuropäischen Vergleich günstig plazierten Schweiz anführen: Dort kommen ca. 5.000 Straftaten auf 100.000 Einwohner. Wir können also zu Recht behaupten, daß die kriminelle Belastung Ungarns – trotz der explosionsartigen Zunahme in der Zwischenzeit – im europäischen Vergleich noch relativ günstig liegt.

Diese im europäischen Maßstab immer noch passable Situation wird gleichwohl von der ungarischen Bevölkerung ziemlich schlecht vertragen, die Furcht vor der Kriminalität wächst nachweislich.[14]

Sofern wir uns nicht der Illusion hingeben möchten, daß Ungarn weit mehr Chancen bei der Bekämpfung der Kriminalität hätte als die hochentwickelten westlichen Industrieländer, müssen wir uns auf Dauer auf eine höhere Kriminalität einrichten bzw. uns auf das Zusammenleben mit dieser höheren Kriminalität vorbereiten.

Neben dem zahlenmäßigen Anstieg der Kriminalität kam es auch im Hinblick auf die Struktur der Kriminalität zu wesentlichen Veränderungen. Das maßgebliche Element dabei bestand in der überproportionalen Zunahme der Vermögensdelikte. Während die Gesamtkriminalität von 1979 bis 1992 auf das 3,5fache anstieg, nahm die Zahl der Vermögensdelikte auf das 5,1fache, die der Diebstähle auf das 5,6fache, die

---

13 TC TEAM CONSULT AUSTRIA (Hrsg.): TC TEAM CONSULT/PSC WARNSVELD, Ist-Analyse, Reorganisation der Ungarischen Polizei, 19. Juni 1991, Wien 1991
14 Korinek, L.: Objektív biztonság – szubjektív biztonság – félelem (Objektive Sicherheit – subjektive Sicherheit – Angst). In: Magyar Jog XLII (1995) S. 321–326

der Einbruchsdiebstähle auf das 8,6fache und die der Betrugsfälle auf mehr als das 11fache zu. Der Anteil der Straftaten gegen das Vermögen innerhalb der Gesamtkriminalität belief sich in den 60er und 70er Jahren auf 55 – 60 % und erreichte 1991 über 80 %; seither ging er wieder geringfügig zurück. Auch die durch Straftaten gegen das Vermögen verursachten Schäden zeigten eine kontinuierlich steigende Tendenz. Im Zeitraum von 1970 bis 1980 stieg der jährlich durch Vermögensdelikte verursachte Schaden von 310 auf 484 Millionen Forint an. Im Jahre 1990 lag dieser Betrag bei 10 Milliarden Forint, 1994 ging er über 40 Milliarden hinaus. Im Laufe der Strafverfahren kann weniger als 1/10 dieser Summe rückerstattet werden.

Innerhalb der Straftaten gegen das Vermögen müssen die Wohnungseinbrüche separat erwähnt werden, die mittlerweile zu einem einträglichen Geschäftszweig geworden sind und auch heute eine dynamisch steigende Tendenz aufweisen. In Budapest stieg 1994 die Zahl der Einbruchdiebstähle gegenüber 1993 um 44 % an. Ähnlich sind auch die Fahrzeugdiebstähle zu einem regelrechten Gewerbe geworden, das dynamische Wachstumsraten aufweist. In Budapest stieg 1994 die Zahl der Fahrzeugdiebstähle gegenüber 1993 um 50 % an.

Unter den sonstigen Straftaten sollen noch die vorsätzlichen Tötungen erwähnt werden, deren Anzahl zwar bedeutend anstieg, jedoch nicht im gleichen Ausmaß wie die Gesamtkriminalität. In den 70er bzw. 80er Jahren bewegte sich die Zahl der vorsätzlichen Tötungen um jährlich 200 Fälle, auch 1991 wurden nur 201 solche Fälle registriert. Der Sprung kam von 1990 auf 1991; in diesem Jahr wurden 307 vorsätzliche Tötungen registriert. Auch in den letzten beiden Jahren waren ähnliche Zahlen zu verzeichnen. 1994 sind 310 vorsätzliche Tötungen bekanntgeworden, die Daten des ersten Halbjahrs 1995 weisen auf einen geringfügigen Rückgang hin.

Der Anstieg der Mordfälle macht der Bevölkerung zu Recht Angst; es ist ja nur ein schwacher Trost, daß diese in Wien, München, Köln, Hamburg oder Zürich auch nicht seltener sind als in Budapest.

3 Die Strafgesetzgebung

Während der sozialistischen Ära kam es in Ungarn in den 70er Jahren zu einer umfassenden Gesetzgebung im Bereich des Strafrechts bzw. der Strafjustiz.

1972 wurden die Gesetze über die Organisation der Gerichte und der Staatsanwaltschaft[15], 1973 über das Strafverfahren, 1978 das Strafgesetzbuch und 1979 der Kodex

---

15 Gesetz Nr. IV/1972 über die Gerichte (Magyar Közlöny 52/1972), Gesetz Nr. V/1972 über die Staatsanwaltschaft der Volksrepublik Ungarn (Magyar Közlöny 52/1972)

über die Vollstreckung von Strafen und Maßregeln[16] verabschiedet. Diese haben eine umfassende, der Rechtsauffassung der damaligen Zeit entsprechende Regelung zum Gesetz erhoben. Im Laufe der demokratischen Umwandlung des Landes wurden zahlreiche Gesetze erlassen, die diese Gesetze wesentlich verändert haben, ohne daß es jedoch zu einer umfassenden Neuregelung in diesen Bereichen gekommen wäre. Das Spezifikum der gegenwärtigen rechtlichen Lage in Ungarn besteht deshalb darin, daß die obengenannten Gesetze aus den 70er Jahren zwar in Kraft geblieben sind, ihr Inhalt jedoch, entsprechend den Erfordernissen des Rechtsstaates, wesentliche Veränderungen erfahren haben. Diese spezifische Situation ist für das heutige Rechtssystem Ungarns in mehreren Bereichen charakteristisch. Selbst die Verfassung des Landes trägt pro forma die Bezeichnung „Gesetz Nr. XX/1949", obwohl darin im Grunde – außer der Angabe über die „Hauptstadt des Landes" – alles verändert wurde.

Andererseits spricht der Umstand, daß diese Gesetze mit den erforderlichen Novellierungen und Ergänzungen auch unter den Verhältnissen des Rechtsstaates anwendbar sind, zweifelsohne für eine gewisse Qualität dieser Gesetze. Die Notwendigkeit einer umfassenden Neuregelung wird gleichwohl allgemein anerkannt. Gegenwärtig ist die Vorbereitung des neuen Grundgesetzes im Gange, es wurde die Schaffung eines neuen Gesetzes über das Strafverfahren beschlossen, und in der weiteren Perspektive ist auch die Herausgabe eines neuen Strafgesetzbuches vorgesehen.

Die demokratische Umwandlung des Staates fand in der Strafgesetzgebung in einer speziellen Art und Weise ihren Niederschlag.

Zu Beginn des Jahres 1989 ist offensichtlich geworden, daß die Tatbestände der „Straftaten gegen den Staat" unvereinbar mit dem begonnenen Demokratisierungsprozeß sind. In dieser Zeit sind die Daten über die Vergeltungsakte nach der Revolution 1956 erstmals bekanntgeworden; es wurde von einem führenden Parteifunktionär verkündet, 1956 hätte es keine Konterrevolution, sondern einen Volksaufstand gegeben. Am 16. Juni 1989 wurden Imre Nagy und seine Leidensgenossen beigesetzt. Einen Tag zuvor wurde das Gesetz verkündet, das die Todesstrafe wegen politischer Straftaten abschaffte.[17]

Im Herbst 1989 wurde eine umfassende Neuregelung der Staatsschutzdelikte durchgeführt.[18] Die frühere Regelung diente zum Schutz der Einparteien-Diktatur, während die neue Regelung den liberalen Prinzipien des Rechtsstaates entspricht. Es kam auch zur Änderung des Gesetzes über das Strafverfahren.[19] Dabei wurde im Ge-

---

16 Gesetz I/1973 über das Strafverfahren (Magyar Közlöny 24/1973), Gesetz IV/1978 über das Strafgesetzbuch (Magyar Közlöny 92/1978), Gesetzverordnung Nr. 11/1979 über die Vollstreckung von Strafen und Maßregeln (Magyar Közlöny 27/1979)
17 Gesetz XVI/1989 über die Änderung des Gesetzes Nr. IV/1978 über das Strafgesetzbuch (Magyar Közlöny 39/1989)
18 Gesetz XXV/1989 über die Änderung des Gesetzes Nr. IV/1978 über das Strafgesetzbuch (Magyar Közlöny 70/1989)
19 Gesetz XXVI/1989 über die Änderung des Gesetzes Nr. I/1973 über das Strafverfahren (Magyar Közlöny 70/1989)

setz festgelegt, daß die Ergebnisse einer gesetzwidrig durchgeführten Ermittlung nicht als Beweis verwendet werden dürfen. Es räumte dem Beschuldigten das Recht zur Verweigerung der Aussage ein und schrieb vor, daß dieser über seine Rechte aufgeklärt werden muß. Die Kompetenz zur Anordnung einer Untersuchungshaft wurde auf das Gericht delegiert (früher lag die Entscheidung im Vorverfahren beim Staatsanwalt). Das Gesetz hat den Kontakt des Beschuldigten mit seinem Verteidiger von Beginn des Verfahrens an ermöglicht.

Ende 1989 wurde ein Gesetz verabschiedet, das die Sicherungsverwahrung eines Teils der Wiederholungstäter (eine der Freiheitsstrafe folgende Sicherheitsmaßnahme mit Freiheitsentzug) abschaffte.[20]

Zahlreiche Bestimmungen der Verfassungsreform vom Oktober 1989 haben auch den Bereich des Strafrechts betroffen. Die grundlegenden Menschenrechte gemäß der „Allgemeinen Erklärung der Menschenrechte", dem internationalen „Pakt über bürgerliche und politische Rechte" sowie der „Europäischen Menschenrechtskonvention" sind auch im ungarischen Grundgesetz verankert worden.

Noch im Jahre 1989 wurde auch die früher einen Straftatbestand erfüllende „gemeingefährliche Arbeitsscheu" sowie der Tatbestand einer Ordnungswidrigkeit für weniger schwerwiegende Fälle abgeschafft.[21] Zur Begründung für die Abschaffung wurde angeführt, daß bei diesem Tatbestand im Grunde keine Taten, sondern eine Art von Lebensführung bestraft werden sollte; daher sei er mit den Prinzipien eines tatorientierten Strafrechts unvereinbar. Darüber hinaus handelte es sich im Grunde um eine Bestrafung auf Verdacht, weil davon ausgegangen wurde, daß die keiner Arbeit nachgehende Person ihre Existenz nur durch kriminelle Handlungen bestreiten könnte, auch wenn diese von der Behörde nicht nachgewiesen werden könnten. Schließlich wurde auch angeführt, daß ein indirekter, strafrechtlich sanktionierter Zwang zur Arbeit gegen internationale Rechtsnormen verstoße.

In der ersten Hälfte des Jahres 1990 hat das Parlament die vom Gericht angeordnete Zwangstherapie von Alkoholikern in speziellen Anstalten abgeschafft.[22] Der Gesetzgeber hat auch die von Verwaltungsbehörden anzuordnende Haftstrafe wegen Ordnungswidrigkeiten abgeschafft, gegen die eine gerichtliche Überprüfung nach der früheren Gesetzeslage nicht vorgesehen war. Geblieben ist jedoch die Möglichkeit der Umwandlung der Geldstrafe wegen einer Ordnungswidrigkeit in eine Haftstrafe, wenn die Geldstrafe vom Betroffenen nicht gezahlt wird.[23]

All diese Veränderungen sind noch vom letzten Parlament des Parteistaates erlassen worden. Bei der Vorbereitung und Durchführung dieser Gesetzentwürfe kam dem

---

20 Gesetz LIV/1989 über die Änderung des Strafgesetzbuches (Magyar Közlöny 99/1989)
21 Gesetz XXIII/1989 über die Änderung des Gesetzes Nr. IV/1989 über das Strafgesetzbuch (Magyar Közlöny 46/1989)
22 Gesetz XIV/1990 über die Änderung des Strafgesetzbuches (Magyar Közlöny 17/1990)
23 Gesetz XXII/1990 über die Aufhebung und Änderung einzelner Gesetze und Gesetzverordnungen (Magyar Közlöny 22/1990)

damaligen Justizminister, Kálmán Kulcsár, eine herausragende[24] Rolle zu. Seine europäische Denkweise, seine Verpflichtung gegenüber den Idealen des Rechtsstaates trugen in wesentlichem Maße dazu bei, daß das ungarische Strafrecht bzw. Strafverfahren von solchen Rechtsinstitutionen „bereinigt" werden konnte, die der Neuorientierung Ungarns widersprachen.

Nach den freien und demokratischen Wahlen wurde das Strafgesetzbuch vom Parlament mehrmals geändert. Diese Änderungen betrafen das Sanktionssystem und einzelne spezielle Tatbestände. Eine umfassende Neuregelung wurde jedoch nur im Bereich des Wirtschaftsstrafrechts verabschiedet, und auch dies nur in mehreren Stufen.

Die zum Schutze der sozialistischen Planwirtschaft gedachten Bestimmungen waren ungeeignet, für den Schutz der neuen, marktorientierten Wirtschaftsordnung zu sorgen. Die Neuregelung dieses Bereiches wurde im Frühjahr 1994 vorläufig abgeschlossen[25]; weitere Reformen im Zuge der wirtschaftlichen Entwicklung und der damit entstehenden Schutzbedürfnisse sind jedoch nicht ausgeschlossen.

Erwähnenswert ist noch die Außerkraftsetzung der Verfügung über die strafrechtliche Verfolgung der Prostitution („gewerbsmäßige Unzucht") im Jahre 1993[26], wobei jedoch der Ordnungswidrigkeitstatbestand einer „verbotenen Unzucht" weiter bestehen blieb und die umfassende Regelung dieses Problemkreises nach wie vor auf sich warten läßt. Unterdessen blüht und gedeiht die Prostitution, die inzwischen zu einem ernsten gesellschaftlichen Problem geworden ist.

Die wichtigste Änderung in Verbindung mit dem Sanktionssystem ist jedoch nicht vom Gesetzgeber gekommen. Es war im Oktober 1989 das Verfassungsgericht, das die Todesstrafe abgeschafft hat.[27] Aufgrund eines diesbezüglichen Antrages hat das Verfassungsgericht die Todesstrafe für verfassungswidrig erklärt. Es berief sich bei dieser Entscheidung auf eine Bestimmung der Verfassung, wonach „der wesentliche Inhalt eines Grundrechts" von keinem Gesetz eingeschränkt werden darf (Eine ähnliche Bestimmung steht im deutschen Grundgesetz, Artikel 19 Abs. 2.). Demnach würde die Todesstrafe das Recht auf Leben und auf menschliche Würde nicht nur einschränken, sondern unwiderruflich vernichten.

---

24 Siehe Kulcsár, K.: Két világ között (Zwischen zwei Welten), Budapest 1994
25 Gesetz IX/1994 über die Änderung der Strafrechtsnormen (Magyar Közlöny 25/1994)
26 Gesetz XVII/1993 über die Änderung der Strafrechtsnormen (Magyar Közlöny 34/1993)
27 Entscheidung 23/1990 (X.31.) AB. In deutscher Übersetzung in: Brunner, G./Sólyom, L.: Verfassungsgerichtsbarkeit in Ungarn, Baden-Baden 1995, S. 136–162

4 Bewältigung der Vergangenheit in der Gegenwart

Im Laufe der demokratischen Umwandlung Ungarns bestand eine der wichtigsten Triebkräfte zweifelsohne in der Absicht, der Vergangenheit den Rücken zu kehren. Im Laufe der vergangenen Jahrzehnte waren viele zu Opfern von Rechtsverletzungen geworden, und diese Rechtsverletzungen waren nicht nur auf strafrechtliche Sanktionen beschränkt gewesen, sondern sie hatten sich auch auf andere Bereiche erstreckt. Im Hinblick auf die strafrechtlichen Zuwiderhandlungen wurden Forderungen in drei Richtungen laut:
1. Aufhebung der rechtswidrigen Verurteilungen
2. Entschädigung für unrechtmäßig verbüßte Strafen
3. strafrechtliche Verantwortung für solche Verbrechen, die im vergangenen politischen System nicht bestraft wurden.[28]

1

Ein erster zaghafter Schritt zur Bewältigung der erdrückenden geschichtlichen Vergangenheit stellte die Gesetzesverordnung aus dem Jahre 1988 dar, wonach die im Zeitraum vom 23. Oktober 1956 bis zum 1. Mai 1957 „wegen staatsfeindlicher Verbrechen" oder „sonstiger in Verbindung mit konterrevolutionären Handlungen stehender Straftaten" Verurteilten in Form einer öffentlichen Amnestie von allen nachteiligen Folgen der Verurteilung freigestellt worden sind. Die Urteile selbst waren davon aber noch nicht berührt.[29]

In dieser Verordnung war noch von „Konterrevolution" die Rede, 1989 haben die Mutigeren bereits von einem „Volksaufstand" gesprochen; das erste vom frei gewählten Parlament im Mai 1990 verabschiedete Gesetz hat die Bedeutung von „Revolution und Freiheitskampf vom Oktober 1956" gesetzlich festgeschrieben.

Da von den rechtswidrigen Verurteilungen viele Menschen betroffen waren, erschien die Durchführung einer außerordentlichen gerichtlichen Revision als kein gangbarer Weg, zumal die Überprüfung ohnehin nur im Rahmen des früher geltenden Rechts möglich gewesen wäre. Die Forderungen bezogen sich aber nicht nur auf Verletzungen der früheren Strafprozeßordnung, sondern auch auf die Annullierung der damaligen Gesetze bzw. deren Auslegung in der praktischen Anwendung. Diesen Forderungen kamen die sogenannten „Nichtigkeitsgesetze" nach. Es wurden drei solcher Gesetze erlassen, zwei davon noch vom letzten Parlament des Parteistaats und eines bereits vom frei gewählten Parlament.

---

28 Siehe Bárd, K.: Die strafrechtliche Aufarbeitung von staatlich gesteuertem Unrecht in Ungarn. In: Zeitschrift für die gesamte Strafrechtswissenschaft 107 (1995), S. 119–133
29 Gesetzverordnung Nr. 20/1988 über die Gewährung allgemeiner Begnadigung (Magyar Közlöny 46/1988)

Im Oktober 1988 wurde das Gesetz über die Aufhebung der im Zusammenhang mit dem Aufstand von 1956 erfolgten Verurteilungen verabschiedet.[30] In diesem Gesetz wurden die Verurteilungen, die wegen politischer und sonstiger Straftaten in Verbindung mit dem Volksaufstand von 1956 verhängt worden waren, für nichtig erklärt.

Das zweite Nichtigkeitsgesetz wurde im Frühjahr 1990 erlassen; es betraf die Annullierung der rechtswidrigen Verurteilungen im Zeitraum zwischen 1945 und 1963.[31] Die Gültigkeit des Gesetzes erstreckte sich über die staatsfeindlichen Handlungen hinaus auch auf die sogenannten „Plandelikte" wie die Preistreiberei, die Delikte gegen die öffentliche Versorgung und die Unterlassung der Anzeige von Straftaten gegen das gesellschaftliche Eigentum.

Das dritte Nichtigkeitsgesetz wurde im Februar 1992 verabschiedet; es betraf die Nichtigkeitserklärung solcher Verurteilungen, die zwischen 1963 und 1969 wegen einzelner Straftaten gegen den Staat bzw. die öffentliche Ordnung ausgesprochen worden waren.[32] In diesem Gesetz wurde jedoch die Annullierung der besagten Verurteilungen an ein besonderes Gerichtsverfahren gebunden, bei dem das Gericht untersuchen mußte, ob die „Straftat" in Entsprechung der im internationalen „Pakt über bürgerliche und politische Rechte" verankerten Grundrechte begangen worden war und der Realisierung der darin bestimmten Prinzipien und Ziele entsprochen hatte oder nicht.

Es wird also deutlich, daß die Nichtigkeitsgesetze über das im Zeitpunkt des Urteils geltende Recht hinausgegangen sind und die Nichtigkeit unter Berufung auf eine als übergeordnet angesehene Wertung, im Falle des dritten Nichtigkeitsgesetzes ausdrücklich unter Berufung auf Normen des Völkerrechts, ausgesprochen wurde.[33]

Durch die Nichtigkeitsgesetze wurde die juristische, moralische und politische Rehabilitation der rechtswidrig Verurteilten erreicht, nicht aber ihre materielle Entschädigung. Dafür wurde ein separates Gesetz geschaffen.

2

Im Juni 1992 wurde das Gesetz über die Entschädigung der aus politischen Gründen rechtswidrig hingerichteten bzw. inhaftierten Personen verkündet, das jedoch sowohl zeitlich als auch bezüglich des Kreises der Betroffenen weiter ausholte als die Nich-

---

30   Gesetz Nr. XXXVI/1989 über die Aufhebungen der mit dem Volksaufstand zusammenhängenden Verurteilungen (Magyar Közlöny 78/1989)
31   Gesetz XXVI/1990 über die Aufhebung von gesetzverletzenden Verurteilungen zwischen 1945 und 1963 (Magyar Közlöny 29/1990)
32   Gesetz XI/1992 über die Aufhebung von wegen zwischen 1963 und 1989 begangenen einzelnen Straftaten gegen den Staat bzw. gegen die öffentliche Ordnung erfolgten Verurteilungen (Magyar Közlöny 26/1992)
33   Siehe Király, T.: A három semmisségi törvény jogi terészete (Die rechtliche Natur der drei Nichtigkeitsgesetze), Magyar Jog XLIV (1994), S. 321–323

tigkeitsgesetze. So hat es sich auch auf den Zeitabschnitt des Zweiten Weltkrieges erstreckt, auf Deportierungen, Internierungen, Aussiedlungen, Arbeitsdienst, sowjetische Gefangenschaft, usw.

3

Die Frage der Verantwortung für solche Verbrechen, die im vergangenen System begangen worden und ungestraft geblieben waren, rückte in dem Maße in den Mittelpunkt des öffentlichen Interesses, in dem diese Taten nach und nach bekannt wurden. Zweifelsohne haben die Straftaten in Verbindung mit der Zerschlagung der Revolution und den darauffolgenden Vergeltungsaktionen die stärksten Emotionen ausgelöst, aber zu diesem Kreis gehörten auch die in den 50er Jahren „im Namen des Systems" begangenen Verbrechen.

Das frei gewählte Parlament hat jedoch als erstes nicht die Bestrafung der Verantwortlichen des alten Systems veranlaßt, sondern im Gegenteil im Juni 1990 ein breit angelegtes Amnestiegesetz verabschiedet. Die Bestrafung der verantwortlichen Personen des alten Systems wurde aber bald zum Gegenstand häufiger Reden und Interpellationen im Parlament sowie einer breiten Polemik in der Presse und Fachliteratur.

Mit der größten Schärfe wurde diese Frage in Verbindung mit den während und nach der Revolution 1956 auf die Zivilbevölkerung abgegebenen Maschinengewehrsalven zur Diskussion gestellt, in deren Mittelpunkt bald die Frage der Verjährung rückte.

Gemäß § 57 Abs. 4 der ungarischen Verfassung „darf niemand für solche Handlungen schuldig gesprochen und bestraft werden, die im Zeitpunkt der Tat gemäß ungarischem Recht nicht als Straftat gegolten haben". Daraus wurde die Schlußfolgerung gezogen, daß in der Republik Ungarn die Quelle des Strafrechts das ungarische nationale Recht ist, das auch eine Verjährung kennt. 1990 hatte das ungarische Strafrecht nur die Verjährung der im Zweiten Weltkrieg begangenen Kriegsverbrechen sowie der im Strafgesetzbuch definierten Straftaten gegen die Menschlichkeit (so z.B. Völkermord) ausgeschlossen. Die für den Zweiten Weltkrieg erlassenen Regelungen waren jedoch auf 1956 nicht anwendbar, der Tatbestand des Völkermordes schien auf die im Bürgerkrieg abgegebenen Schüsse nicht anwendbar. Es hatte den Anschein, als könnten auch die Bestimmungen über Mord bzw. vorsätzliche Tötung wegen der zwischenzeitlich eingetretenen Verjährung nicht angewendet werden.[34] An dieser Stelle möchte ich anmerken, daß 1993 der Kreis der nicht verjährenden Straftaten erweitert wurde, so wurden z.B. qualifizierte Fälle der vorsätzlichen Tötung hinzugenommen.

---

34 Siehe Györgyi, K.: A visszaható hatályú szabályozás lehetöségei a büntetöjogban (Die Möglichkeit rückwirkender Regelung im Strafrecht). In: Erdei, A. (Hrsg.): Tények és kilátások, Budapest, 1995, S. 123–128

Das vom Parlament am 4. November 1991 verabschiedete Gesetz hat für den Fall des Landesverrats, der vorsätzlichen Tötung und der Körperverletzung mit Todesfolge festgelegt, daß die Verjährung mit dem 2. Mai 1990 beginnt, falls der Staat aus politischen Gründen die Strafverfolgung unterlassen hatte.

Das Verfassungsgericht hat dieses Gesetz im Laufe des vom Präsidenten der Republik angeregten Standard-Kontrollverfahrens für verfassungswidrig erklärt. In seinem vieldiskutierten Beschluß hat das Verfassungsgericht für die Verjährung folgendes festgelegt[35]:

1. Eine erneute Strafverfolgung bereits verjährter Straftaten ist verfassungswidrig.
2. Die Verlängerung der gesetzlichen Verjährungszeit noch nicht verjährter Straftaten ist verfassungswidrig.
3. Die gesetzliche Unterbrechung der Verjährungszeit noch nicht verjährter Straftaten ist verfassungswidrig.
4. Die rückwirkende Festlegung eines Grundes des Ruhens oder der Unterbrechung durch das Gesetz ist verfassungswidrig.
5. Hinsichtlich der Verjährung dürfen verfassungskonform keine Unterschiede danach gemacht werden, ob der Staat seinen Strafanspruch aus politischen oder sonstigen Gründen nicht geltend gemacht hat.

Es ist also ersichtlich, daß das ungarische Verfassungsgericht die Verjährung unter die Geltung des Prinzips „nullum crimen, nulla poena sine lege" stellte und sie als eine Institution des materiellen Rechts ansah. Davon ausgehend, hat es die in der deutschen Fachliteratur als sog. kleine und große Rückwirkung bezeichneten Fälle gleichermaßen abgelehnt.

Beachtenswert bei dem Beschluß des Verfassungsgerichtes ist darüber hinaus die Aussage, daß es – wegen fehlender Bestimmtheit – verfassungswidrig wäre, als Ruhensgrund anzugeben, „der Staat hätte aus politischen Gründen von einer Bestrafung Abstand genommen". Die separate Betonung dessen ist aber überflüssig, wenn eine rückwirkende Feststellung eines Aussetzungsgrundes ohnehin verfassungswidrig ist.

Beachtenswert ist auch, daß das Verfassungsgericht eine solche Definition des Begriffs Landesverrat für verfassungswidrig erklärt hat, die die mehrfache Änderung des geschützten Rechtssubjekts in den verschiedenen politischen Systemen nicht berücksichtigt.

Der Beschluß stellt den Begriff der Rechtssicherheit in den Mittelpunkt: „Das grundlegende Element eines Rechtsstaates ist die Rechtssicherheit." „Ein Rechtsstaat kann nicht gegen den Rechtsstaat verwirklicht werden." Eine wichtige Rolle beim Beschluß des Verfassungsgerichts hat auch die Überlegung gespielt, wonach „die Wende auf der Basis der Legalität vonstatten ging".

---

35 Entscheidung 11/1992 (III.5.) AB. In: Brunner/Sólyom (Anm. 27) S. 333–352

Aus der Kollision zwischen der materiellen Gerechtigkeit und der Rechtssicherheit ging letztere als Sieger hervor, und dies gab den Anstoß für weitere Diskussionen. Durch den Beschluß des Verfassungsgerichts wurde diese Frage noch nicht endgültig abgeschlossen.

Am 16. Februar 1993 hat das Parlament ein Gesetz „über die Ergänzung einzelner Regelungen des Strafverfahrens" verabschiedet, dessen Zweck es war, die vom Verfassungsgericht bekräftigte Verjährung als Verfahrenshindernis auf eine Weise aus dem Vorverfahren herauszunehmen, daß die Sache vor Gericht hätte gebracht und die begangene Straftat vom Gericht zumindest festgestellt werden können, was zu einer moralischen Verurteilung des Täters hätte führen können. Das Wesentliche dieser Lösung bestand darin, daß im Falle solcher Straftaten, für die 5 Jahre Freiheitsstrafe oder mehr hätten ausgesprochen werden können, der Staatsanwalt das Verfahren wegen Verjährung als Verfahrenshindernis nicht hätte verweigern bzw. einstellen dürfen, d.h., er hätte Anklage erheben müssen. Über die Verjährung als Ausschließungsgrund für die Bestrafung sollte nur das Gericht befinden.

Das wirkliche Ziel dieses Gesetzes bestand jedoch nicht darin, einen gerichtlichen Beschluß zu ermöglichen, der lediglich eine moralische Verurteilung bedeutet hätte. Vorgesehen war nämlich im Entwurf eine zusätzliche sogenannte „prinzipielle Stellungnahme", die nicht als Gesetz, sondern als eine die Gerichte bindende Auslegung des geltenden Rechts besagen sollte, daß eine Zeit nicht als „rechtlich relevante" Verjährungszeit angesehen werden kann, in der die über die staatliche Gewalt verfügenden Organe von ihrer Strafgewalt keinen Gebrauch gemacht und dadurch die Gerichtsbarkeit zeitweilig ausgesetzt haben.

Sowohl das Gesetz als auch die „prinzipielle Stellungnahme" wurden erneut vor das Verfassungsgericht gebracht, das beide für verfassungswidrig erklärt hat. Beim Gesetz hat das Verfassungsgericht bestimmt, daß „es einem Mißbrauch der Strafgewalt des Staates gleichkäme, wenn das zwangsläufig rechtseinschränkende Instrumentarium des Strafverfahrens ohne das Ziel einer strafrechtlichen Verfolgung angewendet werden würde".[36] Bezüglich der „prinzipiellen Stellungnahme" hat es andererseits festgestellt, daß diese faktisch keine Rechtsauslegung, sondern eine rückwirkende Strafgesetzgebung enthielte, und zwar „malam partem". Diese beiden Beschlüsse des Verfassungsgerichts ergaben sich logisch aus dem früheren Beschluß über die Verjährung; das Gericht blieb also konsequent.

Aufgrund eines Regierungsvorschlags hat das Parlament am 16. Februar 1993 ein weiteres Gesetz verabschiedet, dessen Gegenstand das Strafverfahren in Verbindung mit solchen Taten war, die im Laufe der Revolution und des Freiheitskampfes 1956 begangen worden waren. Im Gesetz wurden die im Genfer Abkommen vom Jahre 1949 über den Umgang mit Kriegsgefangenen und den Schutz der Zivilbevölkerung in Kriegszeiten definierten Tatbestände mit den entsprechenden Tatbeständen und

---

36 Entscheidung 41/1993 (VI. 30.) AB. In: Brunner/Sólyom (Anm. 27) S. 511–519

Strafmaßbestimmungen der ungarischen Strafgesetzgebung verglichen. Es hat zum einen deklarativen Charakter, weil es auf die entsprechenden Bestimmungen der Genfer Abkommen verweist, zum anderen besitzt es normativen Charakter, weil es die internationalen Rechtsnormen mit den internen Tatbeständen und Sanktionen verbindet. Bezüglich der Frage der Verjährung verweist das Gesetz auf das New Yorker Abkommen vom Jahre 1968 über den Ausschluß der Verjährung von Kriegsverbrechen und Verbrechen gegen die Menschlichkeit, das auch von Ungarn ratifiziert und verkündet worden war. Das Verfassungsgericht hat festgestellt, daß es verfassungskonform ist, wenn die Regelung über die Nichtverjährbarkeit auf schwere Rechtsverstöße bei bewaffneten internationalen Konflikten gemäß Art. 2 der Genfer Konvention sowie auf verbotene Handlungen bei bewaffneten nichtinternationalen Konflikten gemäß Art. 3 der Genfer Konvention angewendet wird. Dadurch hat das Verfassungsgericht also bezüglich des internen Rechts seine strenge Auffassung über die rückwirkende Regelung beibehalten, sich jedoch bezüglich des internationalen Rechts für die Nichtverjährung ausgesprochen.[37] Es hat diese Stellungnahme mit der Bestimmung in § 7 Abs. 1 der ungarischen Verfassung begründet, die besagt, daß „das Rechtssystem der Republik Ungarn die allgemein anerkannten Normen des internationalen Rechts akzeptiert".

Nach der Bestätigung durch das Verfassungsgericht kam es zur Verkündung des Gesetzes. Noch bis Ende 1993 wurde die Durchführung zahlreicher Strafverfahren angeordnet, als deren Ergebnis in mehreren Fällen Anklage erhoben wurde. Bisher wurde das Urteil in einer Sache in erster Instanz gefällt, mehrere Verfahren befinden sich zur Zeit in Bearbeitung.

Aufgrund des Beschlusses des Verfassungsgerichts gelangten zahlreiche Fragen über das Verhältnis zwischen dem internationalen Recht und dem internen Strafrecht in ein neues Licht, so z.B. die früher gebrauchte These, wonach das internationale Recht nur nach einer entsprechenden gesetzlichen Transformation zu einem von einem ungarischen Gericht anwendbaren Recht wird. Das Verfassungsgericht hat zumindest die Pflicht der unmittelbaren Anwendung der allgemein anerkannten Normen des internationalen Rechts durch die ungarischen Gerichte deklariert.

* * *

Manche glaubten, mit der Einberufung des frei gewählten neuen Parlaments wäre der „Systemwechsel" vollzogen. In Wirklichkeit stellt die demokratische Umwandlung Ungarns einen längeren Prozeß dar, bei dem bisher schon eine Reihe grundlegender Fragen unwiderruflich entschieden wurde. Dabei sehen wir uns nicht nur mit den neuen Problemen durch die neuen Verhältnisse konfrontiert, sondern auch mit den Schatten der Vergangenheit.

---

37 Entscheidung 53/1993 (X. 13.) AB. In: Brunner/Sólyom (Anm. 27) S. 521–538

ENTKRIMINALISIERUNG DURCH POLITISIERUNG?

Klaus Lüderssen

Bewußt stelle ich diese Frage und nicht die üblich gewordene: Wird Politik – nachträglich – kriminalisiert?

Ich stelle sie, weil sie die eigentliche Provokation ist. Denn primär oder dem ersten Anschein nach sind Tötungen und Mißhandlungen – um mich auf die wesentlichen Fallgruppen zu konzentrieren – doch wohl strafwürdiges Unrecht, gleichviel unter welchem Regime sie begangen werden. Die Menschen im Europa des zwanzigsten Jahrhunderts verbinden diese Vorstellung mit einem Prinzip, dessen juristisch exakte – wiewohl nicht nur Fachleuten vertraute – Benennung freilich nicht unbedingt geläufig ist. Gemeint ist das Legalitätsprinzip, in dem Sinne, daß einerseits positivrechtlich eine Strafbarkeit besteht und andererseits der Druck, für den Fall, daß diese Voraussetzung erfüllt ist, Gleichheit bei der Bestrafung angestrebt werden muß. Alle Zweifel der Kriminalsoziologie, die insofern von selektiver Zuschreibung ausgeht und aller Pessimismus auch der Strafrechtspraktiker, daß es so etwas wie ein Legalitätsprinzip gar nicht mehr gebe, in der Praxis das Opportunitätsprinzip überwiege und damit – hier sind geheime Übereinstimmungen zwischen Praktikern und Kriminalsoziologen – eben doch die Größe der Dunkelziffer die Relevanz des Legalitätsprinzips erschüttere, bewirken nichts – trotz aller dieser Einwände ist der Gedanke, daß man seine Durchsetzung wenigstens versuchen müsse, sehr lebendig.

1

Möglicherweise ist es diese Konzeption, die dem öffentlichen Strafanspruch – trotz seines trüben Ursprungs[1] – im Bewußtsein der Gegenwart die Legitimität gibt. Das Legalitätsprinzip gehört in der Tat zu den Faktoren, die zur Reform und damit auch

---

1 Im einzelnen dazu: Klaus Lüderssen: Abschaffen des Strafens, Frankfurt am Main 1995, S. 39 ff.

zur Humanisierung des Strafanspruchs[2] beigetragen haben. Es ist keineswegs mit den Ursprüngen des öffentlichen Strafanspruchs verbunden, sondern hat sich erst verhältnismäßig spät etabliert und kann als eine Forderung der modernen Demokratie aufgefaßt werden[3].

Gleichwohl scheinen die politischen Gründe für eine Vernachlässigung des Legalitätsprinips in der West-Ost-„Abwicklung" nicht ganz unvernünftig zu sein. Aber wie kann man *rechtliche* Gründe finden, um sich bei einer unterschiedlichen Behandlung gleicher Fälle an das Legalitätsprinzip nicht halten zu müssen? Mit einer schlichten Bezugnahme auf das Legalitätsprinzip müßte man der gesamten Amnestiebewegung und damit auch der unklaren Verbindung juristischen und politischen Denkens, das bis in die besten Köpfe hinein wuchert, entgegentreten. Freilich wäre dann auch zu sagen, weshalb das Legalitätsprinzip sich gegen den anwachsenden Ansturm der Nicht-Bestrafungsbedürfnisse behaupten kann. Die Antwort auf diese Frage setzt die Prüfung voraus, ob in der Rechtsordnung der untergegangenen DDR etwas verifiziert werden kann, das die Anwendung des Legalitätsprinzips durch – jetzt – gesamtdeutsche Gerichte erheischt.

Das erste Problem – wie konstruiert man die Justizhoheit der bundesrepublikanischen Gerichte über die in der ehemaligen DDR begangenen Delikte – übergehe ich hier[4]. Daß an seiner Lösung im Prinzip kein Zweifel besteht, zeigt die unangefochtene Praxis einer Aburteilung von Einbrüchen, Raubüberfällen oder ähnlichem, die vor 1989/90 in Guben oder Stralsund oder wo immer begangen und erst nach 1990, also nach dem Beitritt, aufgeklärt worden sind. In diesen Fällen wird ohne weiteres – nullum crimen sine lege – nach dem Recht der ehemaligen DDR geurteilt, mit den Milderungskonzessionen des § 2 StGB (d.h. das bundesrepublikanische Gesetz wird angewendet, wenn es das mildere ist).

Warum ist das anders, wenn es um Tötungen an der Grenze, Freiheitsentzug durch anstößige Gerichtsurteile, Wahlfälschungen, Unterdrückung von Briefen aus dem Westen, vielleicht auch Folterung in Gefängnissen, Denunziationen mit der Folge von Gefängnisstrafen geht? Auch diese Fälle sind – wenn man das Legalitätsprinzip ernst nimmt – nicht etwa aus tagespolitischem Kalkül zu lösen, sondern durch Ermittlung und Auslegung des damals geltenden DDR-Rechts. Daß dieser Erkenntnisvorgang insoweit politische Fragen einschließt, als man die politischen Bedingungen für die Geltung des Rechts in der DDR im allgemeinen und der in Betracht kommenden

---

2   Vgl. dazu den grundlegenden ersten Teil in der Arbeit von Christine Pott: Die Außerkraftsetzung der Legalität durch das Opportunitätsdenken in den Vorschriften der §§ 154, 154 a StPO, zugleich ein Beitrag zu einer kritischen Strafverfahrensrechtstheorie, Frankfurt am Main u.a. 1996, S. 3–33; W. Küper in: Handwörterbuch zur deutschen Rechtsgeschichte, 15. Lfg. Berlin 1977, S. 1665 ff.
3   Daß die Monarchie es schon kannte, spricht nicht dagegen, sondern unterstreicht deren demokratische Anteile und Antizipationen.
4   S. dazu Klaus Lüderssen: Der Staat geht unter – das Unrecht bleibt? Regierungskriminalität in der ehemaligen DDR, Frankfurt am Main 1992, S. 71 ff.

Strafvorschriften im besonderen reflektiert, ist evident. Entscheidend aber ist die Lokalisierung dieser politischen Fragen: nicht die politischen Motivationen für die Aufnahme der Strafverfolgung oder ihr Unterbleiben interessieren, sondern die politischen Implikationen der Rechtsordnung, zu deren Anwendung man nach dem Legalitätsprinzip verpflichtet ist.

Die Aufgabe, die sich damit stellt, ist das Erkennen oder Verstehen einer fremden und – wenn auch erst kürzlich – vergangenen Rechtsordnung. Damit sind alle Stichworte der rechtshistorischen Hermeneutik abgerufen und zwar *der* Spielart, welche die Prüfung der *Anwendbarkeit* der zu erkennenden Norm zum Zweck hat. Insofern tritt – im Gegensatz zur nur etwa auf die Überprüfung von Normentwicklungshypothesen bezogenen rechtshistorischen Hermeneutik[5] – das Problem des immanenten Verständnisses deutlich hervor.

Die Methoden, die jetzt im einzelnen zu bemühen wären, will ich nicht abstrakt referieren. Nur so viel sei gesagt: man muß die Stile verschiedener Disziplinen zusammenführen, nämlich:

– allgemeine Historik
– in speziellen Fächern ausgebildete historische Erkenntniskriterien, etwa der Nationalökonomie, allgemeine Erkenntnistheorie und Hermeneutik (Philosophie unter Einschluß interaktionistischer und intersubjektiver Theorien von Wahrheit und Richtigkeit, ferner auf Texte bezogene Hermeneutik der Literaturwissenschaftler)
– allgemeine Methoden des Kulturvergleichs (Ethnologie, Ethologie, Anthropologie, Sozialanthropologie, Allgemeine Soziologie, Rechtsvergleichung).

Es ist erstaunlich, daß die *Komplexität* dieses methodologischen Anspruchs, nachdem das Problem, unter der Devise „nullum crimen sine lege" strafrechtliches Unrecht in der ehemaligen DDR zu fixieren, aufgetaucht ist, bisher so wenig ernstgenommen worden ist. Dabei drängt sich der Ausgangspunkt förmlich auf: wenn wir nicht von vornherein wissen, was die Strafrechtsordnung der DDR war – wen oder was befragen wir, und liegt nicht schon in der Anmaßung der eigenen Fragestellung eo ipso die Verkennung des Fremden?

Deshalb liegt es nahe, daß man erst einmal versucht, gleichsam eine „Selbstauskunft" einzuholen. Diese kann natürlich mit Voreingenommenheiten, parteilichen

---

5   Also die Verifizierung oder Falsifizierung aktueller Vorstellungen über Sinn und Zweck der Strafe – durch selektive Heranziehung bestimmter Leitlinien der Entwicklung von Prinzipien oder einzelner Institute, die eine anachronistische Begriffsverwendung (im Sinne einer retrospektiven Identifizierung von Teilelementen) gestatten (vgl. im einzelnen: Klaus Lüderssen: Historische Erkenntnisinteressen moderner Kriminalpolitik. In: Lüderssen, Klaus/Schreiner, Klaus/Sprandel, Rolf/Willoweit, Dietmar (Hrsg.): Die Frage nach der Entstehung des öffentlichen Strafrechts – übergreifende Themen und methodologische Probleme, in Vorbereitung.

Interessenwahrnehmungen etc. so belastet sein, daß am Ende doch eine objektive Prüfung stattfinden muß. Aber vielleicht muß man den Gegenstand des Interesses genauer bezeichnen: es ist nach der *Geltung* von strafrechtlichen Normen gefragt. Nach einem weit fortgeschrittenen Verständnis in den Ländern, die nicht der kommunistischen oder einer anderen Diktatur unterworfen gewesen sind, ist Geltung ein Anspruch auf Verbindlichkeit, dessen Einlösung durch Befolgung und Anwendung der Normen zwar – mehr oder weniger – indiziert sein kann, mit diesen Vorgängen aber nicht identisch ist[6]. Ebenso wenig darf man Geltung mit dem Postulat verwechseln, daß etwas gelten solle[7]. Wenn wir unter Zugrundelegung dieser Kriterien nach der Geltung von Strafvorschriften in der ehemaligen DDR fragen, wenden wir also ein Konzept an, das den Satz „nullum crimen sine lege" zwar nicht förmlich verletzt, mit seinem Geist aber unvereinbar ist. Deshalb muß man in die Erkundung dessen, was die Strafrechtsordnung der ehemaligen DDR gewesen sein könnte, die Frage nach deren Selbstverständnis von Geltung einbeziehen. Damit wird die „Selbstauskunft" um eine ganz wesentliche Dimension ergänzt: sie ist nicht nur Quelle der gesuchten Erkenntnis, sondern auch und in erster Linie deren Gegenstand. Auch was man darüber erfährt, ist also von primärer Wichtigkeit.

Am einfachsten wäre es, wenn wir dem, was man als die oberste Rechtsquelle der DDR bezeichnen könnte, nämlich der Verfassung der ehemaligen DDR, eine direkte Aussage entnehmen könnten. Art. 19 Abs. 1 Satz 2 konstituiert den Grundsatz der „sozialistischen Gesetzlichkeit". Aber bei der Frage, wie dieser Grundsatz – nach den Methoden der DDR – auszulegen ist, scheiden sich bereits die Geister. Sollten die Errungenschaften der „Revolution" durch Gesetze fixiert und damit gesichert sein? Oder waren die Gesetze nur eines von vielen Mitteln, den revolutionären Prozeß voranzutreiben, lagen auf der gleichen Ebene wie andere Willensäußerungen der „Staatsmacht": von Anweisungen der Gerichte über Parteibeschlüsse bis hin zu „Befehlen"? Eine gewisse Einigkeit in der Beurteilung kann man mit Blick darauf registrieren, „daß es im 'demokratischen Zentralismus' der DDR keine Gewaltenteilung im Sinne westlicher Demokratien gab" und deshalb „dem förmlichen Gesetz nicht die für einen Rechtsstaat konstruktive Bedeutung" zugekommen sei[8]. Daraus hat man die Verbindlichkeit der Beschlüsse und Richtlinien des Obersten Gerichtes, gestützt auch noch durch § 20 Abs. 2 GVG-DDR abgeleitet, „aber auch sonstiger Verlautbarungen, namentlich unter Beteiligung des Obersten Gerichts herausgegebene 'Standpunkte' und 'Orientierungen'"[9]. Wie weit die Verbindlichkeit dieser „Rechtsquellen" ging, entzieht sich indessen eindeutigem Urteil. Auch dann, wenn diese Texte generalisierend abgefaßt und jeweils in die Zusammenhänge der Idee des

---

6   Vgl. dazu im einzelnen Klaus Lüderssen: Genesis und Geltung in der Jurisprudenz, Frankfurt am Main 1996, S. 94 ff.
7   Ebenda
8   BGHSt 41, S. 260/261
9   BGH, a.a.O., mit Hinweisen auf Recherchen der Literatur nach dem Beitritt

sozialistischen Rechtssystems eingebunden waren, können sie nicht prinzipiell vorbehaltlos gegolten haben. Wenn man also beispielsweise – über entsprechende Befehle (im Sinne eines ganz politisch begriffenen Gesetzesbegriffs) – den Schritt machen möchte zur „Legalisierung" von Dauerfeuer auf bereits bewegungsunfähig gewordene Flüchtlinge, muß die Antwort auf die Frage nach dem Geltungsanspruch des DDR-Strafrechts doch erst noch konkretisiert werden. Wer das mit dem Hinweis tut, daß die Befehle, auf die sich die Schützen berufen, keine Verbindlichkeit haben konnten, weil sie im Widerspruch zum geschriebenen DDR-Recht standen, bekommt zu hören, daß die „Praxis" den Ausschlag gebe: wer die Befehle ausgeführt habe, sei belobigt worden und daraus folge, daß ihnen der Vorrang gebührte gegenüber dem Grenzgesetz, das solche Exzeßtaten nicht erlaubte. Mit dem gewissermaßen keine internen Barrieren kennenden durchgehenden System einer Politisierung des Rechts sei diese Lösung sehr wohl vereinbar, entspreche ihm genau.

Dieses Argument beruht auf der stillschweigenden Annahme, daß Geltung im Sinne des DDR-Rechts mit Wirksamkeit gleichzusetzen gewesen ist. Für die Prävalenz dieses soziologischen Geltungsbegriffs gibt es indessen keinen direkten Anhaltspunkt im DDR-Recht, vielmehr kann man Indizien finden, die sogar dagegen sprechen. Indizien dieser Art sind inzwischen immer wieder zusammengestellt worden. Man sagt etwa, die Heimlichkeit der Behandlung von „Grenzzwischenfällen" spreche dagegen, daß man sie für mit dem geltenden Recht vereinbar gehalten habe. Ferner gibt es die berühmten Verlautbarungen aus Anlaß von Parteitagen der SED, in denen „die strikte Wahrung der Gesetzlichkeit im Strafverfahren"[10] förmlich beschworen wird. Auch kann man in Erinnerung rufen, auf internationalen Konferenzen sei die Selbstdarstellung der Vertreter der DDR dahin gegangen zu betonen „daß der Schußwaffengebrauch durch die Polizei durch gesetzliche Vorschriften für die Volkspolizei geregelt sei, welche sich nicht von den einschlägigen gesetzlichen Vorschriften anderer Staaten unterschieden"[11]. Diese Liste ließe sich fortsetzen[12]. Danach könnte es durchaus so gewesen sein, daß in der DDR Geltung und Wirksamkeit des Rechts *nicht* identisch gewesen sind.

Zu den Indizien *für* einen an Wirksamkeit orientierten Geltungsbegriff gehört unter anderem, daß das Wort „Gesetzlichkeit" im Begriff der sozialistischen Gesetzlichkeit durch das Attribut „sozialistisch" eine Bedeutung erhalte, die seine Relativierung durch sich wandelnde politische Einschätzungen und entsprechende Bekundungen der

---

10 Heinrich Toeplitz: Dem X. Parteitag der SED entgegen – die Leitung der Rechtsprechung durch das Oberste Gericht nach dem IX. Parteitag der SED. In: Neue Justiz, 1980, S. 482 ff. (483)
11 Bericht von Knut Ipsen: Die Selbstdarstellung der DDR vor Internationalen Menschenrechtsorganisationen. In: Enquête-Kommission „Aufarbeitung von Geschichte und Folgen der SED-Diktatur in Deutschland", Recht, Justiz, Polizei IV, Baden-Baden 1995, S. 547 ff. (560)
12 Vgl. schon: Der Staat geht unter (Anm. 4), S. 53 ff.

zuständigen Organe nicht nur ausschließe, sondern begrifflich impliziere – und des Streitens ist keine Ende[13].

Angesichts dieses Tatbestandes wird dann häufig gesagt, „Lassen wir doch die Praxis entscheiden", und die Praxis war eben die, daß auch die „Exzesse" nicht strafrechtlich verfolgt wurden. Eine solche Einebnung aller Kriterien, die selbst die schlimmsten Vorfälle, weil sie nicht sanktioniert wurden, als Ausdruck einer sich ständig erneuernden und wandelnden sozialistischen Gesetzlichkeit mit den in Gesetzesform gebrachten und förmlich in Kraft gesetzten Vorschriften in Einklang bringen kann, nimmt einem Regime, das so verfährt, freilich jeden Maßstab für eine nachträgliche Korrektur: alles ist rechtens, weil es für rechtens erklärt worden ist. Konfrontiert man das mit Mitteilungen, die Hermann Klenner – keineswegs immer konform mit dem Regime, aber auch ebensowenig ein genuiner Gegner – gemacht hat[14], so tritt ein Willkürregime vor uns hin. Klenner sagt nämlich: „wenn man die Spezifik des Rechts leugnet, das ist der entscheidende Punkt, ... dann heißt das, man leugnet die Normativität des Rechts, und dann gibt es keine Gesetzlichkeit. Dann wäre Gesetzlichkeit ein Willkürinstrument. Und das geht nicht. Das ist ein Widerspruch in sich. In dem Moment, ich möchte das vielleicht als die griffigste Formulierung des Gegensatzes hinstellen, in dem das Recht nur noch Instrument von Macht ist und nicht auch Maß von Macht, besteht keine Rechtssicherheit, keine Gesetzlichkeit mehr, dann handelt es sich um ein Willkürregime, was immer auch diejenigen, die dieses Regime ausüben, sich darunter vorgestellt haben". Wer sich zu dieser Deutung der Rechtslage der ehemaligen DDR durchringt und sich doch genötigt sieht, hier und jetzt, rechtliche Entscheidungen, die diese Rechtslage betreffen, zu fällen, könnte dann in der Tat zu einer großen Verweigerung ansetzen und sagen, mit Recht habe das nichts mehr zu tun, man könne ja gar keine rechtlichen Entscheidungen treffen, müsse insofern alles, was passiert sei, akzeptieren.

Das ist die Position von Günther Jakobs[15], und sie ist oft dahin mißverstanden worden, daß er damit eine großzügige Anerkennung eines fremden Rechtssystems vollzogen habe. Nichts ist falscher. Vielmehr hat Jakobs genau das Gegenteil gesagt. Daß er sich gegen Bestrafungen ausspricht, beruht lediglich auf seiner grundsätzlichen rechtstheoretischen Position. Er sieht die überpositiven Normen nicht, die uns berechtigen könnten, sie nachträglich auf das Verhalten von DDR-Bürgern anzuwenden.

---

13 Mit Recht weist Klaus Günther in seiner Anmerkung zum Urteil des Bundesgerichtshofes vom 3.11.1992, Strafverteidiger 1993, S.18 ff. (22), darauf hin, daß es nur konkurrierende Verständnisse geben könne, zieht aber m.E. unnötig rigide Konsequenzen daraus (s. unten: S. 54, Anm. 32).
14 In: Enquête-Kommission (Anm. 11), Protokoll der 39. Sitzung („Die Babelsberger-Konferenz" S. 67 ff. (113)
15 Untaten des Staates – Unrecht im Staat, Goltdammer's Archiv 1994, S.1 ff.; ihm folgend Michael Pawlik: Strafrecht und Staatsunrecht, Goltdammer's Archiv 1994, S.472 ff. (478)

Wer aber meint, daß eine den sich wandelnden Notwendigkeiten, die sozialistische Gesetzlichkeit voranzutreiben, anpassende Praxis der Nichtanwendung formell geschriebenen Rechts zu Gunsten einer höheren Normmasse, eben derjenigen, die sich aus Parteiempfehlungen, Befehlen etc. zusammensetzt, keine Wilkür sei, sondern sozialistisches Recht, gewinnt zu dieser Praxis ein ganz anderes Verhältnis: sie muß anerkannt werden als Ausdruck des Selbstverständnisses jener fremden Rechtsordnung, die wir anzuwenden versuchen. Das ist etwa die Position von Klaus Günther[16], der mit Jakobs also nur im Ergebnis, aber überhaupt nicht in der Begründung übereinstimmt. Auch das wird oft verkannt und sei daher hier einmal ausdrücklich hervorgehoben[17].

Die total positivistische Position (so habe ich sie an anderer Stelle bezeichnet[18]) ist meines Erachtens, wie auch immer man sie zu begründen versucht, eine absurde Option. Eine Praxis, die schon deshalb als Recht gilt, weil sie stattfindet, ist jeder Überprüfung entzogen. Es ist evident, daß das nicht dem Selbstverständnis der DDR entsprochen haben würde. Die zahllosen Fälle, in denen jemand wegen Verfehlens der „richtigen" sozialistischen Linie zur Rechenschaft gezogen worden ist, könnten gar nicht erklärt werden. Jede Gesellschaft, die sich eine Ordnung gibt, deren Einhaltung überprüft und korrigiert werden kann – und es gibt überhaupt kein Anzeichen dafür, daß die Gesellschaft der DDR diese Eigenschaft nicht hatte – muß Regeln kennen, nach denen sich diese Überprüfung richtet. Nur ein ausdrückliches Bekenntnis zur jederzeitigen und überall hinreichenden Willkür würde das ausschließen. Nicht zwingend ist, daß diese Regeln schon existieren, bevor gehandelt wird. Sie können situativ im Handeln entstehen, sie können auch nachträglich gebildet werden. Im ersten Falle hätten wir das, was der moderne Dekonstruktivismus aus dem Recht gerne machen möchte[19]; es bedarf wohl keiner Darlegung, daß dies nicht der Standpunkt der DDR war. Im zweiten Falle könnte man die Regeln retroaktiv nennen und sie als *Rechts*regeln bezeichnen, wenn man diese nicht an die Voraussetzung binden würde, daß sie handlungsanleitend sein, sondern eben nur die Funktion nachträglicher Bewertung übernehmen sollen. Wiederum ist nicht zu erkennen, daß die DDR das Recht auf diese Funktion beschränken wollte. Natürlich könnte man die Philosophie des „die Partei hat immer Recht" hypothetisch so weit treiben, daß nach den Regeln des gedachten Fortschritts zum Kommunismus ein Befehl zur „Vernichtung"[20] von Flüchtlingen, unmittelbar nachdem er befolgt worden ist, seine Gültigkeit verliert und – nach dem Prinzip, daß eine nachträgliche Regel auch die Rechtskonkretisierung bedeuten kann – das Verhalten des Grenzsoldaten unrechtmäßig wird. Ebensogut könnte man sich das Umgekehrte vorstellen: der Befehl deckt zunächst das Verhalten

---

16 Anm. zum Urteil des BGH (Anm. 13)
17 Abweichend von Günthers Selbstverständnis (Anm. 13), vgl. Anm. 32
18 Der Staat geht unter (Anm. 4), S. 46
19 Vgl. Genesis und Geltung (Anm. 6), S. 349 ff.
20 Der Staat geht unter (Anm. 4), S. 90

nicht, nachträglich aber findet man gut, was geschehen ist. Wenn die ehemalige DDR wirklich komplett unter der Devise einer solchen Parteiphilosophie gestanden hätte, müßte irgendein Fall bekannt geworden sein, der entsprechend diesem Regelwechsel Konsequenzen gehabt hätte. Wohlgemerkt – dort, wo am gesellschaftlichen Leben der DDR in keiner Weise etwas, was man Recht zu nennen gewohnt ist, beteiligt war, wird es so etwas schon gegeben haben. Indessen möchte ich bis zum Beweis des Gegenteils behaupten, daß im engeren Bereich des strafrechtlichen Reagierens es einen derartigen Regelwechsel – weder in der einen Richtung noch in der anderen – nicht gegeben hat. Wenn das richtig ist, hatte die DDR eben doch einen präskriptiven Rechtsbegriff und die Chimäre einer sich jeweils selbst beurteilenden Praxis ist damit vom Tisch.

Wenn man also auch für das DDR-Recht davon ausgehen muß, daß es einen Minimalstandard vom Begriff des Rechts hatte (im Sinne einer nachträglichen Bindung an eine vorher dagewesene Regel), so beginnt unsere Suche nach Anhaltspunkten für den Rechtsbegriff in der ehemaligen DDR von neuem, jetzt aber abgeleitet von der Gewißheit, daß er nicht ganz und gar im Vagen des sich entfaltenden sozialistischen Geschichtsgesetzes verschwindet, sondern als selbständige Größe zu fixieren ist – vielleicht eben gerade so, wie es Klenner[21] versucht hat.

Man kann aber zunächst auch einen einfacheren Ausgangspunkt wählen, nämlich die DDR-Verfassung, etwa Art. 30, der eindrucksvoll Grundrechte formuliert. Wer diesen Anknüpfungspunkt wählt, erspart sich die Gretchen-Frage des Gesetzespositivismus: „Wie ist eine nicht auf metarechtliche Autorität wie Gott oder Natur zurückgreifende Deutung des subjektiven Sinns gewisser Tatbestände als ein System in Rechtssätzen beschreibbarer, objektiv gültiger Rechtsnormen möglich?"[22]. Danach (dies suggeriert jedenfalls diese Frage) ist nicht jede Machtäußerung, die sich selbst als Recht bezeichnet, schon Recht – auch nicht nach einer Konzeption des Rechts, die auf überpositive Quellen verzichten zu müssen glaubt.

Die Antwort, die Kelsen selbst seinerzeit gegeben hat, befriedigt nicht. Einerseits verweist er am Ende doch auf eine höhere Norm, nämlich die Grundnorm; andererseits ist seine Argumentation tautologisch[23]: die Grundnorm, die vorauszusetzen ist, gebietet, „man soll sich so verhalten, wie die Verfassung vorschreibt, das heißt: wie es dem subjektiven Sinn des verfassungsgebenden Willensaktes, den Vorschriften des Verfassungsgebers, entspricht"[24]. Die Funktion dieser Grundnorm ist: die objektive Geltung einer positiven Rechtsordnung, das ist der durch menschliche Willensakte gesetzten Normen einer im großen und ganzen wirksamen Zwangsordnung, zu begründen, das heißt: den subjektiven Sinn dieser Akte als ihren objektiven Sinn zu

---

21 Vgl. Anm. 14
22 Hans Kelsen: Reine Rechtslehre, 2. Aufl., Wien 1960, S. 205
23 Zu diesem Vorwurf auch: Horst Dreier: Rechtslehre, Staatssoziologie und Demokratietheorie bei Hans Kelsen, Baden-Baden 1986, S.47
24 Reine Rechtslehre (Anm. 22), S. 205

deuten"[25]. Dies macht einen nun wirklich nicht klüger, und deshalb sieht man sich auf eine andere Stelle angewiesen, die etwas realistischer darüber Auskunft gibt, was Kelsen eigentlich meint.. Dort heißt es nämlich, daß jene Grundnorm dann nicht vorausgesetzt wird, wenn sie „nicht jene dauernde Wirksamkeit hat, ohne die keine sich auf sie beziehende, ihre objektive Geltung begründende Grundnorm vorausgesetzt wird"[26], und dann wird am Beispiel der „Räuberbande" ausgeführt, daß die Grundnorm „diese Wirksamkeit offenbar nicht" hat, „wenn die Sanktionen statuierenden Normen der Rechtsordnung, innerhalb deren territorialen Geltungsbereich die Tätigkeit der Bande fällt, tatsächlich auf diese Tätigkeit als auf rechtswidriges Verhalten angewendet werden... das heißt: wenn die als Rechtsordnung angesehene Zwangsordnung wirksamer ist als die die Räuberbande konstituierende Zwangsordnung"[27]. Hier wird ganz offenbar, daß Kelsen letztlich auf die Wirksamkeit abstellt[28] und damit den Anspruch auf dem von einer soziologischen Theorie abtrennbaren Begriff von Geltung, der auch gleichermaßen von metaphysischer Geltung abgegrenzt ist, aufgibt[29].

Den nicht überpositiven Begriff von Rechtsgeltung – jenseits der Wirksamkeit – zu bestimmen, könnte als Versuch einer contradictio in adjecto aufgefaßt werden, wenn systemimmanente und zugleich substanzorientierte Aussagen über Rechtssätze nicht möglich sind. Daß der bloße Wille einer Gesellschaft, die von sich behauptet, sie sei rechtlich organisiert, für die Etablierung objektiv gültigen Rechts nicht ausreicht, zeigt bereits die kurze Auseinandersetzung mit der Kelsen'schen Position. Wenn man in dieser Situation nicht – wie Kelsen das tut – auf Kriterien der Wirksamkeit ausweichen möchte, muß etwas Inhaltliches vorgewiesen werden. Sofern eine gesetzte Rechtsordnung über die Inhalte, die sie realisieren möchte, selbst Auskunft gibt, ist das politisch inaugurierte, sodann gesetzlich fixierte Konzept von Recht nicht überpositiv.

Aber was würde man tun, wenn auf diesem Wege Inhalte benannt werden, bei denen sich sozusagen die Haare stäuben? Ich formuliere das absichtlich in einem Konditionalsatz. Denn es ist mir keine Rechtsordnung bekannt geworden, die in dieser Weise ihre Inhalte formuliert. Wenn man freilich den Satz, „der Klassenfeind

---

25 Ebenda
26 Reine Rechtslehre (Anm. 22), S. 49
27 Ebenda
28 Zu dieser Äußerung vgl. auch Dreier, (Anm. 23), S. 48, mit vielen Belegen
29 Daran kann auch die spätere captatio benevolentiae Kelsens nichts ändern, wonach die Leistung der Grundnorm weniger bestehe „in einer echten Normativitätsstiftung als in der Bereitstellung eines Normativsurrogates – denn ohne diese Grundvoraussetzung 'können die Beziehungen zwischen den Befehlsakte setzenden Menschen und den Menschen, an die die Befehle gerichtet sind, nur als Machtverhältnisse, nicht als Rechtsverhältnisse gedeutet werden'" (Hans Kelsen: Die Selbstbestimmung des Rechts. In: Die Wiener Rechtstheoretische Schule, Bd. II, Frankfurt am Main u.a., S. 1445 ff. (1452). Vielmehr ist das lediglich eine erneute, freilich durchaus plastische Formulierung des Problems.

ist zu vernichten" als einen Rechtssatz ansieht, gelangt man an diese Barriere, und nun hängt alles davon ab, ob einer Gesellschaft wirklich zuzumuten ist, daß sie Sätze dieser Art als Rechtsinhalte für sich selbst als verbindlich erachtet.

Aus dem gesamten Kontext der untergegangenen DDR ist ein Rechtsverständnis, das solche Sätze als Rechtsinhalte – im Sinne eines Selbstverständnisses – einbezieht, nicht abzuleiten.

Freilich muß man sich vor Kurzschlüssen hüten. Wenn der Bundesgerichtshof[30] meint, Art. 4 Abs. 3 StGB-DDR habe durch die Festlegung von „nullum crimen nulla poena sine lege" einen Gesetzesvorbehalt formuliert, der es verbiete, „Bestimmungen, die keine Gesetzesqualität besitzen, eine das förmliche Gesetz verdrängende, strafbarkeitsbegründete Kraft zukommen zu lassen", so ist das zwar für sich genommen richtig. Richtig ist auch die daraus gezogene Folgerung: „Beschlüsse und Richtlinien des Obersten Gerichts der DDR oder sonstige Verlautbarungen von Staatsorganen können damit für das Merkmal der Gesetzwidrigkeit in § 244 StGB-DDR nur insoweit Bedeutung erlangen, als sie mit der – unter Umständen extensiven – Auslegung eines gesetzlichen Straftatbestandes noch vereinbar sind". Aber was geschieht mit derjenigen jenseits jenes Gesetzesvorbehaltes sich bewegenden „Normenmasse", die nicht strafbarkeits*begründend*, sondern strafbarkeits*ausschließend* ist, also eben jenen Befehlen, die von den Beschuldigten dafür in Anspruch genommen werden, über den Wortlaut des Grenzgesetzes hinaus Tötungen an der Grenze zu rechtfertigen? Art. 4 Abs. 3 StGB-DDR gibt insofern also noch nicht die nötige Handhabe für ein Selbstverständnis der ehemaligen DDR, wonach das Recht gewisse Grenzen der Humanität nicht überschreiten darf.

Was der direkten Anwendung des Art. 4 Abs. 3 StGB-DDR versagt ist, könnte indessen indirekt zum Tragen kommen, als Teilelement jenes Ensembles von Aussagen über das Recht, die – wie gesagt – der These im Wege stehen, die DDR habe alles und jedes, wenn es nur politisch gepaßt hätte, für Recht erklären wollen.

Die „letzte" Frage, die an das Selbstverständnis einer fremden Rechtsordnung – die man begreifen muß, um sie anwenden zu können – zu richten ist, bleibt den Zeitgenossen also erspart. Aber die Situation ist doch geeignet und Anlaß, ein wenig zu überlegen, wie diese Frage, wenn sie sich denn stellen würde, zu beantworten wäre. „Rechtsgeltung" nur unter der Prämisse als Gegenstand einer sinnvollen Frage anzusehen, daß Entscheidungszwang besteht[31], würde dazu führen, daß man die

---

30 BGHSt Bd. 41, S. 261
31 Das ist eine Annahme, mit der hier einmal gearbeitet werden soll, obwohl sie hochproblematisch ist. Denn was der rechtshistorischen Hermeneutik im engeren Sinn (s. Anm. 5) erlaubt ist, damit man sich nachträglich ein Bild machen kann, welche Elemente einer gegenwärtigen rechtlichen Regelung sich schon früher finden, wobei man dieses Frühere eben bewußt mit den Augen des heutigen Betrachters sieht – diese Freiheit ist im Rahmen der applikativen Hermeneutik eben nicht gegeben. Das bedarf der Hervorhebung, weil man gelegentlich auf die Ansicht stößt, gerade die applikative Hermeneutik sei durch den ihr eigenen Pragmatismus bestimmt und lege sich gewissermaßen – etwas überspitzt ausgedrückt – die fremde, zu verstehende und dann anzuwenden-

Kriterien durchmustert, die wir jetzt in der Bundesrepublik – nach erfolgtem Beitritt der DDR – anwenden müssen. Das sind der Einigungsvertrag, das Strafgesetzbuch der ehemaligen DDR und – wenn die Regelung milder ist – das Strafgesetzbuch der Bundesrepublik, vermehrt um die auf diese Materien bezogenen Auslegungs- und Rechtskonkretisierungsmaximen, also eine Mischung aus Traditionen der alten Bundesrepublik und der DDR – je nachdem. Wie man leicht sehen kann, hilft diese Auskunft nicht weiter; vielmehr führt sie uns unmittelbar zurück zu den Fragen, die soeben nacheinander behandelt worden sind. Der Gedanke, man könne durch einen anwendungsorientierten Begriff von Geltung das Problem, nun jene überpositiven Mindeststandards von Recht aufsuchen zu müssen, umgehen, erweist sich also als irrig. Denn innerhalb des gesamten Parallelogramms der die Rechtskonkretisierung determinierenden ideellen und realen Faktoren kommt man dann doch an den Punkt, wo sich jene Frage nach den minima erhebt. Handelt es sich um eine fremde Rechtsordnung, so sind damit die Grenzen eines immanenten Rechtsverständnisses markiert[32].

Weder das internationale Recht, noch die Rechtsvergleichung haben bei ihren Methodenüberlegungen bisher, soweit ich sehen kann, diese Einsicht als ein Problem empfunden. Das liegt wohl daran, daß die in der Praxis insoweit auftauchenden Fragen regelmäßig schon in einem frühen, noch weitab von aporetischen Assoziazionen liegenden Stadium beantwortet werden können; außerdem wird in den nicht strafrechtlichen Fällen mit dem „ordre public" gearbeitet. Unergiebig ist ferner der Ertrag, den die Methoden der Ethnologie abwerfen, auf die man hingewiesen wird[33], wenn mit den DDR-Problemen interdisziplinäre Fragen des Fremdverstehens auftauchen. Auch neuere ethnologische Modelle, etwa die der dichten Beschreibung[34], offenbaren

---

de Rechtsordnung so zurecht, wie man entscheiden wolle (unter Berücksichtigung aller tradierten Auslegungskriterien). Mit anderen Worten: Geltung sei nicht etwas, das man für sich genommen feststellen könnte, sondern immer nur relevant unter dem Gesichtspunkt, daß man zur Entscheidung gezwungen sei. Dies wäre eine Spezifizierung des Begriffs der Geltung, für die ich in der rechtstheoretischen Literatur den Anhaltspunkt bisher nicht sehe. Sie hätte zur Folge, daß sich Rechtshistoriker dafür, ob in der Vergangenheit eine Rechtsregel in diesem – von den anderen Erscheinungsformen von Geltung (Wirksamkeit einerseits, Gelten-Sollen andererseits) abgegrenzten – Sinne gegolten hat, eo ipso nicht zu interessieren hätten. Der Satz „nullum crimen sine lege", dessen Realisierung immer daran geknüpft ist, daß etwas da war, ehe man es anwendet, verlöre überdies jede Bedeutung. Denn, ob etwas gegolten hat oder nicht, also eine lex praevia bestand, soll ja nach dieser Konzeption sich erst aus der nachträglich entstandenen Notwendigkeit einer Entscheidung über die Anwendung jenes Rechtes ergeben – eine selbst geschaffene Aporie, für die mir nicht der geringste Anlaß zu bestehen scheint.

32 Vgl. dazu schon: Der Staat geht unter (Anm. 4), S. 52 ff. Zu weit geht Günther in seiner Anmerkung zum Urteil des BGH (Anm. 13), wenn er angesichts dieses Dilemmas vorschlägt, man möge doch den Versuch des Fremdverstehens gar nicht erst machen. Reine Konstruktion wäre die Alternative. Aber auch sie stößt an Grenzen (vgl. dazu bereits oben: S. 49).
33 Siehe dazu: Der Staat geht unter (Anm. 4), dort Anm. 73
34 Vgl. das gleichnamige Buch von Clifford Geertz, 4. Aufl., Frankfurt am Main 1995

bald ihre Naivität[35]. Was kann also die angemessenere Rekonstruktion eines Selbstverständnisses sein?

Es bleibt dabei, daß die Rechtshistoriker und die Philosophen mit der Reflexion dieses Problems bisher am weitesten gekommen sind. Die „Rekonstruktion der Konstruktion" bedeutet eine zweifache Theoriebindung, deren eine den Historiker „selbst fesselt, deren andere sein Objekt konstituiert, und die er beide miteinander verbinden muß. Er bedient sich notgedrungen des eigenen theoretischen Instrumentariums, das ihm seine Zeit anzubieten hat, und er sieht sich unausweichlich mit jenem Theorienbündel konfrontiert, welches den Autoren seiner Quellen erlaubt, etwas wahrzunehmen und das Wahrgenommen auszusagen"[36]. In dieser sehr einprägsamen Aufstellung fehlt aber die Einsicht, daß im wie auch immer Konstruierten die Tatsache des Vorhandenen mitgedacht werden muß. Kant war seinerzeit klug genug „das Ding an sich" bestehen zu lassen, den Sündenfall der Neukantianer hat er nicht voraussehen können. Neuere Kantinterpretationen weisen hier einen, wie ich finde, gangbaren Weg: „das Ding an sich ist ... ein 'Gedankending', das als 'heuristische Fiktion' dient ..." mich umfaßt dies jegliche Konzeption einer ontischen Realität, die in Raum und Zeit strukturiert ist. Die Fiktion einer solchen Realität ist jedoch für unsere sozialen Interaktionen notwendig"[37]. Das heißt, auch wenn im Wahrnehmungsprozeß hundertprozentig nichts anderes als Konstruktion zu erkennen ist, muß doch noch ein Gegenüber gedacht werden.

Was horizontal gilt, dürfte vertikal nicht anders sein. Wenn wir wirklich nicht wissen, was das Recht der ehemaligen DDR war, wenn wir nicht denken können wie ehemalige DDR-Juristen, folgt daraus nicht, daß wir uns einfach ausdenken, was die DDR gewesen sein könnte, und zwar auch dann nicht, wenn wir gar nichts anderes als unsere Denk- und Konstruktionsprodukte überprüfen können, weil – dies ist die Parallele zum 'Ding an sich' bei Kant – die Grundannahme, daß etwas gewesen sein muß, das sich unserer Konstruktion entzieht, trotz der Unaufklärbarkeit seiner Substanz diese Bedeutung behält. Man kann die Rechnung auch umgekehrt aufmachen, wie sich am Beispiel der höchstpersönlichen Erinnerung leicht zeigen läßt. Sie gilt doch als besonders authentisch im Sinne eines „wie es wirklich gewesen ist", und doch ist ihr konstruierender Charakter, wenn es erlaubt ist, so paradox zu sprechen, allgegenwärtig[38].

---

35 Hubert Treiber: Kriminalrechtsgeschichte als quellennahe „Erzählkunst"; oder: Über die Risiken „dichter Beschreibung", In: Trutz v. Trotha (Hrsg.): Politischer Wandel, Gesellschaft und Kriminalitätsdiskurse, Baden-Baden 1996, S. 261 ff. (265 ff.)
36 Johannes Fried: Gens und Regnum, Wahrnehmungs- und Deutungskategorien politischen Wandels im frühen Mittelalter. In: Miethke, Jürgen/Schreiner, Klaus: Sozialer Wandel im Mittelalter, Sigmaringen 1994, S. 73 ff. (91)
37 Ernst v. Glaserfeld: Radikaler Konstruktivismus, Ideen, Ergebnisse, Probleme, Frankfurt am Main 1996, S. 80
38 Vgl. dazu: Produktive Spiegelungen, Frankfurt am Main 1991, S. 20, Fußnote 6 und die dortigen Zitate.

Hermeneutik bezeichnet ein dialektisches, kein Konstruktionsproblem. Aber damit ist noch nicht die Metaphysik abgerufen. Vielmehr muß man sich um Verfahren bemühen, die geeignet sind, diese Dialektik im Positiven nicht aufzulösen – das wäre eine unmögliche Aufgabe – wohl aber in ihrem jeweiligen Zustande akzeptabel zu machen. Auch diejenigen, die glauben, überpositiven Anleihen nur dadurch entgehen zu können, daß sie Geltung und Wirksamkeit gleichsetzen, müssen, wie man jetzt leicht sehen kann, bei ihrer Wahrnehmung der Wirksamkeit ihre Konstruktion mit dem – wie auch immer – Vorhandenen vermitteln. Wenn insofern kein Vorsprung besteht – warum soll dann eine Konzeption, die Rechtsgeltung nicht zwingend an die Wirksamkeit des Rechts knüpft, nicht ähnlich verfahren dürfen?

Die vorläufig letzte Frage ist, wie ein solches Verfahren aussehen könnte. Der Weg in die überpositive Orientierung wäre ohne weiteres sofort wieder angetreten, wenn es dabei auf jenseits menschlicher Verabredung existierende Autoritäten oder Prinzipien ankäme. Fühlt man sich aber an diese Bedingung nicht gebunden, könnte sich über Theorie und Realität des Diskurses die Lösung ergeben. Daß die Relevanz gelingender Diskurse und die Aussichten auf Konsensmaximierung ihrerseits nicht voraussetzungslos sind – Freiheit der am Diskurs Teilnehmenden als höchstes Gut, Diskurs als Wahrheit und Richtigkeit verbürgendes Verfahren, Konsens als höchster Wert – ist bekannt[39], steht meines Erachtens aber dem Versuch, etwas zu tun, was der tradierten Kritik an überpositiven Orientierungen standhält, nicht entgegen. Das habe ich an anderer Stelle[40] genauer ausgeführt und muß hier insofern darauf verweisen.

2

Der „restriktive Positivismus", der sich danach für die Anwendung des Strafrechts der ehemaligen DDR empfiehlt[41] und sich abgrenzt von natur- oder vernunftrechtlicher Orientierung einerseits[42], totalem Positivismus andererseits[43], wird freilich von der höchstrichterlichen Rechtsprechung nach wie vor nicht epistemologisch, sondern normativ begriffen[44] und führt bei den die Rechtsprechung in den letzten Jahren in erster Linie beschäftigenden Problemen zu folgenden Beurteilungen:

---

39 Dazu: Genesis und Geltung (Anm. 6), S. 199
40 Genesis und Geltung (Anm. 6), S. 65 ff.
41 Dazu Hans-Joachim Hirsch: Rechtsstaatliches Strafrecht und staatlich gesteuertes Unrecht, Opladen 1996, S. 11 ff. mit Belegen
42 Vgl. dazu die Hinweise bei Wolfgang Naucke: Die strafjuristische Privilegierung staatsverstärkter Kriminalität, Frankfurt am Main, 1996, S. 40, Anm. 63; zur Sache dann aber vor allem Naucke selbst a.a.O. , S. 42 ff.
43 Vgl. die Belege bei Naucke (Anm. 42), S. 39, Anm. 61; Hirsch (Anm. 41), S. 9 ff. mit vielen Belegen
44 Das gilt auch für die neue Entscheidung des BVerfG (StV 1997, S. 14 ff., vgl. dazu im einzelnen Lüderssen, Juristenzeitung 1997, S. 525 ff.)

1. Die Mauerschützen-Prozesse gehen ihren „sozialistischen Gang", möchte man sagen. Die Doppel-Lösung des BGH – Bindung des Strafrechts der DDR an die das Auswanderungsrecht garantierenden Klauseln des Internationalen Paktes für bürgerliche und politische Rechte (unter Verweigerung der Berufung auf im Vertrag selbst vorgesehene Ausnahmen davon) *und* Ablehnung der Gültigkeit des Grenzgesetzes (unter Hinweis auf höhere Normen) – hat sich durchgesetzt, wiewohl freilich noch eine verfassungsgerichtliche Entscheidung abzuwarten ist. Wenn ich recht sehe, nehmen die Fälle, in denen *Entschuldigungsgründe* erwogen werden, allmählich zu. Ein weiteres novum ist die allmähliche Erweiterung der Anklage auf das „mittlere Management", also: Kommandanten von Grenzabschnitten, Polizeibefehlshabern in den von der Grenze etwas weiter entfernten mittleren und kleineren Städten.

Was die Spitzenfunktionäre angeht, so hat ihre Verfolgung ziemlich gleichzeitig mit der der Mauerschützen begonnen. Daß die Prozesse später eingesetzt und länger gedauert haben oder noch andauern, hängt zunächst mit der Schwierigkeit der Beweisaufnahme zusammen, dann aber auch damit, daß es noch einmal zu einer Erweiterung der rechtlichen Konstruktionen gekommen ist. Gemeint ist der Prozeß gegen Mitglieder des Politbüros, in dem die Anklage zum Teil darauf gestützt wird, daß die Angeklagten es *unterlassen* haben, die Tötungen an der Grenze zu verhindern. In Verbindung damit, daß für die entsprechenden Zurechnungen außerdem Grundsätze, nach denen die Strafbarkeit mehrerer Beteiligter zu beurteilen ist, heranzuziehen sind, ist diese Materie sehr schwierig geworden. Die gelegentlich zu hörende Behauptung, das Zurechnungssystem des Strafrechts sei solchen grobmaschigen Handlungszusammenhängen überhaupt nicht gewachsen, ist sicher verkehrt. Straftaten kraft organisatorischer Machtapparate war schon 1963 das Thema einer berühmten Abhandlung von Claus Roxin, und in der Folgezeit hat sich in der Dogmatik ein fester Bestand von insoweit anzuwendenden Zurechnungsregeln entwickelt[45].

Das ist die Dogmatik der alten Bundesrepublik. Die DDR hatte eine wesentlich formalere und damit engere Auffassung von der Haftbarmachung entfernter Urheber eines Unrechtserfolges. Allerdings gilt das nur für die Konstruktion der Täterschaft. Anstiftung und Beihilfe wurden im wesentlichen so behandelt wie in der alten Bundesrepublik, ebenfalls die Kombination von Anstiftung und Unterlassung. Gleichwohl sind hier die Grenzen der Leistungsfähigkeit des Strafrechts sicher erreicht. Die Tendenz, das positive Recht insofern auszureizen, erfährt vermutlich gegenwärtig eher eine Steigerung durch das allenthalben gewachsene Bedürfnis, sowohl in wirtschaftlichen wie in kriegerischen Zusammenhängen weitläufigere Zurechnungen auch mit den Mitteln des Strafrechts vorzunehmen. Die Konstruktionen, die das positive Recht (wobei immer die Dogmatik mitge-

---

45 Uwe Murmann: Tatherrschaft durch Weisungsmacht, Goltdammer's Archiv 1996, S. 269 ff.

meint ist) insofern ermöglicht, signalisieren im Prinzip keineswegs seine Überdehnung, wie vielfach mit Blick darauf, daß das Strafrecht eigentlich für „kleine Verhältnisse" geschaffen sei, angenommen wird, sind aber natürlich nur anwendbar bei eindeutigen Beweislagen. Zunehmend wird in diesem Zusammenhang von der Verteidigung geltend gemacht, daß die Anklage den faktischen Einfluß der damaligen Sowjetunion unterschätze. Die daraus von den Angeklagten abgeleitete weitgehende faktische Unfähigkeit, die Verantwortung seinerzeit zu tragen, kontrastiert auffallend mit der vorgetragenen Behauptung der führenden DDR-Funktionäre, innen- und außenpolitisch seinerzeit unabhängig gehandelt zu haben.

2. Noch nicht genügend ins Bewußtsein getreten ist, daß die Entscheidungen, mit denen der Bundesgerichtshof auf Anklagen ehemaliger Richter oder Staatsanwälte der DDR wegen *Rechtsbeugung* reagiert hat, seine Rechtsprechung zu den Mauerschützen-Fällen eigentlich in einem sehr grundlegenden Punkt in Frage stellt[46]. Denn jene Entscheidungen konzedieren den Angeklagten nachträglich ja eine sehr weitgehende Bindung an die politischen Verhältnisse der ehemaligen DDR. Schon in seiner ersten einschlägigen Entscheidung führt der Bundesgerichtshof aus: „... entspricht es dem Staats- und Verfassungssystem der ehemaligen DDR, daß der Richter, obwohl er nach der DDR-Verfassung (Artikel 96 I) bei seiner Rechtsprechung unabhängig und nur an die Verfassung, die Gesetze und die anderen Rechtsvorschriften gebunden war, tatsächlich mannigfachen äußeren Einflüssen unterlag, die letztlich sämtlich auf die SED zurückzuführen waren. Weil die Justiz 'zur Lösung der Aufgaben der sozialistischen Staatsmacht bei der Gestaltung der entwickelten sozialistischen Gesellschaft beizutragen' hatte (§ 3 DDR-GVG), mußte sie sich auch an der inhaltlichen Bestimmung sozialistischer Grundsätze orientieren, die von der SED ausging[47]." Dann zieht der Bundesgerichtshof daraus die Konsequenz für die Anwendung des § 244: „Die besonderen Züge dieses Rechtssystems sind bei der Prüfung der Frage, ob die Handlung gesetzwidrig i.S. des § 244 StGB-DDR gewesen ist ... zu beachten. An einer Gesetzwidrigkeit i.S. des § 244 StGB-DDR hat es grundsätzlich gefehlt, wenn die Handlung des Richters vom Wortlaut des Rechts der DDR gedeckt war. Das gilt grundsätzlich auch, soweit der Wortlaut des Gesetzes wegen seiner Unschärfe mehrdeutig war; solche Mehrdeutigkeit war häufig. Das System der auf Vereinheitlichung und Durchsetzung der sozialistischen Zielsetzung gerichteten Einflußnahmen ist zu berücksichtigen; da diese Einflußnahmen im Einklang mit der Staatszielbestimmung der DDR-Verfassung standen, kann eine Gesetzesverletzung i.S. des § 244 DDR-StGB nicht darin gefunden werden, daß sich der

---

46 Zutreffend aber Lorenz Schulz: Der nulla-poene-Grundsatz – ein Fundament des Rechtsstaats. In: ARSP – Beiheft 65, S. 173 ff. (195f.)
47 Neue Juristische Wochenschrift 1994, S. 529 ff. (530)

Richter von solchen Einflüssen bestimmen lassen hat. Zu diesen Einflüssen gehören wegen ihrer Verbindlichkeit Richtlinien und Beschlüsse des *Obersten Gerichts* (§ 20 Abs. 2 DDR-GVG ...). Von Bedeutung können aber auch sonstige Verlautbarungen sein, namentlich die 'gemeinsamen Standpunkte' des *Obersten Gerichts* und anderer Staatsorgane, die 'Standpunkte' der Kollegien und einzelner Senate des *Obersten Gerichts* sowie die unter Beteiligungen des *Obersten Gerichts* gegebene 'Orientierung'"[48].

Klarer kann man nicht angeben, wie weit und wohin die Richter in der DDR bei der teleologischen Gesetzesauslegung gehen mußten und daß das für die nachträgliche Anwendung des § 244 StGB-DDR zu respektieren ist. Die Vorwürfe, die danach dem Angeklagten zu machen sind, laufen im Ergebnis darauf hinaus, daß gerade auch menschenrechts*widrige* Akte im Prinzip noch zu respektieren sind, und erst recht keine expressis verbis menschenrechts*freundliche* Auslegung verlangt wird. Die Grenze zieht der Bundesgerichtshof erst dort, wo „die Rechtswidrigkeit der Entscheidung so offensichtlich war und insbesondere die Rechte anderer, hauptsächlich ihre Menschenrechte, derart schwerwiegend verletzt worden sind, daß sich die Entscheidung als Willkürakt darstellt"[49].

Das heißt: wer sich als Richter in der DDR an den Wortlaut gehalten hat, ist von vornherein vom Vorwurf der Rechtsbeugung befreit.

Aber der Bundesgerichtshof geht noch weiter: Abweichungen vom Wortlaut zuungunsten eines Bürgers sind auch dann noch keine Rechtsbeugung, wenn sie bereits in die Menschenrechte eingreifen. Eine menschenrechts*freundliche* Auslegung verlangt der Bundesgerichtshof insofern also gerade nicht von den Richtern der DDR. Nur wenn die Menschenrechtsverletzung besonders schwer wiegt, ist für den wegen Rechtsbeugung angeklagten Richter die Grenze der Berufung auf jene politischen Einflüsse erreicht. Daß der Bundesgerichtshof sich *insofern* auf die Verbindlichkeit des internationalen Pakts über bürgerliche und politische Rechte für die DDR beruft[50], ist also nur in diesem Sinne zu verstehen: damit *überhaupt* ein Anknüpfungspunkt für die Bedeutung der Menschenrechte bei der Auslegung von DDR-Rechtsnormen gefunden werden kann.

Man fragt sich, wie diese weitgehende Rücksichtnahme auf ein politisiertes Selbstverständnis der DDR-Richter mit der rigiden Zumutung zu vereinbaren ist, die Grenzsoldaten hätten die Menschenrechtswidrigkeit des Grenzgesetzes erkennen können, das für sich genommen eine zwar strenge, aber noch im Rahmen dessen, was gelegentlich an Grenzen als erlaubt gilt, liegende Regelung zum In-

---

48 A.a.O., S. 531
49 A.a.O., S. 532
50 Ebenda

halt hat[51]. Daß hier mit zweierlei Maß gemessen wird, weil – so lauten bereits die Vermutungen – wieder einmal ein Richterprivileg[52] gepflegt werde[53], wird gelegentlich mit der Begründung zurückgewiesen, es sei doch ein Unterschied, ob getötet worden sei oder nicht, und die Richter, die vom Vorwurf der Rechtsbeugung freigesprochen worden sind, seien ja nicht wegen von ihnen zu verantwortenden Tötungen angeklagt gewesen. Hätten die Soldaten an der Grenze nicht geschossen, sondern die wegen schwerer Republikflucht verdächtigen Fliehenden nur eingesperrt, so könnte ein Hinweis auf Inkonsequenzen angebracht sein. Da aber geschossen worden sei, gelte etwas anderes: § 213 Strafgesetzbuch der DDR (Republikflucht) habe im Rahmen des die Tötung legalisierenden Grenzgesetzes eine andere Funktion und könne in dieser Funktion, weil das Töten eben eindeutig eine Menschenrechtsverletzung sei, nicht gebilligt werden. Also gewissermaßen nach der Logik: bis hierher und nicht weiter. Dagegen ist im Prinzip nichts zu sagen. Aber man vergegenwärtige sich doch, daß ein- und dieselbe Bestimmung in dem einen Kontext als gültig und in dem anderen als ungültig angesehen wird. § 213 wird als gültig angesehen, wenn ein Richter jemanden, der nach dieser Vorschrift strafbar war, verurteilt hat. § 213 wird nicht als gültig angesehen, wenn jemand, der an der Grenze auf jemanden schießt, sich im Prozeß darauf beruft, daß diese Vorschrift ein gültiger Bestandteil des Grenzgesetzes gewesen sei und damit alle weiteren Folgen des Grenzgesetzes – bis hin zum Todesschuß – ausgelöst habe. Es geht also um das folgende Gedankenspiel: Die Strafbarkeit der Republikflucht ist nicht so schlimm, daß man einen Richter, der jemanden, der diese Republikflucht begeht, bestraft, seinerseits wegen Rechtsbeugung verurteilen müßte. Auch nach unserer nachträglichen Interpretation der DDR-Rechtsordnung, die wir die Angeklagten in diesen Prozessen hinzunehmen zwingen, ist – bis dahin – § 213 StGB-DDR eine rechtsgültige Rechtsnorm gewesen. Mit anderen Worten: von den Richtern, die wegen § 213 verurteilt haben, ist kein Unrecht im Sinne der Rechtsbeugung begangen worden mit der Folge, daß auch die darauf beruhenden Freiheitsberaubungen gerechtfertigt waren (Sperrwirkung), das heißt, die Vorschrift, welche die Republikflucht unter Strafe stellte, war also auch aus nachträglicher Sicht der Bundesrepublik insofern gültig, als die

---

51 Wenn man davon absieht, daß der Hauptanwendungsfall die menschenrechtswidrige Vorschrift über die Strafbarkeit der Republikflucht war. Daß hier der entscheidende Unterschied zu den Grenzgesetzen westlicher Länder liegt, ist immer wieder verkannt worden.

52 Wichtige Hinweise zur Ungerechtigkeit des Richterprivilegs bei Frank Saliger: Radbruch'sche Formel und Rechtsstaat, Heidelberg 1995. Man muß auch noch folgendes bedenken: der Effekt verdoppelt sich. es kommt ja auch noch die Sperrwirkung des Rechtsbeugungstatbestandes hinzu. Kein Richter, der wegen Rechtsbeugung freigesprochen ist, kann noch wegen Freiheitsberaubung oder Körperverletzung angeklagt werden, während für die nichtrichterlichen Handlungen diese Sperre nicht besteht.

53 Günter Spendel: Rechtsbeugung und Justiz. In: Juristenzeitung 1995, S. 375 ff.; derselbe: Rechtsbeugung und BGH – eine Kritik. In: Neue Juristische Wochenschrift 1996, S. 809 ff.

Richter wegen der damals ausgesprochenen Verurteilungen nachträglich nicht wegen Rechtsbeugung verurteilt werden dürfen. Wie soll ein Soldat, dem man sich das gewissermaßen vorzustellen zumutet, nun zu der Überzeugung kommen, daß es um die Gültigkeit dieser Vorschrift, also die nachträglich anerkannte Strafbarkeit der Republikflucht, anders steht, wenn sie die Voraussetzung dafür ist, daß man schießt? Natürlich ist das Schießen etwas anderes als zur Freiheitsstrafe verurteilen und jemanden einsitzen lassen. Aber wenn beides auf derselben Norm beruht, ist der Normadressat absolut überfordert, wenn er in dem einen Falle die Gültigkeit der Norm und in dem anderen Falle die Ungültigkeit der Norm annehmen soll. Der Einwand, dies könne man ja alles auf der subjektiven Tatseite (Verbotsirrtum) berücksichtigen, verfängt nicht, denn die normative Hypothese (was soll ein Soldat sich vorstellen können) hat in der vorstehenden Analyse nur die Funktion, klarzumachen, daß es ein Unding ist, ein- und dieselbe Norm, je nachdem in welchem Kontext sie verwendet wird, für gültig oder ungültig zu erklären. Es hat auch keinen Zweck, jetzt darauf abzuheben, daß die Straflosigkeit der Richter, die wegen § 213 verurteilt haben, keineswegs die Ersatzansprüche und Rehabilitationen erledigt. Anders herum: aus der Perspektive der nachträglichen Wiedergutmachung für das Opfer folgt noch nicht notwendig die Strafbarkeit des verurteilenden Richters wegen Rechtsbeugung[54]. Trotzdem ist die mit der Straflosigkeit der Rechtsbeugung vorgenommene Legalisierung des § 213 eine nicht wegzudenkende Tatsache. Für die Beurteilung der Gültigkeit des Grenzgesetzes kann, was den auf § 213 bezogenen Teil angeht, diese Aufteilung aber nicht bestehen bleiben. Vielmehr müssen die wegen der Anerkennung des § 213 ausgesprochenen Freisprüche vom Vorwurf der Rechtsbeugung die Straflosigkeit des Schießens an der Grenze – wenn das ebenfalls wegen Anerkennung des § 213 für gültig zu erachtende Grenzgesetzes eingehalten worden ist – nach sich ziehen. Zwar sagt der BGH in den neuesten Entscheidungen[55]: „anders als eine 'Legalisierung' der Tötung unbewaffneter Flüchtlinge ist ein Gesetz, auch wenn es zu einer empfindlichen Bestrafung politisch anders Denkender führen kann, bei der erforderlichen Gesamtanwendung der widerstreitenden Gebote von Gerechtigkeit und Rechtssicherheit doch kein schlechthin unerträgliches Unrecht"[56]. Das heißt, wenn § 213 herangezogen wird, um einen Richter wegen Rechtsbeugung zu verurteilen, der eine Strafbarkeit nach § 213 ausgesprochen hat, ist er gültig. Wenn § 213 im Ergebnis Tötungen legalisieren soll, ist er nicht gültig. Die methodologische Regel, nach der *das* zulässig sein soll, muß jedoch erst gefunden werden.

---

54 Deshalb ist es verkehrt, aus den angedeuteten Ansprüchen automatisch einen Anfangsverdacht der Rechtsbeugung abzuleiten.
55 S. etwa 5. Strafsenat 23/95
56 A.a.O., S. 8

3. Eine gewisse Rolle spielen nach wie vor die Spionage-Prozesse. Hier fällt auf, daß in der öffentlichen Meinung, wenn man etwa an den Prozeß gegen Markus Wolff denkt, der Vorwurf des reinen Spionierens leicht durcheinander geht mit dem – möglichen – Vorwurf der Verantwortung für die Verletzung Einzelner an Leib und Leben – auf der Basis einer Zurechnung mittelbarer Urheberschaft. Eigenartigerweise kommen die Prozesse, die sich mit diesen Spezialvorwürfen befassen müßten, kaum in Gang, wie es scheint. Was die Spionagetätigkeit selbst angeht, so ist trotz der Flut der Literatur die es inzwischen dazu gibt, für meine Begriffe immer noch das Argument aus Art. 30 Haager Landkriegsordnung entscheidend[57].

4. Ein wichtiges Problem scheint auch das der Verjährung zu sein. Hierbei muß man Erörterungen de lege lata und de lege ferenda unterscheiden.
Zunächst de lege lata. Man kann den § 83 StGB-DDR, der auf gesetzliche Hindernisse der Verfolgung hinweist und für diese Fälle ein Ruhen der Verjährung vorsieht, nicht mit Blick darauf auslegen, daß die Praxis der DDR sich an die Gesetzlichkeit gar nicht gehalten habe, und dann sagen, das politische Hemmnis sei also gewissermaßen quasi-gesetzlich gewesen und habe nach dieser Vorschrift zum Ruhen der Verjährung geführt. Das ist ebenso zweierlei Maß wie die unterschiedliche Würdigung von Rechtsbeugung einerseits und Schießen auf Flüchtlinge an der Grenze andererseits[58].
De lege ferenda geht alles darum, ob es sich bei der Verjährung um eine materiell-rechtliche oder prozeßrechtliche Problematik handelt und ob man für die Prozeßrechtsfragen auch das Rückwirkungsverbot in Anspruch nehmen will. Ich bin, mit Blick auf die Gleichheit aller Voraussetzungen, die zur Strafbarkeit führen[59], der Meinung, daß das Rückwirkungsverbot hier gilt. Eine erhebliche Unterstützung erfährt diese These durch eine rechtsvergleichende Betrachtung: Die Rechtsprechung des ungarischen Verfassungsgerichts hat unter Berufung auf die Verfassung die entsprechenden Vorlagen der ungarischen Regierung zur Verlängerung der Verjährung auf dem Wege der Gesetzgebung abgelehnt. Auch die bundesrepublikanische Gesetzgebung sollte sich an diese Voraussetzung halten.

---

57 Hierzu jetzt besonders gründlich (und kritisch): Frowein, Jochen Abr./Wolfrum, Rüdiger/Schuster, Gunnar (Hrsg.): Völkerrechtliche Fragen der Strafbarkeit von Spionen aus der ehemaligen DDR. Gutachten erstattet im Auftrag des Bundesverfassungsgerichts und Beschluß des Gerichts vom 15. Mai 1995, Berlin u.a. 1995, S. 65 ff.
58 Vgl. dazu oben: S. 58 ff.
59 Vgl. dazu vor allem Winfried Hassemer: Kennzeichen und Krisen des modernen Strafrechts. In: Lahti, Raimo/Nuotio, Kimmo (Hrsg.): Strafrechtstheorie im Umbruch, Helsinki 1992, S. 113 ff.; Wolfgang Naucke: Lücken im allgemeinen Teil des Strafrechts. In: Lahti, Raimo/Nuotio, Kimmo, a.a.O., S. 269 ff.

5. Mehr und mehr beschäftigt die Amnestie-Frage die Öffentlichkeit. Hier möchte ich mich kurzerhand auf den Hinweis von Generalstaatsanwalt Kálmán Györgyi beziehen, eine Amnestie setze voraus, daß überhaupt eine Strafbarkeit gegeben ist[60], und wie wir wissen, ist in den meisten Strafprozessen gerade diese Frage umstritten[61].

6. Von marginaler Bedeutung sind die Prozesse wegen Wahlfälschung[62] und Unterschlagung von Briefsendungen[63] sowie der ganze Schalk-Golodkowsky-Komplex; hier geht es überwiegend um Probleme, für deren Lösung sich nur interessieren kann, wer gewissermaßen nachträglich noch die DDR politisch in Ordnung bringen möchte; daher beschränke ich mich auf literarische Hinweise.

3

Wenn also nicht politische Bewältigung das Thema ist, nicht die Politik nachträglich kriminalisiert wird, sondern es sich so verhält, daß Kriminalität nicht nachträglich wegpolitisiert werden soll, so muß registriert werden, daß nicht in allen Ländern, die dieses Problem haben, diese Perspektive eingenommen wird. Vielmehr existiert die Fragestellung, soweit ich das beurteilen kann, in Ungarn, Polen, der tschechischen Republik und der slowakischen Republik nicht in dieser Zuspitzung. Es überwiegt die Frage nach dem Zuwachs der Kriminalität. Dabei fällt auf, daß der Kriminalitätsbegriff nicht selten ganz statistisch genommen wird: die registrierte Kriminalität entscheidet. Der Gedanke, daß es gewissermaßen einen Austausch gegeben hat, daß die seinerzeit nicht registrierte staatlich determinierte Gewaltkriminalität jetzt ja fehlt, scheint in diesen Ländern nicht ohne weiteres aufzukommen. Beherrschend ist die Idee der Kontinuität. Manchmal wird das mit dem Ausdruck „rechtsstaatliche Revolution" assoziiert, was etwa heißt, daß der Staat derselbe geblieben ist, nunmehr aber rechtsstaatliche Maßstäbe gelten.

Daraus folgt ganz sicher, daß „nichts geht" jenseits von nullum crimen sine lege. Diese Perspektive ist klar. Aber wie sieht es nach der anderen Seite hin aus? Wie

---

60 Vgl. insofern schon: Der Staat geht unter (Anm. 4), a.a.O., S.15 ff.
61 Zur Literatur: Monika Frommel: Versäumte Amnestie? Wieso wird 1995 über ein Schlußgesetz debattiert, nachdem das Parlament 1993 die Verjährungsfrage abschließend geklärt hat? In: Loccumer-Protokolle (Amnestie für Straftaten unter der SED-Diktatur? Tagung vom 15.–17.Febr. 1995); Dieter Simon: Verordnetes Vergessen, Festvortrag zur Einweihung des neuen Gebäudes des Einstein-Forums am 4.7.1995 in Potsdam, Privatdruck
62 Vgl. dazu zunächst: Der Staat geht unter (Anm. 4), S. 75 mit weiteren Nachweisen; ferner: Hirsch (Anm. 41), S. 25 f. mit Belegen
63 Hierzu Harro Otto: Anmerkung zum Beschluß des BGH vom 25.7.95. In: Juristenzeitung 1996, S. 582 ff.

viele Konzessionen sind zu machen an Auslegungs- und Konkretisierungspraxis als implizite Bestandteile des früher geltenden Strafrechts, dessen Grenzen man respektieren muß? Und: gilt das Legalitätsprinzip?

1. Es *gibt* Prozesse, die sich auf Vorgänge beziehen, die vor den „rechtsstaatlichen Revolutionen" keiner strafrechtlichen Beurteilung zugeführt wurden, jetzt aber von den Strafverfolgungsbehörden aufgegriffen werden. Ausgeklammert bleiben allerdings weitgehend die „Taten", die gewissermaßen innerhalb des Systems begangen wurden. Vielmehr richtet sich das Interesse der Strafverfolgung, wenn ich recht sehe, auf Handlungen, die seinerzeit auf Systemveränderung oder sogar Ablösung des Systems gerichtet waren, also in Schlagworten – Budapest 1956, Prag 1968 und Danzig ... Die Konzeption für diese Selektion ist nicht leicht zu finden. Angriffe auf den Staat, so wie er war, können ja nachträglich nur dann als legal angesehen werden, wenn dem Staat seinerzeit insgesamt die Rechtsgrundlage für seine Existenz und alltägliche Gebarung abgesprochen wird. So weit ist die internationale Völkergemeinschaft aber nur in seltenen Fällen gegangen, etwa mit Bezug auf das Herrschaftssystem von Idi Amin. Im übrigen war die Illegalität der Revolution anerkannt, und wer sie riskierte, tat es „nur" im Namen der Legitimität. Mit einer exakten Restriktion der nachträglichen Strafverfolgung auf den Satz nullum crimen sine lege ist das Verhalten derer, die seinerzeit mit Gewalt und Freiheitsberaubung die Revolutionen unterdrückt haben, also gerade nicht zu erfassen. Es sei denn, man stellt sich in diesen Ländern jetzt auf den Standpunkt, daß die seinerzeit im Amt befindlichen Regierungen, gegen die sich der Widerstand richtete, direkt die Verfassung, auf die sie verpflichtet waren, verletzten. Das wäre dann freilich eine so stark auf den Wortlaut der Kodifikationen abstellende Fixierung des Rechtssystems, daß darüber die gesamte Ideologie des marxistisch-leninistischen Rechtsbegriffs, der das Recht der Politik unterordnet, ignoriert würde und damit ein Widerspruch zum Umgang mit der „systemkonformen" Kriminalität entstünde, deren Aburteilung weitgehend abgelehnt wird, weil man nicht nachträglich einen formal-rechtsstaatlichen Rechtsbegriff zu Grunde legen will.

2. Auch der aktive Umgang mit dem Legalitätsprinzip läßt keine ganz deutliche Linie erkennen. Für die gegenwärtige kriminalpolitische Diskussion sind opportunistische Wendungen von der Art typisch, daß bei steigender Kriminalität eben auch entsprechend schärfer reagiert werden müsse. Eine so pragmatische Auffassung vom Strafen hat sicher eine gewisse Konsequenz, wenn sie ohne weiteres in eine Linie gestellt wird mit alternativen Möglichkeiten der Kriminalitätsbekämpfung. Effektivität entscheidet dann, wobei natürlich auch ins Kalkül gezogen wird, daß eine Maßnahme nur dann wirklich effektiv ist, wenn sie nicht ihrerseits zu Schäden führt, welche die erreichten Bestrafungen balancieren oder sogar als das Schlimmere erscheinen lassen. Kann mit nichtstrafrechtlichen Mitteln der

gleiche Effekt erreicht werden, muß die gleichwohl stattfindende Bestrafung mit Gründen legitimiert werden, die nicht auf Effektivität abstellen. Eine ganz nüchtern opportunistische Strafrechtspflege hätte es insofern schwer. In den westlichen Ländern gerät sie insofern allmählich unter einen gewissen Legitimationsdruck. Ich will nicht sagen, daß dieser Druck überwältigend ist; aber ziemlich sicher bin ich, daß er in den ehemaligen kommunistischen Ländern ganz fehlt. Opportunistische Strafrechtspolitik und das Bewußtsein eines legitimen Strafbetriebes gehen dort ohne weiteres zusammen. Das macht es einem schwer, bei der Betrachtung der strafrechtlichen Beurteilungen in der Vergangenheit liegenden Verhaltens eine klare Position zu gewinnen. Daß gelegentlich initiierte Strafverfolgungen an der Personengleichheit der damals und heute zum Strafen berufenen Personen scheitert, wird offenbar ebenso wenig als Skandal empfunden, wie kein Anstoß genommen wird an einer strafrechtlichen Verfolgung der gewaltsamen Unterdrückung seinerzeit revolutionärer Handlungen.

3. Ist es angesichts dessen müßig, als Probe auf das Exempel gleichsam durchzuspielen, wie es denn mit der strafrechtlichen „Aufarbeitung" in der ehemaligen DDR gewesen wäre, wenn sie auf den Beitritt verzichtet hätte und nur die Funktionäre und das marxistisch-leninistische (nicht nur das stalinistische) System durch andere Personen und politische Konzepte abgelöst worden wären? Hätte sich dann das gleiche ereignet wie jetzt in den osteuropäischen Ländern oder wäre das Strafbedürfnis der Opfer stärker zum Durchbruch gekommen? Vielleicht endet hier schon insofern die Vergleichbarkeit, als die besonders typische Opfersituation – die Flucht über die Grenze – in den anderen Ländern nicht so manifest geworden ist. Im übrigen muß man wohl Mentalitätsunterschiede beachten. Es ist wahrscheinlich kein Zufall, daß die DDR bei der Realisierung des schwierigen Unternehmens „Kommunismus" konsequenter war als die anderen Länder. Ich meine, daß das etwas mit Protestantismus[64] zu tun hat. Im Kompromiß zu leben, fällt Protestanten schwerer; sie müssen versuchen, das, was sie tun müssen, gut zu finden. Dem entspricht auch ein ganz spezifischer in der Welt des Protestantismus erzeugter Obrigkeitsbegriff. Nachdem es vorbei ist, muß die Reaktion darauf nun wieder so perfekt wie möglich sein. Anders in Osteuropa, dort war man weder seinerzeit so perfekt, noch ist man es jetzt. Dazu könnte passen, daß das Strafbedürfnis der Opfer in der ehemaligen DDR – in einer Art parallelen Laiensphäre – viel stärker an dem kantisch-protestantischem Konzept einer rigiden, das heißt, von Zwecksetzungen freien Vergeltungsstrafe orientiert ist, als es in den osteuropäischen Ländern überhaupt aufkommen konnte. Wenn man immer wieder feststellt, daß in der ehemaligen DDR den Opfern mehr an der Feststellung von Unrecht und Schuld ihrer Peiniger als an deren wirklicher Bestra-

---

64 Vgl. dazu Christoph Kleßmann: Zur Sozialgeschichte des protestantischen Milieus in der DDR. In: Geschichte und Gesellschaft 19 (1993), S. 29 ff.

fung liegt, so steht das nur scheinbar dazu im Widerspruch. Denn gerade in dieser Attitüde tritt der Zweck ja ganz zurück[65].

4

Selten oder vielleicht noch nie hat sich eine Gesellschaft in Bezug auf die Frage, soll bestraft werden oder nicht, in einer so großen Unsicherheit befunden. Die konkurrierenden Prinzipien und Motive können zwar analytisch getrennt und erkärt werden, für die daraus notwendig werdende Abwägung aber fehlen die sicheren Maßstäbe. Wer kann es wagen, ohne weiteres zu sagen, daß Recht vor Politik gehen soll, wenn Politik für die Zukunft es vielleicht notwendig macht, Ressourcen nicht auf die Beschäftigung mit der Vergangenheit zu verwenden, sondern sich darauf zu konzentrieren, *jetzt* Leib, Leben und Vermögen zu schützen. Noch schwieriger ist die Frage zu beantworten, welche Ressentiments die stärkere Berücksichtigung verdienen. Ist ohne Genugtuung für die Opfer kein Friede zu erwarten oder umgekehrt Friede nur zu erwarten, wenn niemand mehr Angst vor Verfolgung zu haben braucht? Entscheidet man sich für die zweite Möglichkeit, besteht dann nicht die Gefahr, daß auch für die Zukunft das richtige Rechtsbewußtsein nicht entsteht, weil diejenigen, die sich an die Normen halten möchten, nicht erkennen, welchen Vorteil sie davon haben, wenn zu erwarten steht, daß diejenigen, die sich nicht an die Normen halten, das – wiederum – folgenlos tun dürfen?

Es ist beklagenswert, daß keineswegs nur die Praxis insofern hilflos ist, sondern auch die Strafrechtswissenschaft. Sie beschäftigt sich nach wie vor nicht hinreichend mit dem, was Strafen für die Gesellschaft bedeutet, wenn man diesen Begriff nicht als Schlagwort abtut, sondern im Mikro- und Makrobereich gleichermaßen differenziert betrachtet. Vielmehr dominiert das, was man eine Binnen-Dogmatik nennen könnte, als deren Basis eine kleine Gruppe tradierter Prinzipien genügt. Diese Prinzipien sind für sich genommen alle sehr würdig, reichen aber zur Erklärung des Ganzen keineswegs aus. Das ist in erschütternder Weise durch die strafrechtlichen Probleme offenbar geworden, die durch den Zusammenbruch des Kommunismus für die westlichen Länder – retrospektiv wie prospektiv – entstanden sind, und wird zunehmend offenbar mit Blick auf die anstehenden völkerstrafrechtlichen Prozesse und Bemühungen um sichernde Regeln für die Zukunft.

---

65 Daß das keineswegs *die* Bedingung für den Verzicht auf Bestrafung zu Gunsten einer bloßen Feststellung von Unrecht und Schuld ist, soll damit nicht gesagt sein; vielmehr kann gerade dieser Verzicht außerordentlich zweckmäßig sein. Ich denke aber, daß die Beteuerung vieler Opfer, es komme nur darauf an, jetzt bescheinigt zu bekommen, daß sie damals im Recht gewesen seien, keinem besonderen Zweckkalkül entspringt. Deshalb ist es überhaupt nicht überraschend, daß – soviel ich weiß – eine Beschränkung der Strafprozesse auf die Entstehung von Unrecht und Schuld in den osteuropäischen Ländern gar kein Thema ist, sondern wohl vielmehr die Devise gilt, entweder bestrafen oder gar nichts tun.

II.

UMBRUCH UND KRIMINALITÄT, UMBRUCH ALS KRIMINALITÄT

UMBRUCH UND KRIMINALITÄT IN RUSSLAND

Jakov Gilinskij

Kriminalität und andere Formen abweichenden Verhaltens (Drogenabhängigkeit, Alkoholismus, Selbstmord, usw.) hängen als Elemente des sozialen Daseins wesentlich von den Eigenschaften der konkreten Gesellschaft und den in ihr stattfindenden sozialen, wirtschaftlichen, politischen, kulturellen und demographischen Prozessen ab.

Es ist unmöglich, einen einzelnen Grund für die äußerst schwere, alles erfassende Krise zu nennen, in der sich die russische Gesellschaft befindet. Viele Umstände haben weit zurückliegende historische Wurzeln: das Fehlen einer demokratischen Tradition, die „Randlage" zwischen Ost und West, die russisch-orthodoxe Ethik im Unterschied zur protestantischen oder die jahrhundertelange Tradition des Despotismus. Als direkte Quelle für die heutige Not erwies sich das im Oktober 1917 beginnende einmalige Experiment, eine soziale Utopie auf *gewaltsamem* Wege zu verwirklichen (an den Toren zu den Lagern für besondere Verwendung Solowki – den ersten im Archipel GULAG – hing die Losung: „Durch Gewalt werden wir alle glücklich machen!").

Der Versuch, eine soziale Utopie zu realisieren, ging mit einer einzigartigen *negativen Selektion* einher: mit der Vernichtung, Unterdrückung und Vertreibung der Besten (der Gelehrten und Schriftsteller, Philosophen und Arbeiter, der Künstler und „Kulaken"-Bauern, der Militärbefehlshaber und politischen Akteure) unter Bewahrung und Huldigung der Einfalt, der Mittelmäßigkeit und damit auch des kriminellen Kontingents. Die Repressionen gegen das eigene Volk nahmen den Charakter eines Genozids an.

Dies alles führte den sowjetischen Staat und die sowjetische Gesellschaft in die unvermeidliche Katastrophe, deren hauptsächliche Merkmale waren: der Zusammenbruch von Produktion und Wirtschaft; die mangelnde Professionalität und Qualifikation der Mehrheit der arbeitsfähigen Bevölkerung; die Verelendung und Marginalisierung der Bevölkerung; das Fehlen einer „Mittelklasse" als der sozialen Basis für Stabilität; die Krise in der Gesundheitsversorgung, in der Bildung, im Transport-,

Post- und Fernmeldewesen und in anderen Bereichen der Lebensversorgung; die zahlreichen ethnischen Konflikte mit unzähligen Todesopfern; die Serie politischer Krisen; die moralische und geistige Krise; die Zunahme abweichenden Verhaltens (Kriminalität, Drogenabhängigkeit, Selbstmord u.a.); die Formierung eines Organisierten Verbrechens nach dem Vorbild der Mafia.

Gorbatschows „Perestrojka" war der notwendig gewordene Versuch, die herrschenden Strukturen durch Reformen zu retten. Entsprechende Versuche waren schon von Chruschtschow unternommen (das „Tauwetter") und von Andropow angedacht worden. Doch beide Male endete alles mit dem natürlichen oder politischen Tod der Reformer, und es folgte Stagnation.

Doch lassen wir Gorbatschow Gerechtigkeit widerfahren. Seine Reformen erwiesen sich als äußerst radikal. Aber sie führten trotz aller Verdienste (Glasnost, Parteienpluralismus, Freiheit für die unter Stalin besetzten Staaten Lettland, Litauen und Estland, Öffnung des „Eisernen Vorhangs", Zulassung von Privateigentum) nicht zu den lebensnotwendigen Resultaten. Die obengenannten Merkmale einer sozialökonomischen Katastrophe blieben erhalten. Die Macht kehrte nach und nach wieder zur früheren „Nomenklatura" zurück; die für Rußland traditionelle Korrumpierung aller Macht- und Verwaltungsorgane hat bisher nie gesehene Ausmaße erreicht, sie hat einen totalen Charakter angenommen; die Militarisierung von Wirtschaft und Politik setzt sich fort; die ethnischen Konflikte führen zu einer Unzahl von Opfern; die Aktivität von nationalistischen, antisemitischen und neofaschistischen Gruppierungen hat zugenommen und trifft auf keinerlei Widerstand.[1]

Eine schreckliche Erscheinung des Neo-Totalitarismus ist der Krieg in Tschetschenien gewesen. Die sozial-ökonomische Polarisierung der Bevölkerung in eine breite Masse von Armen und eine dünne Schicht von „Nouveaux-riches" (von „Neuen Russen") nimmt zu – dies ist eine ständige Quelle für soziale Konflikte. Dementsprechend setzt sich der Koeffizient für das Auseinanderdriften des Pro-Kopf-Einkommens (die Wechselbeziehung des mittleren Einkommens der jeweils 10 % Wohlhabendsten und Ärmsten) folgendermaßen zusammen: 1991 – 1: 4,5; 1992 – 1: 8; 1993 – 1: 10; 1994 – 1: 15. Der Koeffizient für die Konzentration der Einkommen bemißt sich 1991 auf den Wert 0,256, 1992 auf 0,327 und 1993 auf 0,346.[2]

Eine Unzahl von Verstößen gegen die Menschenrechte wird im Land zugelassen, in den Strafvollzugsanstalten herrschen Willkür und Folter. Diese Zustände werden durch Materialien internationaler Untersuchungen bestätigt.[3]

---

1   Laquer, W.: Black Hundred. The Rise of the Extreme Right in Russia. Washington D.C. 1994
2   Finanzovie Isvestija (Finanznachrichten), 12. Woche; Sozialno-ekonomitscheskoje poloschenija Rossiskoij Federazij (Die sozio-ökonomische Situation der russischen Föderation). Moskau 1994; Kuja idjot Rossija? ... Alternatvy obschestevennogo rasvtitija (Wohin bewegt sich Rußland? Alternativen der gesellschaftlichen Entwicklung). Band I.: Moskau 1994, Band II.: Moskau 1995
3   Weißbuch Rußland: Beobachtungen und Vorschläge zur Menschenrechtssituation. Jahresbericht amnesty international, Frankfurt/Main 1994

Es verwundert daher auch nicht, daß die sozio-ökonomische und politische Situation im Land zum Anwachsen der Kriminalität und anderer Formen abweichenden Verhaltens geführt hat.

Kriminalität in Rußland

Um Zustand und Dynamik der Kriminalität in Rußland einzuschätzen, werden vor allem Daten aus der offiziellen Statistik herangezogen.[4] Da diese aber unter elementarer Unvollständigkeit leidet, sollte man bei der Analyse weniger verborgen bleibenden Aspekten den Vorzug geben (vorsätzliche Tötungen, schwere Körperverletzungen[5]). Vorsätzliche Tötungen und meiner Meinung nach auch Selbstmord sind markante Belege, um das Ausmaß abweichenden Verhalten im Ganzen widerzuspiegeln. Leider haben sich in Rußland noch keine Erfassungssysteme (Crime-Surveys, „Self-Reports") herausgebildet, die es erlauben würden, den Umfang, die Struktur und die Entwicklung der Kriminalität insgesamt genauer nachzuzeichnen.

Eine steigende Tendenz der registrierten Verbrechen war in Rußland, wie auch in der ganzen ehemaligen Sowjetunion, seit 1966 zu beobachten, wobei die Steigerungsrate ab 1978 besonders deutlich zunahm (durchschnittlich mehr als 7 % pro Jahr). Der Beginn der Perestrojka (1985–1987) ging jedoch einher mit einer Abnahme der Kriminalitätsrate.

Seit 1988 ist eine sehr hohe jährliche Steigerung der Kriminalität und ihrer verschiedenen Schattierungen zu verzeichnen, die bis heute anhält (s. Tab. 1 bis 3).

---

4 Prestupnost i pravonaruschenija v SSSR (Verbrechen und Vergehen in der UdSSR), Moskau 1984–1991; Prestupnost i pravonaruschenija (Verbrechen und Vergehen), Moskau 1992–1995; Sostanije prestupnosti v Rossii 1995 (Kriminalitätslage in Rußland 1995), Moskau 1996

5 Unter „schweren Körperverletzungen" werden hier wie im folgenden qualifizierte Formen der Körperverletzung verstanden. Der Begriff entspricht nicht dem der „schweren Körperverletzung" in § 224 des deutschen StGB [Anm. d. Hrsg.].

Tabelle 1: Entwicklung der polizeilich registrierten Kriminalität in Rußland

Jahr	Registrierte Straftaten	HZ*	Entwicklung gegenüber Vorjahr
1983	1 398 239	992.4	
1984	1 402 694	987.0	− 0.6 %
1985	1 416 935	989.8	+ 0.3 %
1986	1 338 424	929.9	− 6.1 %
1987	1 185 914	816.9	− 12.2 %
1988	1 220 361	833.9	+ 2.1 %
1989	1 619 181	1098.5	+ 31.7 %
1990	1 839 451	1242.5	+ 13.1 %
1991	2 167 964	1463.2	+ 17.8 %
1992	2 760 652	1856.5	+ 26.9 %
1993	2 799 614	1887.8	+ 1.7 %
1994	2 632 708	1770.5	− 6.2 %
1995	2 755 669	1856.9	+ 4.8 %

* HZ (Häufigkeitszahl) = Delikte pro 100 000 der Wohnbevölkerung

Tabelle 2: Entwicklung der polizeilich registrierten Gewaltkriminalität (nichtfahrlässige Tötungen* einschl. Versuche sowie schwere Körperverletzungen) in Rußland

Jahr	Nicht-fahrlässige Tötungen	HZ**	Entwicklung gegenüber Vorjahr	schwere Körperverletzungen	HZ**	Entwicklung gegenüber Vorjahr
1985	12 160	8.5		28 381	19.9	
1986	9 434	6.6	− 22.4 %	21 185	14.7	− 26.1 %
1987	9 199	6.3	− 4.6 %	20 100	13.9	− 5.4 %
1988	10 572	7.2	+ 14.3 %	26 639	18.2	+ 30.9 %
1989	13 543	9.2	+ 27.8 %	36 872	25.0	+ 37.4 %
1990	15 566	10.5	+ 14.1 %	40 962	27.7	+ 10.8 %
1991	16 122	10.9	+ 3.8 %	41 195	27.8	+ 0.4 %
1992	23 006	15.5	+ 42.2 %	53 873	36.2	+ 30.2 %
1993	29 231	19.6	+ 26.5 %	66 902	45.1	+ 24.6 %
1994	32 286	21.7	+ 10.7 %	67 706	45.6	+ 1.1 %
1995	31 703	21.4	− 1.4 %	61 734	41.6	− 8.8 %

* ohne Körperverletzungen mit Todesfolge
** HZ (Häufigkeitszahl) = Delikte pro 100 000 der Wohnbevölkerung

Tabelle 3: Entwicklung der polizeilich registrierten Eigentums- und Vermögenskriminalität in Rußland

Jahr	Plünderung	HZ*	Entw. geg. Vorjahr	Raub	HZ*	Entw. geg. Vorjahr	Diebst. von pers. Eigentum	HZ*	Entw. geg. Vorjahr
1985	42 794	29,9		8 264	5,8		31 913	223,2	
1986	31 441	21,8	– 27,1 %	6 018	4,2	– 27,6 %	27 236	189,2	– 5,2 %
1987	30 441	21,0	– 3,7 %	5 656	3,9	– 7,1 %	26 825	184,8	– 2,3 %
1988	43 822	29,9	+ 42,3 %	8 118	5,5	+ 41,0 %	35 944	245,6	+ 32,9 %
1989	75 220	51,0	+ 29,4 %	14 551	9,9	+ 80,0 %	55 899	379,2	+ 54,4 %
1990	83 306	56,3	+ 10,4 %	16 514	11,2	+ 13,1 %	64 846	438,1	+ 15,5 %
1991	10 196	68,8	+ 22,2 %	18 311	12,4	+ 10,7 %	83 980	566,9	+ 29,4 %
1992	16 485	110,9	+ 61,2 %	30 407	20,4	+ 64,5 %	109 682	737,6	+ 30,0 %
1993	18 440	124,3	+ 12.1 %	40 180	27,0	+ 32,3 %	106 382	717,3	– 2,8 %
1994	19 856	100,0	– 19,5 %	37 904	25,5	– 5,6 %	**		
1995				37 651	25,4	– 0,4 %	**		

* HZ (Häufigkeitszahl) = Delikte pro 100 000 der Wohnbevölkerung
** keine genauen Zahlenangaben wegen Gesetzesänderungen

In lediglich sechs Jahren (1988–1994) stieg die Zahl der registrierten Verbrechen um 116 % (unter Einschluß von 1995 um 126 %); bei vorsätzlichen Tötungen (einschl. Versuche) um 205 % (200%); bei schweren Körperverletzungen um 154 % (132 %) und beim Raub um 367 % (364 %).

Schwere Gewaltverbrechen nahmen sehr schnell zu (Tab. 2). Während die Häufigkeit vorsätzlicher Tötungen in Rußland schon immer höher war als in Westeuropa, haben wir 1989/90 die USA „eingeholt und überholt" und 1993/94 zur Rate in den lateinamerikanischen Ländern aufgeschlossen. Darüber hinaus wächst die Anzahl der vermutlich verborgenen Morde, die sich in der Bilanz der „spurlos Vermißten" niederschlagen (mehr als 21.000 am 1. Januar 1995).[6]

Einige Regionen Rußlands zeichnen sich durch besonders hohe Häufigkeiten vorsätzlicher Tötungen aus: Die Häufigkeitszahl (Delikte pro 100.000 der Wohnbevölkerung) lag 1994 im Altaj bei 39,0; in Tuwa bei 82,1; in Chakassien bei 37,8; in dem Primorskij Kraj bei 32,7; im Kemerower Oblast bei 40,0; im Magadaner Oblast bei 27,5; im Tschitiner Kraj bei 34,2. Episodische empirische Untersuchungen zur Viktimisierung der Bevölkerung, die von der Sektion „Soziologie abweichenden Verhaltens" in der Sankt Petersburger Zweigstelle des Soziologischen Instituts der Akademie der Wissenschaften (unter der Leitung des Autors) in Sankt Petersburg (1989,

---

6   Isvestija vom 11. März 1995

1990, 1992, 1993, 1994) und in Pskow (1992) durchgeführt wurden, belegen, daß die tatsächliche Zahl der Verbrechen, gemessen an der Zahl der Opfer, um das 10–15fache höher liegen dürfte als in den offiziellen Daten über die registrierte Kriminalität ausgewiesen.

An dieser Stelle muß die Situation dargestellt werden, die sich seit 1994 ergibt. Nach offiziellen Zahlen „sank" 1994 die Kriminalitätsrate in Rußland gegenüber dem Vorjahr um 6 %. Ein entsprechender „Rückgang" wurde in den meisten Regionen des Landes registriert. Meiner Meinung nach bedeutet dies jedoch nicht eine reale Abnahme der Kriminalität, sondern ergibt sich vielmehr daraus, daß Verbrechen bewußt und massenhaft auf Geheiß der politischen Führungen der Regionen und des Innenministeriums vor der Registrierung vertuscht wurden. Dies ist bis heute der Fall.

Welche Beweise gibt es hierfür?

Erstens hält der Anstieg schwerer und damit weniger im Dunkelfeld bleibender Gewaltverbrechen an (vorsätzliche Tötungen um 10,5 %, schwere Körperverletzungen um 1,2 %), während sich der „Rückgang" eben in der Bilanz von Verbrechen mit hoher Latenz zeigt, bei denen es leichter ist, eine Registrierung zu umgehen. In Sankt Petersburg betrug 1994 dementsprechend der „Rückgang" der Kriminalität 12,7 %, während umgekehrt vorsätzliche Tötungen um 13 % zunahmen.

Tabelle 4: Struktur der Kriminalität in Rußland, 1985–1995 (in %)

Delikte	1985	1987	1989	1991	1993	1994	1995
nicht-fahrlässige Tötung*	0.8	0.8	0.8	0.7	1.0	1.2	1.2
schwere Körperverletzung	2.0	1.7	2.3	1.9	2.4	2.6	2.2
Vergewaltigung (einschl. Versuch)	0.9	0.9	0.9	0.6	0.5	0.5	0.5
Rowdytum	9.2	8.1	6.2	4.9	5.7	7.2	6.9
Raub	0.6	0.5	0.9	0.8	1.4	1.4	1.4
Plünderung	3.0	2.6	4.6	4.4	6.6	5.6	5.1
Diebstahl von persönl. Eigentum	22.5	22.6	34.5	38.7	38.0	49.9**	49.6**
Diebstahl von öffentl. Eigentum	10.2	8.1	12.1	18.5	20.0		
Bestechung	0.4	0.3	0.1	0.1	0.2	0.2	0.2
Drogendelikte	1.2	1.6	0.8	0.9	1.1	2.8	2.9
sonstige Delikte	49.2	52.8	36.8	28.5	23.1	28.6	30.0

* einschl. Versuche
** aufgrund einer Strafgesetzänderung wurden bisherige Diebstahlsdifferenzierungen abgeschafft

Zweitens ist der Anteil vorsätzlicher Tötungen an der Gesamtzahl der Delikte verhältnismäßig stabil (im Rußland der 80er und 90er Jahre 0,7–0,8 %). 1994 erreichte er 1,2 %, was auch mit dem erwähnten künstlichen „Rückgang" aller anderen Verbrechen erklärt werden kann (Tab. 4).

Drittens „stieg" die Aufklärungsquote von 46,9 % (1992) auf 59,6 % (1994), während sich gleichzeitig Unprofessionalität und Korruption in der Polizei ausbreiteten. Dies kann damit erklärt werden, daß man begann, in erster Linie die „offensichtlichen" Verbrechen zu registrieren, bemüht, die „nicht-offensichtlichen" und schwer aufzuklärenden in geringerem Maße aufzunehmen.

Viertens waren gemäß den Ergebnissen unserer viktimologischen Untersuchungen 1991 in Sankt Petersburg 12 % der Befragten Opfer von Verbrechen, 1994 jedoch 26 % – bei gleichzeitigem Rückgang der Kriminalität in diesem Jahr um 13 %.

Und noch eine interessante Tatsache zur Dynamik der Kriminalität in Sankt Petersburg 1994: Der *Anstieg* der Kriminalität betrug im Vergleich zu denselben Perioden des Jahres 1993 innerhalb der ersten acht Monate 18,9 %, in den ersten neun Monaten 14,5 %, nach zehn Monaten 10,9 %, doch nach zwölf Monaten ist ein *Rückgang* in der offiziellen Statistik um 14,1 % zu verzeichnen. Wie ist so etwas möglich?

Es muß daran erinnert werden, daß die Praxis, Verbrechen vor der Registrierung zu vertuschen, in der UdSSR sehr verbreitet war.

Die Situation ist also die, daß erstens der Anstieg registrierter Kriminalität in Rußland lange vor der „Perestrojka" einsetzte, also etwa ab 1966 (mit dem Ende der „Tauwetter"-Periode). Zweitens brachte der Beginn der „Perestrojka" eine Abnahme der Kriminalitätsrate mit sich (1985–87). Eine analoge Situation konnte man in der Periode des „Tauwetters" unter Chruschtschow beobachten. Drittens wurde die anschließende Verlangsamung der Reformen von einem Anstieg der Kriminalität begleitet, der bis heute anhält. Dabei wurde ein besonders hohes Tempo des Anstiegs in den Jahren 1989 bis 1992 beobachtet. Viertens zeugt der rasante Anstieg von Mord und schwerer Körperverletzung, auch wenn die Zunahme schwerer Gewaltverbrechen im ganzen niedriger ist als die von Eigentumsdelikten, von äußerst besorgniserregenden Tendenzen, da die Dynamik gerade dieser Straftaten als Indikator für die soziale Situation im Lande dient.

Was die soziodemographische Zusammensetzung der Beschuldigten angeht, so ist die Anzahl der Arbeiter zwar insgesamt hoch, geht jedoch zurück (von 53,5 % im Jahre 1987 auf 30,1 % im Jahre 1994; vgl Tab. 5) Ebenfalls fallende Tendenzen weist der Anteil der Studierenden/Auszubildenden auf (von 10 % auf 5,8 %). Der Anteil der Angestellten und Beamten verringerte sich (von 12,9 % 1987 auf 4,1 % 1994). Bedeutend steigt dagegen die Anzahl der Arbeitslosen und Ungelernten (von 11,8 % auf 42,1 % 1994). Bei allem ist der Anteil der Arbeiter bei schweren Gewaltverbrechen und Rowdytum besonders hoch, der Anteil der Arbeitslosen und Ungelernten dagegen bei Eigentumsdelikten.

Tabelle 5: Soziodemographische Merkmale Beschuldigter 1987–1994 (in %)

Merkmale	1987	1988	1989	1990	1991	1992	1993	1994
Geschlecht								
Männer	78.7	83.3	85.6	86.3	87.2	88.6	88.8	87.0
Frauen	21.3	16.7	14.4	13.7	12.8	11.4	11.2	13.0
Alter								
14–17 Jahre	12.1	15.6	17.7	17.1	16.7	16.4	16.1	13.9
18–29 Jahre	38.5	40.3	40.2	39.2	38.3	38.1	38.8	37.9
über 29 Jahre	49.4	44.1	42.1	43.7	45.0	45.5	45.0	48.2
Sozialer Status								
Arbeiter	53.5	55.1	54.1	53.7	52.3	47.5	31.6	30.1
Bauern	5.2	4.9	4.8	4.8	5.0	4.8	4.1	2.8
Beamte, Angestellte	12.9	10.5	8.4	7.5	6.5	5.3	4.2	4.1
Ungelernte, Arbeitslose	11.8	13.8	16.5	17.8	20.2	27.0	35.9	42.1
Sonstige	6.6	4.5	4.8	5.8	6.3	6.4	17.3	15.1

Quellen für sämtliche Tabellen: Prestupnost i pravonaruschenija v SSSR, Moskau 1984–1991; Prestupnost i pravonaruschenija, Moskau 1992–1994 Sostjanije Prestupnosti v Rossii. Moskau 1995 und 1996

Einige qualitative Veränderungen in der Kriminalität sollten besonders erwähnt werden. Hierzu gehört neben der wachsende Zahl von Gewaltverbrechen, die mit besonderer Grausamkeit begangen werden, und der massenweise Korrumpierung der staatlichen Organe, der Verwaltung und der Sicherheitskräfte vor allem die Herausbildung Organisierter Kriminalität nach dem Typ der Mafia – mit sowohl allgemein krimineller („Banditen") als auch wirtschaftlicher („white collar") Ausrichtung.

1. Das Thema Wirtschafts- und Organisierte Kriminalität erfordert eine gesonderte Betrachtung. Hier können nur einige verallgemeinernde Schlüsse gezogen werden, die sich auf Quellen in der Literatur[7], Publikationen in der Presse und Ergebnisse unserer Forschungen in Sankt Petersburg gründen.[8]

---

7   Organisovannaja Prestupnost (Organisiertes Verbrechen), Moskau 1989; Organisovannaja Prestupnost – 2 (Organisiertes Verbrechen – 2), Moskau 1993; Dikselius, M./Konstantinov, A.: Prestupnij Mir Rossii (Die Welt des Verbrechens in Rußland), Sankt Petersburg 1995; Ovtschinskij, V. S.: Strategija borby s mafiej Strategien der Mafiabekämpfung), Moskau 1993
8   Podlesskich, G./Tereschonok, A.: Vory v sakonje: brosok k vlasti (Berufskriminelle auf dem Sprung zur Macht), Moskau 1994; Afanasjev, V. S.: Organisaovannaja prestupnost v sovremennoj Rossii (opyt soziologitscheskogo analisa) (Organisierte Kriminalität im heutigen Rußland. Eine soziologische Analyse), Sankt Petersburg 1994

2. Der Anstieg der Organisierten Kriminalität ist eine Folge des erhöhten Organisationsniveaus wirtschaftlicher, politischer und sozialer Strukturen. Diese Tendenz gilt jedoch für die ganze Welt.
3. In Rußland gibt es seit langem organisierte Kriminalität. Es ändern sich nur ihre *Formen*, ihr Organisations*grad* und ihre *Arbeitsweisen* . Verwiesen sei hier auf die Banden der zwanziger Jahre, die „Vori v sakonje", die in den Dreißigern von den „Artelschtschiki" verdrängt wurden. Bereits in den fünfziger Jahren kam es zur Verschmelzung der Schattenwirtschaft mit staatlichen Strukturen. Einen besonders starken Anstieg der Korruption erlebte Rußland in den Siebzigern, der verbunden war mit der Formierung krimineller Vereinigungen in der Art der Mafia.
4. Legale unternehmerische Tätigkeit ist im heutigen Rußland ohne kriminelle Handlungen unmöglich. Die Zahlung von Bestechungsgeldern und Steuerhinterziehung sind ebensowenig zu umgehen wie Geschäftsbeziehungen mit kriminellen Vereinigungen, wenn man in Rußland ökonomisch bestehen möchte.[9] In einem derartig kriminellen Umfeld wird unausweichlich auch das legale Unternehmertum kriminalisiert.
5. Bis Mitte der neunziger Jahre haben sich in Rußland und seinen Regionen stabile kriminelle Vereinigungen etabliert, die Politik und Wirtschaft in „Einflußsphären" aufgeteilt haben. Kriminelle wirtschaftliche und staatliche Strukturen sind zusammengewachsen. Staat und Gesellschaft nehmen immer mehr kriminellen Charakter an.

Hierzu einige Zitate aus der Presse: „In dem langen Streit der vier Gewalten siegt die fünfte – die Gewalt der Schattenwirtschaft und der Mafia." „Die Kriminalität muß nur noch einen Schritt tun, um Rußland als einen Staat der siegreichen Kriminalität an die Spitze der Welt zu stellen" (Obschtschaja Gaseta, 13. bis 19. Mai 1994), „Die russische Kriminalität auf dem Weg zum Sieg der kriminellen Revolution" Obschtschaja Gaseta, 7. bis 13. Oktober 1994), „Zu den Ergebnissen des Sieges der kriminellen Revolution in Rußland"(Obschtschaja Gaseta, 2. bis 8. Dezember 1994), „Unter der Sohle der fünften Gewalt"(Obschtschaja Gaseta, 29. Juni bis 5. Juli 1995).

---

9   Gilinskij J.: Tenevaja ekonomika i ekonomitscheskaja prestupnost (Schattenwirtschaft und Berufskriminalität). In: Molodjoschj: Zifry, Fakty, Mnenija (Jugend: Zahlen, Fakten, Meinungen) (2) 1994, S. 77–84

Soziale Reaktionen auf die Situation der Kriminalität

Die Reaktion der Bevölkerung auf die kriminelle Situation ist *Furcht* vor Kriminalität. Stadtbewohner haben Angst, abends auf der Straße zu sein. Nach den Ergebnissen unserer Umfrage in Sankt Petersburg (Herbst 1993) sind 56 % der Bevölkerung durch Aggression oder Gewalt und 42 % durch die Organisierte Kriminalität beunruhigt. Rückblickend fühlten sich die Bewohner bis August 1991 wesentlich sicherer als zum Zeitpunkt der Umfrage. Bis dahin fühlten sich 43 % der Befragten nachts allein auf der Straße im eigenen Wohnbezirk (internationale Standardfrage zur Untersuchung von Kriminalitätsfurcht) „nicht ganz sicher" oder „überhaupt nicht sicher"; zum Zeitpunkt der Umfrage waren es 69 %; Unsicherheitsgefühle hatten bis August 1991 21 % der Befragten und zum Zeitpunkt der Umfrage 37 %. Sorge, Opfer eines Überfalls durch Jugendliche zu werden, hatten 42 % der Befragten, eines Einbruchs 47 %, eines Diebstahls 50 %, eines Mordes 45 %. 32 % der der befragten Frauen fürchteten, Opfer einer Vergewaltigung zu werden.

Die Angst vor Kriminalität macht die Menschen hart und intolerant, sie hat einen steigenden Rigorismus, die Forderung nach „außerordentlichen Maßnahmen" etc. zur Folge, was die Regierung ausnutzen konnte. Als eine für Rußland typische Reaktion setzten die Organe der Staatsmacht, der Verwaltung und der Polizei ihre Hoffnungen auf verschärfte Strafen als hauptsächliches Mittel für den „Kampf gegen die Kriminalität". Während 1987 erst 34 % aller Delinquenten zu Freiheitsstrafen verurteilt wurden, waren es 1993 bereits 37 % und 1994 schließlich mehr als 40 %. Insgesamt wurden von 1986 bis 1993 in Rußland 1 742 855 Menschen zu Freiheitsstrafen verurteilt, unter ihnen 181 479 Minderjährige im Alter zwischen 14 und 17 Jahren.

Die Anzahl der Personen, die sich in Rußland im Strafvollzug befanden, betrug 1993 485 000 (325 pro 100 000 Einwohner). Ende 1994 waren es dagegen schon 750 000 (505 pro 100 000 Einwohner). Insgesamt, also zusammen mit den Untersuchungshäftlingen, befanden sich zu diesem Zeitpunkt 909 000 Personen (611 pro 100 000 Einwohner) in den russischen Haftanstalten. Zum Vergleich sei angeführt, daß sich im September 1991 in den Niederlanden 27 Personen pro 100 000 der Wohnbevölkerung im Strafvollzug befanden; in Frankreich waren es 49, in Deutschland (alte Bundesländer) 55, in Großbritannien 72 und in Ungarn 102.[10] In Schweden erhalten 80 % aller zu einem Freiheitsentzug Verurteilten eine Freiheitsstrafe von weniger als sechs Monaten; 1993 betrug dieser Anteil in Deutschland 41 %. Dort betrug im gleichen Jahr der Anteil der Freiheitsstrafen bis einschließlich zwei Jahren 93 % (die zu 74 % zur Bewährung ausgesetzt wurden).[11] Dagegen liegt in Rußland die Hälfte aller Freiheitsstrafen über fünf Jahren und zu mehr als 75 % über drei Jahren.

---

10 Penological Information Bulletin des Europarates No. 17 (Dezember 1992), S. 23
11 Statistisches Bundesamt, Wiesbaden (Hrsg.): Strafverfolgung 1993, Wiesbaden 1996, Tab. 3.1, S. 109 (alte Bundesländer, allgemeines Strafrecht)

Die Praxis des Strafvollzugs in Rußland ist geprägt von einer außerordentlich strengen Strafvollzugsordnung und von ständigen Verletzungen elementarer Menschenrechte. Wegen Überfüllung der Untersuchungshaftanstalten können die Betten oft nur im Rotationsverfahren von jeweils mehreren Häftlingen genutzt werden. Die Ernährung ist sehr schlecht und die Tuberkulose breitet sich unter den Gefangenen rasch aus. Folter in Untersuchungshaftanstalten, um Beschuldigte zum Geständnis zu zwingen (sogenannte"Preßhütten"), Folterkolonien für Verurteilte, die die Gefängnisordnung verletzen und regelrechte Massenverprügelung der Gefangenen durch die „Milizeinheiten für besondere Einsätze" (OMON) prägen die Haftbedingungen. Eine „Besserung" der Verurteilten ist in den Haftanstalten unmöglich.

Diejenigen, die aus der Haft entlassen werden, haben schlechte Perspektiven. Neben dem Verlust der Wohnung erwartet sie Arbeitslosigkeit, da in Zeiten steigender Arbeitslosigkeit jemand mit dem Label „vorbestraft" nirgends genommen wird. Nicht selten gehen so die langen Jahre der Isolation einher mit psychologischer und sozialer Desintegration.

Für jede zivilisierte Gesellschaft ist die Todesstrafe eine Schande. In Rußland wird sie aber besonders häufig angewendet. Insgesamt wurden von 1986 bis 1994 1406 Menschen zum Tode verurteilt.[12]

Die Gesetzgebungsorgane und der Präsident nutzen die Angst der Bevölkerung vor der Kriminalität aus und erlassen Gesetze und Verordnungen, die der Willkür der Polizei und der Strafjustiz Vorschub leisten. Besonders zu nennen sind das „Gesetz zur Bekämpfung des organisierten Verbrechens", das „Gesetz über die operative Voruntersuchungs-Tätigkeit in der Russischen Föderation" und die Verordnung des Präsidenten „Zum Schutz der Bevölkerung".

Zusammenfasssend muß man leider feststellen, daß die sozio-ökonomische, politische und geistige Situation in Rußland keinen Anlaß für optimistische kriminologische Prognosen bietet.

---

12 1986 wurden 225 Menschen, 1987 120, 1988 115, 1989 100, 1990 223, 1991 147, 1992 159 und 1994 160 Menschen hingerichtet.

DIE EIGENARTEN DES UNGARISCHEN SYSTEMWANDELS UND DIE KRIMINALITÄT

Ferenc Irk

1 Unerfüllte Erwartungen

Eines der wichtigsten Charakteristika Ost-Mitteleuropas im letzten Jahrzehnt ist die durch unerfüllte Erwartungen ausgelöste Enttäuschung der meisten Menschen. Es existiert trotzdem eine Minderheit, der der Anfang der neunziger Jahre unerwartete Aufstiegsmöglichkeiten eröffnete. Ein weiterer Faktor ist der Staat selbst. Zwar erhielt die Staatsmacht mit ihren verschiedenen Apparaten schon mehrere Male durch freie Wahlen ihre Legitimation; ungeachtet dessen steht ihm aber mehr denn je das Gros der Bevölkerung feindlich gegenüber.

Wirtschaftsleistung und Wirtschaftspotential Ungarns sind im Moment praktisch kaum zu beurteilen. Offiziellen Indikatoren zufolge sollte das Lebensniveau der Bevölkerung wesentlich niedriger liegen als es die tägliche Erfahrung zeigt. Wissenschaftlich meist nicht nachweisbare und nicht kontrollierbare Schätzungen besagen, daß etwa ein Drittel des Nationaleinkommens im Grenzbereich der Legalität oder weit jenseits der Legalitätsgrenze in der sogenannten grauen oder schwarzen Zone der Wirtschaft produziert und verteilt werde.

Es gilt als erwiesen, daß der Staat, ohne die Grundsätze der Rechtsstaatlichkeit zu verletzen, weitgehend außerstande ist, über die Sauberkeit des Wirtschaftslebens mit rechtlichen oder außerrechtlichen Mitteln zu wachen und die gesetzlichen Regelungen durchzusetzen. In gewissen Bereichen scheint der Staat geradezu unfähig zu sein, den als rechtswidrig geltenden Aktivitäten durch gesetzliche Mittel Schranken zu setzen oder ihnen mit Präventionsmaßnahmen zu begegnen.

Die rechtswidrige Wirtschaftstätigkeit ist bekanntlich keine nur ungarische oder nur mitteleuropäische Erscheinung. Steuerhinterziehungen in großem Ausmaß und in großer Anzahl sowie Korruptionsskandale gab es überall und wird es überall geben. Zahlreiche Fachexperten vertreten die Ansicht, daß sich die staatliche Autorität weltweit im Untergang befinde und sich die mitteleuropäischen Regionen nach ihrem sozialen Wandel dem Welttrend lediglich angeschlossen hätten.

Laut hier veröffentlichten Informationen hat die Schattenwirtschaft in Deutschland dem Staat allein im Jahre 1994 an die 100 Milliarden DM Schaden verursacht. Deutschland, so heißt es, verliere auch eine Summe in Milliardenhöhe dadurch, daß zum Beispiel zahlreiche Arbeitslose von den Arbeitsämtern Arbeitslosengeld bezögen, während sie bei einem Unternehmen unangemeldet, d.h. „schwarz", eine Erwerbstätigkeit ausübten. Die mit Autodiebstahlsfällen zusammenhängenden oder nach einem Unfall mit dem behandelnden Arzt im Zusammenspiel verübten Versicherungsbetrugsfälle beliefen sich mittlerweile auf eine horrende Zahl. An die 70 Prozent der Bürger hätten zugegeben, das Finanzamt zu betrügen, 76 Prozent führten Privatgespräche vom Diensttelefon aus, 68 Prozent begingen auf Auslandsreisen Schmuggeldelikte, und 51 Prozent entwendeten fremdes Eigentum vom Arbeitsplatz.[1]

In Deutschland, hierin wohl nicht alleinstehend in Europa, ist es eine Eigentümlichkeit des Steuersystems, daß der Schmierer das zur Bestechung verwendete Geld von der Steuer absetzen kann. Das Finanzamt untersucht nur, ob bei der einen Firma die – unter welchem Titel auch immer – als Kosten verbuchte Summe bei der Empfängerfirma als Einnahme verbucht und nach der Einnahme der Steuerpflicht Genüge getan wurde.[2] Demnach mögen diejenigen recht behalten, die behaupten, „die moralische Botschaft des geltenden deutschen Rechts wirkt auf den potentiellen Täter eher anstiftend als abschreckend". Diejenigen Bürger, die sich gar nicht oder kaum im Licht des öffentlichen Lebens sonnen können, werden wohl keine vom Gewissen genährten Bedenken haben, höchstens Angst vor Steuerfahndung und Strafjustiz.[3] Diese lassen sich aber kinderleicht überlisten, wie in den meisten Fällen zu sehen ist. Den prominentesten Gestalten von Bestechungsaffären und Unterschlagungsskandalen – egal, ob Landesregierungschefs oder nur „einfachen" Ministern – droht ohnehin nur selten eine höhere Strafe als die Entlassung aus ihren Ämtern. Es gibt Länder und Regionen auch inmitten Europas, wo die einfachen Leute jahrzehntelang den Argwohn hegten, eine Minderheit dürfe, ungesetzliche Mittel nutzend oder gar über dem Gesetz stehend, zum Schaden der Mehrheit unter glänzenden Verhältnissen ihr eigenes Leben führen. Der Argwohn wurde eines Tages zur bitteren Gewißheit. Es stellte sich nämlich heraus, daß Interessengruppen, die üblicherweise strengste moralische Prinzipien propagieren, sich in vielen Fällen nicht scheuten, ihre erhabenen Ideen

---

1 „Kaum ein defektes Cabrio-Verdeck". In: Stern (5) 1995
2 Vgl. Gordon, T.: Milliós korrupciók az NSZK-ban (Korruptionsfälle in Millionenhöhe in der Bundesrepublik Deutschland). In: Magyar Hírlap vom 3.1.1995
3 Ebenda

über Bord zu werfen, nur damit ihre kurzfristigen Interessen keinen Schaden nehmen. Die oben aufgezählten Beispiele liefern genügenden Beweis dafür, daß der Mangel an einer auf der Moral basierenden Befolgung rechtlich fundierter Normen nicht nur für die Bürger in der ost-mitteleuropäischen Region typisch ist. Deshalb wäre es auch falsch, dieses Phänomen mit der 40jährigen kommunistischen Herrschaft allein in Zusammenhang zu bringen. Die Menschen sind auf der ganzen Welt bereit, ihre egoistischen Interessen durchzusetzen, vorausgesetzt, ihnen steht nichts im Wege.

2 Unerwünschte Folgen des Systemwandels

Diese unsere Region Europas leidet seit Jahrhunderten bittere Not an materiellen Gütern. Seit langer Zeit stehen diese in der Hierarchie der Werte höher als das menschliche Leben. Es ist als natürlich anzusehen, daß die Menschen gerade in dieser Hinsicht eine grundlegende Wende herbeigewünscht und erwartet hatten, um so mehr, als den einen die nur ein paar Tage dauernde Reiseerfahrung, den anderen das Fernsehen den falschen Eindruck eingeflößt hatten, drüben, hinter den Stacheldrahtzäunen, herrsche – entgegen der kommunistischen Propaganda – eine reiche Fülle von Gütern, und zwar für alle. Oder, wenn schon nicht für alle, dann ganz gewiß für diejenigen, die willig und arbeitsfreudig sind.

Der Durchschnittsmensch erhoffte von der angesagten schönen neuen Welt in jeder Hinsicht Verbesserung seiner persönlichen Sicherheit und Wachstum seines Wohlstandes. Seinen Erwartungen zum Trotz mußte er aber erleben, daß all die Indikatoren, die für ihn die Qualität des Lebens anzeigten, entweder unverändert blieben oder sich gar zum Schlechteren wandelten. Leitende und Geleitete waren gleichermaßen gezwungen, zur Kenntnis zu nehmen, daß die Menschen- und Freiheitsrechte dann nur wenig wert sind, wenn sich zu ihnen erhebliche materielle und finanzielle Nachteile gesellen, die selbst die normale Existenz bedrohen.

Die Kluft zwischen der „objektiven" Realität und der Realität, wie sie sich die öffentliche Meinung vorstellt, kann in manchen Fällen kaum überbrückt werden. Viele Erhebungen belegen aber, daß die Meinung der Menschen den nackten Tatsachen an Bedeutung keinesfalls nachsteht.[4]

Unter anderem besteht eine große Diskrepanz zwischen den Forderungen des Staates und ihrer Bewertung und Unterstützung durch die Bevölkerung. Daraus dürfte resultieren, daß die überwiegende Mehrheit der Bevölkerung in einer sich unausgesetzt wandelnden und jedweden moralisch-ethischen Rückhalt entbehrenden Gesellschaft gewissen Formen der Kriminalität geradezu schelmisch und komplizenhaft zuzwinkert oder gewisse Formen derselben, meist Steuerhinterziehung oder Zollver-

---

4   Vgl. Fattah, E.: The interchangeable roles of victims and victimiser. In: Heuni-Papers no. 3, Helsinki 1974

stöße, und ihre Täter sogar aktiv unterstützt und an der aus nationalwirtschaftlicher Sicht immer bedrohlicher werdenden schwarzen oder grauen Wirtschaft gar nichts auszusetzen findet.

Die Einstellungen der Bevölkerung und die Änderungen in den Präferenzen der öffentlichen Meinung spiegeln sich annähernd genau in den Ergebnissen einer Meinungsumfrage wider, die im Januar und im Mai 1995 durchgeführt wurde.[5] Die mit der politischen Wende an die Macht gekommene erste Regierungskoalition wurde im Frühjahr 1994 mit dem Votum der überwältigenden Mehrheit der ungarischen Bevölkerung „emeritiert". Nach dem ersten Regierungshalbjahr der neuen, sich sozialen und liberalen Wertvorstellungen verpflichtet fühlenden Koalition beurteilte das Gros der Bevölkerung (72 % und 77 %) die Regierung vor allem danach, inwieweit sie die Wirtschaft in die richtigen Bahnen zu steuern vermochte. In der Rangordnung der Prioritäten folgte danach die Milderung der sozialen Probleme (57 % und 66 %), erst dann kam die Gewährleistung von Ordnung und Gesetzlichkeit. Jenseits dieser Gesichtspunkte war für die meisten Befragten nur von geringem Belang, inwieweit die Regierung die Presse- und Meinungsfreiheit gewährleistet (12 % und 4 %) oder die öffentliche Meinung berücksichtigt (28 % und 22 %). Die Bevölkerung zeigte auch nur mäßiges Interesse dafür, inwieweit Korruption und Mißbrauch der Amtsgewalt durch Aktivitäten der Regierung in Schranken gehalten werden könnten. Es ist kein Widerspruch, sondern nur die Kehrseite der Medaille, daß laut derselben Erhebung die Bevölkerung mit den beiden zuletzt erwähnten Regierungsaktivitäten am wenigsten zufrieden war (33 % und 26 %). Genauer ausgedrückt: Laut Statistik ist die Bevölkerung mit den beiden letztgenannten Bemühungen ebenso unzufrieden wie mit der politischen Atmosphäre im Lande (37 % und 23 %) sowie mit den Anstrengungen der Regierung, die sozialen Spannungen zu mildern. Mit diesen ist sie nur etwa halb so zufrieden wie mit der Außenpolitik der Regierung gegenüber den Nachbarländern (Zufriedenheitsquoten von 62 % und 54%). Die Meinungen über die Anstrengungen der Regierung, Sicherheit und Ordnung herzustellen(45 % und 35 %), über die Aktivitäten in der Wirtschaftspolitik (44 % und 34 %), über die Berücksichtigung der öffentlichen Einstellungen (43 % und 29 %), über die Förderung von Kultur und Bildung (43 % und 32 %) sowie über die Glaubwürdigkeit der Regierung liegen nahe beieinander. Diese Meßwerte weisen insgesamt auf die ständig wachsende Skepsis der Bevölkerung gegenüber dem fortschrittlichen Charakter der Wende hin. Das am 13. März 1995 angekündigte restriktive Maßnahmenpaket, von vielen als finanzielle Schocktherapie bezeichnet, leitete nicht nur eine drastische Umstrukturierung der Prioritäten in der öffentlichen Meinung ein, sondern wird vermutlich auch die Gegensätze zwischen der Führungsebene und den Geführten sowie zwischen den über einen immer noch relativ breiten Spielraum verfügenden Unternehmern und den Be-

---

5 Vgl. Veröffentlichungen in: Magyar Hírlap vom 19.1.1995, S. 4, und Magyar Hírlap vom 10.5.1995, S. 4

amten und Angestellten der staatlichen Institutionen vertiefen. Die Bevölkerung konnte schon in den vergangenen Jahren wahrnehmen, daß die jeweilige Opposition, einmal an die Regierung gelangt, auf die Herausforderungen der politischen Umwelt, für deren Schilderung es hier weder Platz noch Anlaß gibt, nach altem Muster reagiert.

Ein erheblicher Teil der maßgeblichen wirtschaftlichen Entscheidungen wird aufgrund von für die meisten undurchschaubaren Prinzipien, ohne präzise Vorbereitung und ohne gesetzliche Regelung, getroffen. Die Wege, die das Geld bei der Übertragung von Vermögen und Besitz nimmt, sind beinahe unmöglich zu verfolgen.[6] Das politische Establishment des ost-mitteleuropäischen Raumes ist sich dessen wohl noch kaum bewußt, daß die Eigentümer von neu aufsteigenden, finanziell florierenden Unternehmen, in Ermangelung effektiver Stimuli, nur wenig geneigt sind, ihren Extraprofit in die Wirtschaft zurückzuschleusen, viel eher aber, diesen zu konservieren oder zur Vermehrung ihres Privatvermögens zu nutzen.[7]

Der Mißbrauch der amtlichen Gewalt oder des amtlichen Einflusses spielte in der sozialistischen Mangelwirtschaft und spielt noch heute, unter den Bedingungen des von vielen als feudalkapitalistisch abqualifizierten Vorstadiums einer funktionierenden Marktwirtschaft, eine äußerst wichtige Rolle. Nicht nur die Rollenträger dieses kontinuierlichen sozialen Phänomens, auch ihre Methoden, ihre Beurteilung und Handhabung sind heute grundsätzlich anders als früher. Hinsichtlich der Realisierungstechniken hatten früher die einzelnen Länder der Region mehrere Entwicklungsperioden durchlaufen, woraus sich zwischen den Ländern im gleichen Zeitraum bedeutsame Unterschiede ergeben hatten.

Wie aus den Umfragen hervorgeht, entwickelte die Bevölkerung eine gewisse Toleranz gegenüber diesen auf ältere Gewohnheiten zurückgehenden, aber mittlerweile in neuem Gewand auftretenden Eigentümlichkeiten des sozialen Systems. Die meisten nehmen es mit einem gewissen Ärger, aber eher mit stiller Resignation auf. Im Alltag ruft nicht die Zunahme der organisierten Kriminalität die heftigste Erregung hervor, da deren Schaden für den einzelnen nicht direkt erfaßbar ist. Bei gründlicherem Hinsehen sind die Schäden sehr wohl zu spüren, aber der Einzelne weiß entweder wenig davon oder er kann – mangels Möglichkeit zur Beeinflussung – wenig damit anfangen. So läßt er es als Fluch Gottes oder als eine Art Schicksalsschlag über sich ergehen. Ihn regen viel eher die für seine Alltagsruhe und finanzielle Sicherheit bedrohlichen Erscheinungen auf, egal wie bedeutend oder unbedeutend, wahrscheinlich oder unwahrscheinlich diese sein mögen.

---

6   Vgl. Sükösd, M.: Kik csinálhattak a semmiből vagyont? (Wer konnte aus dem Nichts Vermögen schmieden?). In: Népszabadság vom 24.3.1995, S. 21
7   Vgl. Interview mit Frau Zsuzsa Hegedüs in Népszabadság vom 17.3.1995, S. 15

3 Unterschiedliche Charakteristika der alten und neuen Kriminalprävention und Kriminalpolitik

Den meisten westlichen Staaten nicht ganz unähnlich, beruhte die Kriminalitätsbekämpfung in Ungarn, d.h. die Kriminalprävention und darin eingeschlossen die Kriminalpolitik, früher schon auf den Prinzipien sozialer Gerechtigkeit und konzentrierte sich auf die Wahrung von Ruhe und Ordnung. Dies ging mit der Ansicht einher, daß sich die Aufmerksamkeit der Kriminalitätsbekämpfung auf solche Delikte und ihre Täter beschränken sollte, welche von den Vertretern der politischen Elite als für die Gesellschaft besonders gefährlich definiert wurden. Die Definition bestimmter krimineller Aktivitäten als „sozial außergewöhnlich gefährlich" hing mit dem Doppelanspruch zusammen, einerseits die öffentliche Meinung zu beruhigen, andererseits die eigenen Ängste zu lindern.

Die breite Öffentlichkeit empfand diejenigen Kriminaltaten als besonders furchterregend, die die Ruhe und Ordnung des Alltags zu gefährden schienen. Eigentumsdelikte, Tötungsdelikte, Körperverletzungen und ähnliches standen ganz oben auf der Gefährlichkeitsliste. Andererseits wollten die Machthaber besonders die gegen das bestehende politische System gerichteten oder ihnen politisch peinlichen Verhaltensweisen kriminalisieren. Unter den Bedingungen einer Diktatur konnte diesen Ansprüchen mehr oder weniger – aber eher mehr – ohne Schwierigkeiten Genüge getan werden. Insoweit konnten Kriminalpolitik und Kriminalprävention als wirksam und erfolgreich bezeichnet werden.

Die neue Art der Prävention unterscheidet sich von ihrer Vorläuferin vor allen Dingen dadurch, daß sie nicht nur soziale Ruhe und Ordnung zu gewährleisten hat, sondern auch zur sozialen Kontrolle bestimmter Organisationen und Institutionen berufen ist. Während das Strafrecht auf dem Gebiet der interpersonellen Konflikte mit seiner Rechtsprechung und Rechtspflege zu Hause ist, sind ihm und seinen jahrhundertealten Arbeitstraditionen die neuen Aufgaben und Ziele überwiegend fremd. Dies hängt damit zusammen, daß in der Hierarchie und Beurteilung der sozialen Gefährlichkeit von Straftaten augenblicklich grundlegende Wandlungen vonstatten gehen. Sie führen zu einem Anspruch des Strafrechts, zu den neuen Zielen auch neue Arbeitsmittel und -methoden zu bekommen und zu entwickeln. Die Erfahrungen in den letzten anderthalb Jahrzehnten in Westeuropa und im vergangenen halben Jahrzehnt in Mittel-Osteuropa haben aber gezeigt, daß die diesbezüglichen Bemühungen erfolglos bleiben. Sie mögen darauf aufmerksam machen, daß das Strafrecht nicht nur bei der Bekämpfung traditioneller Verbrechen viel an Gewicht einbüßte, sondern sich auch als äußerst ungeeignet erwies, den neuen Erscheinungen effektiv zu begegnen.

Einen nicht zu übersehenden Beweis dafür liefern die zahlreichen Verbrechenskategorien, die in den Kriminalstatistiken gar nicht zu finden sind. Wie bekannt, liegt der Grund hierfür nicht darin, daß die Judikative die Gefährlichkeit und Häufigkeit dieser Straftaten falsch eingeschätzt hätte. Das Problem ergibt sich eher aus den nicht genügend vorausgesehenen Schwierigkeiten, der neuen Situation mit rechtsstaatlichen Mitteln zu begegnen. Hieraus folgte, daß die Autorität des Strafrechts, aber auch des Staates selbst in den Augen der Öffentlichkeit immer tiefer sank. Jeder Bürger weiß Bescheid über gewisse Affären. Er ist sich auch darüber im klaren, daß es sich um Straffälle handelt, deren Täter nicht oder höchstwahrscheinlich nicht zur Rechenschaft gezogen werden. Aber er will nicht verstehen, warum das so ist.

4 Rationalität der Kriminalpolitik

Heute bildet sich niemand mehr ein, im Funktionsmechanismus der vormaligen sozialistischen Gesellschaften wäre im Augenblick des Machtwechsels eine tiefgreifende Veränderung oder ein plötzlicher Wandel eingetreten. In den meisten dieser Länder wollte glücklicherweise auch die neue Staatsmacht weder den eigenen Bürgern noch dem Ausland einen solchen Wandel vorspiegeln. Diese Staaten sind mit ihrer Vergangenheit eng verzahnt: Die neue Ordnung bedient sich modifizierter Verfassungswerke und umkonzipierter Zivil- und Strafgesetzbücher.

Die Verhältnisse in der Gesellschaft und demzufolge auch die Funktionsmechanismen der abweichenden Verhaltensformen änderten sich nicht wesentlich. Was sich grundlegend änderte, war die Rolle und Funktion des Geldes, das einen fundamentalen Bedeutungswandel der Eigentumsdelikte in bezug auf Umfang, Struktur und Dynamik mit sich brachte. Folglich müssen sich Wissenschaftler und Politiker der Region – zwischen den beiden Gruppen gibt es vielfache Überschneidungen – mit einem der herausragenden Merkmale der westlichen Demokratien auseinandersetzen; nämlich den ruinösen Nebenwirkungen der technischen Rationalität im Bereich von Moral, Politik und Gesellschaft. Der Macht des Geldes und des Marktes erliegt die rechtliche und staatliche Ordnung; die Ökonomie überrennt die Politik, die Regeln des freien Marktes übernehmen die regulierende Rolle des Staates.[8] Die spektakulärste Bühne der Kontinuität und der Wandlung zugleich ist die *Korruption*. Gerade an diesem Punkt sind die Entwicklungstendenzen, die der Übergang von der Mangelwirtschaft zur freien Marktwirtschaft mit sich brachte, am leichtesten auszumachen. Unter den Bedingungen der Mangelwirtschaft, wo das Geld weniger, aber dessen vergegenständlichte Form, die Ware, umso wichtiger war, zielten die Korruption und ihre Begleiterscheinung, der Mißbrauch der Amtsgewalt, auf die Aneignung von Waren und Dienstleistungen, welche nur mangelhaft verfügbar waren. Diese Tradition des von keinem Geldtransfer begleiteten informellen Anbietens und Aneignens von Vorteilen

---

8   Vgl. Sack, F.: Conflicts and Convergences in theoretical and methodological Perspectives. In: International Annals of Criminology 32-1/2 (1994), S. 39–60 (Vortrag auf dem XI. Internationalen Kriminologenkongreß, Budapest 1993)

lebt nach wie vor weiter, wobei die begehrten Werte sich änderten, ihr Umfang aber erheblich zunahm.

Mit der Zunahme der Bedeutung des Geldes meldeten sich mittlerweile neue Rollenträger mit neuen Korruptionsformen zu Wort, die durch Ausnutzung von Rechtslücken Idee und Alltagspraxis der Rechtsstaatlichkeit gleichermaßen gefährden und verletzen. Statt der kleinen Verkäufer, der Abteilungsleiter der Gemeindeverwaltungen und kleinkarierten Beamten sind heute Entscheidungsträger auf verschiedenen Ebenen der Staatsgewalt einerseits, steinreiche Unternehmer andererseits die Zentralfiguren der Korruptionsaffären. Sie bedienen sich, nicht anders als früher, ihrer Seilschaften, und die Vetternwirtschaft mit ihren gegenseitigen Gefälligkeiten blüht.

Zu den neuen Erscheinungen zählt u.a., daß kompetente Wirtschaftsführer den finanziell auf schwachen Füßen stehenden Staats- und Parteiinstanzen zu „Hilfe" eilen, d.h. zur Überwindung der finanziellen Engpässe von Parteien und den ihnen nahestehenden Stiftungen und Institutionen beitragen. Unter den heutigen Umständen stellt wohl *die Einflußnahme des Privatkapitals zweifelhafter Herkunft auf die mit Zahlungsschwierigkeiten kämpfenden Parteien und öffentlichen Machtinstanzen* das größte Risiko für die Sauberkeit des öffentlichen Lebens dar.

Die Kriminalstatistiken sind heute nicht mehr infolge staatlicher Vertuschungs- oder Täuschungsmanöver wenig zuverlässig, sondern viel eher deshalb, weil viele Arten und erhebliche Mengen von Straftaten mit legalen Mitteln nicht erfaßt werden können. Private Organisationen und Organisationsnetze wurden mit dem Ziel gegründet oder auf die Aufgabe spezialisiert, die Funktionslücken der Rechtsprechung auszunutzen und die Interessen ihrer Auftraggeber mit einer vom Legalen bis zum Illegalen reichenden Skala von Methoden zu vertreten und durchzusetzen. Hierzu zählen Unternehmen, deren Aktivitäten – Eintreibung von Schulden privater Kleinbetriebe, gewaltsame Inbesitznahme und Sicherung von Immobilien, usw. – heutzutage fast schon als normal anzusehen sind.

Eine rationale Kriminalpolitik muß streng realitätsbewußt sein, selbst wenn sie hierdurch zwangsläufig an alte Tabus rührt. Eine solche Kriminalpolitik muß die real erreichbaren Ziele, d.h. diejenigen Delikte, die mit den ihr verfügbaren Mitteln erfolgreich bekämpft werden können, eindeutig zu definieren vermögen; wo dies nicht der Fall ist, soll sie sich zurückziehen.

Die Machtpolitik zeigt– wie eingehend erörtert – starke Neigungen zum schrankenlosen Einsatz der Strafjustiz zur Durchsetzung ihrer Interessen. Das Strafrecht ist aber – wie bedauerlich das auch immer sein mag – ein unwirksames Instrument zur Bekämpfung neuer Verbrechensphänomene in modernen Gesellschaften, wie z.B. der vielen Arten von Natur- und Umweltschäden oder der durch fahrlässigen Umgang mit der Technik verursachten Schäden. Unter allen Verbrechensformen scheint die Entwicklung und Ausbreitung der modernen organisierten Kriminalität am bedrohlichsten zu sein.

Gegen Ende dieses Jahrtausends sieht man sich gezwungen, zur Kenntnis zu nehmen: Das Strafrecht ist ein ineffizientes Werkzeug zur Bekämpfung der Symptome einer gesichtslosen, entpersonalisierten Gesellschaft. Dies deutet zugleich an, daß sich sein Wirkungsbereich auch weiterhin auf die traditionellen Verbrechenskategorien beschränken sollte. Hier kann es unter den neuen Bedingungen der Wissenschaft und Technik sein Potential entfalten. Man muß lernen, daß das Strafrecht dort nicht einsetzbar ist, wo ein Verbrechen weder einen konkreten Täter noch ein konkretes Opfer hat oder wo Täter und Opfer keine natürlichen Personen sind.

Zusammenfassend: In einer Gesellschaft und in einem Staat, die von finanziellen Interessen gesteuert werden, ist das Strafrecht ungeeignet, diese Interessen zu beschränken. Das Strafrecht kann für sich – wie in der Vergangenheit, so auch in der Zukunft – ausschließlich im Bereich von situativen und traditionellen Verbrechen Erfolge erhoffen. Diese zu bekämpfen ist aber umso wichtiger, als eine erfolgreiche Bekämpfung einen wesentlichen Beitrag zum Sicherheitsgefühl der Bevölkerung leisten kann. Die Kriminalprävention sollte sich auf dieses Gebiet konzentrieren und auf die Bekämpfung andersartiger Delikte verzichten, deren Verfolgung trotz großen Energieaufwand wenig Wirksamkeit verspricht.

5 Die Rationalität der Kriminalprävention

Wie die Kriminalpolitik, so hat auch die Kriminalprävention insgesamt realitätsgerecht zu werden. Als Anzeichen dafür, daß die den gesunden Menschenverstand fördernden, auf Kosten/Nutzen- bzw. Kosten/Effizienz-Analysen gestützten Denkweisen und Problemstellungen immer mehr in den Vordergrund rücken, ist die Verlagerung von einer immer rigoroseren Strafverfolgung auf realitsorientiertere, d.h. flexiblere präventive Regelungsformen zu deuten. Sie sollen dazu führen, daß sich die Verletzung von Normen durch die Berücksichtigung von lang- und kurzfristigen Interessen erübrigt. Dieser Auffassung zufolge sollen die Phänomene der schwarzen Wirtschaft durch Berücksichtigung der realen Bedürfnisse, Interessen und Eigentümlichkeiten der Gesellschaft neu definiert und nötigenfalls neu geregelt werden. Das Ziel ist keineswegs, so viele Verbote und potentielle Normenverstöße wie möglich zu fabrizieren, sondern im Gegenteil durch die Beachtung individueller und partikularer Interessen möglichst viele Menschen in den vom Staat kontrollierbaren Wirtschaftsbereich einzubeziehen.[9]

---

9   Dieser Standpunkt wird von Frau Zsuzsa Hegedüs in dem oben (Anm. 7) erwähnten Interview vertreten. Sie beruft sich auf de Gaulle und erklärt, die Einkommen der großunternehmerischen Schwarzwirtschaftler ließen sich auf staatlich kontrollierbare Konten transferieren, dazu müßten aber die Rechte der Kontrollinstanzen in dem von der Verfassung gesetzten Rahmen erweitert werden.

Viele Berichte reden von der Revolution der schwarzen Wirtschaft. Die jüngsten europäischen Beispiele mahnen, daß eine merkantilistische Regierung, die den Reformen und dem Umbau der Institutionen entgegenzuwirken versucht, nur die neue Saat der Gewalt bestellt. Die Diskriminierung und die bürokratischen Hindernisse verunmöglichen die Mobilisierung der ärmsten Schichten und bieten den extremistischen, gewaltsamen Lösungsversuchen neue Grundlagen. Die antimerkantilistische, stille Revolution hat mittlerweile ein fortgeschrittenes Stadium erreicht: Die Ergebnisse der schwarzen Wirtschaft sprechen für sich ... Die schwarze Wirtschaft ist nur dann in der Lage, den Fortschritt des rückständigen Staates zu fördern, wenn das Rechtssystem der Wirklichkeit angeglichen und die schwarzwirtschaftliche Tätigkeit legalisiert wird. Die Zeit des politischen Voluntarismus ist vorbei, die Politiker regeln das Funktionieren der Wirtschaft längst nicht mehr".[10]

Die wirtschaftlichen, politischen und rechtlichen Verhältnisse eines Landes könnten wohl danach eingeschätzt werden, wieviele Leibwächter und Geldeintreiber auf eine Person entfallen. In Ländern, in denen es in Strafprozessen jahrelang nicht zur Entscheidung kommt und in zivilrechtlichen Prozessen die Rechtsprechung Jahre hindurch berechtigte Ansprüche nicht zur Geltung bringen kann – in solchen Ländern ist die Justiz gescheitert. Dort werden die Rechtsgeschäfte im „Schnellverfahren" – ganz gewiß aber außerhalb des Gerichtssaals – erledigt.[11]

Nach der Meinung vieler „glauben die Ölbarone, über dem Gesetz zu stehen, was auch in Äußerlichkeiten zum Ausdruck kommt. Sie halten oft Leibgarden, die einer Privatarmee in nichts nachstehen, und führen Binnenkriege ohne Kriegserklärung gegen die örtlichen Vertreter der Staatsgewalt. Sie prahlen öffentlich mit der Bestechung der Polizei, des Zolls, der Presse, der Staatsanwaltschaft und der Richter [...] Vor drei Jahren hätten diese Schlangennester, wo sich die millionenhohen Ölgewinne anhäuften, zertreten werden können [...] Damals erschien es noch völlig unvorstellbar, daß gewisse Gesellschaften zum Ziel der ursprünglichen Kapitalakkumulation unter allen Methoden die 'ursprünglichste', das Ölgeschäft, nutzen und nach einigen Jahren fähig sein würden, vor den Finanzbeamten Zoll und Steuer im Werte von 200 Milliarden Forint zu verheimlichen".[12]

Wie sich die Lage der Kriminalität in Mitteleuropa gestalten wird, hängt in großem Maße von den Wirtschaftspolitikern ab. Heute verfügt die Politik hier in Ungarn – anders als in zahlreichen osteuropäischen Staaten, deren Lage so gut wie hoffnungslos

---

10 Inotai, E.: A feketegazdaság láthatatlan forradalma (Die unsichtbare Revolution der schwarzen Wirtschaft). In: Népszabadság vom 11.2. 1995, S. 17–19
11 Ungarn kam infolge illegaler Ölmanipulationen auch international in Verruf. Jahre hindurch liefen Ermittlungen und Prozesse gegen Ölmafiosi, ohne innerhalb von drei Jahren zu einem rechtskräftigen Strafurteil zu führen. Dies rückte auch die Justiz ins Zwielicht; vielleicht ist sie selbst interessiert an den dunklen Affären. Vgl. Tanács, I.: Határvidek (Grenzgebiet). In: Népszabadság vom 10.9.1994, S. 18
12 Vgl. Halász, M.: Sok magyar nábob (Viele ungarische Barone). In: Heti Világgazdaság vom 14.1.1995, S. 66

ist – noch über wahre Alternativen, die aber in ihren Details von denen des Westens sehr verschieden sein können. Nach Ansicht vieler entspräche den Anforderungen dieser Region ein sogenanntes alternatives öko-soziales Marktmodell am meisten.[13] Heute bemächtigen sich aber eher Vernichtungslust und Verwüstungswut des Erbes der Vergangenheit als Bestrebungen zur Fundierung einer neuen Ordnung. In dieser Region Europas wird aber der allgemeine Wunsch nach Verminderung der Unsicherheit, nach Zuverlässigkeit und Stabilität wahrscheinlich sehr bald wieder laut.[14]

Im Bereich der Kriminologie lassen sich drei Dimensionen des Paradigmawechsels hervorheben:

1. Die Kräfte und Aktivitäten – die Einflußnahme auf die Kriminalpolitik inbegriffen – konzentrieren sich auf eine rationale Kriminalprävention im Bereich der traditionellen Verbrechen.
2. Statt der früher vorherrschenden Ätiologie der Kriminalität, der nur noch – wenn überhaupt – ergänzende Funktion zukommt, rücken immer mehr Strategien der Prävention in den Vordergrund. Das bedeutendste Anliegen ist, gegen die Kriminalität Vorkehrungsstrategien zu erarbeiten. Die wichtigsten Zielgruppen solcher Anstrengungen sind der Staat, die Gemeinwesen und die Individuen. Bei der ersten Zielgruppe beziehen sich die Präventionsstrategien auf den politischen Entscheidungsprozeß, bei der dritten auf das situationsbedingte Verhalten, bei der zweiten auf beides.
3. Übereinstimmend mit András Szabó[15] bin ich der Meinung, daß die logische Ordnung des institutionellen Systems der Strafjustiz wiederhergestellt werden sollte. Demgemäß ist die wichtigste Größe des Strafrechts nicht das Verbrechen, sondern die Strafe selbst. Folglich müssen die auch verfassungsmäßig zu verankernden Garantieregeln des Strafrechts auf die Strafbarkeit und die Strafe bezogen sein.

---

13 Vgl. die Vorstellungen von Tibor Liska früher und István Siklaky heute in bezug auf die Bekämpfung von Schwarzwirtschaft und Schwarzhandel. Vgl. Hovanyecz, L.: Fekete helyett fehér gazdaságot (Weiße Wirtschaft statt schwarzer Wirtschaft). In: Népszabadság vom 13.2.1995, S. 13
14 Vgl.Pataki, F.: Társadalomlélektani prognóziskísérlet (Versuch einer sozialpsychologischen Prognose). In: Magyar Tudomány 12 (1994), S. 1459–1475
15 Szabo, A.: Büntepolitika és alkotmányosság (Verfassungsmäßigkeit und Politik der Strafjustiz). Manuskript für die erste Versammlung der Ungarischen Gesellschaft für Kriminologie, Szolnok (Ungarn) 1994

UMBRUCH UND KRIMINALITÄT – UMBRUCH ALS KRIMINALITÄT[1]

Fritz Sack

1   Ein Thema zur Überschreitung von Grenzen

Ich möchte mich zunächst bei den Veranstaltern für die Einladung zu diesem Kolloquium bedanken. Ich bin ihr aus zwei Gründen gerne gefolgt, einem privaten und einem profesionellen. Zum einen habe ich meine früheren Besuche in dieser schönen Stadt noch in guter Erinnerung – zuletzt anläßlich des vor zwei Jahren hier abgehaltenen Internationalen Weltkongreßes für Kriminologie.

Genauso schwer wiegt indessen der professionelle Aspekt meiner Bereitschaft, der Einladung der Kollegen Ferenc Irk und Klaus Sessar zu dieser Diskussion zu folgen. Der Titel dieser Tagung stellt eine Herausforderung dar, die ich ebenso nachhaltig begrüßen möchte wie ich gleich eingangs meine Unsicherheit darüber nicht verhehlen kann, wie dieser Herausforderung zu begegnen ist. „Sozialer Umbruch und Kriminalität" – im Titel der Tagung sind zwei Sachverhalte aufeinander bezogen, die auf den ersten Blick, in der alltagsweltlichen Erfahrung und in der kriminologischen Buchführung die intuitive Evidenz einer Koexistenz, wenn nicht gar eines ursächlichen Zusammenhangs für sich haben. Das ist beunruhigend und riskant. Denn die beiden sozialen Erscheinungen sind in bezug auf unsere moralischen Standards, Wertvorstellungen und nicht zuletzt hinsichtlich unserer ganz persönlichen und individuellen Wünsche und Ziele auf ihren beiden Gegenpolen angesiedelt: der soziale Umbruch gilt als Chiffre für eine positive und gewollte Entwicklung, während Kriminalität für

---

1   Dies ist die ausgearbeitete und stark erweiterte Fassung meines Budapester Vortrages.

uns zum Inbegriff der negativen Erscheinungen gehört, die wir nicht wünschen und nicht suchen, verabscheuen und bekämpfen.

Darüber hinaus sind beide Ausgangsbegriffe – der soziale Umbruch wie die Kriminalität – hoch voraussetzungsvolle begriffliche Abstraktionen, die einen zweiten und dritten Blick verdienen. Insbesondere der Begriff des sozialen Umbruchs ist durch eine Vagheit und Unbestimmtheit charakterisiert, die ihn mehr zu einem öffentlich und politisch verwendbaren Verdichtungssymbol geeignet erscheinen lassen als zu einem kognitiv brauchbaren Konzept, auf dem sich empirisch abgrenzbare und theoretisch interpretierbare Zusammenhänge aufbauen lassen.

Es kommt ein spezifischer kriminologischer Gesichtspunkt hinzu. Die Kriminologie hat sich im Verlaufe ihrer disziplinären Entwicklung in ihrer Fragestellung mehr und mehr eingeengt und in ein Ghetto partieller Zuständigkeit und disziplinärer Abhängigkeit begeben. Sie hat die Kriminalität nurmehr aufgesucht und begriffen in ihrer Sichtbarkeit und Manifestation der durch das Strafrecht vorgegebenen und definierten singulären Erscheinung – sei es in der einzelnen Tat oder des individuellen Täters. Dabei ist es gleichgültig, ob wir diese Informationen den offiziellen Statistiken und amtlichen Sündenregistraturen entnehmen oder sie durch das Instrumentarium der sozialwissenschaftlichen Methodologie gewinnen. Auf diese Weise ist der Kriminologie aus dem Auge geraten bzw. hat sie als gegeben hingenommen, was zu allererst ihren Gegenstand sozial begründet und ihn als einen zu untersuchenden Bereich gesellschaftlicher Wirklichkeit in die Welt setzt.

Das Thema dieser Tagung hingegen fordert dazu auf, über die Grenzen der Kriminalität in dem so gegebenen – d.h. positivistischen bzw. positivierten – Bereich hinauszugreifen, sich nicht zu begnügen mit dem, was wir in gesellschaftlich lizenzierter oder sozialwissenschaftlich zugänglicher Weise wissen und was nicht. Dabei geht es vorrangig nicht um die Frage der Dunkelziffer im technischen Sinne. Von ihr läßt sich ja erst dann sinnvoll reden, wenn die Vorfrage beantwortet ist, was denn als Kriminalität zu betrachten und zu zählen ist. Um dieser Frage nachzugehen, bedarf es anderer Adressaten, Informanten und Partner als diejenigen, mit denen es die Kriminologie durchschnittlich zu tun hat.

Dieses Überschreiten der üblichen Grenzen und Akteure des kriminologischen Diskurses, zu dem das Thema der Tagung herausfordert, ist indessen ein Unternehmen, das mich zu einer weiteren Vorbemerkung veranlaßt. Diese bezieht sich auf eine persönliche Befangenheit, die ich zu Beginn meiner Überlegungen nicht verhehlen möchte. Diese Befangenheit ist mehr als das durchschnittliche Dilemma, vor das man sich als Kriminologe gestellt sieht, der an der berühmten Frage von H. S. Becker (1967): „Whose Side Are We On?" nicht vorbeikommt. Vielmehr hat sie zu tun mit einem Dilemma allgemeinerer Art, das sich nur schwer aufheben läßt. Fragen und Probleme der Kriminalität einer Gesellschaft haben eine Dimension existentieller Bedeutung und Betroffenheit, die sich einer objektivierenden bzw. objektiven Behandlung nur sehr widerwillig fügen. Mir fällt es schwer, mit dem Gestus und dem

Anspruch solcher Objektivität gleichsam als Außenstehender und Beobachter aufzutreten, zumal als Angehöriger einer Gesellschaft, die in bezug auf die sozialen Prozesse, die mit „sozialem Umbruch" gemeint sind, ja keineswegs als unschuldig und neutral zu betrachten ist.

Das mag zwar auf den ersten Blick einsichtiger sein, wenn ich dies auf die spezifisch deutsche Situation beziehe. Dort führt das – im buchstäblichen Sinne – grenz(en)lose Aufeinandertreffen zweier Gesellschaftsordnungen, die ihr jeweiliges Selbstverständnis weniger ihrem positiven Selbstbild als dem negativen Fremdbild verdankten, zu gleichsam handgreiflichen Asymmetrien, Überheblichkeitsbeziehungen und Abhängigkeitsgefällen[2]. In einer Welt indessen, in der nationale Grenzen immer mehr und wirkungsvoller vom Kapital unterspült werden – man spricht euphemistisch oft von „Globalisierung" –, folgen die Beziehungen zwischen Völkern und Gesellschaften bekanntlich vor allem den Kursnotierungen an der Börse, und diese sprechen eine eindeutige Sprache, wenn es um das Verhältnis der westlichen zu den ehemals sozialistischen Ländern geht.

Auch wenn ausdrücklich davon nicht die Rede ist, geht es deshalb in unseren Diskussionen immer auch um das Verhältnis der Umbruchsländer zu den Aufbruchsländern – weiter unten wird von „Nachzüglern" und „Pionierländern" gesprochen werden. Diese implizite Selbstreflexivität nicht nur meiner, sondern, ich denke, unser aller Überlegungen erfordert eine schmale Gratwanderung zwischen der Scylla der Belehrung und der Charybdis der Anbiederung. Belehrung mag sich schon einstellen, wenn ich mich im Habitus der Selbstverständlichkeit in der Grammatik der westlichen Kriminologie bewege; den möglichen Anflug von Anbiederung mag erzeugen, wenn ich mich in kritischer Distanz zur kanonisierten Kriminologie meiner eigenen Herkunftswelt halte. Ich möchte das eine wie das andere vermeiden, bitte Sie aber schon jetzt um Nachsicht, wenn ich diesen schmalen Pfad gelegentlich verfehle.

Ich möchte meine weiteren Überlegungen in vier Abschnitte gliedern. Ich werde zunächst eine Problemstellung skizzieren, die kriminologiegeschichtlich im 19. Jahrhundert ihren Ursprung hat und die Formen *sozialer* – und nicht: *individueller* – „Pathologie" zum ausschließlichen Fluchtpunkt der Analyse gemacht hat. Diese Perspektive erlebt gegenwärtig eine unübersehbare Renaissance. Ihre theoretisch anspruchsvollste Version hat sie im Anomiekonzept von E. Durkheim erfahren. In einem nächsten Kapitel will ich die Tradition der Arbeiten zum sozialen Wandel bzw. zur Modernisierung vergegenwärtigen. Im Anschluß daran werde ich „postmoderne"

---

2 C. Offe ist in seiner nachdenklichen Studie „Der Tunnel am Ende des Lichts" – der Titel entspricht einem „im heutigen Polen geflügelten Wort" (1994, S. 9) – einigen dieser Zusammenhänge nachgegangen und sie u.a. auf diese Formel gebracht: „Der Westen hat von den Errungenschaften des Realsozialismus profitiert und wird von dessen Zusammenbruch mitbetroffen und herausgefordert. Viel mehr als von der Ausbeutung der Dritten Welt haben wir aus dem Funktionieren der Zweiten Welt Vorteile gezogen, die es jetzt mit systemeigenen Mitteln zu substituieren gilt" (S. 291/92).

Entwicklungstendenzen moderner Gesellschaften zur Darstellung bringen. Im abschließenden Kapitel möchte ich in knapper und konzentrierter Weise einige Folgerungen erörtern, die sich aus den vorangegangenen Überlegungen für die Behandlung von Problemen der Pathologie und der Kriminalität in den sogenannten Umbruchsländern ergeben. In allen Kapiteln wird es dabei im wesentlichen darum gehen, das wissenschaftliche Gerüst und dessen Erträge in der Version vorzustellen, wie sie in der Tradition westlich-liberaler Gesellschaften entwickelt worden ist.

Exkurs: Eine notwendige allgemeine methodologische Vorbemerkung

Meine Überlegungen stehen sämtlich in derjenigen Tradition der Kriminologie, die hauptsächlich im 19. Jahrhundert – und erst seit drei Jahrzehnten wieder – die Kriminologie beschäftigte. Über Quetelets Kriminalitätsbudget, Durkheims Normalitäts- bzw. Pathologiethese bis hin zu Mertons Fassung der Anomietheorie gibt es bekanntlich eine stete Suche nach einer Antwort auf die Frage, ob und wie Kriminalität mit den Strukturen der Gesellschaft zu verknüpfen ist. Wie läßt sich diese Vermutung, deren Grundgedanke am prägnantesten in dem fast schon aphoristischen Diktum des französischen Kriminologen F. Lacassagne: „Jede Gesellschaft hat die Kriminalität, die sie verdient" ausgedrückt worden ist, auf die Kriminalität in den Gegenwartsgesellschaften anwenden? Was insbesondere lehrt sie uns mit Blick auf die Vorgänge in denjenigen Ländern, die von einem bis dahin vorbildlosen Wandel ihrer sämtlichen Strukturen betroffen sind?

Diese Fragestellung, ebenso wie die sich daran anschließenden in den Folgekapiteln, ist dadurch gekennzeichnet, daß sie als theoretische und methodische Untersuchungseinheit soziale Kollektive und Gruppen, d.h. überindividuelle Strukturen und nicht individuelle Personen nimmt. Sie steht und fällt deshalb in besonderer Weise mit einer bis heute für die Kriminologie nicht gelösten Problematik, die im übrigen auch schon ihren Begründern im 19. Jahrhundert durchaus geläufig war: der Art und Weise der Informationsgewinnung über die Kriminalität der Gesellschaft. Es erscheint mir deshalb unerläßlich, in einem Exkurs diesem Problem insbesondere mit Blick auf die Umbruchsgesellschaften eine Eingangsüberlegung zu widmen.

Ausgangspunkt hierfür hat gemäß der mehr oder weniger induktiven Arbeitsweise dieser kriminologischen Tradition die Frage und Feststellung nach Umfang, Struktur und Tendenz der Kriminalität in den jeweiligen Ländern zu sein. Dafür gibt es bekanntlich zwei Quellen: die staatliche „Sündenregistratur" in der Form der Moralstatistiken des 19. und der der Kriminalstatistiken unseres Jahrhunderts auf der einen Seite, die seit den sechziger Jahren entwickelten staatsneutralen „crime surveys" auf der anderen Seite.

Auch wenn man sich leicht der Gefahr aussetzt, das Kind mit dem Bade auszuschütten, läßt sich der allseits bekannte Hinweis nicht unterdrücken, daß beide methodischen Instrumente zwar überreichliches Material bereitstellen, das der statistischen Analyse und ihren immer raffinierteren Darstellungs- und Schlußmethoden zugeführt werden kann, daß jedoch die so repräsentierten Abbilder der kriminellen Wirklichkeit immer mehr in den Verdacht geraten, dem modernen Genre virtueller Wirklichkeiten eher anzugehören als der vorgegebenen Wirklichkeit. Ironisch formuliert, ließe sich sagen: unsere kriminologischen Methoden tun das, was sie tun, immer genauer, was sie aber tun, wird immer ungewisser.

Es ist keine Frage, daß sich die Vorbehalte und methodischen Einwände, die diese Meßverfahren in der westlichen Kriminologie auf sich gezogen haben, unter den sozialen, politischen und institutionellen Bedingungen der im Umbruch befindlichen Länder potenzieren. Die Einflüsse des polizeilichen und strafjustiziellen Registrier- und Statistiksystems, die Konstanz desselben in der Periode seines Neuaufbaus, die Anzeige- und Kooperationsbereitschaft der Bevölkerung, der Wegfall alter und das Hinzutreten neuer Straftatbestände – das sind nur einige Stichworte, die die Gültigkeit amtlicher Kriminalitätsdaten sehr fraglich erscheinen lassen; Antwortbereitschaft und andere Einflußfaktoren im Umgang mit der hoch voraussetzungsvollen, stilisierten und fremden Interaktionssituation bei mündlichen oder schriftlichen Interviews mittels geschlossener oder offener Fragebögen sind Umstände, die im Falle von crime surveys zur Zurückhaltung bei der Interpretation von Daten zur Kriminalitätssituation nötigen – und das ist noch sehr vorsichtig formuliert.

Jenseits dieser Bedenken, die man vielleicht noch als technische Fehlerquellen durch entsprechende methodische Vorkehrungen mindern und kontrollieren kann, scheint mir für die Diskussion der Kriminalität in den Ländern auf dem Wege in die Marktwirtschaft eine andere Konsequenz besonders gravierend zu sein. Diese überschreitet ohne jeden Zweifel den Rahmen der Zuverlässigkeit und Gültigkeit von Meßinstrumenten – im Gegenteil: sie als solche zu behandeln, grenzt, so möchte ich vermuten, für die davon Betroffenen – und damit meine ich die Mitglieder dieser Gesellschaften – an Sarkasmus und moralischen Zynismus. Ich meine die Tatsache, daß sich in den Daten, über die wir als Kriminologen via Kriminalstatistik oder Opferinformationen nur sprechen können, ein alltagsweltlich und „subjektiv gewisses" Wissen nicht wiederfindet.

Die auf westliche Länder bezogene Weisheit, wonach die Kriminologie in ihrer Zuständigkeit und Reichweite immer mehr auf die Rolle der Sachwalterin der „crime in the streets" zurückgeworfen ist, während das Wissen der „crime in the suites" dem strafrechtlich nicht verwertbaren privaten Wissen einzelner Gesellschaftsmitglieder und allenfalls einem investigativen Journalismus überlassen ist – dies trifft für die Länder des Umbruchs in einer für die Kriminologie und die Kriminalpolitik geradezu – entschuldigen Sie diesen Ausdruck – obszönen Weise zu. Ich möchte diesen Sachverhalt auf diesen Nenner bringen: was man über die Kriminalität aufgrund der verfügbaren Meßmethoden weiß, ist mehr oder weniger uninteressant, was jedoch interessant ist, weiß man nicht.

Die Schlußfolgerung ließe sich noch weiter radikalisieren: kann man in diesen Ländern von jenem Grad akzeptierter und legitimierter gesellschaftlicher und staatlicher Ordnung und ihrer Durchsetzung sprechen, bei deren Vorhandensein es nur Sinn macht, von Kriminalität zu sprechen? Und auf die Kriminologie bezogen: ist sie nicht gebunden an Voraussetzungen außerhalb ihrer selbst, die, wenn man sie nicht ausdrücklich thematisiert und in Rechnung stellt, die Kriminologie in der Tat entweder zur Konstruktion fiktiver Wirklichkeiten verleitet oder sie als einen involvierten – und nicht nur beobachtenden – Akteur in die Gruppe der Transformierer und Umbruchsagenten einreiht?

Ich breche diese methodischen Zweifel über unser verfügbares Wissen zur Kriminalität ab, ohne freilich die daraus zu ziehenden Konsequenzen für die weiteren Überlegungen – dies sei unumwunden eingeräumt – voll bedacht zu haben.

2 Kriminalität und Gesellschaftsstruktur: die Aktualität Emile Durkheims

2.1 Die originäre Reichweite der Anomietheorie Durkheims

Als die statische, auf die Annahme eines gesellschaftlichen Gleichgewichts ruhende Variante der wissenschaftlichen Rekonstruktion des Zusammenhangs zwischen Strukturmerkmalen der Gesellschaft und der Kriminalität ist sicherlich nach wie vor die auf E. Durkheim zurückgehende Anomietheorie zu nennen. Sie kehrt zunehmend in die Spalten kriminologischer, mehr noch: soziologischer Literatur zurück, nachdem sie bekanntlich in den sechziger Jahren ihren hegemonialen Status an interaktionistische Positionen in der Kriminologie für zwei Jahrzehnte verloren hatte. Die Leistung der Anomietheorie in der meist nur diskutierten Version von R. K. Merton bestand bekanntlich in der Erklärung der inversen Beziehung zwischen Kriminalität und sozialem Status, und zwar in solchen Gesellschaften, deren Form der Arbeitsteilung sich in einer ausgeprägten Klassen- bzw. Schichtstruktur manifestiert. Der Glanz und die Attraktivität dieser kriminologischen Pointe der Anomietheorie ist bekanntlich vor allem aus Gründen erblaßt, wenn nicht sogar ganz erloschen, die mit der zuvor erwähnten selektiven sozialen Sichtbarkeit von Kriminalität zusammenhängt: die Kriminalität der unteren Schichten – vornehmlich der „Straßenkriminalität" zugehörig – gerät eher in das Blickfeld und die Amtsstuben der Polizei als die der oberen Schichten, die sich vornehmlich in privaten Dienst- und Büroräumen und zudem in Form symbolischer Transaktionen vollzieht. Ihre erwähnte Wiederbelebung in den letzten Jahren wird deshalb vermutlich weder an ihre einstige Bedeutung heranreichen noch kaum mehr als temporärer Art sein, es sei denn, man greift noch einmal über die Epigonen hinweg zurück auf das Original.

Ohne deshalb hier der verkürzten Version der Anomietheorie im einzelnen nachgehen zu wollen, ist es mir für meine Argumentation doch wichtig, den weiteren Zusammenhang zu vergegenwärtigen, in den E. Durkheim seine Überlegungen gestellt hat. Durkheims Ambitionen zielten nicht primär auf die Analyse und Erklärung von Kriminalität. Dies erhellt schon daraus, daß keine seiner Arbeiten im Titel einen Verweis auf diesen Teilbereich gesellschaftlicher Tatsachen enthält. Mehr noch: die grundlegenden theoretischen und methodologischen Erkenntnisse zu Kriminalität und Strafe, zur Entwicklung seiner Anomiekonzeption finden sich in der 1893 erschienenen „Arbeitsteilung" (1992) und in seinen zwei Jahre späteren „Regeln" (1961)[3], den beiden ersten seiner bedeutenden Monographien. Die Fortführung und gegenständliche Anwendung der Anomiekonzeption im „Selbstmord" (1973) – wiederum im Abstand von zwei Jahren erschienen –, der nächsten bedeutenden Monographie von Durkheim, führt zur weiteren theoretischen Präzisierung und vor allem zur empirischen Konkretisierung des Modells.

Durkheim dienen das Recht und seine unterschiedlichen Strukturen allgemein lediglich als methodisches und methodologisches Reservoir zur „operationalen" Klärung seiner theoretischen Grundbegriffe, die Kriminalität, der Selbstmord und andere soziale „Pathologien" im besonderen als die empirischen Indikatoren von „Gleichgewichtsstörungen" gesellschaftlicher Art.

Die unleugbare Aktualität Durkheims für das Selbstverständnis moderner Gesellschaften ganz allgemein, für das Thema dieser Tagung in besonders zugespitzter Weise, ergibt sich stattdessen aus der sein gesamtes Werk durchziehenden Fragestellung nach der Möglichkleit von Gesellschaft unter den Umständen moderner Industriegesellschaften. Wie lassen sich gesellschaftlicher Zusammenhalt und soziale Integration unter Bedingungen ihrer ständig wachsenden Heterogenität, Pluralität, Differenzierung und – wie er es in Kontinuität eines zentralen topos der theoretischen Diskussion seit A. Smith und im ganzen neunzehnten Jahrhundert nennt – „Arbeitsteilung" denken und herstellen – unter Bedingungen in anderen Worten, die gekennzeichnet sind durch einen permanenten Wandel und eine damit einhergehende Freisetzung des Menschen aus den Bindungen von Religion, Tradition und Familie[4]?

---

3   Durkheims Einschätzung als „Klassiker", für manche Vertreter des Fachs als einer der wichtigsten Begründer der modernen Soziologie, gründet sich bei aller Zurückweisung und Fortschreibung seiner theoretischen Analysen und empirischen Befunde im einzelnen auf seinem erfolgreichen Insistieren auf der nicht reduzierbaren Eigenständigkeit der Ebene des „Sozialen", damit – damals wie übrigens heute wieder – vor allem den Anspruch der Psychologie zurückweisend, Gesellschaft im individuellen Verhalten ihrer Mitglieder auflösen zu können. Es liegt auf der Hand, daß sich insbesondere die Kriminologie seit der Verkürzung ihres Gegenstandes auf den kriminellen Täter durch C. Lombroso und seine Gefolgsleute schwertut, Einsichten von Durkheim in ihrem Wissensbestand unterzubringen.

4   Im Vorwort zur ersten Auflage der „Arbeitsteilung" formuliert Durkheim die zentrale Frage seiner Untersuchung in denkbarer Klarheit: „ Die Frage, die am Anfang dieser Arbeit stand, war die nach den Beziehungen zwischen der individuellen Persönlichkeit und der sozialen Solidarität. Wie geht es zu, daß das Individuum, obgleich es immer autonomer wird, immer mehr von der Ge-

Nicht diese Frage jedoch, deren Bedeutung und Dringlichkeit eine intuitive Evidenz besitzt, die keines weiteren und umständlichen Belegs bedarf, sondern die Antwort, die Durkheim darauf gibt, machen seine Originalität und seine „Modernität" aus. Dabei interessiert hier nicht so sehr die von ihm entworfene Dichotomie der beiden Theoriemodelle gesellschaftlicher Solidarität – der mechanischen Solidarität aufgrund von Ähnlichkeit im Falle einfacher Gesellschaften und der organischen Solidarität aufgrund von Arbeitsteilung und Kooperation in „höheren" Gesellschaften[5]. Vielmehr: anders als es die Vertreter und Anhänger eines individualistischen Utilitarismus von A. Smith bis H. Spencer sahen und propagierten, ließ sich gesellschaftliche „Solidarität" – *der* Schlüsselbegriff seiner Gesellschaftsanalyse – nach Durkheim nicht auf den isolierten und egoistischen Einzelwillen der Gesellschaftsmitglieder gründen, sondern mußte gegen sie und unabhängig von ihnen gesichert werden. Pointierter noch: nach Durkheim gefährdet gerade die Dynamik, die von den Strukturen der modernen Wirtschaft und von ihren Wachstums- und Differenzierungsprozessen ausgeht, den sozialen Zusammenhang und die soziale Integration. Zutiefst mißtraut er sowohl dem Versprechen der angelsächsischen Moralphilosophen nach einer sich im Selbstlauf organisierenden und harmonisierenden Gesellschaft auf dem Boden der individuellen Nutzenverfolgung wie dem Optimismus seiner französischen Vorgänger in bezug auf die Solidarität stiftende Reichweite und Kompetenz des Staates.

2.2 Das Konzept der Anomie: die gesellschaftliche Krise

Das in die Kriminologie importierte und in der Folge auf sie reduzierte Konzept der Anomie i.S. von Regel- oder Normlosigkeit wird in der Gesellschaftsanalyse von Durkheim dabei zur Bezeichnung eines Zustands verwendet, in dem das Fortschreiten der individualisierenden sozialen Arbeitsteilung – der zentrale Motor und das beherrschende Prinzip der Entwicklung von einfachen zu höheren Gesellschaften – zum dominanten, ja alleinigen Gestaltungsmoment der modernen Gesellschaften wird, ohne daß ihre zentrifugalen und desintegrierenden Konsequenzen durch das Regulativ einer gesellschaftliche Solidarität verbürgenden kollektiven Moral[6] konterkariert und neutralisiert werden.

---

sellschaft abhängt? Wie kann es zu gleicher Zeit persönlicher und solidarischer sein? Denn es ist unwiderlegbar, daß diese beiden Bewegungen, wie gegensätzlich sie auch scheinen, parallel verlaufen. Das ist das Problem, das wir uns gestellt haben" (1992, S. 82).

5   Die Sekundärliteratur über und zu Durkheim ist kaum zu überblicken, und sie ist nicht nur in der Abteilung „Theoriegeschichte" aufzusuchen. Einen guten Wegweiser zur Struktur Durkheimschen Denkens selbst wie zu seiner Rezeption in der nach ihm folgenden Soziologie bieten H.-P. Müller und M. Schmid im Anhang zur deutschen Ausgabe der „Arbeitsteilung" (1992).

6   Für das Verständnis von Durkheims Gesellschaftsanalyse ist es von zentraler Bedeutung, die von ihm benutzten Begriffe der „Solidarität" und der „Moral" u.a. ihrer normativen Konnotation zu entkleiden. Beide Begriffe stehen für die deskriptive Erfassung der über-individuellen sozialen „Tatsachen", die zwar in der Form von äußerem Zwang und als „conscience collective" auf den

Das Konzept und die Theorie der Anomie bezieht sich deshalb auf einen wesentlich weiteren und umfassenderen Zusammenhang als den der Kriminalität, auf den ihn die Kriminologie reduziert und marginalisiert hat. In Durkheims „Arbeitsteilung" stellt die anomische Arbeitsteilung nur einen von drei Untertypen der „anormalen Formen" der Arbeitsteilung dar – neben der „erzwungenen Arbeitsteilung" und einer „weiteren anormalen Form der Arbeitsteilung"[7]. Es geht Durkheim um nicht weniger als um ein theoretisches Modell des Gleichgewichts moderner Gesellschaften insgesamt. Kriminalität, Selbstmord und andere negative Erscheinungen sind für ihn empirische Indikatoren und Anzeichen für gestörte Zustände dieses gesellschaftlichen Gleichgewichts, für soziale Desintegration, für das Fehlen gesellschaftlicher Bande, kurz: für die Pathologien moderner Gesellschaften.

Freilich ist sogleich und korrigierend hinzuzufügen, daß Durkheim bekanntlich auch der Gesellschaftstheoretiker war, der die Kriminalität nicht nur als pathologische Erscheinung gedacht hat, sondern in ihr auch ein Stück sozialer Normalität sah, ja sogar Funktionalität i.S. sich ankündigenden und sich bahnbrechenden sozialen Wandels, vor allem aber – über die Betätigung und Inszenierung der Strafe – i.S. der Bekräftigung und Wiedergewinnung der kollektiven Identität einer Gesellschaft über ihre funktionalen Sonderungen und Spaltungen hinweg[8]. Pathologisch sind nach Durkheim nicht Kriminalität, Selbstmord u.a. Abweichungen schlechthin, sondern sie sind es nur in dem Maße, wie diese negativen sozialen Erscheinungen bestimmte Ober- oder Untergrenzen übersteigen. So wenig seine Analyse und Überlegungen indessen auch hergeben, um diese Grenzen zwischen Normalität bzw. Funktionalität und Pathologie dieser Erscheinungen im konkreten Einzelfall zu bestimmen, so nachhaltig bleibt dieser theoretische Gesichtspunkt zum einen eine ständige Herausforderung an und immer wieder erneut zu bewältigende Aufgabe für das konkrete und empirische Gesellschaftsstudium, zum anderen eine nachhaltige Warnung an den kriminalpolitischen Übereifer zur Kontrolle und in der Bekämpfung der Kriminalität.

Schaut man genauer hin und läßt sich heute auf den Buchstaben und den Text von Durkheims Analysen ein, so erfährt man – durch die Begrifflichkeit und Theoriesprache seiner Zeit und der ihm eigenen Art hindurch – eine geradezu beklemmende Diagnose eines gesellschaftlichen Zustands, von der man, wüßte man nicht um ihre wirkliche zeitliche Einordnung, meinen könnte, die Tinte sei noch nicht trocken, mit der sie erstellt wurde. Wie zu Recht R. König in seinem Nachwort zu Durkheims Selbstmord – unter Rückgriff auf eine Beobachtung von einem der bedeutendsten französi-

---

    einzelnen (normativ) einwirken, aber der Soziologie nur im Modus des Beobachtens, nicht des Begründens interessant sind.

7   Vgl. drittes Buch der „Arbeitsteilung" v. E. Durkheim (1992).
8   Dabei ist indessen zu sehen, daß „Strafe" für Durkheim ein durch und durch gesellschaftliches Phänomen darstellt und nicht notwendig zusammenfällt mit ihrer staatlichen Institutionalisierung, auch wenn er aus methodischen Gründen diese Unterscheidung und Differenzierung kaum nachhaltig vornimmt.

schen Soziologen der Zwischenkriegszeit, R. Aron – notiert, war Durkheims Werk insgesamt von einem Krisenbewußtsein der modernen Gesellschaft bestimmt[9]. Die Tonlage über diese Krise steigert sich von Monographie zu Monographie und erreicht ihre volle Dramatik dort, wo sie sich gewissermaßen der konkreten gesellschaftlichen Erfahrung, was bekanntlich die Pathologie des Selbstmords darstellt, am weitesten nähert.

Lassen wir Durkheim einen Augenblick selbst zu Wort kommen. Seine Selbstmordstudie steht unter dem Zeichen einer rapiden Zunahme der Selbstmordraten im Europa der zweiten Hälfte des neunzehnten Jahrhunderts. So heißt es in den Schlußfolgerungen des über 450 Seiten umfassenden Werks: „... sie haben sich in weniger als fünfzig Jahren, je nach dem Lande, verdreifacht, vervierfacht und selbst verfünffacht" (S. 436). „Die steigende Flut der Selbstmorde ist daher ... als Signal für eine Krise, eine Störung, die gefahrlos nicht länger andauern kann, [zu betrachten]" (S. 437).

Die Sprache Durkheims wird schneidend und schrill in denjenigen vorangehenden Passagen des Buches, wo er den Ort bzw. Bereich sowie dessen „Geist" der modernen Gesellschaft ausmacht, von dem nach seiner Ansicht die gefährlichste Form der neuzeitlichen Pathologie ausgeht, nämlich die Anomie, „der Zustand der gestörten Ordnung" (S. 289). Ihr rechnet er den größten Anteil an der gestiegenen Selbstmordrate zu: „Die Anomie ist also in unseren modernen Gesellschaften ein regelmäßig auftretender und spezifischer Selbstmordfaktor; sie ist eine der Quellen, aus der sich alljährlich das Kontingent speist" (S. 295). Da die sichtbarste Form, in der sich die Arbeitsteilung manifestiert, das Anwachsen des Berufssystems darstellt, ist der Teilbereich unschwer zu erraten, von dem die Anomie ausgeht: „Es gibt aber eine Sphäre des gesellschaftlichen Lebens, wo er [ein solcher Zustand der Anomie – F. S.] tatsächlich eine Art Dauerzustand ist, nämlich in der Welt des Handels und der Industrie" (S. 290). „Daher ist Krise und Anomie ... sozusagen normal geworden" (S. 292).

Eher einem Pamphlet der Kulturkritik oder des Zivilisationspessimismus als einem Werk des gefeierten Begründers der modernen Soziologie entnommen erscheinen die Charakterisierungen, die Durkheim für das in diesem Bereich der Gesellschaft herrschende Leben findet: „Aber schon in der Höhe der Ansprüche liegt die Unmöglichkeit ihrer Befriedigung" (S. 289) ... „Zumal wenn die Jagd nach dem als erreichbar Vorschwebenden keine andere Freude verschaffen kann als eben die Jagd selbst ..." Zur gleichen Zeit wird der Kampf härter und opfervoller, einmal weil die Kampfregeln weniger beachtet werden, und zum anderen, weil der Wettbewerb schärfer wird". „Je mehr man sich also anstrengt, um so nutzloser wird die Anstrengung" (ebda.). „Das ist die Schlußfolgerung des Dogmas vom wirtschaftlichen Materialis-

---

9   König (1973, S. 477) zitiert aus R. Arons „Les étapes de la pensée sociologique" (Paris 1967) die folgende Beobachtung über Durkheim: „Was ihn vor allem bis zur Obsession interessiert, ist in der Tat die Krise der modernen Gesellschaft, die durch soziale Desintegration und durch die Schwäche der Bande definiert wird, die das Individuum an die Gruppe binden".

mus, auf dem beide Systeme [die „der konservativen Wirtschaftslehrer" und die der „extremen Sozialisten" – F. S.] fußen, wenn sie auch dem Anschein nach divergieren. Und da diese Theorien nur das ausdrücken, was allgemeine Ansicht ist, so ist die Industrie das erhabenste Ziel des einzelnen und der Gesellschaften geworden statt weiter lediglich als Mittel zu einem höheren Zweck betrachtet zu werden" (S.292). „... jede Autorität entfiel, die die neuen Begierden hätte im Zaum halten können. Diese wurden durch die Vergötzung des Wohlstandes sozusagen sanktioniert und über jedes Menschengesetz gestellt. Es ist die reine Gotteslästerung, sie auch nur antasten zu wollen" (ebd.).

Was Durkheim indessen gegen den Vorwurf eines Kulturpessimismus immunisiert bzw. von diesem unterscheidet, ist seine analytische Präzisierung der Faktoren und Ursachen gesellschaftlicher Desintegration. Die Krise der Gesellschaft, von der er spricht und die er ausmacht, hat nicht die Form eines diffusen Unbehagens anthropologischen Zuschnitts, historischer Zwangsläufigkeit oder schicksalsmächtiger Unentrinnbarkeit, schon gar nicht kommt sie – in Vorwegnahme eines Oswald Spengler – als Zivilisationsmalaise oder Abendlandsbeschwörung daher, die keine Akteure und keine irdischen Zuständigkeiten kennt. Im arbeitsteiligen Gesellschaftsmodell von Durkheim gibt es vielmehr, wie wir schon sahen, die Unterscheidung von sozialen Teilstrukturen innerhalb der Gesellschaft und damit das Erfordernis der wechselseitigen oder „funktionalen" Abhängigkeiten, Zuordnungen und sozialen Koordination, die – anders als es die Vorstellung der „invisible hand" in der Tradition des Wirtschaftsliberalismus suggeriert – sich nicht im Selbstgang und als sozialer Automatismus herstellt.

Die Erhaltung und Erzeugung sozialer Solidarität bzw. der kollektiven Identität einer Gesellschaft, der „conscience collective", die dem individuellen Bewußtsein entgegengesetzt und ihm als „soziale Tatsache" äußerlich ist, in einer Gesellschaft und in einer Welt, deren Motor und Voranschreiten gerade durch die zunehmende Freisetzung des Individuums und die Prämierung von individuellen Einzelinteressen gekennzeichnet ist – das ist das beherrschende Thema und die zentrale professionelle Neugier, die Durkheims gesamtes Schaffen, Leben und Oeuvre durchzieht. Es war für ihn ein Problem von wahrhaft existentiellem Zuschnitt in dem Sinne, daß die menschliche Existenz ihm weder denkmöglich noch empirisch vor- und nachweisbar erschien, es sei denn als eine auf Sozialität und Gesellschaftlichkeit gegründete. Diese Überzeugung war für ihn ein unhintergehbares Axiom, in dessen Dienst er nicht nur seine theoretischen und empirischen Studien stellte, sondern dem auch die Soziologie einzig ihr „raison d'être" verdankt.

Geradezu appellartig faßt Durkheim das analytische und zugleich normative Ziel seiner theoretischen und empirischen Überlegungen zur Dynamik und zum Gleichgewicht moderner Industriegesellschaften am Ende seiner Arbeitsteilung zusammen: „Wichtig ist, daß diese Anomie endet ..." „Wir leiden nicht, weil wir nicht wissen, auf welchen theoretischen Begriff wir die von uns bislang praktizierte Moral stützen sollen; sondern weil diese Moral in einigen bestimmten Partien unwiderbringlich erschüttert ist ..." „Mit einem Wort: Unsere erste Pflicht besteht heute darin, uns eine neue Moral zu bilden" (1988, S. 480).

„Moral" steht für Durkheim dabei – um dies zum einen gegen vielfältige Mißverständnisse und Fehldeutungen noch einmal zu unterstreichen und um zum anderen die Aktualität seiner Analyse vor Augen zu führen – für diejenigen Elemente, Institutionen und Kräfte, die trotz und gegen individuelle und egoistische Ziele und Interessen der einzelnen Mitglieder der Gesellschaft ihre Kooperation, Integration, Zusammengehörigkeit und Gemeinsamkeit verbürgen. Diese integrierenden Elemente sieht Durkheim bedroht, und auf sie alleine bezieht sich der Begriff der Anomie. Dieser Begriff meint deshalb – entgegen seiner üblichen Verwendung als allgemeine „Norm- oder Regellosigkeit" – nicht das Fehlen oder die Abwesenheit von Regeln oder Normen überhaupt und generell im Sinne etwa gesellschaftlicher Anarchie, sondern er bezieht sich ausschließlich auf den Typ von „regulativen" Regeln, der nicht im Dienste und zum Zwecke der Verfolgung von Einzelinteressen steht bzw. existiert, sondern der diese erst ermöglicht und garantiert. Es handelt sich um jene berühmten und fundamentalen „nicht-kontraktuellen Elemente des Vertrages", deren Ausarbeitung Durkheim im meistzitierten siebten Kapitel seiner „Arbeitsteilung" vornimmt und die gleichsam das Herzstück des soziologischen Manifests gegen das utilitaristische Gesellschaftsmodell darstellen.

2.3 Anomie als nur eine Form der Pathologie moderner Gesellschaften

Die Reichweite und die Fundamentalität der Durkheimschen Gesellschaftsanalyse gerät aus dem Blick, wenn man als Zugang zu seinen theoretischen Überlegungen die Kriminalität oder andere „pathologische" Erscheinungen wählt. Ebenso verfehlt die Fixierung auf die anomischen Aspekte seiner Analyse den vollen Zugriff auf seine Rekonstruktion der modernen Industriegesellschaft. Wir sahen schon, daß die „anomische" Arbeitsteilung nur einen der drei von ihm unterschiedenen Untertypen der „anormalen Formen" der Arbeitsteilung darstellt. Nicht nur in der Kriminologie, wenn auch dort am nachhaltigsten, sucht man vergeblich den Verweis und die Verarbeitung desjenigen Typus „anormaler" Arbeitsteilung, den Durkheim die „erzwungene Arbeitsteilung" nennt. Hierunter faßt Durkheim vor allem zwei Strukturaspekte der modernen Gesellschaft: die herkunfts- bzw. klassenbestimmte Rekrutierung in soziale Positionen sowie die „ungerechte" Entlohnung von Arbeit und die fehlende Chancengleichheit. Zwar spielt theoriestrategisch für Durkheim die anomische Arbeitsteilung die zentrale Rolle, da sie das Fehlen von Solidarität und kollektivem Bewußtsein überhaupt bedeutet. Eine erzwungene Arbeitsteilung aber ist gleichzeitig eine erzwungene Solidarität, keine eigentliche oder – in Durkheims Worten – „spontane" Solidarität, die alleine soziale Bande und kollektiv geteiltes Bewußtsein zu erzeugen vermag. Der Klassenkampf der modernen Gesellschaft um die Zeit der

Jahrhundertwende war für Durkheim das herausragende Anzeichen für den pathologischen Typ einer durch erzwungene Arbeitsteilung gekennzeichneten Gesellschaft. Die unterschiedliche Einschätzung der Formen pathologischer Entwicklung der Gesellschaft – fehlende versus erzwungene Solidarität – schlägt sich auch in seinen Überlegungen nieder, wie moderne Gesellschaften ihren eigenen Pathologien zu entgehen vermögen. Obwohl in dieser Frage nicht ganz frei von Widersprüchen, ist seine Antwort hierauf von seiner Ausgangsprämisse bestimmt, daß Gesellschaft über Kollektivbewußtsein definiert ist und nicht anders als über Solidarität konstituiert werden kann. Auf dieser Grundlage postuliert er eine der Gesellschaft inhärente Tendenz zur gleichsam selbstheilenden Korrektur ihrer pathologischen Zustände – eine Art Inertial- bzw. (systemtheoretisch gesprochen) Rückkopplungsprinzip des sozialen Gleichgewichts, das bei Störungen in Aktion tritt. Dieses Prinzip ist bei Durkheim auf der allgemeinsten Ebene angesiedelt. Es kommt einem universell verfügbaren und wirkenden sozialen Immunsystem gleich, das die Produktion von „Hormonen" sozialer Solidarität der Gesellschaft bei aufkommenden Tendenzen zur Anomie reaktiviert und damit die Gesellschaft vor ihrem Zerfall bewahrt.

Diese Theoriekonstruktion erlaubt es Durkheim, gegenüber anomischen Tendenzen – bei aller rhetorischen Dramatik seiner Krisenanalyse – eine gewisse Gelassenheit und einen fundamentalen Optimismus an den Tag zu legen. Die zunehmende Arbeitsteilung und die damit verbundene Ausdifferenzierung sozialer Teilwelten und individueller Interessen schaffen sich wegen ihrer wechselweisen und funktionalen Verwiesenheit aufeinander ihre eigene Koordination, ihren sozialen Zusammenhang – zwangsläufig und gesetzmäßig. Indessen – und das ist die allgemeinste Ursache der Tendenz zur Anomie, die Durkheim anerkennt und explizit macht – geschieht dies nicht immer im gleichen Tempo und Zeitrhythmus, in dem sich diese Differenzierung vollzieht. Die Entwicklung koordinierender und integrierender Regeln hinkt denjenigen der Arbeitsteilung selbst hinterher, folgt ihnen jedoch mit der Verbindlichkeit eines sozialen Gesetzes: insofern signalisiert Anomie zwar Störungen des Gleichgewichts der Gesellschaft, aber immer nur temporär und immer nur in dem Sinne, wie Krankheit den Kräften der Gesundheit auf die Sprünge hilft.

Anders verhält es sich mit jener Form der pathologischen Arbeitsteilung, die auf Zwang beruht, und das heißt eine Arbeitsteilung, der es, weil oktroyiert, am selbsttätigen Mechanismus der Solidaritätserzeugung gebricht – eine Arbeitsteilung, die durch „Außeneinfluß denaturiert wird", wie es Durkheim in drastischer Formulierung sagt (1992, S. 442). Solche Außeneinflüsse sind jene Faktoren, die zur erzwungenen Arbeitsteilung führen, u.a. die „noch zu große Ungleichheit der äußeren Bedingungen des Kampfes". Auf diese externen Bedingungen jedoch „hat die Zeit keinen Einfluß" (a.a.O., S. 439).

An diesem Punkt, in anderen Worten, versagt jedoch die Annahme Durkheims der ihre eigenen Pathologien regulierenden Gesellschaft. Vielmehr ist er genötigt, die allgemeine Ebene gesamtgesellschaftlicher Analyse und ihrer Gleichgewichtsbedingungen zu verlassen, um sich der institutionellen Ebene der Gesellschaft zuzuwenden. Das bedeutet, diejenigen Institutionen der Gesellschaft genauer zu betrachten, deren Funktion darin besteht, den desintegrierenden Tendenzen und Kräften der Gesellschaft jene Solidarität zuzuführen, derer sie zu ihrer eigenen Identität und Reproduktion bedarf. Hier nun liegt Durkheims ebenso originelle wie „romantische" Lösung der Überwindung der pathologischen Störungen der Gesellschaft. Die moderne Gesellschaft der Arbeitsteilung und des Individualismus lasse sich nicht länger und zunehmend weniger über die traditionellen Institutionen gesellschaftlicher Integration, wie Religion oder Familie, einen und einigen, auch nicht, wie wir bereits sahen, über den Staat und die Ausweitung seiner Funktionen. Die Kräfte und Institutionen gesellschaftlicher Solidarität sind unter den Bedingungen einer Gesellschaft, die von zunehmender und sich ständig beschleunigender Arbeitsteilung und Differenzierung gekennzeichnet sei, in denjenigen Bereichen der Gesellschaft zu suchen und zu plazieren, in denen auch die entscheidenden Impulse und Quellen dieser Entwicklung auszumachen sind, und das sind die Einrichtungen von Industrie und Handel und Wirtschaft.

In dem berühmten langen Vorwort zur zweiten Auflage der „Arbeitsteilung" aus dem Jahre 1902 entwickelt Durkheim sein institutionelles Konzept der der modernen Industriegesellschaft angemessenen Form der Solidarität: allein auf der Basis der modernen Arbeits- und Berufswelt, dem Ort der Gesellschaft, der Antrieb und Ausdruck der zunehmenden Arbeitsteilung in einem sowie die eigentliche und strukturelle Quelle der Anomie ist, lasse sich die institutionelle Autorität gründen, deren es bedürfe, um dem individuellen und egoistischen Interesse moralische und solidarische Barrieren entgegenzusetzen. Für die Begründung dieses Konzepts greift Durkheim in die antike und mittelalterliche Geschichte der Gilden und Korporationen von Handwerk, Handel und Wirtschaft zurück, um aus der historischen Kenntnis ihrer einstigen Leistungen und ihres Verfalls die Bedingungen auszumachen, unter denen moderne Gesellschaften der inhärenten Tendenz jeglicher wirtschaftlicher Aktivität, aus sich selbst heraus kein Maß, keine Grenzen, keine Ziele entwickeln zu können, entgegenzuwirken.

2.4 Resümierendes Fazit: die Wiederentdeckung der Aktualität Durkheims

Ich breche an dieser Stelle den Rückblick auf die kriminologisch einschlägigste Theorietradition ab und möchte für die weitere Diskussion einige resümierende Aspekte festhalten. Zunächst: Die Gesellschaftsanalyse Durkheims zielt auf Strukturwidersprüche und immanente Konflikte der modernen Gesellschaft von so grundsätzlicher Art, daß deren Widerschein in der kriminologischen Rekonstruktion der Anomietheorie durch R. K. Merton bis zur Unkenntlichkeit und ihrer theoretischen „Zähmung" verblaßt. In ihrer vollen Durkheimschen Bedeutung kommt „Anomie" der Zerstörung bzw. Auflösung von Sozialität und Gesellschaftlichkeit überhaupt gleich. Dies bedeutet nicht – es ist wichtig, dies zu betonen –, daß soziale Transaktionen und Beziehungen schlicht „regellos" sind, sondern daß sie sich reduzieren auf den Horizont und die Reichweite utilitaristisch-individueller Zielsetzungen und Strategien. Anomie bedeutet vielmehr die Schwächung und den Steuerungsverlust derjenigen Regeln und Normen konstitutiver Art, die die individualistisch konzipierten Träger (ob in Form physischer oder juristischer Personeigenschaft) utilitaristischer Zielsetzungen auf einer Ebene jenseits dieser Handlungsvollzüge miteinander in Beziehung bringt.

Die Radikalität seiner Analyse wird deutlich, wenn man sich vergegenwärtigt, daß die anomische Situation nicht als eine Bedingung der Entstehung oder des Auftretens von Kriminalität zu verstehen ist, nicht – in die Sprache der Beziehungen zwischen Variablen gebracht – als unabhängige Variable auf die abhängige Variable „Kriminalität" wirkt. Vielmehr wird die Entwicklung der Gesellschaft in eine Richtung indiziert, in der die Kategorie der Kriminalität nicht mehr als relevante Dimension gesellschaftlichen Selbstverständnisses und sozialer Steuerung fungiert. Eine anomische Gesellschaft ist die entsolidarisierte Gesellschaft, eine Gesellschaft ohne Sozialität, in der die soziale Solidarität verbürgenden Regeln kollektiver, d.h. überindividueller Natur, nachrangig sind und nach Maßgabe instrumenteller Opportunitäten im System utilitaristischer Zielsetzungen eingesetzt, implementiert und befolgt werden. Das aber bedeutet, daß Verbindlichkeit und Reichweite normativer Regeln dann und nur dann gegeben sind, wenn ihr normativer Imperativ zusammenfällt mit den strategischen Zielsetzungen der individuellen Akteure. In der Sprache Durkheims bedeutet dies die Auflösung des Kollektivbewußtseins und die ausschließliche Dominanz der „Indivualbewußtseine". Das muß übrigens nicht heißen, daß die über das Kollektivbewußtsein vermittelten Regeln unter anomischen Bedingungen weniger beachtet würden als unter nicht-anomischen. Vielmehr heißt es, daß ihre Beachtung nicht mehr qua kollektiv verbindlicher, sondern qua individuell vereinbarter Regeln geschieht, erstere also letzteren untergeordnet sind. In pointierender Verkürzung ergibt sich daraus die Schlußfolgerung der opportunistischen Instrumentalisierung moralischer Normen und Werte.

Als weiteren kritischen Ertrag dieser theoretischen Rückbesinnung auf das Anomiekonzept ist eine nachgerade Verkehrung der sozialen Lokalisierung anomischer Tendenzen festzustellen, die die Anomietheorie in ihrer weiteren Rezeption erfahren hat. Wie wir bereits sahen, legen die „strain"-Theorien[10] ihren explanatorischen Ak-

---

10 Hierunter werden insbesondere in der angelsächsischen Tradition die verschiedensten Theoriepositionen gefaßt, die sich aus der Anomiekonzeption herleiten und auf der strukturellen Ebene ansetzen, also nicht nur die Anomietheorie im engeren Mertonschen Sinne, sondern auch deren „Abkömmlinge" opportunitätstheoretischer (R. A. Cloward und L. E. Ohlin) sowie subkultureller Orientierung (A. K. Cohen, W. B. Miller u.a.). Obwohl zeitlich vorher bzw. parallel dazu entwickelt, sind hier auch die ökologischen Theorieansätze der Chicago-Schule mit dem zentralen Begriff der „sozialen Desorganisation" mitzunennen.

zent auf die Überproportionalität kriminellen Verhaltens bei den „kapitalschwachen[11]" Mitgliedern der Gesellschaft. „Armut" in Form der relativen Deprivation stellt damit entsprechend dieser Theorierichtung den zentralen „kriminogenen" Faktor anomieinduzierter Kriminalität dar. Keine Folgerung könnte der von der Anomietheorie Durkheims angezielten gesellschaftlichen Dynamik entgegengerichteter sein: Durkheim spricht im „Suicide" von der „wohltätige[n] Wirkung und de[m] moralischen Wert der Armut", „... während der Wohlstand dem Menschen die Zügel schießen läßt und dabei Gefahr läuft, immer jenen Geist der Rebellion wachzurufen, der der eigentliche Nährboden der Immoralität ist" (1973, S. 290). Dieser zentrale Aspekt der klassischen Anomietheorie Durkheims ist in ihrer Rezeption, Weiterentwicklung und „modernisierten" Fassung schlicht wegelaboriert worden, obwohl diese gesellschaftliche Dynamik rund zehn Jahre nach Durkheim in zwei preisgekrönten Monographien des Belgiers J. van Kan und des Holländers W. Bonger zum Gegenstand einer detaillierteren Analyse gemacht worden war[12].

Schließlich sei als letzte resümierende Bemerkung der Versuch unternommen, die pathogenen Quellen und Strukturdefizite, denen sich die moderne Industriegesellschaft in den Augen Durkheims ausgesetzt sieht, in die Form isolierbarer Faktoren zu transformieren, die einer rigideren empirischen Kontrolle unterworfen werden können. Damit gewinnen wir eine Anschlußfähigkeit seiner Überlegungen an die Methodologie und Forschungspraxis der nach-Durkheimschen Soziologie. Was zunächst den anomischen Typ gesellschaftlicher Pathologie angeht, so wird dieser im wesentlichen als ein Problem rein zeitlicher Dimension gefaßt. Danach treten anomische Tendenzen in der Gesellschaft dann auf, wenn die Zunahme der ökonomisch induzierten Arbeitsteilung eine bestimmte Beschleunigungsrate übersteigt, mit der die Entstehung von Solidaritätsnormen gleichsam nicht Schritt zu halten vermag. Man könnte auch von einer strukturellen und systematischen Asynchronizität von ökonomischer und sozialer bzw. politischer Entwicklung sprechen.

Im Falle der „erzwungenen Arbeitsteilung" sind die wichtigsten isolierbaren Wirkungsfaktoren zum einen das System der Rekrutierung der Mitglieder der Gesellschaft in ihre einzelnen, arbeitsteilig aufeinander bezogenen Funktionsbereiche, insbesondere in die Berufs- und Arbeitswelt. Um eine „erzwungene" Form der Regulierung handle es sich dann, wenn andere als Leistungs- und „Talent"kriterien die Rekrutierung bestimmten. Zum anderen mißt Durkheim Gerechtigkeitserwägungen einen herausragenden Stellenwert für diese Form der pathologischen Arbeitsteilung bei. Soziale Gerechtigkeit sieht er verletzt, wenn Austauschbeziehungen und -vereinbarungen aufgrund äußerer Zwänge nicht nach dem sozialen Wert der wechselsei-

---

[11] Ich verwende hier das „Kapital"konzept im Sinne von P. Bourdieu (1985), der bekanntlich neben der ökonomischen eine kulturelle und soziale – gelegentlich auch eine symbolische – Dimension dieses Begriffs unterscheidet.

[12] Vgl. hierzu meinen Versuch einer kriminologischen Standortbestimmung an anderer Stelle (F. Sack 1978, S. 364 f.)

tigen Leistungen eingegangen und getroffen werden, wenn zwar nicht mathematisch genau bestimmbare, gleichwohl „real wirksame" kollektive Vorstellungen der Äquivalenz von Leistung und Gegenleistung verletzt werden.

Es bleibt zum Schluß die Frage, ob diese lange Rückbesinnung auf einen Klassiker der Soziologie mehr ist als eine dogmenhistorische und theoriegeschichtliche Übung, diktiert eher vom Bedürfnis einer von Verunsicherung gezeichneten Soziologie oder Kriminologie als von der realistischen Erwartung, auf diesem Wege eines gedanklichen und theoretischen Handwerkszeugs auf der Suche nach Problemstellungen und -antworten von heute habhaft zu werden – für den hier zu erörternden Zusammenhang zudem zugespitzt und ausgerichtet auf das Problem der Kriminalität in den sogenannten Transformationsgesellschaften und damit auf die Frage, ob sich in der explosionsartigen Zunahme der Kriminalität in diesen Gesellschaften ein Stück gesellschaftlicher Normalität niederschlägt oder ob sie als Zeichen einer gleichsam verallgemeinerten Pathologie gesellschaftlicher Entwicklung zu nehmen ist.

Für eine hinreichend differenzierte Antwort auf diese Frage fehlen hier zwar Raum und Gelegenheit, zumal ein solcher Versuch nicht voraussetzungslos geschehen könnte, sondern sich anzusiedeln hätte in der kaum überschaubaren und erst recht nicht auf wenige Striche zu reduzierenden, darüber hinaus kontroversen Sekundärliteratur zu Durkheim. Eine derartige Absicht hätte sich nämlich sowohl auseinanderzusetzen mit den eher „konservativen" Einflüssen von und Rezeptionsstrategien gegenüber dem theoretischen Werk von Durkheim, als auch mit dem „Radical Durkheim" (F. Pearce 1989) und seinen kritisch-konstruktiven und affirmativen Auseinandersetzungen mit dem Sozialismus[13]. Der ihm oft nachgesagte Fortschrittsoptimismus in bezug auf die weitere Entwicklung der modernen Industriegesellschaft wäre ebenso zur Sprache zu bringen wie die Bedingungen und Voraussetzungen, an die er diesen Optimismus bindet und die sich oft genug als dessen Dementi lesen lassen.

Dies alles bedürfte zwar einer genaueren Rekonstruktion und Auseinandersetzung mit Werk und Wirken von Durkheim, als wir es andeutungsweise versucht haben. Bevor wir einen Blick auf die weitere soziologische und kriminologische Diskussion werfen wollen, möchten wir einen abschließenden Gedanken zu Durkheims Aktualität festhalten, den wir dem Urteil desjenigen soziologischen Theoretikers der Gegenwart entnehmen, der wohl am konsequentesten den Grundgedanken der Arbeitsteilung – wenn auch unter dem systemtheoretischen Konzept der sozialen Differenzierung – analytisch fortgeführt hat, nämlich N. Luhmann. In seiner Einleitung zu Durkheims Frühwerk der Arbeitsteilung konstatiert er umstandslos die anhaltende (soziologische) Problemstellung Durkheims, nämlich soziale Ordnung und freigesetzte Individualität

---

13 Diese beiden Seiten in Durkheims Werk werden in der viel gerühmten und ausgezeichneten Werkbiographie von S. Lukes (1975) überzeugend dargestellt, wie der kritische Kriminologe F. Pearce (1989) eine solche Sichtung und Auseinandersetzung mit dem Ziel vornimmt, die Rolle der Kriminalität und des Strafrechts in der um hundert Jahre gealterten bzw. fortentwickelten Gesellschaft mit Hilfe des Durkheimschen theoretischen Handwerkszeugs zu bestimmen.

theoretisch zusammenzuführen, formuliert indessen nachhaltige Vorbehalte im einzelnen gegen die dort entwickelten Problemlösungen: „Der Text bleibt aktuell, solange seine Problemstellung kontinuierbar ist" (N. Luhmann 1992, S. 20).

Die Kontinuität aber der Durkheimschen Problemstellung steht außer Zweifel. Literarische Belege dafür beizubringen, beschert einem eher die Verlegenheit der Auswahl als den Aufwand einer mühseligen Spurensuche. Es mag hier genügen, auf die „Presidential Address" des letzten Vorsitzenden der amerikanischen soziologischen Gesellschaft, einem der führenden Vertreter des „Kommunitarismus", hinzuweisen (A. Etzioni 1996). Sein vehementes Plädoyer für eine „responsive community", die zum Ziel hat, „... to maintain both social order and personal autonomy in one and the same society" bzw. „... to construct a society that protects its members from one another – from civil war to violent crime – and does so without oppressing them" (S. 1), basiert auf der „fundamental contradiction between the society's need for order and the individual's quests for autonomy" (S. 3). Die analytische Formulierung des Problems bei A. Etzioni ist in einer Weise deckungsgleich mit der Fassung, die Durkheim ihm gegeben hat – bis hin zur Identifizierung der zentralen gesellschaftszerstörenden Kraft des ökonomischen und utilitaristischen Individualismus[14] –, die Luhmanns Einschätzung einer theoretisch kaum mehr zureichenden Problemlösung durch Durkheim erheblich relativiert.

Mehr noch als durch die theorieimmanente Entwicklung erweist sich die Aktualität der Durkheimschen Problemstellung durch den Gegenstand selbst, um den es mir geht: der Krimialität und Pathologie sozialer Entwicklung, denen sich die Gesellschaften des Umbruchs oder der Transformation konfrontiert sehen. In mehr als einer Hinsicht tragen sie die Kainsmerkmale von Gesellschaften, die sich in wachsendem Maße ihrer Gesellschaftlichkeit beraubt sehen, Anomie und erzwungene Arbeitsteilung als Normalität ihres Alltags erfahren, wobei sich diese Realität in den einschlägigen Kriminalstatistiken niederschlagen mag oder auch nicht.

---

14 Die historische Spannweite der von Etzioni zitierten Autoren einer Position der „zentrifugalen" Kräfte der Gesellschaft reicht von J. Bentham, einem der wichtigsten Begründer des philosophischen Utilitarismus und dem von M. Foucault wieder erinnerten Eiferer auf dem Gebiet einer effizienten (panoptischen) Kriminalpolitik, dem – wie K. Marx fand – „nüchtern pedantische[n], schwatzlederne[n] Orakel des gemeinen Bürgerverstandes des 19. Jahrhunderts" (K. Marx 1962, S. 636), bis zu M. Thatcher und den Mitgliedern der „Chicago boys", einer Gruppe von neoklassischen Ökonomen um M. Friedman, die den „homo oeconomicus" zum imperialistischen Leitbild moderner Gesellschaftsanalyse und -politik zu machen sich angeschickt haben, der zunehmend der „political correctness" den weitaus repressiveren der „economical correctness" hinzugefügt haben. Darauf komme ich weiter unten zurück (vgl. S. **136**).

3 Sozialer Wandel und „Modernisierung" als kriminalitätstreibende Faktoren?

3.1 Das Vermächtnis des 19. Jahrhunderts: vom sozialen Wandel zur Modernisierung

Die Soziologie nach Durkheim, allgemeiner noch: nach der Gesellschaftstheorie des 19. Jahrhunderts mit ihrer typenbildenden, weithin dichotomen Gegenüberstellung verschiedener Gesellschaftsstrukturen (neben Durkheims segmentären versus arbeitsteiligen Gesellschaften: F. Toennies Unterscheidung von „Gemeinschaft" versus „Gesellschaft", H. Spencers Gegenüberstellung von militärischen und industriellen Gesellschaften, H. S. Maines Dichotomie „Status versus Kontrakt", um nur die bekanntesten Typologien zu nennen), sah sich dem Vermächtnis bzw. der Herausforderung konfrontiert, diesen hochaggregierten und abstrakten Verallgemeinerungen über Richtung und Verlauf historischer und gesellschaftlicher Entwicklung in theoretischer und empirischer Detailarbeit zu Leibe zu rücken. Vor allem richtete sich diese Arbeit aber auf, besser: gegen die gleichermaßen theoretisch anspruchsvollste und politisch wirkmächtigste Gesellschaftsanalyse des 19. Jahrhunderts, die den gesellschaftlichen Wandel zum Zentrum, Gegenstand und Inbegriff von Gesellschaftsanalyse überhaupt gemacht hatte: den Marxismus und seine unter die Haut gehende Vorhersagekraft gesellschaftlicher und politischer Entwicklungen.

Anders ausgedrückt: wenn auch nicht in der focussierten Begrifflichkeit, so war der Sache nach die dynamische Dimension von Gesellschaft angesprochen, die sich in der machtvollen Phase der Institutionalisierung der Sozialwissenschaften in der ersten Hälfte des 20. Jahrhunderts unter dem Konzept des „sozialen Wandels" als ein zentrales soziologisches Arbeitsfeld theoretischer und empirischer Forschung etabliert hat. Genauer müßte man freilich sagen, daß die wissenschaftliche Beschäftigung und Erforschung des sozialen Wandels an die Stelle jener meist unilinear gedachten, teleologisch konzipierten und als Fortschritt verstandenen geschichtsphilosophischen und gesellschaftstheoretischen Entwürfe von Hegel, Marx, Comte und den oben erwähnten Denkern traten.

Natürlich scheitert auch hier jeglicher Ehrgeiz, mehr als Andeutungen dieses Forschungsgebiets zu geben, an verfügbarem Raum und angemessener Gelegenheit. Immerhin jedoch ist die Kriminologie nicht unberührt geblieben von den theoretischen Überlegungen und den empirischen Befunden zum sozialen Wandel. Deshalb erscheint es gerechtfertigt, einen wenn auch unvollständigen Blick auf diese Forschungstradition zu werfen. Dabei wird diese Absicht dadurch erleichtert, daß die aktuellen Wandlungsprozesse, die sich derzeit insbesondere in den Ländern des ehemaligen sozialistischen Blocks abspielen und die den Rahmen auch dieser Tagung bestimmen, diesem Forschungsinteresse eine ebenso nachhaltige wie unerwartete Renaissance und Wiederbelebung bescheren. „So viel Wandel war noch nie", beginnt ein kürzlicher Versuch zusammenzutragen, was auf diesem sozialwissenschaftlichen

Arbeitsfeld erwirtschaftet worden ist und wie es sich nutzen läßt, den aktuellen realgeschichtlichen Herausforderungen sowohl nachvollziehbare theoretische Gestalt als auch politikfähige Bearbeitung zu geben[15].

Unter Rückgriff auf die gerade zitierte Bilanz von H.-P. Müller und M. Schmid (1995), die sicherlich den besten deutschsprachigen Über- und Einblick in die Erträge, vor allem aber in die enttäuschten Erwartungen der jahrzehntelangen Forschungen zum sozialen Wandel und zur „Modernisierung" – dazu gleich noch ein erläuterndes Wort –, unter Hinzunahme auch einer im Heft 1/1996 des „Leviathan" dokumentierten Diskussion auf dem letzten deutschen Soziologentag sowie einigen weiteren neueren Arbeiten zum Stand der Modernisierungstheorie möchte ich versuchen, einige Aspekte dieser Diskussion für die hier zu behandelnde Problematik verfügbar zu machen.

Zunächst erscheint mir eine terminologische Anmerkung angebracht. Der Begriff des sozialen Wandels ist zunehmend abgelöst worden durch den der Modernisierung, ohne daß auf den ersten Blick eine wesentliche Änderung der Problemstellung auszumachen wäre. W. Zapf, einer der bekanntesten und meistzitierten Autoren und Vertreter der Modernisierungstheorie in Deutschland, veröffentlicht noch 1970 seine vorzügliche Sammlung des damaligen avanciertesten Standes auf diesem Forschungsfeld unter dem Titel(anspruch) „Theorien des sozialen Wandels" (1970), um seither das kaum veränderte wissenschaftliche Interesse unter das Stichwort der „Modernisierung" zu stellen[16]. Und auch der bedeutendste deutsche Vertreter einer sozialwissenschaftlich ambitionierten Geschichtswissenschaft – der wissenschaftlichen Disziplin, die geradezu prädestiniert ist, sozialen Wandel zum Fluchtpunkt all ihrer Bemühungen zu machen –, der Bielefelder Historiker H.-U. Wehler, versteht seine diesbezüglichen Arbeiten als Beiträge und Bausteine zur Bestimmung und Erfassung der Modernisierung und zur Entwicklung einer Modernisierungstheorie. Er hat erst jüngstens deren Konkurrenz- und Alternativlosigkeit bei aller auch von ihm detailliert registrierten und weitgehend eingestandenen Kritikwürdigkeit und der sich zunehmend erwei-

---

15 H.-P. Müller und M. Schmid (1995) haben nach fast zwei Jahrzehnten Funkstille einen verdienstvollen Sammelband „Sozialer Wandel" vorgelegt, der ebenso die theoretischen und methodologischen Prämissen und Anforderungen an eine sozialwissenschaftliche Analyse des Gegenstands wie realgesellschaftliche Prozesse und Strukturen in die Betrachtung einbezieht.

16 Der mehrjährige Direktor des Wissenschaftszentrums Berlin, W. Zapf, der als Präsident der Deutschen Gesellschaft für Soziologie den Frankfurter Soziologentag im Jahre 1991 unter das Thema „Die Modernisierung moderner Gesellschaften" gestellt und dortselbst sich zum Thema „Die Modernisierung und Modernisierungstheorien" (W. Zapf 1991) geäußert hat, hat in den letzten Jahren erheblich dazu beigetragen, daß „... bei vielen kritischen Vorbehalten ... Kernelemente der Modernisierungstheorie wieder positiv bewertet (werden) ..." (1996, S. 74). Dabei ist er auch intensiv an der Diskussion über die modernisierungstheoretische Rekonstruktion und Erklärung der Wandlungsprozesse in den sogenannten Transformationsgesellschaften, natürlich mit erhöhter Zuwendung zum deutschen (zweifachen) Sonderfall – 1945 wie 1989 sind deutsche Modernisierungsschübe qua „imposition", d.h. „von oben und außen erzwungene Übergänge" (1996, S. 66) – beteiligt; vgl. dazu weiter W. Zapf 1994 sowie W. Zapf und R. Habich 1995.

ternden Lücke zwischen investierten Erwartungen und erreichten Leistungen einschränkungslos und rhetorisch gewandt bekräftigt[17].

Bei genauerem Hinsehen verbirgt sich hinter dieser terminologischen Veränderung in der Bezeichnung des Forschungsfeldes doch etwas mehr als ein schlichter Etikettenwechsel. Darin spiegelt sich zum einen eine wissenschaftliche Umorientierung prinzipieller Art, genauer: das Ergebnis und der Anspruch einer theoretischen Neudurchdringung des Phänomens gesellschaftlicher und historischer Entwicklung, eine Erneuerung, wenn man so will, der großflächigen Evolutionsentwürfe des 19. Jahrhunderts. Dabei ist Ausgangspunkt und Basis dieser theoretischen Anstrengung – ironischer- und paradoxerweise, so muß man sagen – bis heute die Position des Strukturfunktionalismus, deren wichtigste Synthese und Ausarbeitung in den Arbeiten des amerikanischen Soziologen T. Parsons seit Mitte der dreißiger Jahre zu sehen sind[18]. Die Ironie besteht darin, daß die systemtheoretische Modellgrammatik dieser Position auf die Bedingungen gesellschaftlichen Gleichgewichts und sozialer Stabilität ausgerichtet ist und den sozialen Wandel gleichsam nur im Wege des Umkehrschlusses, ihn damit theoretisch lediglich als Residualerscheinung und Störvariable zu thematisieren erlaubt. Gegen dieses theoretische Vorurteil hat sich eine außerwissenschaftliche intuitive und praktisch-politische Evidenz in Stellung gebracht, die dieses Modell einerseits zunehmend in fatale Konkurrenz zum wiedererstarkten Neo-Marxismus gebracht, anderseits unter starken Revisionsdruck gesetzt hat, aus dem die Modernisierungstheorie hervorgegangen ist.

Damit einher ging eine zweifache Erweiterung der Fragestellung, die sich einerseits aus dem erneuerten hochgesteckten Anspruch einer allgemeinen Theorie gesellschaftlicher Entwicklung und sozialen Wandels ergab, anderseits aus dem daraus abgeleiteten Zugriff zweier im engeren Sinne nichtsoziologischer Disziplinen resultierte. Richtete sich die Thematisierung und Erforschung des sozialen Wandels zunächst auf die innergesellschaftliche Dynamik und Entwicklung in den (west-)europäischen Gesellschaften der Gegenwart – bekanntlich der Ausgangs- und Bezugspunkt der Entstehung der Soziologie überhaupt –, sind zunehmend aus historischem Interesse Fragen

---

17 Unter Berufung u.a. auf W. Zapf, der auf dem 30. Historikertag im Jahre 1974 ein vielzitiertes Referat über „Die soziologische Theorie der Modernisierung gehalten hat (1975), darüber hinaus aber nach der bilanzierenden und fast enzyklopädischen Durchsicht der Literatur zur Modernisierungstheorie stellt Wehler – W. Zapf: „... nur wenige gehen so weit wie H. U. Wehler" (1996, S. 74) – nachhaltig fest: „Deshalb ist die historisch-komparative Modernisierungstheorie ... zur Zeit als einziges attraktives Theorieangebot für die Geschichtswissenschaft von der Neuzeit übrig geblieben" (1995, S. 9); vgl. auch H.-U. Wehler 1975.

18 Ich kapituliere vor dem Versuch, über den Aufstieg, Fortgang, die Fortschreibung, den Gegenwind, das Auf und Ab der Entwicklung und den Stand dieser theoretischen Diskussion gezielte literarische und und personelle Nachweise vorzulegen, so nötig sie gerade angesichts der von mir immer wieder kritisierten Theorieversion für die Kriminologie und für Kriminologen auch wären. Statt dessen verweise ich auf die zuvor erwähnte Überblicksliteratur zum sozialen Wandel und zur Modernisierung, in der diese Theorietradition zwar mit Blick auf den sozialen Wandel, aber auch in ihrer Grundstruktur vergegenwärtigt wird.

der Entstehung dieser Gesellschaften bzw. der „großen Transformation", „also jenes Durchbruchs zur industriellen Gesellschaft, der originär – so die Behauptung – nur ein einziges Mal vor ca. 200 Jahren in einem abgrenzbaren geographischen Gebiet Westeuropas stattgefunden hat" (J. Berger 1996, S.10).

Die zweite Erweiterung des Problem- und Fragehorizonts der Theorie des sozialen Wandels bzw. der Modernisierung – neben der historischen und über die auf die entwickelten Gegenwartsgesellschaften bezogene rein soziologische Problematik hinaus – resultierte aus dem realhistorischen Prozeß – wie dem darauf bezogenen Diskurs – der in der Gegenwart sich vollziehenden „Transformation" von vormodernen und traditionalen Gesellschaften in solche des modernen Typs westlicher Herkunft. In disziplinärer Hinsicht liegt dieses wissenschaftliche Arbeitsfeld im Schnittpunkt von Anthropologie, Politologie und Entwicklungssoziologie. Vor allem im Zusammenhang mit diesem Fragenkreis hat sich mehr und mehr die Begrifflichkeit der Modernisierung in der wissenschaftlichen und öffentlichen Diskussion eingebürgert und an die Stelle des „sozialen Wandels" gesetzt. In diesem Sinne versteht einer der Pioniere der Modernisierungstheorie, R. Bendix, Modernisierung als „einen bestimmten Typus des sozialen Wandels, der im 18. Jahrhundert eingesetzt hat; er besteht im wirtschaftlichen und politischen Fortschritt einiger Pioniergesellschaften und den darauf folgenden Wandlungsprozessen der Nachzügler"[19].

Übereinstimmend werden deshalb die Reichweite und der Gegenstandsbereich der Modernisierungstheorie auf – in einer kurzen und griffigen Definition von W. Zapf (1996, S. 74) – „Entstehung der modernen Gesellschaften, Aufholprozesse der Nachzügler, Innovationen der modernen Gesellschaften" bezogen[20].

3.2 „Modernisierung": ein großes Haus mit vielen Rissen

Das ist in der Tat ein Dach, unter dem sich nicht nur eine schier unübersichtliche Vielfalt und Spannweite von realhistorischen und -gesellschaftlichen Erscheinungen, Gebilden, Konstellationen und Beziehungen wiederfinden, sondern das auch sehr divergente Disziplinen, Forschungsrichtungen und Arbeitszusammenhänge mit kaum aufeinander bezogenen Konzepten, Methoden und empirischen Verfahren unter einem singulären Begriff zusammenzuhalten vorgibt oder intendiert. Es spottet deshalb fast schon jeder Beschreibung, wenn sich dieses Dach vollmundig und im Singular als Modernisierungs„theorie" vorstellt – kaum ein Student einer Vorlesung in sozialwissenschaftlicher Theoriebildung sollte, wenn er seinen Lehrbuchlektionen einigermaßen gefolgt ist, auf die Idee kommen können, als Beispiel erfolgreicher Theoriebildung dieses Gegenstands- und Problemkonglomerat zu nennen.

---

19 Vgl. R. Bendix 1970, S. 510; diese Textstelle ist dem bei W. Zapf (1970) (teil)abgedruckten Referat von R. Bendix „Towards a Definition of Modernization" auf dem 6. Weltkongreß der Soziologie aus dem Jahre 1966 entnommen.
20 So auch J. Berger 1996 a, S. 10.

So indiziert oder kaschiert die Mutation des Forschungsfeldes vom „sozialen Wandel" zur „Modernisierung" entgegen dem ersten Anschein einer Bewegung zu mehr Präzision und Fortschritt in der Analyse in Wahrheit das genaue Gegenteil. Natürlich ist dieser Sachverhalt – unter dem nachhaltigen Einfluß ihrer Kritiker – den unbeirrten und unermüdlichen Verfechtern der Modernisierungstheorie nicht verborgen geblieben und hat bei allem Festhalten am emphatischen Theorieanspruch zu wesentlich defensiveren Erläuterungen und zurückgenommenen Erwartungen geführt. So beginnt etwa W. Zapf seine Präsentation der „soziologischen Theorie der Modernisierung" vor Historikern mit dem Satz: „Die Theorie der Modernisierung ist kein geschlossenes theoretisches System, sondern ein Bereich von Problemen und Lösungsvorschlägen, zu dem die verschiedenen Sozialwissenschaften beitragen" (S. 212) und bekräftigt zum Ende seiner Überlegungen diesen Gedanken, indem er P. Floras (1974) Terminologie der „Heuristik von Modernisierungsmodelle" übernimmt, „... um von vornherein für sozialwissenschaftliche Makroprobleme keine Analogie zum naturwissenschaftlichen Theoriebegriff aufkommen zu lassen" (S. 224).

Auch J. Berger sieht sich in seinem affirmativen Ausweis der Leistungen der Modernisierungstheorie genötigt, „... die Erwartungen an die...theoretischen Ansprüche zurechtzurücken", den Zweifel mitzuteilen, „ob es sich bei diesen Forschungen um Theorie im eigentlichen Sinne des Wortes handelt und nicht vielmehr um einen Kranz recht locker gewebter forschungsleitender Überzeugungen" (1996, S. 46). Indessen bleiben diese Zweifel bei Berger nur äußerlich und kaum mehr als Ausweis literarischer Belesenheit. Mit einem argumentationsverlegenen „wie dem auch sei" teilt er dem Leser – in, je nachdem, masochistischer oder zynischer Absicht oder schlicht gedankenlos – die Orientierung seiner „Ausführungen" „an der *soziologischen* Modernisierungstheorie, deren theoretische Grundlagen von Parsons gelegt wurden" (ebd.), mit, ohne dabei zu versäumen, in der Fußnote dieses harsche Urteil über denselben Parsons dem Leser zur Kenntnis zu bringen: „[His] theory of modernization was not a theory at all, but a fairly simple classificatory scheme garnished with redundant verbiage" (ebd.).

Dagegen binden sich die bereits erwähnten H.-P. Müller und M. Schmid in ihrer „Paradigm Lost?" überschriebenen Bilanz zur Erforschung des sozialen Wandels und der Modernisierung, die durchaus in der Absicht erstellt wird, „Ansatzpunkte zu einer Neuorientierung der Theorie sozialen Wandels" (1995, S. 9, 31), zu erarbeiten, ganz dezidiert an wissenschaftliche „Standards", „deren Geltung für eine Theorie sozialen Wandels unabdingbar sind", an denen entlang sie sowohl den „Aufstieg und Niedergang des Paradigmas sozialen Wandels" nachzeichnen (S. 16 ff.) wie die Desiderata eines erneuerten Programms einer Theorie der Modernisierung bestimmen (S. 31 ff.).

Vor diesem allgemeinen Hintergrund des wachsenden Verfehlens und der fast mutwilligen Ignorierung der kanonisierten und unbestrittenen methodologischen und theoretischen Kriterien sozialwissenschaftlicher Theoriebildung durch die Modernisierungstheorie wird der vielfach geäußerte Verdacht verständlich, daß ihre eigentliche Bedeutung in der politischen und ideologischen Funktion liegt, die sie im Zusammenhang mit den Beziehungen, Konflikten und Abhängigkeiten zwischen den Modernisierungs"pionieren" und den Modernisierungs"nachzüglern" im zunehmenden Weltkonzert der Gesellschaften und Staaten spielt, die ihr insbesondere zur Zeit des Kalten Krieges und des Ost-West-Konflikts zukam.

3.3 Das Kleingedruckte der Modernisierungstheorie

Eine solche Vermutung, neutraler formuliert: funktionale Konsequenz – gemeint durchaus im Sinne einer „latenten Konsequenz", ungewollt und unbeabsichtigt – wird auch nachhaltig genährt durch die prozeduralen und inhaltlichen empirischen Verallgemeinerungen, kategorialen Klassifizierungen, theoretischen Zusammenhänge und kausalen Hypothesen, die sich in dem geräumigen Zelt der Modernisierungstheorie akkumuliert haben. Sie lesen sich wie Abziehbilder der Entwicklungsverläufe in den (west)europäischen Nationalstaaten der letzten 200 Jahre, wobei meistens der deutsche „Sonderweg" als zu vernachlässigende Ausnahme von der Regel – als gleichsam „Irrläufer der Modernisierung"[21] – hinwegmodelliert wird. Nur in summarischer Kürze kann hier auf diese substantiellen Aspekte der Modernisierungstheorie verwiesen werden.

Als Ausgangspunkt der empirischen Interpretation der Modernisierungstheorie wird im allgemeinen auf nominal, ordinal oder metrisch organisierte Merkmalskataloge zurückgegriffen, die auf einem Kontinuum zwischen traditionalen und modernen Gesellschaften angeordnet werden[22]. Als klassifikatorische Ordnung dieser Merkmale dient dabei die Parsonssche Systematik systemtheoretischer Art, die bekanntlich „Person", „Gesellschaft" und „Kultur" als drei analytisch zu trennende Systeme un-

---

21 So charakterisiert H. Joas (1996, S. 17) die „modernisierungstheoretische" Interpretation und Reaktion amerikanischer Soziologen und Intellektueller – unter expliziter Bezugnahme vor allem auf Th. Veblen – auf das Deutsche Reich in seiner Rolle als Urheber des Ersten Weltkriegs: „Wenn der Krieg auf den deutschen Sonderfall zurückzuführen war, dann kamen sonstige Annahmen über den zivilisatorischen Charakter der Moderne nicht ins Wanken."

22 Einen solchen Merkmalskatalog in der Form eines „Dichotomien-Alphabets" findet sich bei U. Wehler (1995, S. 20, 21). Es reicht von „Alphabetismus" („gering-hoch") über „Soziale Differenzierung" („gering-hoch"), „Einkommen" („niedrig, große Unterschiede-hoch, tendenzielle Angleichung" [sic!]), „Konflikte" („offen, disruptiv-institutionalisiert, eingehegt"), „Soziale Kontrolle" („direkt, personal-indirekt, bürokratisch"), „Mobilität" („gering-hoch"), „Recht" („religiös, personalistisch-abstrakt, formelle Verträge") bis zu „Wirtschaft" („agrarische Subsistenzweise-industrielle Marktwirtschaft"), umfaßt insgesamt 29, ohne dabei den Anspruch auf Vollständigkeit oder Erschöpfung zu erheben. – J. Berger (1996, S. 47) nennt eine Anzahl wesentlich abstrakterer Merkmale der Modernisierung: „ Forschungspraktisch werden unter Modernisierung eine Vielzahl von Prozessen verstanden: Industrialisierung, Bürokratisierung, Demokratisierung, Urbanisierung, Bildungsexpansion, Säkularisierung etc." und schließt den folgenden Vorbehalt gleich an:" Die Liste ließe sich fast beliebig verlängern." Etwas polemisch und unter Anleihe bei den Geowissenschaften formuliert: die Indikatoren der Modernisierung sind eine Art „nach oben offener Richterskala".

terscheidet, darüber hinaus die Gesellschaft in die vier AGIL-Subsysteme der Politik, der Wirtschaft, der kulturellen Integration und der Sozialisation unterteilt[23].

Auf diese Teilbereiche oder funktionalen „Subsysteme" der Gesellschaft werden die modernisierungstheoretisch angezielten und interpretierten Prozesse und Entwicklungen bezogen, die sich in einer angenommenen Richtung gleichsam gesetzesartig vollziehen. Diese werden weiter begrifflich gebündelt und verdichtet, bis sie nahe an Begriffe und Prinzipien heranreichen, die auch in der Rhetorik von Politik, Öffentlichkeit und Gesellschaft für die Selbst- und Fremdbeschreibung der eigenen wie fremder Gesellschaften einen positiven oder negativen Stellenwert besitzen. So findet „Modernisierung" gemäß der Modernisierungstheorie auf allen genannten Dimensionen sowie in allen gesellschaftlichen Teilbereichen statt, wobei dann etwa die entsprechenden Prozesse im kulturellen System als solche der „Rationalisierung" und „Universalisierung" i.S. M. Webers, im personalen System als „Individuierung" und „Leistungsmotivation", im sozialen System als „Komplexitätssteigerung" im allgemeinen, als „Wachstum", „Industrialisierung", politische „Partizipation", soziale „Mobilisierung" im besonderen gekennzeichnet werden. Das alles sind gängige, gleichwohl noch relativ abstrakte Konzepte, die freilich zum Teil Gegenstand differenzierter und detaillierter Teildisziplinen und theoretisch, methodologisch und empirisch aufwendiger Arbeitszusammenhänge aus dem Gesamtspektrum der empirischen und normativen „Geisteswissenschaften" darstellen.

Verlängert man diese gesellschaftlichen (sub)systemischen Teilbereiche und deren spezifische Funktionen in eine handlungstheoretische Grammatik, die es erlaubt, ihnen jeweils „Akteure" in personeller und/oder institutioneller Form bzw. Träger der identifizierten Strukturen und Prozesse der Modernisierung zuzuordnen, potenzieren sich die erforderlichen Voraussetzungen an die theoretische Architektur, denen eine Modernisierungstheorie zu genügen hat, will sie nicht zu einem beliebig einsetzbaren Allerweltsargument verkommen, das je nach theoriefremder Laune für oder gegen eine Entwicklung stehen kann.

Diese Leistung kann die Modernisierungstheorie nun keineswegs für sich schon beanspruchen. Das ist oben schon deutlich geworden. Um so irritierender und schlicht „hegemonialer" nehmen sich deshalb einige ihrer „starken" Thesen, Annahmen und Prognosen über die Art der Zusammenhänge zwischen den einzelnen Modernisierungsdimensionen und über den Verlauf des Modernisierungsprozesses insgesamt und denjenigen der vielen Unterkonten der Modernisierung im einzelnen aus.

Die wichtigsten von ihnen möchte ich kurz vergegenwärtigen. Dabei beziehe ich mich vor allem auf die bereits erwähnten Beiträge von W. Zapf (1975, 1996) sowie J. Berger (1996 a u. b), die sich ihrerseits gleichermaßen auf zwei der prominentesten amerikanischen Pioniere – D. Lerner und S. Huntington – stützen. J. Berger resümiert

---

23 Diese Systematik verwenden – mit gewissen Adaptationen und Erweiterungen – sowohl W. Zapf (1975, S. 215) wie J. Berger (1996, S. 53).

lapidar den prozeduralen Aussagenbestand der Modernisierungstheorie wie folgt: „In formaler Hinsicht ist Modernisierung ein revolutionärer, komplexer, kohärenter, globaler, irreversibler und progressiver Prozess" (J. Berger 1996b, S. 51).

Jedes der sechs genannten Adjektive steht für folgenreiche und voraussetzungsvolle Behauptungen im einzelnen. „Revolutionär" meint die Diskontinuität und den Bruch zwischen Tradition und Moderne; „komplex" verweist auf die Mehrdimensionalität der Modernisierung; „kohärent" zielt auf den Zusammenhang und die Gleichsinnigkeit des Modernisierungsverlaufs; „global" behauptet den unentrinnbaren Sog und das begründete Gefälle, das die Modernisierung, einmal in einem Land in Gang gesetzt, in bezug auf alle übrigen Länder und Gesellschaften ausübt bzw. begründet; „irreversibel" will sagen, daß Modernisierungsschritte nicht zu annullieren oder rückgängig zu machen sind; schließlich meint „progressiv" in der Tat, „daß durch eine möglichst synchrone Entwicklung in allen Dimensionen die gesamtgesellschaftliche Leistungsfähigkeit wie die Wohlfahrt der einzelnen und Gruppen optimiert (wird)" (W. Zapf 1975, S. 217) – zwecks Distanzierung läßt J. Berger (1996, S. 50) hierzu einen der genannten amerikanischen Pioniere (Huntington) selbst sprechen: „... but in the long run modernization is not only inevitable, it is also desirable" und beeilt sich hinzuzufügen, daß „mit dieser Aussage" „die Kompetenzen des Soziologen" überschritten seien. Übrigens: „in the long run" erinnert fatal an jenen viel geschmähten marxistischen Reduktionismus der letztendlichen Zurückführung aller Gesellschaftlichkeit auf ökonomische Basisstrukturen. Und das Ganze gipfelt mit dem dafür zitierten T. Parsons in der überwölbenden Behauptung, daß es sich bei dieser Modernisierung um die Diffusion und Etablierung „evolutionärer Universalien" handle, die über Köpfe, Menschen, Widerstände, Folgen dampfwalzenartig hinwegrolle.

Konsequent wird deshalb die Dramaturgie noch zugespitzt, indem der wissenschaftlichen Hybris der Modernisierungstheorie ihre politische Selbstzufriedenheit, ja Selbtgerechtigkeit hinzugefügt wird. Es stellt sich der Eindruck einer Art entlarvender Überbietung sowie hochmütiger und herrschaftsarroganter Steigerung der Thesen und Behauptungen der Modernisierungstheorie ein, wenn man sich die von J. Berger aus dem Gesamtgeflecht modernisierungstheoretischer Beziehungen extrahierten vier „forschungsleitenden Überzeugungen" (1996, S. 46, 54 ff.) vergegenwärtigt, die zwar als erkenntnistreibende Speerspitzen der Modernisierungsforschung vorgestellt werden, deren Funktion jedoch als praktisch-politische Interventionsmaxime sowie Legitimationsdiskurs kaum zu verbergen ist.

Es sind dies, erstens, die These von der wesentlichen Endogenität der Modernisierung: „Entwicklung ist primär eine Eigenleistung des Systems" (S. 55). Als solche Eigenleistungen werden im wesentlichen Wissenschaft, Technik und Bildung genannt. Die zweite These versteht J. Berger als eine konkrete „Nutzanwendung" des „unerschütterlichen Optimismus der Modernisierungstheorie", wonach „all good things go together". Er sieht sie in der bekannten sogenannten „Lipset-These", derzufolge „Wirtschaftswachstum ein Erfordernis (also kein Hindernis) der Demokratisierung ist" (S. 56). Die dritte „'anrüchigste' Annahme" (S. 57) betrifft das Verhältnis der Pioniere und Nachzügler der Modernisierung, und sie besagt, „daß die Erfolge der Vorläufer die Nachzügler nicht behindern" – ganz im Gegensatz bekanntlich zu den Thesen der Dependenz-Theorie und zur Weltsystemanalyse, die die Beziehungen zwischen den Avantgardisten und den Hinterbänklern der Modernisierung eher in einer Grammatik der Abhängigkeit, der Asymmetrie, des Machtgefälles sowie des Setzens und Befolgens von Spielregeln rekonstruieren. Die letzte und vierte These schließlich – nach Berger „die empirisch 'wackligste' Behauptung" (S. 59) – betrifft die Annahme einer „Konvergenz" der Modernisierung, d.h. einer gleichsam asymptotischen Annäherung der Entwicklung auf der gesamten Welt und über alle Gesellschaften hinweg an ein gleiches und einheitliches Niveau.

3.4 Einige (weitere) kritische Notizen

Ich möchte es bei diesen Bemerkungen und Ausführungen über den generellen und spezifischen Aussagengehalt der Modernisierungstheorie in ihrer derzeitigen Gestalt belassen. Deutlich geworden sein sollte vor allem zweierlei. Zum einen sollte der geradezu wissenschaftlich-prometheische Anspruch der Theorie in bezug auf die systematische Vereinigung und Verknüpfung einer buchstäblich unübersehbaren und uneinholbaren Fülle von Faktoren und Einzelentwicklungen augenfällig geworden sein. Zum zweiten – damit direkt zusammenhängend – ging es mir um die Nähe, Unabgrenzbarkeit und Instrumentalisierbarkeit des kognitiv-wissenschaftlichen Anspruchs der Theorie in bezug auf das Terrain und die Interessen der Akteure in den jeweiligen Modernisierungsfeldern, insbesondere denen in Politik und Wirtschaft.

Beide Aspekte – der großsprecherische wissenschaftliche Anspruch wie die Gefahr des offensichtlichen Abgleitens und Gemeinmachens in Richtung Macht und Politik – stellen geradezu Einladungen und Einfallstore für eine ganze Palette von Reaktionen der Auseinandersetzung mit diesem grandiosen Auf- und Vorwand im Namen der Wissenschaft und ihres Fortschritts dar. Davon war schon in der Darstellung und im Versuch der rein interesselosen Rekonstruktion der Position selbst die Rede – und das nicht zu knapp. Dennoch verdienen die Argumente der Kritiker und Gegner der Modernisierungstheorie eine kurze gesonderte Behandlung.

Die Reaktionen reichen in der Tat von unumwundener Ablehnung ohne jegliche Bereitschaft und Aussicht auf Nachbesserung, Umbau oder Revision der Theorie bis zum detaillierten und peniblen Nachprüfen und Nachrechnen aufgestellter Behauptungen, angewendeter Methoden, Aufspüren von Irregularitäten, Brüchen, abweichenden Fällen, Kontraindikationen, Widersprüchen, etc. Dies hat zur Anerkenntnis von Formen und Ausprägungen des Modernisierungsprozesses geführt, die etwa als historische und empirische Fälle „partieller" oder „defensiver" Modernisierung einen festen Platz im Modernisierungsdiskurs haben.

Dabei verbirgt sich etwa hinter der partiellen Modernisierung, obwohl darauf nicht ursprünglich bezogen, die gegenwärtig weltpolitisch erregendste Frage nach der Kompatibilität von Wirtschaftswachstum und Demokratie, konkreter und direkt: die Rolle Chinas (und einiger weiterer südostasiatischer „Tigerstaaten") für das weitere Schicksal der Modernisierung. Noch irritierender im Sinne der Logik der Modernisierungstheorie und ihrer Wohlstandsannahme und ihrem Fortschrittsoptimismus sind Formen der defensiven Modernisierung, insofern als sie nicht als sich selbst-tragende Prozesse, sondern als herrschafts- und machtpolitisch induzierte Instrumente macchiavellistischen Zuschnitts zu betrachten sind.

Dem Verdacht, daß es bei der Modernisierung entgegen ihrer eigenen Stilisierung mehr um Herrschaft als um Wohlfahrt, mehr um Macht als um Markt, mehr um erste als um letzte oder alle geht, daß die Idylle der „gewaltfreien Moderne" ein aufwendig, von Auslassungen, Amnäsien und mächtigen historischen Retuschen verzeichnetes und schmeichelndes Bild der Selbstverliebtheit der (west)europäischen Pionierländer der Modernisierung darstellt, geht H. Joas (1996) in seinem ausgezeichneten Essay zur „Modernität des Krieges" nach – mit Folgerungen für die Prämissen und Implikationen der Theorie, die sie in ihrem Kern erschüttern – einen Kern, den Joas so charakterisiert: „... das unerträglich selbstgefällige und protestantisch-parteiliche Geschichtsbild eines sich aus Renaissance und Reformation ergebenden linearen Aufschwungs des Handels, der Städte, des Buchdrucks, der Philosophie, der Naturwissenschaft, der nationalen Souveränität ..."(H. Joas 1996, S. 24). Diese Folgerungen gehen, wie Joas (ebd., S. 14) zu Recht bemerkt, noch über jene hinaus, die U. Beck in seinen zahlreichen Arbeiten der letzten Jahre zur „reflexiven Modernisierung" und zur „zweiten Moderne" vorgelegt hat[24].

Darüber hinaus und insgesamt fällt in der Diskussion über die Modernisierungstheorie auf, daß auf Seiten ihrer affirmativen Vertreter und Betreiber kaum oder gar nicht Bezug genommen wird auf den breiten multidisziplinären Strom „postmodernen" Denkens in den Sozialwissenschaften. Dies trifft selbst für Autoren zu, wie etwa A. Giddens und P. Bourdieu, deren soziologische Mitgliedschaft wohl

---

24 Seit dem Erscheinen seiner „Risikogesellschaft" vor nunmehr zehn Jahren hat sich Beck in einer nicht abreißenden Serie von Monographien, Aufsätzen, Beiträgen in der gehobenen Journalistik gegen den „mainstream" soziologischen und sozialwissenschaftlichen Wissenschaftebetriebs und dessen etablierte „Sprachspiele" in Stellung gebracht, die ihm nicht nur die Popularität und den Grenznutzen des erfolgreichen Abweichlers und „Hechts im Karpfenteich", oft Häme und die Anrüchigkeit des Unseriösen eingetragen haben, sondern auch die zunehmende Bereitschaft seiner Kritiker, seinen Erfolg nicht nur auf dem Konto seiner medialen Marketing-Kompetenz zu verbuchen. Ein Geheimnis seines Erfolgs hängt sicherlich damit zusammen, daß die Radikalität seiner theoretischen Überlegungen wie politischen Folgerungen jenseits der etablierten wissenschaftlichen, gesellschaftlichen und politischen Immunisierungsstrategien angesiedelt ist. Das Thema der „Modernisierung" stand von Beginn an im Mittelpunkt seines wissenschaftlichen Interesses, dessen Ausarbeitung „Zu einer Theorie reflexiver Modernisierung" hat er in seiner jüngsten Monographie (1993) vorgelegt und in einem späteren Diskussionsband (U.Beck/A.Giddens/S. Lash 1994) weiter präzisiert.

kaum in Zweifel steht und die sich selbst nicht einmal als postmoderne Soziologen verstehen, gleichwohl in ihren Arbeiten modernisierungstheoretische Positionen mehr oder weniger ins wissenschaftliche Abseits stellen. Ganz zu schweigen übrigens von Arbeiten und Analysen hauptsächlich französischen Ursprungs, die sich erst gar nicht um Anschlußfähigkeit ihrer Stile und Methoden und Theorien der Analyse an lehrbuchfähige Vorbilder scheren, gleichwohl erfolgreich den Anspruch erheben, „Wahrheiten" über die Gesellschaft und ihre Strukturen ans Tageslicht zu holen: wie etwa Modernisierungstheoretiker M. Foucaults Rekonstruktion des „Projekts der Moderne" in ihr Denken inkorporieren, zurechtbiegen oder zurückweisen, ist mir bei meiner zugegeben schmalen einschlägigen Lektüre nicht auszumachen gelungen[25]. Ohnehin gilt wohl für den Austausch zwischen Vertretern und Kritikern der Modernisierungstheorie in zunehmendem Maße jene von H. Joas gemachte Beobachtung, daß „nur noch polemisch aufeinander Bezug" genommen wird (1996, S. 14).

Die Kritik an der Modernisierungstheorie läßt sich zusammenfassend einerseits entlang den Kriterien und Regeln theoretischer, methodologischer und methodisch-empirischer Art formulieren, nach denen allein Aussagen mit wissenschaftlichem Anspruch zu gewinnen und zu generieren sind. Dazu genügt ein Blick auf das oben nur beispielhaft vorgeführte Faktorenbündel und -geflecht, das die Modernisierungstheorie abzubilden und in korrelative, wenn nicht gar kausale Beziehungen zu überführen vorgibt bzw. intendiert, um zu sehen, daß davon auch nicht im entferntesten die Rede sein kann. Diese Absicht bricht sich nicht nur an der operationalen Unterbestimmtheit der verwendeten empirischen Indikatoren, sondern auch an der in der Regel unterstellten Unilinearität und Nichtrekursivität der Beziehungen zwischen den einbezogenen Variablen.

Damit renne man offene Türen ein, mag von Seiten der Modernisierungsvertreter unter Verweis etwa auf J. Bergers defensive Charakterisierung der Theorie als „einen Kranz recht locker gewebter forschungsleitender Überzeugungen" entgegnet werden. Schal und arg hilflos indessen klingt diese Verteidigung, wenn man bedenkt, daß sie gegenüber der Ausgangssituation der Theorie bereits eine Rückzugsposition markiert, die neugierig darauf macht, wie sie sich weiter fortschreiben ließe, ohne sich nicht gleich um wissenschaftlichen Kopf und Kragen zu reden.

An diese Bemerkung läßt sich der zweite zentrale Einwand gegen die Modernisierungstheorie anschließen, der ebenfalls nur noch einmal pointiert festhält, was im Vorangegangenen schon hinreichend deutlich geworden sein sollte. Das kontrafaktische Festhalten an einem wissenschaftlichen Anspruch, der seine selbstgesetzten Kriterien in einer Weise verfehlt, die deren Beugung und beliebiger Dehnung gleichkommt, nährt den Verdacht auf eine prinzipielle Fremdbestimmtheit seiner Analyse

---

25 Diese Erfahrung steht in einem bemerkenswerten Kontrast zu der Tatsache, daß Foucaults „Surveiller et punir" von dem bedeutendsten soziologischen Besprechungsjournal, Contemporary Sociology, soeben als eins der zehn einflußreichsten Bücher der letzten 25 Jahre eine (zweite) Jubiläumsrezension gewidmet worden ist (J. Simon 1996).

und sieht sich alsbald dem Vorwurf konfrontiert, Wissenschaft zu sagen und Ideologie oder Politik zu meinen.

3.5 Kriminologie und Modernisierungstheorie

Kaum war im vorigen Abschnitt von Kriminalität die Rede, dem Anlaß dieser Tagung, dem Gegenstand, auf den meine Überlegungen laut Titelankündigung gerichtet sein sollen. Und auch von „Umbruch" – dem zweiten Stichwort meines Themas – war direkt und unmittelbar nicht die Rede, obwohl sicherlich deutlich geworden ist, daß die modernisierungstheoretischen Erörterungen den wissenschaftlichen Kontext abstecken, innerhalb dessen Fragen und Probleme des Umbruchs behandelt werden könnten. Ehe ich jedoch darauf eingehe, möchte ich einige Bemerkungen über das Thema der Kriminalität in der Theorie des sozialen Wandels bzw. der Modernisierung machen.

Zunächst und in der Tat: die vorstehende Skizzierung der Modernisierungstheorie ist nicht selektiv in dem Sinne, daß sie bewußt Bezugnahmen auf die Pathologien der Gesellschaft ausgespart und übergangen hat – und das, obwohl doch mit dem soziologischen Erzvater T.Parsons die theoretische Traditionslinie bis auf Durkheim zurückgeht, für den ja, wie wir sahen, gerade die negativen Seiten der Moderne den eigentlichen Theorieimpuls setzten. Im eigentlichen und euphorischen Kern der Modernisierungstheorie ist für die Kriminalität und ähnliche negative soziale Phänomene kein Platz reserviert. Insgesamt scheint deshalb die Bemerkung von H. Joas zuzutreffen: „Mit scharfer Ablehnung der Gewalt geht in diesem Weltbild damit eine gewisse Bagatellisierung ihrer Präsenz einher. Ein nach vorne gerichteter, zukunftsoptimistischer Blick betrachtet das aussterbende Alte mit Ungeduld und ohne echtes Interesse" (1996, S. 17) – eine Art modernisierungstheoretische Version der einst – zu Recht – mit viel Spott und Hohn überschütteten „Reliktethese" aus der Zeit der verstorbenen realsozialistischen Kriminologie: beide Versionen sind übrigens unübersehbar ihrerseits sozialstrukturelle Varianten des Darwin-Lombrososchen Atavismus der täterfixierten Phase der Kriminologie.

Indessen steht man, wenn man nur lange genug sucht und die Suchbegriffe und -orte etwas ausweitet, auch nicht mit völlig leeren Händen da. Die Blickrichtung hat sich dabei in erster Linie denjenigen Disziplinen zuzuwenden, deren Interesse auf die Dimension der Zeit ausgerichtet ist. Wie wir schon sahen, hat die Geschichtswissenschaft erhebliche Anteile in die affirmativen Aspekte der Modernisierungstheorie investiert. Aber das ist das Konto einer Geschichtswissenschaft, die bei allen Versuchen, über die Einbeziehung wirtschafts- und sozialhistorischer Faktoren und Aspekte die eingetretene Spur einer traditionellen Geschichtsschreibung „großer" Figuren – meist Männer übrigens – und „großer" Ereignisse, großer Dynastien, Heroen wie Dämonen, nur mühsam verläßt, trotz allem einem Hang zur „Geschichte von oben" verhaftet bleibt – und damit auch den „Legenden" von oben, und sei es denen im Gewande der Modernisierungstheorie. Daß das u.a. den sehr banalen Hintergrund hat, daß „die Großen" auch mehr schreiben bzw. schreiben lassen und damit ihre eigene Transzendenz besorgen, sei nur am Rande erwähnt.

Aber es ist das nicht alleine: als einige Historiker vor zwei bis drei Jahrzehnten sich anschickten, den Blick nach unten und von unten nach oben einzuüben, stießen sie auf eine derartige Fülle unerschlossenen und unausgewerteten Materials, an dem sich noch so manche akademische und wissenschaftliche Karriere hochranken kann. Wie sich aus noch vielen ungehobenen Archivschätzen der weltlichen und kirchlichen Obrigkeit bis zurück ins Mittelalter systematisch wissenschaftliches und historisches Kapital schlagen läßt, hat – nach vorangegangenen Vorbildern vornehmlich in England und im Kontext der französischen Annales-Schule – in Deutschland vor allem D. Blasius zuerst vorgeführt, der damit auch für die deutsche Historiographie ein mittlerweile stattliches Arbeitsfeld der „historischen Kriminalitätsforschung" begründet und auf den Weg gebracht hat[26].

Da dieses neu erschlossene historische Arbeitsfeld, stimuliert übrigens in ganz entscheidender Weise von dem „Paradigmawechsel" der Kriminologie seit Beginn der 60iger Jahre, sich von Beginn an als „historische Sozialwissenschaft" verstand, erstaunt es nicht, daß in diese Diskussion auch modernisierungstheoretische Überlegungen schnell Eingang fanden. Eine ausgezeichnete Auswertung der diesbezüglichen Forschung und Diskussion, die vor allem auf die einschlägige angelsächsische Literatur zurückgreift, hat H. Thome (1992) vor einigen Jahren vorgelegt.

Der dort mitgeteilte, hier nur kursorisch wiedergegebene Ertrag – „Was ... als Modernisierungs'theorie' gehandelt wird" (S. 213) – „wird (oft) mit" der „simplen empirischen Behauptung gleichgesetzt" (S. 214), daß sich die Struktur der Kriminalität mit der Modernisierung von der Dominanz der Gewaltkriminalität zu einer Dominanz der Eigentumskriminalität gewandelt hat. Dieser Strukturwandel ist zwar auch nicht in allen modernen Gesellschaften zu beobachten – etwa in Japan nicht – aber wohl in allen „Pionierländern" Westeuropas, aber auch hier entgleiten die Regelmäßigkeiten bei genauerem Hinsehen. Hingegen zeigen letztere Länder trotz gleichsinniger Modernisierung überzufällige Variationen im Kriminalitätsniveau.

Was gerade den generellen Verlauf der Kriminalitätsentwicklung im Verlaufe der Modernisierung angeht, also die Frage nach dem langfristigen Anstieg oder der Abnahme der Kriminalität, erweist sich die Diskussionslage als relativ unergiebig. Dies ist nach den Geltungsprämissen der Modernisierungstheorie mehr als erstaunlich, denn gerade an dieser Entwicklung ließe sich die „Masterthese" der Pazifizierungstendenz der Modernisierung doch zumindest diskutieren, wenn auch nicht viel-

---

26 Die mittlerweile breitgefächerte Literatur zur historischen Kriminalitätsforschung, die sowohl institutionen- wie ereignisorientiert ist, läßt sich hier auch nicht annähernd nachweisen. Einen guten Orientierungseinblick gewährt G. Schwerhoff (1991, S. 17-33) aus historischer Sicht; vgl. darüber hinaus das 2. Beiheft des Kriminologischen Journals aus dem Jg. 1987 sowie F. Sack 1987.

leicht angesichts der immanenten theoretischen und methodologischen Probleme –
Status der Moral/Kriminalstatistiken als Indikator für Rechtsbrüche oder für institutionell lizensierte Kommunikation darüber – umstandslos entscheiden.

Diese Tatsache muß um so mehr verwundern, als wir gerade für den Bereich der Kriminalität im Vergleich zu anderen gesellschaftlichen Teilsystemen über kriminalstatistische Zeitreihen verfügen, die für England und Frankreich bis in die erste Hälfte des vorigen Jahrhunderts zurückreichen, auch für Deutschland einen Zeitraum von mehr als hundert Jahren umfassen. Dieser „blinde Fleck" auf der kriminologischen Landkarte modernisierungstheoretischer Provenienz treibt dies Versäumnis ins geradezu Rätselhafte, wenn man sich daran erinnert, daß in der verdrängten und denunzierten vor-lombrosianischen Kriminologie, als Kriminalität noch nicht ausschließlich als individuelle Eigenschaft kodiert und rekonstruiert wurde, sondern vor allem als kollektives Merkmal von Gruppen und sozialen Teilpopulationen behandelt wurde, solche Fragen durchaus auf der kriminologischen Agenda standen. So war etwa in der Mitte des vorigen Jahrhunderts einer der irritierendsten Befunde aus der Werkstatt der Moralstatistiker die positive Korrelation zwischen Kriminalität und formaler Bildung[27] – als Grad der „Alphabetisierung" taucht dieses Merkmal im standardisierten Katalog von Modernisierungsdimensionen an vorderster Stelle auf.

Auf allgemeinerer Ebene findet sich übrigens auch bei Durkheim eine Diskussion über die Entwicklung der Kriminalität und den Fortgang der Industriegesellschaft, wobei er u.a. für Frankreich eine Steigerungsrate von 300 % des „Kriminalitätsquotienten" feststellt – „überall ist sie im Wachsen begriffen" (1961, S. 156) –, indessen die Frage nicht eindeutig beantwortet, ob es sich dabei um eine normale oder pathologische Entwicklung handelt, implizit indessen gegen eine Annahme argumentiert, Kriminalität sei eine Art „Tribut an die Zivilisation", insbesondere einen um die Jahrhundertwende geäußerten, heute intensiv unter dem Stichwort der „Gelegenheitsstruktur" diskutierten Zusammenhang zurückweist, wonach „die Zunahme der Verbrechen als Grund und Ausgleich die gleichzeitige Zunahme wirtschaftlicher Transaktionen"(1973, S. 433/434) habe.

Ohne diesen Gedanken hier fortzuführen, sei doch die erstaunliche Tatsache registriert, daß die Kriminologie sich bisher kaum um eine Antwort bemüht, geschweige denn ernsthaft an die Analyse herangemacht hat, wie der unaufhaltsame, bisherige Trends weit übersteigende Anstieg der registrierten Kriminalität in allen westlichen Marktgesellschaften nach dem zweiten Weltkrieg zu erklären und einzuschätzen ist. Liegt es an dem Schlag ins Gesicht, die eine derartige Entwicklung jeglichem eupho-

---

27 Vgl. hierzu P. Beirne (1993), dem das Verdienst gebührt, gerade für die gegenwärtige kriminologische Diskussion einige zentrale Problemstellungen und Kontroversen aus dieser „sozialstrukturellen" Ära der Kriminologie des 19. Jahrhunderts verfügbar gemacht zu haben; vgl. dazu auch die verdienstvolle Monographie von A. Mechler (1970). Im übrigen hat sich ja auch bekanntlich die „pathologische" Kriminologie in unendlicher Weise mit der „Intelligenz" als kriminogenem Faktor beschäftigt.

rischen Modernisierungstheorem versetzen würde, so daß man sie lieber der institutionalisierten Amnäsie westlicher Gesellschaften überläßt?

Aber ganz leer geht die Suche des modernisierungstheoretischen Optimismus nach Bestätigung im Bereich des Kriminalitätskomplexes auch nicht aus. So jedenfalls – wenn auch nicht im Jargon der Modernisierungstheorie, sondern nach einer Art zurechtgerückter Zivilisationstheorie von N. Elias – meint es der niederländische Unternehmer-Kriminologe J. van Dijk (1988), der die langfristige institutionelle Entwicklung des Strafvollzuges in den Modernisierungsländern als Ausweis für den fortschreitenden Zivilisationsprozess ausgibt[28]. Übrigens, ohne diesen Bezug ausdrücklich herzustellen, lassen sich van Dijks Beobachtungen insofern nahtlos in die institutionellen Dimensionen der Modernisierungstheorie einpassen, als zum Indikatorenkatalog der Modernisierungstheorie auch solche zur Struktur der „Sozialen Kontrolle" sowie des „Rechts" gehören (vgl. Anm. 22). Darüber hinaus mag es müßig sein, darüber zu spekulieren, ob van Dijk seine Überlegungen in ähnlich nonchalanter Weise wie damals wiederholen würde, als er die schon kontraindikative Entwicklung in den USA als Ausnahme von der Regel abzutun sich bemühte, und wie er sich mit einer Stimme eines bekannten amerikanischen Insiders, W. Chambliss, auseinandersetzen würde: „As this book makes clear, it is not only that the prison is in crisis; society is in crisis and imprisonment and the prisons are merely a reflection of it"[29].

Ein weiterer Bezugspunkt kriminologischer Forschung und Befunde zur Theorie des sozialen Wandels, allerdings näher zu seiner früheren Phase als zum Modernisierungsdiskurs gehörig, ist in der ökologischen Tradition der in jüngster Zeit wieder erinnerten Chicago-Schule[30] der zwanziger und dreißiger Jahre zu sehen. Im empirischen und theoretischen Mittelpunkt dieser Arbeiten standen die Auswirkungen

---

28   Ich war seinerzeit Zeuge, als van Dijk diese These auf dem 10. Internationalen Kriminologenkongreß im Jahre 1988 in Hamburg in einer Plenarveranstaltung vortrug. Damals neben St. Cohen sitzend, entging mir nicht der Zorn und die Empörung darüber, wie van Dijk das Privileg des mikrobewehrten Monologs nutzte, um unter Einsatz des bekannten Stilmittels der Zitaten-Collage Spott und Hohn gegen diejenigen – wie etwa den ausdrücklich genannten Cohen – unter den Kriminologen loszuwerden, die in ihren Arbeiten einen weniger optimistischen Ton anschlugen. Ich habe diesen Gedanken van Dijks in meinem Referat auf dem Nachfolgekongreß in Budapest 1993 noch einmal aufgenommen und einige kritische Nachfragen formuliert (F. Sack 1994).
29   Dieses Zitat entstammt laut dem Verlagsprospekt von Harrow und Heston – einem auf kritische Publikationen zur Kriminologie spezialisierter Verlag aus Albany – dem Vorwort von Chambliss zu einer gerade erschienenen Aufsatzsammlung, das an der Entwicklung des Gefängniswesens demonstriert, daß „throughout the capitalist world, the „crime control industry", is enjoying its greatest expansion in history" (E. Sbarbaro/R. Keller 1995).
30   Einen umfassenden und differenzierten Überblick über die Chicago-Schule und ihre Rolle für die Begründung und Entwicklung der amerikanischen Soziologie – an der 1892 gegründeten Chicagoer Universität entstand die erste bedeutende soziologische Fakultät weltweit – gibt M. Bulmer (1984); ihre Bedeutung für die Kriminologie ist ausgezeichnet und kritisch von J. Snodgrass (1976) nachgezeichnet worden. Urbanisierung und stadtökologische Probleme in bezug auf Gewalt im aktuellen amerikanischen Kontext finden sich bei W. Knöbl (1995, S. 52–54) sowie bei R. Schneiders-Sliwa (1995) erörtert.

zentraler Partialprozesse der Modernisierung, für die die Stadt Chicago geradezu den Prototyp nicht nur für die Kriminologie abgab. In ihr vollzogen sich gleichsam retortenhaft und in idealtypischer Reinheit die Prozesse der Urbanisierung, Industrialisierung, Migration, Mobilität aller Sorten, soziale Auf- und Abstiege, Segregationen und Desegrationen: die Kriminologie entdeckte die räumlichen Strukturen der „Kriminogenese", nannte sie „delinquency areas" und gewann ihr die theoretischen Konzepte der „Subkultur" und der „social desorganization" ab. Dabei spielte die Dynamik und das Tempo dieser Prozesse eine entscheidende Rolle für ihre kriminogene Potenz – und damit ein Faktor der Erzeugung von Kriminalität, dem E. Durkheim für die (vorübergehende) anomische Störung des moralischen Gleichgewichts der Gesellschaft eine zentrale Bedeutung beigemessen hatte. Das war eine Argumentation, die sich in die spätere Modernisierungstheorie gut einfügen ließ, insofern als sich Kriminalität gleichsam als transitorisches Phänomen auf Zeit, als Preis oder Kosten einer insgesamt doch positiven Entwicklung begreifen ließ, als Investition in ein Projekt, dessen verheißene Früchte gewiß sind, auch wenn sie ein wenig Geduld verlangen.

Ich ziehe ein Zwischenfazit zur Sichtung wandlungs- und modernisierungstheoretischer Aspekte der Kriminologie. Von einer ernsthaften und umfassenden Auseinandersetzung der Kriminologie mit modernisierungstheoretischen Aussagen und Hypothesen läßt sich wenig in der einschlägigen Literatur finden. Diesbezügliche Ansprüche erweisen sich als kaum mehr als empirische Verallgemeinerungen auf trivialem Meß- und Aggregationsniveau. Verfügbare kriminalstatistische Zeitreihen über die Entwicklung der Kriminalität bleiben theoretisch unausgewertet und uninterpretiert. Die Vermutung drängt sich auf, daß ein näherer Blick auf dieses Material über die Entwicklung der Kriminalität deshalb unterbleibt, weil er unverträglich wäre mit der auch von der Kriminologie geteilten positiven Grundaussage der Modernisierungstheorie, deren kriminologisches Pendant lautet: Böses läßt sich nur aus Bösem erklären, Kriminalität also nicht aus der Modernisierung. Für diese Vermutung sprechen auch der kurzschlüssige Versuch, den Strafvollzug zum Kronzeugen der Zivilisation zu machen, sowie die kriminologische Behandlung bestimmter Partialprozesse der Modernisierung durch die Chicago-Schule.

Insgesamt erweist sich die Theorie des sozialen Wandels, auch nicht in ihrer avancierten Form der Modernisierung, als sehr hilfreich und erkentnnisträchtig für die Erklärung und Interpretation des Ausschnitts der gesellschaftlichen Wirklichkeit, der zum Zuständigkeitsbereich der Kriminologie gehört. Man kann noch weitergehen und sagen, daß die oben erwähnte historische und ethnologische Erweiterung des Fragehorizonts der Theorie des sozialen Wandels, die durch die Modernisierungstheorie erfolgt ist – die Rekonstruktion der „großen Transformation" im Westeuropa der Neuzeit und die Verwandlung traditionaler Gesellschaften zu modernen Staaten in der Gegenwart –, diesen Sachverhalt noch verschärft hat. Je mehr sich das wissenschaftliche Interesse auf diese epochalen Makroprozesse und globalen Entwicklungen von Geschichte und Gesellschaft gerichtet hat, desto mehr erliegt die Modernisierungstheorie dem Sog und der Versuchung, die Melodie von Optimismus, Fortschritt und Wohlfahrt zu intonieren – bis hin zur moralisch-politischen Unterdrückung, ja kognitiven Ausblendung aller dissonanten oder kakophonen Töne.

4 Noch einmal: Gesellschaft – Integration – Anomie: Durkheim 100 Jahre später

4.1 „Postmoderne" Gesellschaften und Anomie

Bei der Darstellung der Modernisierungstheorie selbst sind ihre Brüche, Inkonsistenzen und Glättungen bis zur Auflösung und Porösität bereits deutlich geworden. Auch sind Autoren wie U. Beck und H. Joas zur Sprache gekommen, die zentralen Prämissen der Modernisierungstheorie nicht nur widersprechen, sondern einige gravierende negative Begleiterscheinungen der Modernisierung zum Ausgangspunkt eines theoretischen Szenarios machen, das eine systematische Geschichte modernisierungsinduzierter Zerstörung, Niedergangs und Verfalls von Gesellschaftlichkeit zeichnet. Beck und Joas sind jedoch längst nicht mehr einsame Rufer in der Modernisierungswüste, sondern zwei Einzelautoren in einer beständig anschwellenden Schar von Wissenschaftlern aus den verschiedensten Disziplinen, die einstimmen in einen theoretisch hergeleiteten und empirisch verallgemeinerten Pessimismus der Unbeherrschbarkeit – wie Beck es in seinen Arbeiten faßt – latenter, nichtintendierter Konsequenzen technologischer Entwicklungen, deren Verwertung durch die mörderischen Mechanismen kapitalistischer Produktionsweise buchstäblich Institutionen sozialen Zusammenlebens und gesellschaftlicher Ordnung zersetzen und zerfressen, über die ungeheure Mobilisierung von Ressourcen diese schlicht zerstören.

Es ist hier nicht der Ort, diese Diskussion in ihrer ganzen „postmodernen" Breite und Vielfalt festzuhalten, auch nicht darüber zu argumentieren und zu streiten, wie es in einer kaum mehr überschaubaren Literatur aus den Geistes- und Sozialwissenschaften aller Sparten und Sprachen geschieht, ob uund in welcher Weise von der „Postmoderne" anders als negativ im Sinne der Auflösung aller Gewißheiten und Gewohnheiten zu sprechen ist: von den Epistemologien über die großen „Narrationen" (F. Lyotard) bis hin zu den Institutionen der Mikrowelten und der Makrowelt – nach dem aphoristisch verdichteten Buchtitel eines der erfolgreichsten (post)modernen Bücher der USA in den achtziger Jahren: „All that Is Solid Melts into Air: The Experience of Modernity" (M. Berman 1982)[31]..

---

31 Daß dieser Titel seinerseits eine bekannte Formulierung aus dem „Kommunistischen Manifest" von K. Marx u. F. Engels ausleiht, kann der wenig geneigte Marx-Leser bei U. Beck nachlesen – übrigens auch unter Verweis auf M. Berman (U. Beck 1994, 2; 1993, S. 283). Im Kommunistischen Manifest lautet die (längere) Passage so: „Die fortwährende Umwälzung der Produktion, die ununterbrochene Erschütterung aller gesellschaftlichen Zustände, die ewige Unsicherheit und

Vielmehr geht es hier darum, diese postmodernen, weit vor allem ins Kulturelle, ins Ästhetische und Literarische ausschweifenden Reflexionen zurückzuholen und zu übersetzen in die Sprache gesellschaftlicher, dann schließlich kriminologischer Analyse. Zwar hat etwa der letzte Präsident der Deutschen Gesellschaft für Soziologie, L. Clausen, seinen Eröffnungsvortrag auf dem 27. Kongreß der Gesellschaft im vergangenen Jahr in Halle an der Saale unter das Thema „Die Geburt des Politischen aus dem Geiste der Musik" gestellt und dabei in seinem empirischen und zeitdiagnostischen Beitrag zum Rahmenthema der Veranstaltung („Gesellschaften im Umbruch") auf Erscheinungen und Bereiche gesellschaftlichen Verhaltens – übrigens nicht nur der Musik, sondern ausführlich auch der der Ökonomie – zurückgegriffen, die jenseits der inhaltlichen und methodischen Orthodoxie der Soziologie, der Kriminologie allemal, zu suchen sind. Dabei ging es ihm – konkreter und unter anderem – um die „Liquidation der Werte", um den Rat, „auf *Ausbrüche* aus derlei semi-kollektiven Kommerzkasematten zu achten" (L. Clausen 1996, S. 45 – Hervorh. i. O.).

Indessen: auch wenn Clausen durch den Duktus seiner metapherreichen Sprache und seiner eleganten Rhetorik gelegentlich in die Rolle eines Botho Strauss oder Hans-Magnus Enzensberger der Soziologie zu entgleiten scheint, ist er natürlich – als Vorsitzender der deutschen Soziologenzunft! – voll der Gedankenwelt von Marx, Toennies, Weber, Elias – und natürlich von Durkheim, der ihm in der Tat den Schlüsselbegriff seiner analytischen Anstrengung liefert und um den ein Großteil unserer vorangegangenen Überlegungen kreiste, nämlich den der „Anomie". Clausen definiert ihn als „politisch merklichen Verlust an vordem unbeachtete regulative 'Selbstverständlichkeiten'" und setzt ihn ein: „Ich frage jetzt nach ausufernder *politischer Anomie*, wenn sich ... die 'Hintergrunderfüllungen' so vieler Institutionen verlieren" (S. 40). Noch deutlicher und im Zusammenhang mit DFG-finanzierter Forschung über Phänomene unpolitischer und auf den ersten Blick fernab jeder Kriminalität liegender Erscheinungen der Massenbegeisterung (Kunstausstellungen, Windjammerparaden, Aviatikbegeisterung) greift er zur Erklärung auf *„eine weitausgreifende, tief-*

Bewegung zeichnet die Bourgeoisepoche vor allen früheren aus. Alle fest eingerosteten Verhältnisse mit ihrem Gefolge von altehrwürdigen Vorstellungen und Anschauungen werden aufgelöst, alle neugebildeten veralten, ehe sie verknöchern können. *Alles Ständische und Stehende verdampft,* alles Heilige wird entweiht, und die Menschen sind endlich gezwungen, ihre Lebensstellung, ihre gegenseitigen Beziehungen mit nüchternen Augen anzusehen" (die hervorgehobene Textstelle liegt dem Titel von Berman zugrunde). Eine sehr gute, detailliert informierende und unvoreingenommene Diskussion über den postmodernen Diskurs findet man in der bereits in vierter Auflage erschienenen Monographie von W. Welsch (1993). Bemerkenswert ist Welschs editorische Notiz zur letzten Auflage, derzufolge seine Arbeit „... auch in den östlichen Nachbarstaaten große Resonanz gefunden [hatte] und ... von den dortigen Lesern als Argumentationshilfe, ja gelegentlich als Befreiung empfunden worden [war]" (S. XIII). Die angelsächsische Diskussion, unter Einbeziehung auch der bedeutenden französischen Denker der Postmoderne, läßt sich ausgezeichnet in der Zeitschrift „Theory, Culture and Society" von Beginn an verfolgen. Für den deutschen Leser sind mittlerweile eine Reihe von Übersetzungen des polnisch-englischen Soziologen Z. Baumann, einem der bedeutendsten postmodernen Autoren, zugänglich.

schichtige und langwellige Anomie" zurück (S. 43 f.), die er immer wieder in Zusammenhang bringt mit Phänomenen der Gewalt und mit dem Abreißen der „Erziehungsleistung unserer Zivilisation auf lange Kausalketten hin", „... zugunsten neuer kurzkettiger situationaler Tit-for-tat-Figurationen" (S. 43)[32].

Die zunehmende Gewalt in der Tat ist für ihn dabei das wichtigste empirische Rohmaterial, um dessen theoretische Bearbeitung und „Formung" es ihm geht – von „aus zerrütteten Familien heraustretenden Umsichschlägern" (S. 39), von in Filmen dargestellten „sprunghaften ad-hoc-Morden 'ohne Motiv'" (S. 41)[33], dem „ad-hoc-Wüten der Fans" und „Todesfällen in Stadien" und von „Zerstörungsmuster[n]", die sich „... in Stadienradau, Kleinprogromen, gezielten Jugendbandenzügen ..." „ausbreiten" und „strukturieren" (S. 42) ist die Rede. War es bei dem oben erwähnten H. Joas der Krieg als Gewaltform, den er gegen den modernisierungstheoretischen Optimismus zur Geltung brachte, so „wildert" Clausen vor allem, aber nicht nur, auf dem angestammten Terrain der Kriminologie, der innergesellschaftlichen und der „Mikrokriminalität".

Zum Thema, das dieser Tagung und meinen Überlegungen in Sonderheit gewidmet ist, zudem zum von mir gewählten theoretischen Eingangstor sagt Clausen: „Vergegenwärtigen wir uns die Krise des Politischen heute. Es ist eine weltweite und eine soziale. Die Gesellschaften laborieren an ... immer rapiderem und immer radikalerem sozialen Wandel dank immer gewaltsamerer und intensiverer sozialer Konflikte, kurz: *an Umbrüchen*" (S. 36).

4.2 Drei zentrale Strukturmerkmale postmoderner Gesellschaften

Bevor ich jedoch diesen Gedanken am Ende meiner Überlegungen noch einmal aufnehme, möchte ich anhand dreier Konzepte und Stichworte, die sowohl in der Theorie

---

32 Diese Überlegungen zu den Sozialisationsbedingungen und -instanzen postmoderner Jugend und deren kriminogener Nähe zu Gewalt und „Zerstörungsmuster[n]" (S. 42) heben sich wohltuend ab sowohl vom gedankenlosen kriminologischen Dramatisierungsdiskurs über Jugendkriminalität des öffentlich weithin bekannten augenblicklichen Direktors des Kriminologischen Forschungsinstituts Niedersachsen in Hannover (KFN) als auch von der kriminalpolitischen Gedankenausgeburt des rechtspolitischen Sprechers der CDU/CSU-Fraktion im Bundestag, der in Spontanübernahme eines gerade in den USA von der Clinton-Administration geäußerten Vorschlags auch für die Bundesrepublik eine nächtliche Ausgangssperre ab 21.00 Uhr für Jugendliche unter 17 Jahren zur Erwägung gestellt hat (vgl. DIE ZEIT v. 7.6.1996, S. 1).
33 In der Realität geht es dabei wohl um das neuentdeckte Phänomen des „Serienkillers", eine kriminelle Erscheinung, die insbesondere in den USA in den letzten Jahren eine schwer erklärliche Faszination auf sich gezogen hat. J. Stratton (1996) hat das Thema kürzlich i.S. Durkheims anomietheoretisch gedeutet – als Ausdruck eines generalisierten Zustands gesellschaftlicher Anomie und als eine analytische Differenz zwischen der Moderne und der Postmoderne: „In modernity anomie was considered to be an extraordinary experience. In postmodernity this is no longer the case" (S. 79). „With the loss of a moral consensus anomie is becoming normalized" (S. 80).

der Modernisierung bzw. des sozialen Wandels wie auch in der postmodernen Diskussion eine herausragende Rolle spielen, einige Folgerungen erörtern, deren kriminologischer Stellenwert unmittelbarer auf der Hand liegt und greifbarer ist, als es bei den bisherigen Überlegungen den Anschein hatte. Es handelt sich um die Konzepte der „Inklusion", der „Individualisierung" und der „Ökonomie". Dabei werde ich mich weitgehend auf einzelne Autoren beziehen.

4.2.1 Inklusion und Exklusion in modernen Gesellschaften (Niklas Luhmann)

Ich beginne mit dem Konzept der „Inklusion" – ein in der Gesellschaftstheorie zentraler Begriff, zumal in der Theorie der Modernisierung – dort so zentral, daß J. Berger ihm einen Platz in der schematischen Verdichtung der Theorie eingeräumt hat: unter der Dimension der „Gemeinschaft" findet sich unter „strukturelle Innovation" der Moderne der Eintrag: „citizenship, Öffentlichkeit" und unter „Entwicklungsrichtung" der Eintrag: „Inklusion" (1996, S. 53), der Gegenbegriff zu „Exklusion", „Ausschließung". Gemeint ist damit die Entwicklung „universalistischer" Wertsysteme moderner Gesellschaften, die so angelegt sind, daß die Mitgliedschaftskriterien sich nicht an partikularistischen, sondern an allgemeinen, prinzipiell für jedermann zutreffenden Prinzipien orientieren, kategorialen Ausschluß also nicht kennen.

N. Luhmann, der sicherlich in seiner Systemtheorie die konsequenteste und ausformulierteste Theoriearbeit der modernen Gesellschaft auf der Basis autopoietisch verselbständigter sozialer Differenzierung einerseits und funktionaler Analyse andererseits vorgelegt hat, formuliert das Prinzip der Inklusion in einem Beitrag mit dem Titel „Jenseits von Barbarei" so: „Im Gegensatz dazu ist das Gesellschaftssystem und sind dessen Funktionssysteme auf Inklusion der Gesamtbevölkerung angelegt" (1995, S. 142). Dem kriminologischen Feld und vor allem einer vertrauten Kriminalpolitik näher, erläutert er weiter: „Abweichendes Verhalten ist nicht mehr Grund für Exklusion, sondern für Sonderbehandlung zum Zwecke der Inklusion. Es gibt noch Strafkolonien angesichts der enormen Zunahme von Delinquenten, das heißt zunächst: von Strafgesetzen; aber gleichzeitig werden nach neuen architektonischen Gesichtspunkten Gefängnisse gebaut. Arbeitslosigkeit, Bettelei usw. wird nicht als Schicksal oder als Plage definiert, sondern mit Erziehungsprogrammen, Arbeitshäusern und Industriepädagogik usw. beantwortet" (S. 144). „Man erkennt Problemfälle und muß dann mit Therapie und Sozialarbeit oder Entwicklungshilfe nacharbeiten" (S. 146).

Und noch einmal: „Die Logik der funktionalen Differenzierung schließt gesellschaftliche Exklusionen aus, muß es dann aber erlauben, innerhalb der Funktionssysteme nach systemeigenen Kriterien zu differenzieren" (S. 146 f.) So Luhmanns pointierte Zusammenfassung einer Theorieposition, die die der Modernisierungstheorie ist und zu der er entscheidende Basisanalysen beigetragen hat – um dann aber zu fragen: „Aber ist diese Logik haltbar? Wie kann es Inklusion geben, wenn es keine Exklusion gibt?" (Ebd.)

Zur Überraschung und Perplexität der gelehrten, hauptsächlich soziologisch interessierten Zuhörerschaft in einem übervollen Hamburger Theater[34] hat er eine Pointe gezogen, die es verdient, in einer längeren Passage wiedergegeben zu werden: „Zur Überraschung aller Wohlgesinnten muß man feststellen, daß es doch Exklusionen gibt, und zwar massenhaft und in einer Art von Elend, das sich der Beschreibung entzieht. Jeder, der einen Besuch in den Favelas südamerikanischer Großstädte wagt und lebend wieder herauskommt, kann davon berichten. Aber schon ein Besuch in den Siedlungen, die die Stillegung des Kohlenbergbaus in Wales hinterlassen hat, kann davon überzeugen. Es bedarf dazu keiner empirischen Untersuchungen. Wer seinen Augen traut, kann es sehen, und zwar in einer Eindrücklichkeit, an der die verfügbaren Erklärungen scheitern" (S. 147).

Und er fährt fort: „Wir wissen: es ist von Ausbeutung die Rede oder von sozialer Unterdrückung oder von 'marginalidad', von einer Verschärfung des Gegensatzes von Zentrum und Peripherie. Das alles sind jedoch Theorien, die noch vom Desiderat der Allinklusion beherrscht sind ... Wenn man jedoch genau hinsieht, findet man nichts, was auszubeuten oder zu unterdrücken wäre. Man findet eine in der Selbst- und Fremdwahrnehmung aufs Körperliche reduzierte Existenz, die den nächsten Tag zu erreichen sucht. Um zu überleben, braucht man Fähigkeiten zur Gefahrenwahrnehmung und zur Beschaffung des Nötigsten; oder auch Resignation und Gleichgültigkeit in bezug auf alle 'bürgerlichen' Bewertungen – Ordnung, Sauberkeit, Selbstdarstellung eingeschlossen. Und wenn man das, was man so sieht, hochrechnet, könnte man auf die Idee kommen, daß dies die Leitdifferenz des nächsten Jahrhunderts sein könnte: Inklusion und Exklusion" (ebd.).

Luhmann benennt auch den Theorieort des Mißverständnisses der Allinklusion – es ist genau jener Zusammenhang der funktionalen Differenzierung bzw. der Durkheimschen Arbeitsteilung, auf den die Modernisierungstheorie so nachhaltig setzt: „Denn funktionale Differenzierung kann, anders als die Selbstbeschreibung der Systeme es behauptet, die postulierte Allinklusion nicht realisieren. Funktionssysteme schließen, wenn sie rational operieren, Personen aus oder marginalisieren sie so stark, daß dies Konsequenzen hat für den Zugang zu anderen Funktionssystemen ... Niemand wird behaupten wollen, das müsse so sein ... Es genügt jedoch, zu sehen, daß es so ist und wie ein solcher Verstärkereffekt an den Rändern der Funktionssysteme zustandekommt". Um auch keine Fehlinterpretation bezüglich theoretischem Roß und Reiter aufkommen zu lassen, fügt Luhmann hinzu: „Tatbestände dieser Art stellen die übliche Integrationstheorie der Soziologen auf den Kopf. Die moderne Gesellschaft

---

34 Es handelte sich um eine Tagung zum Thema „Modernität und Barbarei", die gemeinsam von der Theorie- Sektion der Deutschen Gesellschaft für Soziologie und dem Hamburger Institut für Sozialforschung im Mai 1995 veranstaltet wurde und deren Beiträge demnächst nachgelesen werden können (H. G. Soeffner/M. Miller 1996). Den eigenen Beitrag hat Luhmann selbst in seinem 4. Band zur „Gesellschaftsstruktur und Semantik" (1995) vorveröffentlicht.

ist in der Tat hochintegriert, aber nur in ihrem Exklusionsbereich, nur als Negativ-Integration und vor allem: ohne Konsens" (S. 148).

Ist dies schon zynisch genug für die Ausgeschlossenen, so hält Luhmann auch für die andere Seite der Barriere nur wenig theoretischen Trost parat: „Aber auch die korrespondierende Desintegration im Inklusionsbereich gibt zu denken – und damit beschäftigen sich heute die Theoretiker der Moderne. ... Die Integration von Individuum und Gesellschaft kennt keine konsensfähigen Prinzipien mehr. ... Außerdem hat sich der von den Neuhumanisten postulierte Steigerungszusammenhang von Kultur (Bildung) und Freiheit nicht eingestellt, vielmehr aufgelöst. In der modernen Angebotsgesellschaft wird Freiheit nicht mehr durch Zwang eingeschränkt, sondern durch Angebote so strukturiert, daß die Ausübung nicht mehr als Selbstverwirklichung des Individuums zugerechnet werden kann. ... Das zeigt: durch Kultur und soziale Bedingungen ist die Ausübung von Freiheit so stark asymmetrisiert, daß dem Individuum nur noch belanglose Entscheidungen bleiben – oder Proteste, die nichts ändern" (S. 148).

Alle Modernisierung, Zivilisation, jeder Fortschritt und jede Wohlfahrt nur Selbsttäuschung und Tragödie antiken Zuschnitts? „Das ist natürlich nie anders gewesen. Aber in der modernen Gesellschaft trifft dies auf einen entscheidenden Punkt der Selbstbeschreibung des Systems als 'human'" (ebd.).

Mit geradezu nietzscheanischer Düsternis und in einer Dialektik, die noch Marx überbietet, in einer Sprache zudem von geradezu unverschämter Unterkühltheit – so, als ginge ihn dies alles gar nichts an, beschreibt Luhmann abschließend das Verhältnis dieser so charakterisierten Gesellschaften, d.h. den Modernisierungs„pionieren", zu den „Nachzüglern" der Modernisierung: „Mit einer gewissen Nostalgie können wir jetzt an die Barbaren zurückdenken oder an die anderen Völker, die Heiden, die Wilden. Ihnen blieb ihre eigene soziale Ordnung überlassen. Wir hatten nichts damit zu tun. Es stand uns frei, sie zu bekehren oder zu versklaven oder sie im Tausch zu übervorteilen. Und es waren unsere Begriffe, europäische Begriffe, wenn wir von humanitas, von ius gentium, von Menschheit oder von Menschenrechten sprachen. Das alles wird der Situation, in der die moderne Gesellschaft sich heute findet, nicht mehr gerecht – ganz zu schweigen von Begriffen wie societas civilis oder communitas, die wir wie Sauerkraut aus unseren Kellern holen, um es aufgewärmt zu genießen" (S. 149/50).

Dieses theoretische Fazit war eine Zumutung für einen Großteil seiner Zuhörer, wie Luhmanns letzte Fußnote in der schriftlichen Version festhält: „Im mündlichen Vortrag hatte ich mich an dieser Stelle [beim Sauerkraut – F. S.] auf die Witwe Bolte berufen. Das hat Mißfallen erregt. Vielleicht war ich der Sache zu nahe gekommen" (S. 150). Seine rechtfertigende Schlußfolgerung lautet deshalb auch: „... es könnte ein Sinn darin liegen, Theorien zu suchen, die den Fakten besser gerecht werden als das optimistisch-kritische Traditionsgut unserer eigenen Disziplin – und zwar den Fakten, die die Gesellschaft selbst konstruiert" (ebd.).

Für unseren Zusammenhang geht es mir um zwei Erkenntnisse. Zum einen darum, durch die ausgewählten Zitate aus Luhmanns Analyse einen Theorietransfer zu erleichtern auf die Probleme der Kriminalität ebenso wie auf die der Transformationsprozesse in den sogenannten Umbruchsländern. Ich denke, daß ein solcher Transfer vom Leser leicht herzustellen ist. Das zweite Ziel, das ich mit dieser textnahen Vergegenwärtigung von Luhmann beabsichtige, besteht in der Anschlußfähigkeit seiner Befunde der Gesellschaftsanalyse an diejenigen von Durkheim: der Unterschied zwischen beiden liegt einmal in der aufwendigeren Theoriearchitektur bei Luhmann, zum anderen darin, daß das, was Durkheim nur für möglich, aber vermeidbar hielt, für Luhmann realisierte Wirklichkeit moderner Gesellschaften darstellt.

4.2.2 „Destruktive" Individualisierung: der Weg in die „Austrittsgesellschaft" (Robert Castel)

Ich komme zum zweiten Schlüsselkonzept, das eng mit dem der Inklusion zusammenhängt – nicht auf den ersten Blick, wohl aber nach einer eindringlichen historischen Analyse des französichen Soziologen R. Castel (1995 a u. b), auf den ich mich im folgenden beziehe, plausibel wird. Trivial schon fast, zu einem zentralen Formations- und Interpretationssymbol (nicht bloß -begriff) geworden, wird die soziale, politische und kulturelle Entwicklung in den letzten 20 Jahren in den westlich-kapitalistischen Ländern mit dem Master-Prozeß der „Individualisierung" verknüpft – jenem für Durkheim so zentralen Strukturmerkmal moderner Gesellschaften, das einhegend zu kultivieren sein großes theoretisches und gesellschaftspolitisches Ziel war.

Der Verweis auf Durkheim macht eins vor allem anderen deutlich: Es handelt sich bei der Individualisierung nicht um einen neuen, sondern um einen gesellschaftlichen Vorgang, der in der Tat ein zentrales Element der „großen Transformation" darstellt und erst mit ihm einsetzte. R. Castel macht zu Recht darauf aufmerksam, daß der große Sozialtheoretiker des ancien régime wie der modernen Demokratie, A. de Tocqueville, im Zusammenhang mit dem ancien régime „se refuse à parler d'individualisme, mais tout au plus d'un 'individualisme collectif' en lequel il voit l'identification de l'individu 'à de petites sociétés qui ne vivent que pour soi'" (1995 a, S. 463).

Folgerichtig wird denn auch heute nicht von einem neuen Prozeß der Individualisierung, sondern von einem neuen „Schub" der Individualisierung bzw. der Modernisierung gesprochen, der indessen nicht nur als gradualistische Weiterentwicklung gesehen wird, sondern gleichsam als qualitativer Sprung des Prozesses – und dies gemessen vor allem an seinen Konsequenzen der sozialen Desintegration, des gesellschaftlichen Zerfalls und Demoralisierung. Bekanntlich dient dieser neuerliche Prozeß der Individualisierung u.a. auch als zentrale Erklärungs- und Interpretationsfolie für das Aufkommen rechtsradikaler, fremdenfeindlicher und rassistischer Gewalt („hate crimes") in den von dieser Entwicklung betroffenen Ländern[35].

R. Castel hat in seiner umfänglichen Monographie „Les métamorphoses de la question sociale" – „Metamorphose" meint mehr als „Wandel": das Fremdwörterbuch spricht von „Umgestaltung, Verwandlung" – den Prozeß der Individualisierung als soziologischen Vorgang rekonstruiert, ihn, in anderen Worten, gefaßt als Veränderung der Struktur und des Typus der sozialen Beziehungen und der „sozialen Bande", die die Mitglieder der Gesellschaft untereinander eingehen[36]. Das ist gewiß nicht neu, aber wird von ihm in einer historischen und systematischen Detailliertheit und Präzision herausgearbeitet, die nur wenige Vorbilder hat.

Wir kennen die entsprechenden Konzepte und Begriffe, mit denen dieser Prozeß üblicherweise erfaßt wird: Entinstitutionalisierung, Enttraditionalisierung, Deregulation, Flexibilisierung und denken dabei vornehmlich an den Aspekt der „Freisetzung" bzw. der „Befreiung" des Menschen aus Zwängen, Regeln und Institutionen auf der gesamten gesellschaftlichen und kulturellen Stufenleiter – von den Mikrobeziehungen der Lebenswelt bis hin zu den Makrostrukturen in Politik, Wirtschaft, Gesellschaft und Kultur. In makro- und mesostruktureller Hinsicht ist dieser Prozeß am dramatischsten und sichtbarsten sicherlich in dem Zerfall, der Auflösung, dem Mitgliederschwund etc. zu erblicken, die sich bei den Institutionen der Arbeitswelt (Gewerkschaften, Verbände), der Politik (Parteien, Wahlbeteiligung, Politikerverdruß), der Gesellschaftsstruktur (Zerfall von „Klassen" und „Schichten") beobachten lassen. Neben vielen globalen und „verdichteten" Charakterisierungen, die für diesen Prozeß schon gefunden worden sind – Risikogesellschaft, Erlebnisgesellschaft Zwei-Drittel-Gesellschaft – könnte man vielleicht auch von einer „Austrittsgesellschaft" sprechen, einer Gesellschaft auf der Flucht vor der Gesellschaft und ihren Institutionen, Korporationen, Assoziationen, Vereinigungen usw.

Eine Gesellschaft der aktiven und passiven Entblößung – diesen Sachverhalt bringt R. Castel auf den Begriff des „l'individualisme négatif". So überschreibt er das Schlußkapitel und den Zentralbefund seiner historischen Studie (1995 a), und diesen Titel („L'avènement d'un individualisme négatif") trägt auch ein Interview, das – von dem Foucault-„Erben" F. Ewald geführt – in der bedeutenden Monatsschrift „magazine littéraire" abgedruckt ist (1995 b). Das Heft, in dem das Interview erschienen ist, versammelt eine Reihe von Beiträgen anderer Sozialwissenschaftler und Intellektueller unter dem Titel „Les exclus", behandelt also das gleiche Thema, um das es auch bei Luhmann geht.

---

[35] In der Bundesrepublik wird dieser Ansatz vor allem in den Arbeiten des Bielefelder Jugendsoziologen W. Heitmeyer favorisiert. Er hat darüber in zahlreichen Monographien, Anthologien und Aufsätzen geschrieben; vgl. u.a. W. Heitmeyer (1995) sowie W. Heitmeyer/J. Müller (1995).

[36] Die sog. kriminologischen Kontrolltheorien werden auch als „control or bond theories" (T. Hirschi 1969, S. 3) bezeichnet.

R. Castel spricht von einer „bipolarité" de l'individualisme" (1995 a, S. 469), einem konstruktiven und kreativen Individualismus einerseits, einem „individualisme par défaut" (S. 468), einem „Individualismus des Mangels" oder der „Destruktion" andererseits – insgesamt und beide übergreifend: „une sorte de *désinstitutionnalisation*, entendue comme une dé-liaison par rapport aux cadres objectifs qui structurent l'existence des sujets" (ebd. – Hervorh. i.O.).

In seinem Interview präzisiert er den Begriff des negativen Individualismus, indem er darauf insistiert, daß er für unterschiedliche Gruppen grundsätzlich anderes bedeutet: „On peut parler de l'avènement d'un individualisme négatif: lorsque les gens ont décroché de la protection générale ou de la participation aux grands collectifs, ils deviennent de plus en plus des individus, mais des individus sans support, et donc démunis, qui portent leur individualité comme un fardeau. Cet individualisme négatif est tout à fait différent de l'individualisme d'épanouissement, de la culture d'attention et de complaisance à soi, phénomène de *middle class*, caractéristique des années soixante-dix" (1995 b, S. 20).

Sein historischer Blick dient ihm zur Herstellung einer Analogie zum mittelalterlichen „Vagabunden" – ein bekanntlich in der Sozialgeschichte der Kriminalität ausführlich diskutiertes Thema – mit den heutigen sozialen Figurationen eines negativen Individualismus: „Mais on voit se développer aujourd'hui un autre individualisme, de masse cette fois, et qui apparaît comme une métamorphose de l'individualisme 'négatif' développé dans les interstices de la société préindustrielle. Métamorphose et pas du tout reproduction, parce qu'il est le produit de l'affaiblissement ou de la perte des régulations collectives, et non de leur extrême rigidité. Mais il garde ce trait fondamental d'être *un individualisme par défaut de cadres* et non par excès d'investissements subjectifs" (1995 a, S. 468 – Hervorh. i.O.). Der Kriminologie näher konkretisiert er: „On pourrait ainsi voir dans l'exemple idéaltypique du jeune toxicomane de banlieu l'homologue de la forme de désaffiliation qu'incarnait le vagabond de la société préindustrielle"(S. 469).

In seinem Interview geht es ihm darum, dem inflationär gebrauchten („utilisé d'une manière très inflationniste" – 1995, S. 19) Konzept der „Exklusion" eine präzisere Bedeutung zu geben, die über das überkommene sozialstaatliche und sozialpolitische Verständnis hinausgeht, es nicht bloß als ein finanzielles Problem zu fassen, das nur die „Ränder" und die raren „Irregularitäten" der Normalität der Gesellschaft betreffe. Vielmehr handle es sich um ein Strukturmerkmal der gesamten Gesellschaft, des grundlegenden Gesellschaftsvertrages. Die Parallelität des folgenden Zitats zur Analyse von Luhmann springt dabei ins Auge: „Il s'agit d'un processus de décrochage, de déstabilisation des stables, d'une vulnérabilisation des positions assurées. La question sociale ne se réduit pas à la question de l'exclusion. Exclusion et désaffiliation sont l'effet d'un ébranlement général dont les causes se trouvent dans le travail et son mode d'organisation actuelle" (ebd.). Noch deutlicher und dramatischer im Sinne – noch einmal – Durkheims: „Tel est le danger que portent les phénomènes d'exclusion: l'exil d'une partie de la population de la société et de la citoyenneté" (S. 20).

R. Castels Analyse zielt letztlich vor allem auf die Mittel und Struktur der Gegenkräfte, die in der Lage sind, diesen Gefahren und Tendenzen des Zerfalls der Gesellschaft zu begegnen. Sein Plädoyer ist deutlich und steht am Schluß seines Buches: „Mais tout se passe comme si l'État social oscillait entre des tentatives de redéploiement pour faire face à ce que la situation actuelle comporte d'inédit, et la tentation d'abandonner à d'autres instances – à l'entreprise, à la mobilisation locale, à une philantropie affublée de nouveaux oripeaux, et même aux ressources que les orphelins de la société salariale devraient déployer eux-mêmes – la charge d'accomplir son mandat de garant de l'appartenance de tous à une même société" (1995 a, S. 474). Gegen dieses Oszillieren des Staates setzt Castel das kategorische Diktum: „Un État protecteur quand même car, dans une société hyperdiversifiée et rongée par l'individualisme négatif, *il n'y a pas de cohésion sociale sans protection sociale*" (ebd. – Hervorh. i.O.)

4.2.3 Der Primat des Ökonomischen oder die „Economical Correctness" (E. C.)

Die Überlegungen Castels – mehr noch der Gesamtzusammenhang seiner Analyse als die hier wiedergegebenen Passagen – führen zwanglos über zu dem letzten Stichwort der Modernisierung, das eine besondere Behandlung für unser Thema verdient. Es betrifft die „Ökonomie" als Ort und Motor des Prozesses, um den es hier geht. Darüber besteht Einigkeit zwischen den Vertretern und den Kritikern der Modernisierung und des gesellschaftlichen Fortschritts – in der Politik wie in der Wissenschaft, von Durkheim bis Zapf, von Marx bis Luhmann bis Castel. Inklusion und Exklusion, positiver wie negativer Individualismus sind nur zu begreifen aus der spezifischen Dynamik, die von den ökonomischen Entwicklungen ausgehen und durch die dort herrschenden Mechanismen angetrieben werden.

Es sind die ökonomischen Transaktionen und deren Träger und Akteure, die Grenzen durchlässig machen und überschreiten, die hinter den Prozessen stehen, die wir „Globalisierung" nennen – ein Begriff, der Staaten, und seien sie noch so hoch gerüstet und totalitär verfaßt, erzittern und zerfallen läßt, vor dem Rechtsordnungen kapitulieren und an dem moralische Prinzipien zerschellen. Der Individualisierungsschub der letzten zwei bis drei Jahrzehnte in den westlichen und kapitalistischen Gesellschaften ist ein ökonomisch induzierter, und er läßt sich als der endgültige Schritt der Moderne in das Stadium ihrer Entwicklung beschreiben, auf dem im Ringen der gesellschaftlichen Teilsysteme um die Vormacht in der Gesellschaft der Primat der Ökonomie vor dem der Politik sichergestellt ist. Es bedeutet, nicht nur in letzter Konsequenz, sondern hier und jetzt, die Gesellschaft und ihre Aktivitäten nach dem Maß und Muster eines Wirtschaftsunternehmens zu modellieren und zu gestalten.

Das ist vielleicht schon immer so gewesen, wie Luhmann es meint, und nur die Angst vor der narzißtischen Kränkung einer sich als human verstehenden Gesellschaft hat das übersehen können. Immerhin aber: er spricht auch von der „modernen Angebotsgesellschaft", gewiß nicht unbedacht, auch wenn er den Bezug nicht ausdrücklich herstellt, der für Ökonomen und Wirtschaftspolitiker jene Zäsur markiert, die den Triumph der Ökonomie über die Gesellschaft wenn nicht besiegelt, so doch manifest gemacht hat. Wirtschaftspolitisch ist das bekanntlich die Umstellung vom Prinzip einer nachfrageorientierten zu einer angebotsorientierten Wirtschaftspolitik, personalisiert einerseits in den Lehren des großen englischen Ökonomen der Weltwirtschaftskrise in den zwanziger und dreißiger Jahren, J. M. Keynes, der das Drehbuch des New Deal geschrieben hat, andererseits in den Lehren der „Chicago Boys" um den Ökonomen M. Friedman, die bekanntlich die wirtschaftspolitischen Ghostwriter der amerikanischen Präsidenten seit R. Reagan und der britischen Regierung seit M. Thatcher darstellen. Eine Politik der Nachfrage hat die Abnehmer von Gütern und Dienstleistungen im Auge und bemüht sich um die Einwirkung auf die Parameter dieser Größe, eine Politik des Angebots kümmert sich um die Parameter der Produzenten von Gütern und Dienstleistungen: erstere sind prinzipiell individuelle Konsumenten, letztere organisationsmächtige Kollektive.

Erst diese Angebotsökonomie hat etabliert, was der Berkeley-Professor I. Warde – unter Bezugnahme auf einen Artikel in der New York Times v. 12.1.1993 mit dem Titel: „From P. C. to E. C." – kürzlich als „die Tyrannei des 'ökonomisch Korrekten'" (1995) bezeichnet hat. Warde geißelt darin die „Kolonisierung" der Gesellschaft durch die Ökonomie, zitiert einen Kollegen, der diese ökonomischen Experten damit beschäftigt sieht, „in Ländern, von denen sie weder die Sprache noch die Kultur, noch die Geschichte kennen, ein rigides und ideologisches Reformprogramm (anzuwenden), das auf Wirtschaftslehrbüchern aufbaut, deren einziges Ziel es ist, das anglo-amerikanische Kapitalismusprogramm zu rechtfertigen". Er wendet sich vehement gegen den Imperialismus dieser Ökonomie und deren Anspruch, den homo oeconomicus zum universalen Leitbild von Gesellschaft und Geschichte zu machen, auch gegen die Weisheit des Nobelkomitees, das 1982 einen der herausragenden Vertreter dieses Imperialismus, den auch Kriminologen nicht unbekannten Chicago-Ökonomen G. Becker mit dem Nobelpreis ausstattete, weil er „die Wirtschaftstheorie auf Aspekte menschlichen Verhaltens [so auch auf die Kriminalität – F. S.] ausgeweitet hat, denen die anderen Geisteswissenschaften bis dahin keine Aufmerksamkeit geschenkt hatten". Er zitiert weiter einen der Pioniere dieser Entwicklung, R. A. Posner, einen Rechtsprofessor der Universität von Chicago und von R. Reagan ernannter „Chief Judge in the US Court of Appeals"[37], der das Arbeitsfeld „law and econo-

---

37 Posner hat kürzlich einen Artikel mit dem Titel veröffentlicht: „The most punitive nation. A few modest proposals for lowering the US crime rate" (1995). Darin führt er in aller ungeschminkten Offenheit die Logik einer ökonomisch angeleiteten Kriminalpolitik vor: „One thing not worth doing is trying to rehabilitate prison inmates. ... Decades of unsuccessful experimentation ... have

mics" mit einem Lehrbuch auf den Weg gebracht hat (R. A. Posner 1977) mit folgendem Ausspruch über das Recht: „Ich verabscheue das Wort 'Gerechtigkeit', es hat keine Bedeutung" – und mit der Aufforderung an die Juristen, mit Hilfe der Wirtschaftswissenschaften „die Tyrannei des Rechts" zu brechen.

Was dieser Primat der Ökonomie vor der Politik bedeutet, mögen die von vielen Beobachtern bezeugten verheerenden Konsequenzen belegen, die seine rigorose Durchsetzung für die englische Gesellschaft gebracht hat – nicht ohne Bedacht hat wohl auch Luhmann für seine Exklusionsthese das Beispiel der walisischen Bergleute gewählt, und sicherlich ist es auch kein Zufall, daß einer der prominentesten, seit Jahren in England lehrenden deutschen Soziologen, Sir Ralf. Dahrendorf, immer nachhaltiger nach einem neuen erforderlichen „Gesellschaftsvertrag" ruft[38].

Nicht auf R. Dahrendorf unmittelbar, wohl aber auf analoge Dialoge in den Arenen politischen Handelns bezogen, ist eine Antwort von der zentralen politischen Akteurin zur hegemonialen Inaugurierung der ökonomischen Vernunft in England, M. Thatcher, zu verstehen, die in England einen Sturm der Entrüstung ausgelöst hat – die Autorin selbst nennt es in ihren Memoiren „a storm of abuse" (M. Thatcher 1993, S. 626). In einer Frauenzeitschrift hatte sie die Bemerkung „about there being 'no such thing as society'," (ebd.) getan – die darüber ausgelöste Kontroverse[39] nimmt sie zum Anlaß, in ihren Memoiren ihr neo-liberales Gesellschaftsbild, in dem „Gesellschaft" im seit Durkheim soziologisch gemeinten Sinne schlicht nicht vorkommt, in aller Unmißverständlichkeit zu explizieren[40].

---

demonstrated the practical futility of the rehabilitative approach and, in the process, have largely discredited criminology as a discipline. Another thing not worth doing, although it is cruel to say so, is trying to eliminate the fundamental causes of crime". Jedoch: „There is good evidence, in multivariate analyses by economists and other social sciences, that punishment reduces crime both through deterrence and incapacitation ..."

38 Auch W Zapf zitiert übrigens in seiner letzten Fortschreibung der Modernisierungstheorie – mit dem diesbezüglichen Erfahrungsschatz der gerade in den ex-sozialistischen Ländern praktizierten „nachholenden" Modernisierung im Rücken – R. Dahrendorf, um die Offenheit der Entwicklung, aber auch die Unverzichtbarkeit der Theorie zu markieren. Dahrendorf wird dort mit der folgenden Passage zitiert (1996, S. 75): „Ist dieses also die Alternative, mit der moderne Gesellschaften konfrontiert sind: Wirtschaftswachstum und politische Freiheit ohne soziale Kohäsion – oder Wirtschaftswachstum und soziale Kohäsion ohne politische Freiheit?"

39 Der englische Politologe und Verwaltungswissenschaftler an der „Sheffield Business School", J. Kingdom (1993), hat den Ausspruch von Thatcher als Titel für ein Buch gewählt, in dem er nicht weniger als ein konzises Individualismus-Brevier durch die okzidentale Geschichte dieses philosophischen, politischen und gesellschaftlichen Konzepts vorlegt – natürlich mit der Absicht, die Gegenwart über die Vergangenheit zu erschließen. Das Buch beginnt mit der Parallele zwischen M. Thatcher und dem – nach K. Marx (1962, S. 637) „Genie in der bürgerlichen Dummheit" – J. Bentham (einem für die Kriminologie seit G. Becker wieder aktuellen Autor), für den die Gesellschaft auch ein „fictitious body" war und endet mit dem Satz: „... in a world which believes only the fittest should survive, none will survive" (J. Kingdom 1993, S. 1, 118).

40 Für die Konturen einer so bestimmten Kriminalpolitik ist die Lektüre dieser Memoiren hilfreicher als mancher umwegreiche und rationalisierende wissenschaftliche Text: von steigender Gewalt trotz immer mehr Polizei und Gefängnisplätzen, von „Victorian values" und „virtues", von den

Ein wichtiger, wenn nicht sogar alles entscheidender Aspekt ökonomischer Art, zudem mit greifbarem und unmittelbarem kriminologischen und kriminalpolitischen Bezug wird deutlich, wenn man die zentrale Bedeutung in den Blick nimmt, die der Arbeit in den modernen Industriegesellschaften zukommt. Über Arbeit, genauer: Lohnarbeit produziert die Gesellschaft ihre verrechneten und verteilbaren Güter und Dienstleistungen, und über sie im wesentlichen organisiert sie auch die Verteilung ihres Bruttosozialprodukts: daß auch „arbeitsfreie" Transfereinkommen auf dem Kernmechanismus der Arbeit beruhen, davon zeugt in nicht mehr belegbedürftiger Weise der Niedergang und die Auflösung des Sozial- und Wohlfahrtsstaates, des schwedischen, des rheinischen und des US-amerikanischen Typs. Arbeit, was häufig genug in der Diskussion vernachlässigt, wenn nicht gar unterschlagen wird, verteilt nicht nur materielle und bewertbare „rewards" der Gesellschaft, sondern sie ist auch der „Masterstatus" der modernen Gesellschaften, an dem ihre Mitglieder selbst und gegenseitig ablesen, welche „Funktion" und welchen „Wert" ihnen überhaupt zukommt.

Dieses muß man sich klarmachen, um die gesellschaftlichen Konsequenzen zu ermessen, die aus einem bisher in der wirtschaftlichen Entwicklung nicht bekannten Sachverhalt erwachsen. Erstmalig nämlich – und das in allen modernen Gesellschaften auf hohem ökonomischen Niveau – sind Modernisierung und wirtschaftliches Wachstum damit konfrontiert, daß sich Wachstum und Arbeit in eine gegensätzliche Richtung bewegen, eine inverse oder negative Korrelation zueinander aufweisen. Mehr Wachstum ist offensichtlich nur um den Preis von weniger Arbeit zu kriegen bzw., wie W. Lepenies es kürzlich formuliert hat: „... größerer Wohlstand [wird] von immer weniger Arbeitenden produziert ..., und im wachsenden Maße [tragen] sowohl wirtschaftlicher Aufschwung wie Abschwung zum Produktivitätsfortschritt [bei]" (1996, S. 106). Aus der Sicht der davon Betroffenen, der Arbeitslosen etwa oder der erstmalig in den Arbeitsprozeß drängenden jungen Menschen, ergibt sich die überraschende – und jegliche marxistische Sicht überbietende – Konsequenz, daß ihnen selbst die Aussicht versagt ist, wenigstens zur „industriellen Reservearmee" gehören zu können. Die wahrlich paradoxe Dramatik, die sich hierin manifestiert, läßt sich in einer Weise fassen, die ich dem zitierten Interview von Castel entnehme: die moderne Arbeitslosigkeit hat gleichsam ihren Status als „Problem" verloren und ist zur „Lösung des Problems" weiteren wirtschaftlichen Wachstums in der modernen Gesellschaft geworden.

„'deserving' and 'undeserving' poor" ist die Rede, davon, daß „the state must uphold the law and ensure that criminals were punished" und – einige Zeilen später – daß „the error to which I was objecting was the confusion of society with the state as the helper of first resort" (M. Thatcher 1993, S. 626 f.).

4.2.4 *Die Knappheit der Arbeit und das System des Strafrechts (Jonathan Simon)*

Der amerikanische Kriminologe J. Simon hat kürzlich in einer ausgezeichneten historischen und materialreichen Studie über die 100jährige Entwicklung eines der zentralen liberalen und modernen Strafrechtsinstitute, die Freilassung auf Bewährung („parole"), über die Rückwirkungen nachgedacht, die das Ausgehen der Arbeit in der Arbeitsgesellschaft auf den Sinn, die Legitimation sowie die Strukturen des staatlichen Strafrechts überhaupt hat. Jenseits aller Straf(zweck)theorien general- und spezialpräventiver Art ist – so die Zentralthese des Buches – das Strafrecht ein integrierter Bestandteil der Arbeitsgesellschaft insofern, als es als „ultima ratio"-System sozialer Kontrolle betrachtet wird und erst dann auf den Plan tritt, wenn die normalen und Routineeinrichtungen sozialer Kontrolle, wie Familie, Nachbarschaft oder Arbeit[41], versagen. Auf letztere bleibt es ausgerichtet, von ihnen erhält die Strafe ihren „Sinn", und auf die Reaktivierung dieser Einrichtungen zielt Strafe und zielen insbesondere ihre liberalen Ausformungen. „It is the very core of the meta-narrative of modern punishment ... that increasingly is in question" (S. 7). Die Konturen des „postmodernen" Strafrechts, die Simon zeichnet, faßt er unter den Begriff der „Power without Narrative" (S. 230) – eine Art Strafe pur ohne rhetorischen und legitimatorischen Aufwand, eine „peine sans phrase". In institutioneller Hinsicht verwandle es sich von einem System der Disziplinierung und Normalisierung im Sinne von Foucault zu einem solchen der reinen Kontrolle der in die Arbeitsgesellschaft nicht mehr integrier- und absorbierbaren Teile des Produktionsfaktors „Arbeit" – er nennt dieses System strafrechtlicher Kontrolle „The Waste Management Model" und fügt hinzu: „It is distasteful to an extreme to use such an expression" (S. 259)[42]. Der letzte Absatz in Simons Analyse ist überschrieben: „Choosing between a New Reconstruction and a New Civil War" (S. 266) – eine aufregende Folgerung aus einer völlig unaufgeregten, von den Regeln der wissenschaftlichen Kunst diktierten Erhebung und Auswertung der amerikanischen Wirklichkeit.

4.2.5 *„Befreiung" der Gesellschaft von der Moral (Kriminalität) unter dem Regime der Ökonomie*

Die Implikationen eines Primats des Ökonomischen für eine Gesellschaft lassen sich noch radikaler fassen. Sie führen uns heraus aus dem Bezugsrahmen, der es erlaubt, von Gesellschaft in der Weise zu reden, wie wir es bisher getan haben, wie es Durkheim vorgegeben hat und wie es von der Soziologie vorausgesetzt wird. Sie entzieht

---

41 Es ist unnötig, in diesem Zusammenhang daran zu erinnern, daß in fast allen kriminologischen Theorien, der Anomietheorie und den „social bond" bzw. Kontrolltheorien insbesondere, diese drei sozialen Institutionen als „unabhängige Variable" einen herausragenden Platz einnehmen.
42 An anderer Stelle hat Simon seine These im Titel eines Aufsatzes prägnant auf den Begriff gebracht: „From Confinement to Waste Management: The Postmodernization of Social Control", zit. n. P. Ewick/S. S. Silbey (1995, S. 225).

vor allem der Kriminologie den Boden, insofern diese gebunden ist an eine wie immer begründete oder hergestellte Geltung und Eignung der moralischen Kategorie „Kriminalität" zur Selbst- oder Fremdbeschreibung von Vorgängen und Abläufen in den Beziehungen und Transaktionen zwischen den Menschen. Diese Voraussetzung scheint in dem Maße zu schwinden und zu entfallen, wie ökonomisches Denken das Handeln der Menschen und der Gesellschaft bestimmt und beherrscht.

Das klingt gewiß auf den ersten Blick ungeheuerlich, wenn nicht absurd und irregeleitet. Was ich meine, nimmt einerseits Gedanken einer Reihe von Autoren auf, die von einer Auflösung des Sozialen, von der Zerstörung von Gesellschaft und Gesellschaftlichkeit sprechen, von dem Verzehr der Moral als Handlungs- und Steuerungsressource und ähnlichem. Dabei hat man nicht nur an die in diesem Zusammenhang am häufigsten zitierten Schriften des französischen „melancholischen" Soziologen Baudrillard zu denken, der – Mode hin, Mode her – zunehmend Eingang findet in die Spalten auch weniger „entgrenzter" Soziologie und Soziologen[43].

Andererseits ist meine Überlegung anschlußfähig an sehr vertraute und gegenstandsnähere Erscheinungen – das viel beklagte allgemeine Schwinden des „Rechtsbewußtseins", die augenfällige Immunität ökonomischen Handelns gegen Kriminalisierung, allgemeiner und unbestritten die zunehmende Fiktion der Annahme eines allgemeinen und geteilten Konsenses über einen Grundbestand moralischer Werte und gesellschaftlicher Normen. Eine Folge der Modernisierung und des ökonomischen Primats? Das jedenfalls behauptet ein Freiburger Soziologe in einem bereits 1988 erschienenen, von Kriminologen kaum zur Kenntnis genommenen Aufsatz unter dem Titel „Kriminalität als Modernisierungsrisiko?" (B. Blinkert 1988). Die in seiner empirischen Studie beschriebene „Parallelität von zunehmender Ökonomisierung der Gesellschaft und wachsender Kriminalitätsbelastung" nennt Blinkert – in Anlehnung an die griechisch-römische Mythologie – das „Hermes-Syndrom" (1988, S. 398)[44].

---

43 Damit ist noch ein Diskussionszusammenhang und Autor aufgetan, der ebenso schnell wieder verlassen werden muß, obwohl er eine ausführlichere Erörterung nötig hätte. Ich begnüge mich mit dem Verweis auf die Diskussion um Beaudrillard, die Z. Baumann (1995) in einem seiner letzten Bücher diesem Autor gewidmet hat. Ein Beispiel Beaudrillardschen Zugriff auf soziale Phänomene, zudem von höchst kriminologischer Relevanz, findet sich in dem in der Frankfurter Rundschau dokumentierten Beitrag über „Die Stadt und der Haß. Über die 'kritische' Masse und ihre Gewalt" (J. Beaudrillard 1995). In Anm. 33 habe ich auf die Analyse des Phänomens des „Serienkillers" verwiesen, die von einer analogen Prämisse ausgeht. Generell läßt sich sagen, daß im soziologischen „Konstruktivismus" eine Perspektive angelegt ist, die das „Soziale" als einen durchaus „kontingenten" Modus der Konstruktion von gesellschaftlicher Wirklichkeit betrachtet – der auch anders lauten könnte. Ohne Nachweise im einzelnen möchte ich noch u.a. auf Arbeiten von S. Breuer, K. Knorr-Cetina aufmerksam machen, um zwei deutschsprachige soziologische Autoren zu benennen, deren Überlegungen in diese Richtung weisen.

44 Hermes, lt. Brockhaus Enzyklopädie 1969, Bd. 8, S. 403 f., „einer der volkstümlichsten griech. Götter, [...], von den Römern dem Merkur [Gott der Kaufleute – F. S.] gleichgesetzt", über den es an gleicher Stelle weiter heißt: „Aus der Verbindung des frei Schweifenden und des aller Wege Kundigen ging der Listige hervor, der aller Schliche mächtig ist, selbst den Eid beugen und Gott der Diebe werden kann".

Seine These entwickelt und begründet er auf der Basis eines theoretischen Ansatzes, der „eine Kombination von Erklärungsvorschlägen aus dem *'rational choice approach'* mit Annahmen aus dem Bereich der *Modernisierungstheorie*" (S. 398 – Hervorh. i.O.) darstellt. Das Kernelement seiner These besteht in der Behauptung, „daß sich im Verlauf der industriewirtschaftlichen Modernisierung in zunehmendem Maße ein ganz *spezifischer Typ der Orientierung gegenüber sozialen Normen* durchsetzt". Blinkert nennt sie „*utilitaristisch-kalkulative Perspektive*: Konformität und Abweichung wird in steigendem Maße von einem Risiko-Nutzen-Kalkül abhängig" (S. 397/98). Diese Orientierung enthalte einen eingebauten Mechanismus kriminellen Wachstums.

Der Gedanke Blinkerts läßt sich radikalisieren, nötigt eigentlich auch dazu, weil er die prinzipielle Unverträglichkeit einer utilitaristischen und einer normativen Orientierung nicht berücksichtigt. Eine utilitaristische Orientierung gegenüber Normen bedeutet ja, daß diese nur nach Maßgabe der Kompatibilität mit den jeweiligen Kosten-und-Nutzen-Erwägungen befolgt oder verletzt werden, also keine autonome und originäre Handlungsverbindlichkeit besitzen bzw. Verhaltenssteuerung bewirken. Das aber heißt doch, daß die Kategorien der Moral bzw. des Rechts und Unrechts nicht länger geeignet sind, gesellschaftliche Vorgänge und die ihnen zugrunde liegenden Prinzipien angemessen zu beschreiben und abzubilden, weil sie nicht die „Grammatik" sind, nach denen die Akteure und Mitglieder der Gesellschaft ihr Verhalten entwerfen, beschreiben und rechtfertigen.

Das läßt sich auch so sagen: In einer Gesellschaft mit ökonomischem Primat ist Geld – die Rechnungseinheit instrumenteller Rationalität oder des Risiko-Nutzen-Kalküls – und nicht Moral die dominante Steuerungs- und Handlungsressource. Dies verkannt zu haben, ist lt. Luhmann einer der entscheidenden „Fehler" von Durkheims Gesellschaftsanalyse, die am Ausgang unserer Überlegungen gestanden hat. In der kühlen und distanzierten, oft zynisch wirkenden Theoriesprache von Luhmann liest es sich so: „Am meisten erstaunt vielleicht, erstaunt vor allem bei einer nach Karl Marx entworfenen Theorie, daß die Effekte des *Geldmechanismus*, Moral in der Interaktion zu neutralisieren, außer acht bleiben. ... Auch wenn man die Überspitzung der Marxschen Theorie nicht teilt und nicht von einer zentralen Asymmetrie der ausbeutenden und ausgebeuteten Klassen ausgeht, bleibt das andere Extrem ebenso bedenklich: die Vermittlung praktisch aller relevanten Arbeit durch Geld und die weitgehende Ersetzung moralgebundener Interaktion durch organisations- und/oder preisgebundene Interaktion ganz außer acht zu lassen". Und weiter: „Entsprechend mißlingt ... die Erklärung der 'Pathologie' der negativen Solidarität von Arbeit und Kapital ... hier eben fehlt das Thema Geld ...", so daß letztlich nicht beantwortet sei, „ob und in welchen Interaktionsbereichen der Gesellschaft eine reale Aussicht besteht, daß Kontakte organische Solidarität in einem Sinne, der mehr meint als bloße Unaufgebbarkeit, regenerieren" (N. Luhmann 1992, S. 35/36).

Diese letzte Bemerkung, der für einen wissenschaftlichen Anspruch vernichtende Vorwurf, ein Theorie- und Erkenntnisanspruch gründe auf nichts anderem als auf seiner „bloßen Unaufgebbarkeit", also auf einer „kontrafaktisch" durchgehaltenen Erwartung, läßt sich cum grano salis gegen das wundersame Gebäude der Modernisierungstheorie, über T. Parsons auch wesentlich auf Durkheim gestützt, ohne Abstriche und angesichts 100 Jahre versäumter Lernwilligkeit mit erhöhtem Nachdruck wenden.

In einer weniger dramatischen, beschönigenden und legitimierenden Sprache stellt sich der Primat der Ökonomie als Prozeß und Politik der Verwandlung der Gesellschaft in eine reine „Marktgesellschaft" dar. Weit davon entfernt, lediglich ein Vorgang zu sein, der an erster Stelle auf der Tagesordnung der Umbruchsländer steht, befinden sich gerade die avanciertesten und modernisiertesten Gesellschaften der Welt, allen voran die USA, in diesem Wandlungsprozeß. Die einschlägigen Teilentwicklungen dieses Vorgangs sind mit den Stichworten der „Privatisierung" und „Deregulierung" bezeichnet, angetrieben und erzwungen durch eine permanente und strukturell erzeugte Fiskal- und Steuerkrise in allen liberalen Marktgesellschaften.

In der Sprache der politisch gewendeten neo-klassischen Ökonomie bedeutet dieser Vorgang die Verwandlung von Kollektivgütern in Individualgüter, d.h. die Umstellung der Voraussetzungen der Nutzung eines bestimmten Gutes oder einer Dienstleistung von politischen auf ökonomische Kriterien. Kollektivgüter sind solche, die jedem zugänglich sind, der Vollmitglied des entsprechenden Kollektivs ist (Gesellschaft, Staat, Gruppe etc.), Individualgüter solche, deren Nutzung jedermann offensteht, der über die Ressourcen verfügt, an dem Markt teilzunehmen, auf dem diese gehandelt werden.

Bekanntlich ist in allen westlichen Gesellschaften auf dem Gebiet der Inneren Sicherheit, d.h. der Kriminalpolitik im weiten Sinne, seit zwei bis drei Jahrzehnten eine Entwicklung im Gange, die dieses klassische Kollektivgut in Individualgüter verwandelt – öffentliche Sicherheit und Schutz vor Kriminalität sind zunehmend abhängig von den Zutrittsbedingungen zu diesen Märkten. Sicherheit ist käuflich, kommerzialisiert, in eine Ware verwandelt, damit ein „stratifiziertes" Gut bzw. eine marktvermittelte „Dienstleistung" – abhängig von und gebunden an die verfügbare „Marktmacht".

Im Ergebnis auf die gleichen Konsequenzen hinauslaufend, die B. Blinkert auf der Basis einer zunehmend utilitaristisch-ökonomischen Orientierung für die Entwicklung der Kriminalität ausgemacht hat, hat der bekannte amerikanische Kriminologe E. Currie fünf Einzelmechanismen beschrieben, die eine positive Korrelation zwischen dem Voranschreiten einer Marktgesellschaft und der Kriminalität begründen: Je mehr eine Gesellschaft zur Marktgesellschaft mutiert, desto größer ist die Kriminalität (E. Currie 1996)[45].

---

45 Unter ausdrücklichem Rückgriff auf den oben erwähnten W. Bonger identifiziert Currie die folgenden fünf Teilzusammenhänge: Marktgesellschaften induzieren Kriminalität durch 1. „increasing inequality and concentrated economic deprivation" (1996, S. 344); 2. „weakening the capacity of local communities for 'informal' support, mutual provision and socialization and su-

Das Fazit aus diesen Überlegungen ist das Paradox: je mehr Kriminalität, desto weniger Normgeltung, desto weniger Steuerung durch die „Ressource" der Moral, deren Effizienz und Wirkung davon lebt, daß ihre Verletzungen zu den raren und knappen „Gütern" zählen.

5 Umbruch und Kriminalität – Umbruch als Kriminalität

Ich möchte in diesem letzten Abschnitt nach meinen vorangegangenen Überlegungen direkt auf die Titelfrage der Tagung insgesamt, auf meinen Beitrag im besonderen zurückkommen. Es stellt sich die Frage, ob und in welcher Hinsicht die Vergegenwärtigung einer mehr als hundertjährigen Suche nach der Struktur und den Ursachen der Kriminalität uns in die Lage versetzt hat, befriedigende Antworten auf das Problem der Kriminalität in den sogenannten Umbruchsländern wenn nicht schon zu geben, so doch wenigstens anzubahnen.

5.1 Falsche Fragen und fehlende Antworten: Kriminologie und Umbruch

Zunächst möchte ich ein Wort dazu sagen, daß ich nicht den Weg eingeschlagen habe, umstandslos die etablierten Methoden und Verfahren der Kriminologie heranzuziehen. Weder habe ich einen genaueren und detaillierten Blick in verfügbare kriminalstatistische Informationen offizieller oder inoffizieller Art getan, noch habe ich mich auf verfügbare Befunde zur subjektiven Sicherheitslage in den Umbruchsländern berufen. Statt dessen habe ich mich mit der nicht näher belegten, indessen weithin geteilten Unterstellung begnügt, daß beide Sachverhalte – die objektive wie die subjektive Sicherheit – in allen Umbruchsländern, mit gewiß erheblichen Unterschieden im einzelnen, eine unbezweifelbare Entwicklung zum Negativen genommen haben. Das und nicht mehr – so meine weitere Unterstellung – vermögen uns Kriminalstatistiken und die anderen routinisierten Informationszugänge der Kriminologie zur Welt der Kriminalität zu vermitteln, und das auch nur in der eingangs erwähnten Unzulänglichkeit und Verzerrung, die es m.E. verbieten, sich mit ihnen überhaupt näher auseinanderzusetzen, etwa Steigerungsraten zu errechnen, Belastungsziffern zu ermitteln, Viktimisierungsrisiken zu kalkulieren u. dgl. mehr.

Aus diesen Informationen lassen sich keine Schlüsse darüber gewinnen, ob es sich um zwangsläufige, um vorübergehende Bewegungen und Entwicklungen handelt, ob

---

pervision of the young" (S. 345); 3. „stressing and fragmenting the family" (S. 346); 4. „withdrawing public provision of basic services for those it has already stripped of livelihoods, economic security and 'informal' communal support" (S. 347); 5. „magnifying a culture of Darwinian competition ... and by urging a level of consumption that it cannot fulfil for everyone through legitimate channels" (S. 347).

sich darin Tendenzen offenbaren, die Schlüsse für die Zukunft erlauben, wofür diese „positivistischen" Zahlen und Daten stehen, inwiefern sich in ihnen Entwicklungen reflektieren, die mit Kriminalität auf den ersten Blick nichts zu tun haben, ja vielleicht auf dem Pol der positiven und angestrebten Merkmale der Gesellschaft anzusiedeln und zu suchen sind, also nicht dem kriminologischen „Vorurteil" entsprechen, wonach Böses nur aus Bösem resultiert.

Das sind einige der hier nur angedeuteten Fragen, zu denen die vorangegangenen Ausflüge in die Welt der Sozialwissenschaften – mehr als in die der Kriminologie – eine Sprache finden wollen. Eine Sprache allerdings, über deren Angemessenheit aus mindestens zwei Gründen nachzudenken ist. Zum einen handelt es sich um ein wissenschaftliches Rüstzeug, das auf einem gesellschaftlichen und kulturellen Hintergrund entstanden ist, der dem Gegenstand, auf den es angewandt wird, in gewisser Weise so äußerlich ist wie die sonstigen institutionellen und strukturellen Importe, die es berechtigen, von Umbruch zu sprechen.

Kriminalität ist sicherlich das Letzte gewesen, mit dem die Menschen in den Umbruchsländern gerechnet haben und worauf sie vorbereitet waren. Daß sie es besser hätten wissen können, ist ein Tatbestand, der sich nicht verrechnen läßt auf Konten der Versäumnis, des Verschuldens oder der vorwerfbaren Ignoranz, sondern erfordert Ausflüge in die Irrationalität von Hoffnungen, Illusionen, vielleicht auch einem mit der Moderne unauflösbar verbundenen „self-destroying belief", mit einer strukturell induzierten gesellschaftlichen und historischen Amnäsie.

5.2 Die Sozialwissenschaften auf dem Weg der Revision: Modernisierungstheorie noch einmal

Der zweite Grund, der dazu nötigt, die Angemessenheit eines Systems sozialwissenschaftlicher – und damit auch kriminologischer – Selbstbeschreibung zum Thema zu machen, wiegt noch schwerer. Er konfrontiert uns mit einer geradezu tragischen Paradoxie. Wie ich zu zeigen versucht habe, lassen sich in den westlichen Ursprungsländern des hier ausgebreiteten Wissens Tendenzen und Entwicklungen ausmachen, denen gegenüber sich die kanonisierten sozialwissenschaftlichen Begriffe und Methoden, mehr noch ihre paradigmatisch gesetzten Prämissen, als hilflos, unzutreffend, ja als „Kategorienfehler" erweisen.

Anders ausgedrückt: die Struktur und Probleme der Gesellschaft sind den Sozialwissenschaften und ihren Konzepten und Methoden gleichsam davongelaufen. Ihre Anwendung auf die sich umbrechenden Länder des ehemaligen Ostblocks läuft deshalb u.U. darauf hinaus, die Illusion der Realität noch um die des theoretischen Modells zu überbieten. Was das politisch und für das Verhältnis der westlichen „Pionier"länder der östlichen „Nachzügler"länder der Modernisierung bedeutet, verdient in aller Offenheit ausgesprochen zu werden. Es heißt nämlich, den Nachzüglern der Modernisierung unter Ausnutzung der Vorbildfunktion, die die westlichen Länder schon immer für sich gegenüber den Ostblock-Ländern beansprucht und die der politisch-ideologische Reflex des Kalten Krieges gewesen ist, eine Entwicklungsperspektive vorzuhalten, deren Gebrochenheit und Ambivalenz in den vorbildsetzenden Ländern längst offenbar ist und zynisch zugegeben wird.

Über die mangelnde Hellsichtigkeit und Prognosefähigkeit der professionellen wissenschaftlichen Akteure auf dem Gebiet interessenloser gesellschaftlicher Selbstbeschreibung, als die sich Soziologen und Politologen vor allem gerne verstehen, in bezug auf den kompletten Kollaps der ehemals realsozialistischen Länder gibt es mittlerweile hinreichend Zeugnisse und Selbstbezichtigungen, obwohl manche Autoren darauf bestehen, daß Stimmen dieser Art durchaus vorlagen, wenn auch nicht wahrgenommen wurden. Dennoch hat dieses eingestandene Versagen, das doch wohl als Widerschein des theoretischen und empirischen Instrumentariums zu betrachten ist, derer man sich zur Erfassung gesellschaftlicher Wirklichkeit bedient, keineswegs zur Zurückhaltung bei dem wissenschaftlichen Zugriff auf das unerwartete Geschehen geführt, auch und vor allem nicht hat es mehr Bescheidenheit bezüglich dessen gegeben, was zu tun ist und wie es weitergehen wird. Die Wissenschaft hatte keine Mühe, in den Chor der öffentlichen und politischen Euphorie des Zusammenbruchs ganzer Gesellschaften auch ihre Stimme einzubringen, Wege zu bezeichnen und Prognosen zu stellen, die denen entprachen, die im Jargon politischer Lyrik und virtueller Realität als „blühende Landschaften" erschienen und mittlerweile als Intonierungsforum mehr in der Welt des Kabaretts als der des Alltags zu finden sind.

Indessen: die Ernüchterung und der Wechsel in Tonlage und Sprache sind in vollem Gange. In der kaum mehr überschaubaren wissenschaftlichen Beforschungs- und Reflexionsliteratur zu den gesellschaftlichen Vorgängen in den Umbruchsländern[46] gewinnen Einschätzungen, Analysen und Befunde an Boden und Gewicht, die mehr und mehr bestimmt sind von Zweifeln, Unsicherheiten, Relativierungen, Pessimismen und Zurücknahmen ursprünglicher Einschätzungen, insbesondere solche vom Typ der „Big-Bang-Strategien und die 500-Hundert-Tage Programme bestimmter Ökonomen"

---

46 Hier, wie wohl auf keinem anderen Forschungsfeld in den Sozialwissenschaften im weitesten Sinne, ist der Zugriff auf Texte und Literatur von einer Kontingenz, die Beliebigkeit ist. Das gilt auch für meinen eigenen Zugang zu diesem Forschungsfeld. Die wenigen Verweise, die ich anführen möchte, mögen deshalb weniger von Relevanzkriterien des Gegenstands selbst als vielmehr von den eigenen Routinen der Information und der Lesegewohnheiten bestimmt sein. Unter diesem Vorbehalt möchte ich den Leser auf die folgenden Überblickspublikationen zu den Umbruchsländern verweisen. Nachdem sich die Deutsche Gesellschaft für Soziologie auf ihrem Soziologentag 1991 diesen Problemen unter dem Stichwort der „Modernisierung" gewidmet hatte (W. Zapf 1991), hat sie die diesbezüglichen Arbeiten 4 Jahre später auf einem der nächsten Soziologentage unter das Thema „Gesellschaften im Umbruch" (L. Clausen 1996) gestellt. Eine vorzügliche Zusammenstellung von Beiträgen hierzu bietet das Sonderheft 15 (1995) des LEVIATHAN unter dem Titel: „Transformation sozialistischer Gesellschaften: Am Ende des Anfangs" (H. Wollmann/H. Wiesenthal/F. Bönker 1995). Ich spare völlig die fremdsprachige Literatur, insbesondere englischsprachige aus, über die jedoch die beiden zuvor genannten Publikationen einen zureichenden Zugang vermitteln.

(W. Zapf 1996, S. 65)[47]. C. Offe (1994) hat für seine „Erkundungen der politischen Transformation im Neuen Osten" als Titel den Sarkasmus eines in Polen geläufigen Wortes gewählt: „Der Tunnel am Ende des Lichts", und das erwähnte LEVIATHAN-Sonderheft faßt das dort präsentierte Fazit der mehr als fünfjährigen Entwicklung so zusammen: „Am Ende des Anfangs" (vgl. Anm. 46).

Dieser Sachverhalt spiegelt sich in der weitverbreiteten begrifflichen Unsicherheit wider, mit der die Prozesse und Vorgänge in den Umbruchsländern beschrieben und analysiert werden. Schon der Begriff des „Umbruchs" verrät diese Unsicherheit und die Einsicht, daß es sich um mehr und anderes als bloßen „sozialen Wandel" handelt. Vor allem dementiert das reale Geschehen in den Umbruchsländern die vermeintlichen theoretischen Einsichten und Entwürfe, insofern als die aus ihnen hergeleiteten Prognosen in fast jeder Hinsicht Lügen gestraft werden. Ohne dies hier vertiefen zu können, möchte ich drei Gesichtspunkte der inzwischen eingestandenen Irrtümer und Fehleinschätzungen besonders herausgreifen, weil ihnen zum einen in kriminologischer Hinsicht eine besonderes Gewicht zukommt, weil sie zum anderen Anlaß geben, noch einmal die Modernisierungstheorie ins Auge zu fassen.

5.2.1 Regressionen der Modernisierung

Gerade in bezug auf die Kriminalität und ihre Wachstumsraten in den ehemals sozialistischen Ländern wird gerne mit einer Mischung aus (Schein-)Erklärung[48], Verantwortungszuschreibung und Geduldspredigt auf die Kosten der „nachholenden Modernisierung" verwiesen. Daß in dieser Verwendung des Modernisierungsbegriffs lediglich die ausschließlich ökonomischen Aspekte der Modernisierung gemeint sind und die vielen anderen Dimensionen der Modernisierung schlicht unterschlagen werden, liegt auf der Hand. Der nachholenden Modernisierung stehen massive Prozesse der Entmodernisierung zur Seite, die kaum Eingang finden in die laufend gezogenen Zwischenbilanzen der Entwicklung. Dazu gehören die Regressionen im Bildungs- und Ausbildungsbereich, im Gesundheitswesen, in der sozialstaatlichen Versorgung, im Geschlechterverhältnis, in der Einkommensverteilung[49]. Noch weiter geht der

---

47 W. Zapf bezieht sich in seiner Einschätzung u.a. auf ein ernüchterndes Urteil des früheren Präsidenten-Berater Z. Brzezinski, der schon vor drei Jahren ein Zwischenfazit derart zog, daß „die politisch und ökonomisch erfolgreiche liberale Demokratie kein vorherbestimmtes Ergebnis" sei – „mit Ausnahme von vielleicht fünf der 27 postkommunistischen Staaten" (Polen, Tschechische Republik, Ungarn, Slowenien und Estland) – zit. n. W. Zapf 1996, S. 65.

48 Daß solche Erklärungen oft einen leicht enthüllbaren Hintersinn tragen, springt ins Auge, wenn man sich daran erinnert, daß zu Zeiten der noch real existierenden Sozialismen die dort existierenden niedrigeren Kriminalitätsraten gerne mit dem Verweis auf manipulierte Statistiken abgetan, d.h. geleugnet wurden: Heute hingegen, wo es solcher Legitimationsversuche nicht mehr bedarf, geht man wie selbstverständlich von solchen Negativdifferentialen zuungunsten „modernisierter" Länder aus. Zudem läßt sich natürlich – wie lange noch? – das Versprechen kapitalisieren, das nach erfolgter Modernisierung („in the long run") alles wieder besser werde.

49 Natürlich ist es etwas mutwillig und gegen jeden Trend, hier von Modernisierungsabbau zu reden, aber man nimmt wohl auch die Modernisierungstheorie nicht recht ernst, wenn man diese empiri-

Hallenser (west-)deutsche Soziologe S. Hradil mit seiner „Entdeckung vorhandener moderner Strukturen in Ostdeutschland", der dem notorischen modernisierungstheoretischen Gerede von „Altlasten" die Überlegung von postmodernen „Zukunftspotentialen" an die Seite stellt (1995)[50].

Nicht nur gebietet es die Einsicht in die real ablaufenden Prozesse, diese Differenzierung vorzunehmen, sondern auch Gründe der politischen Hygiene und der Erzeugung des vielleicht wichtigsten Kapitalfaktors zur Rekonstruktion der Umbruchländer, nämlich eines gesellschaftlichen Selbstbewußtseins in den davon betroffenen Ländern, sprechen dafür, die Konten der „Pioniere" sowie der „Nachzügler" anders zu führen, als dies bisher geschehen ist. Vielleicht ist dieser Appell im wiedervereinigten Deutschland, dessen Grundproblem W. Lepenies schon 1992 als „den Zusammenstoß von (westdeutscher) Taktlosigkeit und (ostdeutschem) Ressentiment charakterisiert hat (zit. n. 1996, S. 99)[51], angebrachter als in den übrigen ex-sozialistischen Ländern, die ihren nationalstaatlichen Eigensinn über den Zusammenbruch jedenfalls großenteils haben hinüberretten können, aber er scheint mir nicht nur innerstaatlich, sondern auch zwischenstaatlich klug und geboten. Auch scheint es mir plausibler, die wachsende Kriminalität nicht als schlichte und lineare Modernisierungslast zu betrachten, sondern deren Paradoxie und Widersprüchlichkeit an erster Stelle zu nennen.

5.2.2 Zeiträume und Phasen der Modernisierung: „Take-Off" oder „Die ursprüngliche Akkumulation des Kapitals"?

Der zweite Aspekt, den ich aus der mittlerweile nüchterneren Betrachtungsweise des Umbruchprozesses für kriminologische Erwägungen extrahieren möchte, betrifft die veränderte Zeitachse der Transformation. Nicht nur denkt man inzwischen in wesentlich gestreckteren Zeithorizonten, sondern man denkt auch nicht mehr nur in kruden (empirischen) Ausgangs- und (normativen) Endsituationen mit einer unbefragten „black box" dazwischen. Vielmehr werden Prozeß- und Ablaufmodelle konzipiert, Periodisierungen, Phasen und Zwischenstufen des Transformationsvorgangs ange-

---

schen Fakten als Schritte auf dem Wege zur Modernisierung ausgeben wollte. Allenfalls ließen sie sich als „Umwege" zur Modernisierung im Sinne einer Echternacher Springprozession interpretieren oder als Verletzungen des Gleichgewichtspfades zur Modernisierung.

50 S. Hradil (1995, S. 13 ff.) macht insgesamt sechs solcher postmoderner Aktivposten in Ostdeutschland aus, die die Menschen in Westdeutschland erst noch zu entwickeln und zu lernen haben: 1. Gemeinschaftsbezogene Einstellungen; 2. „Chaosqualifikation" und Hartnäckigkeit; 3. Ökonomische Beziehungsnetze; 4. Private Netzwerke; 5. Sozialpolitische Netzwerke; 6. Regionales Wir-Gefühl. „... können sich einige der scheinbar rückständigen Kulturmuster Ostdeutschlands als zukunftsorientiert erweisen" (1995, S. 15).

51 Zum antiwestlichen Ressentiment merkt Ch. Dieckmann in der ZEIT v. 24.5.1996 an: „Die meisten antiwestlichen Ressentiments hat sich der Osten in seiner ohnmächtigen Neuzeit erworben", und das unter kräftiger Mithilfe vom Westen, der sich weigere, „DDR-Erfahrung als eigene Geschichte zuzulassen", und nicht wahrhaben will, daß es sich bei der Ost-Identität um „soziale Prägungen [handelt], die nicht schon deshalb wertlos sind, weil sie in der Diktatur gemünzt wurden".

nommen, die zum einen ihre je eigene Logik aufweisen, zum anderen keineswegs zueinander im Verhältnis einer zwingenden und gelingenden Sequenz stehen.

Gerade die impulssetzende und taktgebende Bewegung im Modernisierungsprozeß, die ökonomische Entwicklung, ist schon frühzeitig als Phasenmodell konzipiert worden, wovon das bekannteste jenes von W.W.Rostow ist, das er in seinem berühmten Aufsatz „The Take-Off into Self-Sustained Growth" entwickelt hat[52]. Ein nicht nur auf die Wirtschaft, sondern die politischen und sozialen Institutionen einbeziehendes Phasenmodell hat F. W. Rüb 1995) für den Prozeß in den Transformationsländern vorgeschlagen.

Ein kurzer Blick auf das Modell von Rostow mag hilfreich sein. Sein Interesse lag auf dem mittleren der drei von ihm unterschiedenen Phasen, dem wirtschaftlichen Aufstieg, dessen Leistung in der Institutionalisierung des sich selbst reproduzierenden Wachstums besteht. Sie ist im wesentlichen durch ökonomische Parameter, wie hohe Spar- und Investitionsraten, Entstehung unternehmerischer Institutionen und Akteure und sonstige institutionelle Rahmenbedingungen bestimmt. Ein zentraler Mechanismus hierbei ist ein radikaler Bruch in der Einkommensverteilung, der insbesondere die Funktion hat, Einkommensteile für die nötigen Investitionen bereitzustellen. Dies ist in den Umbruchsländern in vollem Gange, und insofern kann man von einer Take-Off-Phase in diesen Ländern sprechen.

Daneben aber findet ein grundsätzlicherer Vorgang in diesen Ländern statt, der dem eigentlichen Aufstieg vorgelagert ist, die Rostow als „lange Periode (ein Jahrhundert oder länger)" bezeichnet, „in der die Voraussetzungen des Aufstiegs geschaffen wurden" (1970, S. 288). Zweifellos besteht der herausragende Einzelprozeß in den Umbruchsländern in der Verwandlung von Staatseigentum in Privateigentum bzw. in der Erzeugung von Wirtschaftsakteuren individueller oder privatrechtlicher Art und deren Ausstattung mit den erforderlichen Produktionsfaktoren und -voraussetzungen. Es geht dabei um die Herstellung und Konstitution jener Bedingungen, die für Marktgesellschaften unerläßlich sind.

Dieser historisch beispiellose Vorgang der „Privatisierung" läßt sich indessen nicht recht im Wachstumsmodell der Modernisierungstheorie unterbringen, sondern hat seine Parallele eher in einem Wachstums- und Entwicklungsmodell, das in prinzipieller Konkurrenz zu dem der Modernisierungstheorie steht. Der Prozeß der Privatisierung, das Rearrangement des Privatem und des Öffentlichen, die Begründung von „property rights" in gesellschaftsweitem Maßstab, wie es sich in allen Umbruchsländern abspielt, scheint mir eher in Parallele zu dem v. K. Marx in seinem berühmten 24. Kap. des ersten Bandes des „Kapitals" beschriebenen Prozesses „Die sogenannte

---

52 Ich zitiere diesen Aufsatz hier nach der deutschen Übersetzung; andere Arbeiten von Rostow und anderen einschlägigen Autoren finden sich bei W. Zapf (1970) nachgewiesen. Zur Popularität dieses Phasenmodells trägt offensichtlich auch die Sprache der Politik bei: seit der Wiedervereinigung hoffen Politiker, Ökonomen und Öffentlichkeit – bislang vergeblich – auf den „sich selbst tragenden Aufschwung" der Wirtschaft in den neuen Bundesländern.

ursprüngliche Akkumulation des Kapitals" zu stehen. In beiden Fällen ging es um den epochalen Vorgang der Freisetzung, Mobilisierung, Verflüssigung von „Produktionsfaktoren" und der gleichzeitigen Begründung von Rechtstiteln, ihnen zugeordneten Trägern und Foren des Austauschs und der marktbestimmten Begegnung. Im historisch ersten Fall der „Great Transformation" ging es um die Auflösung von Gemeineigentum und unproduktivem Feudaleigentum, im gegenwärtigen Fall um die Auflösung von Staatseigentum – indessen: damals vollzog sich dieser Prozeß eher naturwüchsig als geplant, eher gewaltbestimmt als herrschaftsbegründet, eher vorrechtlich als rechtsgesteuert.

So jedenfalls die offizielle Sprachregelung und Beschreibung des heutigen Prozesses der Privatisierung – in Absetzung jenes von Marx beschriebenen historischen Vorläufers. Indessen zieht allmählich auch in die Schreibe und Analyse der Wissenschaft eine Erkenntnis ein, die im Alltag der Umbruchsgesellschaften längst präsent, gewußt und ausgesprochen wird, daß nämlich die offizielle Darstellung dieses Vorgangs von ihren Darstellern nur mehr unter Aufbietung von Disziplin und Kraft der Simulation und der Überzeugung ökonomischer Korrektheit zu erreichen ist. Darstellung und Herstellung dieses Prozesses trennt eine Kluft, die sich kaum mehr überbrücken läßt, die rechtliche Codierung produziert Legitimation statt sachangemessene Beschreibung, wobei das bezogene Recht häufig genug die Merkmale des Nicht-Rechts trägt, z. Teil erst im Entstehen ist, eher dem Typ des Zweck- als dem des Konditionalrechts (N. Luhmann) entspricht.

Dabei erfaßt die „Privatisierung" noch keineswegs alle kriminologische Relevanz, die der Umbruch für die davon erfaßten Gesellschaften bedeutete. Die abrupte Entblößung dieser Länder von institutionellen Sicherungen und Routinen, und seien sie noch so illegitim, unakzeptiert und repressiv gewesen – bekanntlich waren sie es nicht alle und waren sie es nicht ganz –, hat zu einer ebenso abrupten und dramatischen Senkung der „Opportunitätskosten" der Kriminalität geführt. Selten war wohl Kriminalität so leicht zu haben, konnte man sein kriminelles Schäfchen so ungehindert ins Trockne bringen wie in den ersten Monaten und Jahren nach dem Umbruch, als die unter den neuen Verhältnissen erforderliche Sorge für sich selbst noch nicht erkannt und gelernt war, als Eigeninteressen und Profitstreben noch die Chance hatten, im Gewande der Hilfe, des Rates und des Wegweisers durchzugehen, kurz: als der Umbruch von seinen Adressaten noch als historisches Großereignis der Philantropie mißverstanden wurde.

Die Kriminologie wäre die Disziplin, die hierüber ein Lied zu singen hätte, würde sie sich denn mit der Intensität den Prozessen der „privaten Landnahme", sprich: Privatisierung, annehmen, wie sie es mit jenen Fernwirkungen und Ablagerungen tut, die ihr in den Kriminalstatistiken und den Opferbefragungen nur zugänglich sind. Immerhin: die hier einschlägigen Stichworte „Korruption", „Mafia", „Organisierte Kriminalität" erobern allmählich auch die Spalten der kriminologischen Literatur, längst jedoch nicht auf der Höhe des Phänomens selbst, wie sich sehr schnell feststellen läßt, wenn man kriminologische Literatur etwa vergleicht mit Darstellungen und Projekten aus dem Bereich des recherchierenden und investigativen Journalismus[53].

Der Dringlichkeit kriminologischer Analyse auf diesem Kriminalitätsfeld, das die Wirklichkeit stärker beherrscht und verändert als Straßenkriminalität und Sicherheitsängste, steht vielleicht eine Einsicht entgegen, die schon Marx für den Prozeß der ursprünglichen Akkumulation ausmachte, daß nämlich „kein Verbrechen (existiert), das es [das Kapital – F. S.] nicht riskiert, selbst auf die Gefahr des Galgens" (K. Marx 1962, S. 788), die auch westlichen Gesellschaften in ihrer Formationsphase als Form der „robber barons" bekannt war und die in zynischer Offenheit von einem amerikanischen Kriminologen kürzlich so ausgedrückt wurde: „Hopefully, the people will come to understand that the 'New Russians' represent a *necessary*, albeit illegal or even immoral route to a market-economy" (Martens, S. 4)[54]. In diesem Zitat drückt sich eine weniger aufwendige und umwegreiche Antwort auf den zweiten Titelbestandteil meines Beitrags aus: der Umbruch in den ehemals sozialistischen Ländern führt nicht nur zu erhöhter Kriminalität, sondern ein entscheidendes Merkmal seines Prozesses besteht in Kriminalität, wird durch Kriminalität erst möglich – es sei denn, man gelangt zu der bereits oben gemachten Feststellung, daß die Grammatik der Kriminalität für den sozio-ökonomischen Prozeß des Umbruchs nicht angemessen ist, daß es sich insoweit um einen „Kategorienfehler" handelt.

Dennoch täte die Kriminologie zur Bestimmung ihrer eigenen Grenzen und dem Erkennen ihrer Reichweite gut daran, würde sie sich in der Tat dieser „black box" des Umbruchsprozesses genauer, ernsthafter und mutiger annehmen, statt mit kaum befragten modernisierungstheoretischen Versatzstücken „Erklärung" zu sagen und vorzugeben, in Wirklichkeit aber „Rechtfertigung" zu meinen und zu leisten. Sie sollte es auch deshalb tun, um nicht erneut Anlaß zu geben für eine Feststellung, die vor mehr als dreißig Jahren kein Geringerer als Th. W. Adorno über sie traf: „Kriminologie hat in Deutschland den modernen Stand überhaupt noch nicht erreicht" (1974, S. 142) – die geographische Beschränkung auf Deutschland könnte dabei allerdings entfallen.

Freilich ist diese Adresse an erster Stelle vielleicht nicht so sehr an die Kriminologie zu richten wie an ihre eigentlichen Wirklichkeitslieferanten, die Institutionen

---

53 Verwiesen sei beispielhaft auf eine Themenheft des „Journal of Contemporary Criminal Justice" (Vol. 11, Nr. 4 v. Dez. 1995) unter dem Titel „Organized Crime IV – The Russian Connection", in dem sich u.a. ein Aufsatz von L. I. Shelley über „Privatization and Crime: The Post-Soviet Experience" befindet. Dagegen lese man parallel das detailreichere und zupackendere Dossier von Ch. Schmidt-Häuer über die Etablierung des russischen Bankensystems („Va banque in Moskau") in der ZEIT Nr. 22 v. 24.5.1996.

54 F. T. Martens, ein hoher amerikanischer Polizeipraktiker sowie ehemaliger Präsident der „International Association for the Study of Organized Crime (IASOC)" hat im Herbst vergangenen Jahres vor Minsker und Moskauer Studenten der Rechtswissenschaft ein Szenario der organisierten Kriminalität in Rußland gezeichnet, das die Aussicht der Kontrolle der OK der sowjetischen Nachfolgestaaten als einigermaßen düster einschätzt: „Given the current political and economic environment in Russia today, this will prove to be a formidable if not impossible task" (S. 5).

des Strafrechts. Das Stichwort eröffnet allerdings ein weites Feld, das zu betreten lange Wege verheißt. Nur ein elementarer Gedanke dazu: wie läßt sich geordnet in Gesellschaften über Kriminalität räsonnieren, in denen die ihnen entsprechenden staatlichen und gesellschaftlichen Institutionen in einer Weise verarmt, entblößt, entmachtet sind, die fast jeder Beschreibung spottet. Institutionen gerade wie die des Strafrechts und seiner Instanzen, deren Funktionsträgern ihre eigene und ihrer Familie physische und psychische Reproduktion vom Staat nicht mehr zu garantieren ist, können für den Ernst ihrer Sache allenfalls auf Mitleid, nicht aber auf Autorität spekulieren. Unter solchen Bedingungen von Korruption und Organisierter Kriminalität zu sprechen, macht ebensowenig Sinn wie einem Taubstummen das Singen zu lehren.

5.2.3 Die Ellbogengesellschaft: das eigentliche Curriculum der Modernisierung?

Der dritte und letzte Aspekt, den ich aus den jüngsten und fortgeschriebenen wissenschaftlichen Diskussionen über den Transformationsprozeß vergegenwärtigen möchte, führt auf den Durkheimschen, in der Tat: noch weitreichenderen Ausgangspunkt unserer Überlegungen zurück. In einem preisgekrönten[55] Aufsatz hat W. Merkel u.a. folgendes Szenario der Entwicklung in den Umbruchsländern gezeichnet: „In den postkommunistischen Gesellschaften Osteuropas droht die *civil society* in der frühkapitalistischen Form der bürgerlichen Gesellschaft des 18. und 19. Jahrhunderts zu entstehen, also in einer Variante, die Hegel in seiner Rechtsphilosophie als die Sphäre des universalen Egoismus bezeichnete ... Anders formuliert: In Osteuropa droht in der unmittelbaren Zukunft die Entstehung einer sozialstaatlich kaum gebändigten Ellbogengesellschaft" (1994, S. 471). Eine Entwicklung, in anderen Worten, die in direktem Zugriff und unter dem Zwang der Verhältnisse und der Situation in den Umbruchsländern in schnellerem Tempo eine Situation erreicht und verwirklicht, auf die hin, wie wir oben bei N. Luhmann, R. Castel, J. Simon u.a. gesehen haben, sich auch die westlichen Pioniergesellschaften der Modernisierung zubewegen. Die mir bekannte eindringlichste Analyse darüber, was dies für die avancierten Gesellschaften des Westens bedeutet, für die Vogel-Strauß-Politik der politischen Klasse einerseits, für die Adressaten ihrer Politik andererseits, stammt übrigens aus der Feder nicht eines Soziologen oder Gesellschaftswissenschaftlers, sondern aus der einer Literatur-Kritikerin der „Le monde": V. Forresters „L'horreur économique" (1996) – so der Titel ihres Buches – ist von jener Dramatik und Krisenerfahrung gezeichnet, die am Beginn auch der gesellschaftlichen Analysen Durkheims gestanden haben[56].

---

55 Eine Jury von Sozialwissenschaftern verleiht alljährlich an die drei besten Fachaufsätze in deutschsprachigen sozialwissenschaftlichen Zeitschriften einen Fritz-Thyssen-Preis. W. Merkels Aufsatz hat dabei im Jahre 1994 den ersten Preis zuerkannt erhalten; vgl. K.-W. Grümer (1996).
56 Diese Monographie, im August 1996 erstmalig erschienen, ist innerhalb weniger Monate in die dritte Auflage gegangen und ist 1997 bei Hanser auch in deutscher Übersetzung erschienen.

6 Eine Schlußnotiz

Ich breche an dieser Stelle meine immer noch unvollständigen Ausführungen ab. Sie standen mehr im Modus von Desideraten und Programmen einer wissenschaftlichen Analyse der Kriminalität in den Umbruchsländern als in dem schon fertiger und zulänglicher Antworten. Das Ergebnis ist eher eine Forschungsagenda als eine Revue gesicherter theoretischer Instrumente und empirischer Befunde. Worum es mir ging, möchte ich in ein Bild bringen, das ich dem Titel eines kürzlich in der Law and Society Review erschienenen Aufsatzes entleihe: ich wollte weniger „hegemonic tales" als „subversive stories" präsentieren (P. Ewick/S. S. Silbey 1995, S. 197) – eine, wie mir scheint, treffende Dichotomie der Art und Weise, in der sich das Problem der Kriminalität in den Umbruchsländern beleuchten läßt, zudem auch geeignet für die Beschreibung der Arbeitsteilung, die sich zwischen den „Pionieren" und den „Nachzüglern" der Modernisierung beobachten läßt: während erstere zu hegemonialen Erzählungen neigen, sind letztere eher zuständig für die subversiven Geschichten der Kriminalität. Diese braucht die Kriminologie dringender denn je.

Literatur

Adorno, Th. W.: Was bedeutet: Aufarbeitung der Vergangenheit? In: Eingriffe – Neun kritische Modelle, Frankfurt a. M. [8]1974 (zuerst 1963)

Baumann, Z.: Ansichten der Postmoderne. Argument-Sonderband, Neue Folge, Band 239, Hamburg 1995 N.F.

Beaudrillard, J.: Die Stadt und der Haß. Über die 'kritische' Masse und ihre Gewalt. In: Frankfurter Rundschau Nr. 228, v. 20.9.1995, S. ZB 3

Beck, U.: Die Erfindung des Politischen. Zu einer Theorie reflexiver Modernisierung, Frankfurt a. M. 1993

Beck, U.: The Reinvention of Politics: Towards a Theory of Reflexive Modernization. In: Beck, U./Giddens, A./Lash, S.: Reflexive Modernization. Politics, Tradition and Aesthetics in the Modern Social Order, Polity Press 1994, S. 1–55

Becker, H. S.: Whose Side Are We On?. In: Social Problems 14 (1967), S. 239–247

Beirne, P.: The Social Cartography of Crime: A. M. Guerry's *Statistique morale* (1833). In: Ders.: Inventing Criminology. Essays on the Rise of *Homo Criminalis*, New York 1993, S. 111–141

Bendix, R.: Modernisierung in internationaler Perspektive. In: Zapf, W. (Hrsg.): Theorien des sozialen Wandels, Köln u. Berlin [2]1970, S. 505–512

Berger, J.: Modernisierung und Modernisierungstheorie. Editorial. In: Leviathan – Zeitschrift für Sozialwissenschaft 24 (1996a), S. 8–12 (Themenheft: Modernisierungstheorie)

Berger, J.: Was behauptet die Modernisierungstheorie wirklich – und was wird ihr bloß unterstellt? In: Leviathan 24 (1996b), S. 45–62

Berman, M.: All That Is Solid Melts into Air: The Experience of Modernity, New York 1982

Blinkert, B.: Kriminalität als Modernisierungsrisiko? Das „Hermes-Syndrom" der entwickelten Industriegesellschaften. In: Soziale Welt 39 (1988), S. 397–412

Bourdieu, P.: Sozialer Raum und 'Klassen' – Leçon sur la leçon. Zwei Vorlesungen. Frankfurt a. M. 1985

Bulmer, M.: The Chicago School of Sociology: Institutionalization, Diversity, and the Rise of Sociological Research, Chicago 1984

Castel, R.: Les métamorphoses de la question sociale. Une chronique du salariat, Paris: Fayard 1995

Castel, R.: L'avènement d'un individualisme négatif. In: magazine littéraire No. 334 (juillet-août 1995), S. 18–22

Clausen, L.: Die Geburt des Politischen aus dem Geiste der Musik. Eröffnungsvortrag. In: Ders. (Hrsg.): Gesellschaften im Umbruch. Verhandlungen des 27. Kongresses der Deutschen Gesellschaft für Soziologie in Halle an der Saale 1995, Frankfurt/New York 1996, S. 33–46

Currie, E.: Social crime prevention strategies in a market society. In: J. Muncie/E. McLaughlin/M. Langan (Eds.): Criminological Perspectives. A Reader, London u.a.: Sage 1996, S. 343–354

Dieckmann, Ch.: Als Fremdlinge im eigenen Haus. Sind wir Ostdeutschen Immigranten? Quatsch, wir waren schon immer hier. In: DIE ZEIT, Nr. 22 v. 24.5.1996, S. 1

van Dijk, J.: Strafsanktionen und Zivilisationsprozeß. In: Monatsschrift für Kriminologie und Strafrechtsreform 72 (1989), S. 437–450

Durkheim, E.: Über soziale Arbeitsteilung. Studie über die Organisation höherer Gesellschaften. Mit einer Einleitung von N. Luhmann, Frankfurt a. M. 1992 (frz. zuerst 1893)

Durkheim, E.: Die Regeln der soziologischen Methode, hrsg. u. eingel. v. R. König, Neuwied u. Berlin 1961 (frz. zuerst 1895)

Durkheim, E.: Der Selbstmord. Mit einer Einleitung von K. Dörner und einer Einleitung von R. König, Neuwied und Berlin 1973 (frz. zuerst 1897)

Etzioni, A.: The Responsive Community: A Communitarian Perspective. 1995 Presidential Address. In: American Sociological Review 61 (1996), S. 1–11

Ewick, P./S.S. Silbey: Subversive Stories and Hegemonic Tales: Toward a Sociology of Narrative. In: Law and Society Review 29 (1995), S. 197–226

Flora, P.: Modernisierungsforschung: Zur empirischen Analyse der gesellschaftlichen Entwicklung, Opladen 1974

Forrester, V.: L'horreur économique, Paris: Fayard 1996

Grümer, K.-W.: Preis der Fritz-Thyssen-Stiftung für sozialwissenschaftliche Aufsätze des Zeitschriftenjahrgangs 1994. In: Kölner Zeitschrift für Soziologie und Sozialpsychologie, 48 (1996), S. 210–212

Heitmeyer, W.: Gewalt: Schattenseiten der Individualisierung bei Jugendlichen unterschiedlicher Milieus, Weinheim 1995

Heitmeyer, W./J. Müller: Fremdenfeindliche Gewalt junger Menschen: biographische Hintergründe, soziale Situationskontexte und die Bedeutung strafrechtlicher Sanktion, hrsg. v. Bundesministerium der Justiz, Bonn 1995

Hirschi, T.: The Causes of Delinquency, Berkeley u.a. 1969

Hradil, S.: Die Modernisierung des Denkens. Zukunftspotentiale und „Altlasten" in Ostdeutschland. In: Aus Politik und Zeitgeschichte. Beilage zur Wochenzeitung Das Parlament, B20/95, v. 12.5.1995, S. 3–15

Joas, H.: Die Modernität des Krieges, in: Leviathan 24 (1996), S. 13–27

Joas, H./W. Knöbl (Hrsg.): Gewalt in den USA, Frankfurt a. M. 1994

Kingdom, J.: No such Thing as Society? Individualism and Community, Buckingham und Philadelphia 1992

Knöbl, W.: Sind die USA eine besonders gewalttätige Gesellschaft? In: H. Joas/W. Knöbl (Hrsg.): Gewalt in den USA, Frankfurt a. M. 1994, S. 48–72

König, R.: Nachwort, in: E. Durkheim: Der Selbstmord, Neuwied/Berlin 1973, S. 469–502

Lepenies, W.: 'Wäre ich König, so wäre ich gerecht.' Gerechtigkeit – ein Schlüsselbegriff der Gegenwart. In: F. Hager/H. Schwengel (Hrsg.): Wer inszeniert das Leben? Modelle zukünftiger Vergesellschaftung, Frankfurt a. M. 1996, S. 93–108

Luhmann, N.: Arbeitsteilung und Moral. Durkheims Theorie. In: E. Durkheim: Über soziale Arbeitsteilung, a.a.O. 1992, S. 19–38

Luhmann, N.: Jenseits von Barbarei. In: Ders.: Gesellschaftsstruktur und Semantik. Studien zur Wissenssoziologie der modernen Gesellschaft, Bd. 4, Frankfurt a. M. 1995, S. 138–150

Lukes, S.: Emile Durkheim – His Life and Work. A Historical and Critical Study, Harmondsworth 1975.

Martens, F. T.: New Russians, Old Cons, and the Transition to a Market Economy: Reflections from Abroad. In: Criminal Organizations, Vol. 10, 2 (1996), S. 4–5

Marx, K.: Das Kapital. Kritik der politischen Ökonomie. Erster Band. KarlMarx/Friedrich Engels, Werke, Bd. 23, Berlin 1962

Marx, K./F. Engels: Manifest der Kommunistischen Partei. In: Dies.: Werke, Bd. 4, Berlin 1959, S. 459–493.

Mechler, A.: Studien zur Geschichte der Kriminalsoziologie, Göttingen 1970

Merkel, W.: Restriktionen und Chancen demokratischer Konsolidierung in post-kommunistischen Gesellschaften. Ostmitteleuropa im Vergleich. In: Berliner Journal für Soziologie 4 (1994), S. 463–484

Müller, H.-P./M. Schmid: Arbeitsteilung, Solidarität und Moral. Eine werkgeschichtliche und systematische Einführung in die „Arbeitsteilung" von Emile Durkheim. In: E. Durkheim: Über soziale Arbeitsteilung, Frankfurt a. M. 1992, S. 481–532

Müller, H.-P./M. Schmid (Hrsg.): Sozialer Wandel. Modellbildung und theoretische Ansätze, Frankfurt a. M. 1995

Offe, C.: Der Tunnel am Ende des Lichts. Erkundungen der politischen Transformation im Neuen Osten, Frankfurt a. M./New York 1994

Pearce, F.: The Radical Durkheim, London u.a. 1989

Posner, R. A.: Economic Analysis of the Law, New York 1977

Posner, R. A.: The most punitive nation. A few modest proposals for lowering the US crime rate. In: The Times Literary Supplement v. 1. Sept. 1995, S. 3–4

Rostow, W. W.: Die Phase des Take-Off. In: W. Zapf (Hrsg.), Theorien des sozialen Wandels, Köln/Berlin ²1970, S. 286–311

Rüb, F. W.: Die drei Paradoxien der Konsolidierung der neuen Demokratien in Mittel- und Osteuropa. In: H. Wollmann/H. Wiesenthal/F. Bönker (Hrsg.): Transformation sozialistischer Gesellschaften: Am Ende des Anfangs. Sonderheft 15/1995 des LEVIATHAN, S. 509–537

Sack, F.: Kriminalität, Gesellschaft und Geschichte: Berührungsängste der deutschen Kriminologie. In. Kriminologisches Journal 19 (1987), S. 241–268

Sack, F.: Probleme der Kriminalsoziologie. In: R. König (Hrsg.): Handbuch der empirischen Sozialforschung, 2. Aufl., Stuttgart 1978, S. 192–492

Sack, F.: Conflicts and Convergences of Theoretical and Methodological Perspectives in Criminology. In: European Journal of Crime, Criminal Law and Criminal Justice 2 (1994), S. 2–17; dt.: Soziopolitischer Wandel, Kriminalität und eine sprachlose Kriminologie. In: Kritische Vierteljahresschrift für Gesetzgebung und Rechtswissenschaft 77 (1994), S. 205–226

Sbarbaro, E./R. Keller (Hrsg.): Prison Crisis: Critical Readings. Mit einem Vorwort von W. Chambliss, Albany, N.Y., 1995

Schmidt-Häuer, Ch.: Va banque in Moskau. In: DIE ZEIT Nr. 22 v. 24. 5. 1996, S. 9/10

Schneiders-Sliwa, R.: Kernstädte – Nährboden der Gewalt. In: H. Joas/W. Knöbl (Hrsg.): Gewalt in den USA, Frankfurt a. M. 1994, S. 21–47

Schwerhoff, G.: Köln im Kreuzverhör, Bonn/Berlin 1991

Shelley, L. I.: Privatisation and Crime: The Post-Soviet Experience. In: Journal of Contemporary Criminal Justice 11 (1995), S. 244–256

Simon, J.: Poor Discipline. Parole and the Social Control of the Underclass, 1890–1990, Chicago/London 1993

Simon, J.: Discipline and Punish: The Birth of a Middle-Range Research Strategy. In: Contemporary Sociology 25 (1996), S. 316–319

Snodgrass, J./Clifford R. Shaw and Henry D. McKay: Chicago Criminologists. In: The British Journal of Criminology 16 (1976), S. 1–19, abgedr. in: P. Beirne (Ed.): The Origins and Growth of Criminology, Aldershot 1994, S. 363–381

Soeffner, H.G./M. Miller (Hrsg.): Modernität und Barbarei, Frankfurt a. M. 1996

Thome, H.: Gesellschaftliche Modernisierung und Kriminalität. Zum Stand der sozialhistorischen Kriminalitätsforschung. In: Zeitschrift für Soziologie 21 (1992), S. 212–228

Stratton, J.: Serial Killing and the Transformation of the Social. In: Theory, Culture and Society. Explorations in Critical Social Science 13 (1996), S. 77–98.

Thatcher, M.: The Downing Street Years, London 1993

Warde, I.: Die Tyrannei des „ökonomisch Korrekten". In: Le monde diplomatique – die tageszeitung/WoZ v. 12.5.1995, S. 20/21

Wehler, H.-U.: Modernisierungstheorie und Geschichte, Göttingen 1975

Wehler, H.-U.: Modernisierungstheorie und Geschichte. In: Ders.: Die Gegenwart als Geschichte – Essays, München 1995, S. 13–59

Welsch, W.: Unsere postmoderne Moderne, Berlin ^{4}1993 (zuerst 1986)

Zapf, W.(Hrsg.): Theorien des sozialen Wandels, Köln/Berlin ^{2}1970

Zapf, W.: Die soziologische Theorie der Modernisierung. In: Die soziale Welt 26 (1975), S. 212–226

Zapf, W.: Die Modernisierung und Modernisierungstheorien. In: Ders. (Hrsg.): Die Modernisierung moderner Gesellschaften, Frankfurt a. M. 1991, S. 23–39

Zapf, W.: Modernisierung, Wohlfahrtsentwicklung und Transformation, Berlin (Sigma) 1994

Zapf, W.: Die Modernisierungstheorie und unterschiedliche Pfade der gesellschaftlichen Entwicklung. In: Leviathan 24 (1996), S. 63–77

Zapf, W./R. Habich: Die sich stabilisierende Transformation – Ein deutscher Sonderweg? In: H. Rudolph (Hrsg.): Geplanter Wandel, ungeplante Wirkungen, WZB-Jahrbuch 1995, Berlin (Sigma), S. 137–159

III.

AUS UMBRUCHSFORSCHUNGEN

DIE BEDEUTUNG DER KRIMINALITÄTSFURCHT IN OST UND WEST[1]

Wolfgang Bilsky

Zum Thema 'gesellschaftliche Umwälzung' äußerte Sessar 1992 u.a.: „Die unglaubliche Rasanz der Entwicklung in Deutschland (und in Osteuropa) hat den trefflichen Spruch hervorgebracht: Die Worte veralten einem im Munde. Der kriminologischen Forschung mag es ebenso gehen, wenn sie ... den Charakter des Verhältnisses von Umbruch und Kriminalität als Prozeß vernachlässigen sollte" (S. 138). Dieser Mahnung ist ohne Abstriche zuzustimmen, sie muß jedoch m.E. um zwei weitere wichtige Einschränkungen ergänzt werden: ... und wenn es ihr nicht gelingt, die von ihr hierbei untersuchten *Variablen adäquat* zu *definieren* und ihre *Daten* im Kontext *wissenschaftlicher Theorien* zu erheben und zu interpretieren. Diese Kritik gilt allerdings nicht nur für die sog. Umbruchsforschung, sondern für weite Teile der an kriminalpolitisch relevanten Themen orientierten kriminologischen Forschung, insbesondere die sogenannte 'Fear-of-Crime-Forschung'.

Wie notwendig (Minimal-)Forderungen an die Einhaltung wissenschaftlicher Standards sind, wird deutlich, wenn man die inzwischen nicht unerhebliche Menge kreuztabellierter Daten, arithmetischer Mittelwerte und Korrelationen von oft nur vage definierten Konstrukten betrachtet, die alle gleichermaßen vorgeben, Kriminalitätsfurcht zu erfassen (zu Systematisierungsversuchen vgl. z.B. Skogan, 1993). Ohne Explikation des ihnen zugrundeliegenden theoretischen Bezugsrahmens sind diese Daten bereits zum Zeitpunkt ihrer Veröffentlichung nicht einmal mehr von historischem Interesse, da in Ermangelung eindeutiger Kriterien Aussagen über die Bedeutung der mit derartigen Instrumenten erfaßten Furcht vor Kriminalität weder quernoch längsschnittlich möglich sind. Daten, die auf theoriearmen Operationalisierun-

---

[1] Eine Langfassung dieses Beitrags ist unter gleichem Titel in der Monatsschrift für Kriminologie und Strafrechtsreform (1996), S. 357–372, erschienen.

gen beruhen, stärken insofern nur die Position derer, die immer schon behauptet haben, daß Papier geduldig und statistische Daten beliebig interpretierbar seien. Die nachfolgende Darstellung nimmt nicht für sich in Anspruch, die hier angesprochenen (zugegebenermaßen überzeichneten) Probleme kriminologischer Umbruchsforschung zu lösen. Sie will jedoch Perspektiven aufzeigen, wie man einer solchen Lösung näherkommen kann, indem anhand einer konkreten empirischen Untersuchung (1) ein wissenschaftlich begründeter Interpretationsrahmen für das Thema 'Kriminalitätsfurcht' vorgestellt wird, (2) definitorische Probleme transparent gemacht und – innerhalb des gewählten Bezugsrahmens – partiell gelöst werden und (3) ausgewählte typische Umbruchsprobleme auf dem Hintergrund dieser Bemühungen beschrieben und interpretiert werden. Dabei steht weniger die Mitteilung konkreter Ergebnisse im Vordergrund der Darstellung als vielmehr die Erläuterung des allgemeinen – theoretischen wie methodischen – Vorgehens. Bei der genannten Untersuchung handelt es sich um eine Umfragestudie, die unter dem Titel „Persönliches Sicherheitsgefühl, Angst vor Kriminalität und Gewalt, Opfererfahrung älterer Menschen" 1992 vom Kriminologischen Forschungsinstitut Niedersachsen in Hannover (KFN) in den alten und neuen Bundesländern der BRD durchgeführt wurde[2] (vgl. Bilsky, Pfeiffer, Wetzels, 1993a; Wetzels, Greve, Mecklenburg, Bilsky & Pfeiffer, 1995).

1 Theoretischer Kontext

Da Kriminalitätsfurcht bisher in einer Vielzahl von Studien untersucht worden ist, scheint sich die Frage nach der Relevanz dieses Themas auf den ersten Blick nicht zu stellen. Andererseits ist aus der Medienforschung bekannt, daß die Behandlung eines Themas eine Eigendynamik entwickeln kann (Stichwort 'agenda setting'), die sich nicht aus der Bedeutung dieses Themas allein erklären läßt. So ist dann doch zu fragen, ob die aus Sicht der *Betroffenen* zu bestimmende Bedeutung des Themas den national wie international getriebenen Forschungsaufwand rechtfertigt.

Ein erster Schritt zur Beantwortung dieser Frage ist die Identifikation eines Bezugsrahmens, der die Einschätzung des relativen Stellenwertes einer kriminellen Viktimisierung aus Sicht der potentiellen Opfer erlaubt. Betrachtet man im Sinne Bayleys (1991, S. 53; s.a. Bilsky & Wetzels, 1994) kriminelle – ebenso wie andere Formen von – Opferwerdung als eine negativ bewertete Abweichung von einem ansonsten neutral oder positiv bewerteten Zustand des Befindens, dann bietet die Forschung zum subjektiven Wohlbefinden (z.B. Abele & Becker, 1991; Andrews, 1986, Levy,

---

2   Diese Studie wurde 1991 vom Bundesministerium für Familie und Senioren (BMFuS) beim KFN in Auftrag gegeben.

1990; Strack, Argyle & Schwarz, 1991) die gewünschten Bezugspunkte für eine solche Bilanzierung. Folgt man Mayring (1991), so lassen sich vier verschiedene Aspekte subjektiven Wohlbefindens unterscheiden (vgl. Abbildung 1), von denen das Fehlen subjektiv erlebter Belastungen besondere Aufmerksamkeit verdient. Versteht man nämlich Kriminalität (im allgemeinen) als einen von vielen möglichen Stressoren, der – über die Beeinträchtigung des persönlichen Sicherheitsgefühls – das individuelle Wohlbefinden negativ beeinflussen kann, so sind durch den Bezug auf Streß- und Copingforschung die Voraussetzungen für eine konzeptuelle Verortung von Kriminalitätsfurcht gegeben (vgl Abb. 1).

Im Fall der KFN-Studie wurden die vorausgehenden Überlegungen mit Hilfe des von Levy und Guttman (1989) vorgestellten facettentheoretischen *Modells adjustiven Verhaltens* konkretisiert. In ihm sind Streß, Coping und Wohlbefinden unmittelbar aufeinander bezogen und unter anderem durch die gemeinsamen Facetten des sozialen Umfelds (primäres vs. sekundäres Umfeld) und zentraler Lebensbereiche (Arbeit, Finanzen, Soziales, etc.) näher spezifiziert (Bilsky, Pfeiffer & Wetzels, 1993b; Borg, 1993). Beide Facetten konnten im Rahmen der KFN-Umfragestudie durch multidimensionale Skalierung (Similarity Structure Analysis, SSA) von Aussagen zur Wichtigkeit unterschiedlicher Faktoren für das persönliche *Wohlbefinden* identifiziert werden (vgl. Abbildung 2).

Neben der Spezifikation eines allgemeinen Bezugsrahmens (Wohlbefinden) legte das gewählte Modell nahe, in einem zweiten Schritt Kriminalitätsfurcht als eine spezielle, negative Variante persönlichen Sicherheitsgefühls zu bestimmen. Dieses Sicherheitsgefühl kann als notwendige, wenngleich nicht hinreichende Bedingung für subjektives Wohlbefinden betrachtet werden (Bilsky & Wetzels, 1994). Seine Definition erfolgte durch einen sogenannten Abbildungssatz (mapping sentence; vgl. Borg, 1993), der auf den auch für die Beschreibung subjektiven Wohlbefindens relevanten Facetten beruht (vgl. Abbildung 3).

Die empirische Tragfähigkeit dieser Facettierung konnte in der KFN-Studie ebenfalls bestätigt werden. Eine multidimensionale Skalierung (SSA) der Aussagen über die wahrgenommene Bedrohlichkeit unterschiedlicher Stressoren für das persönliche Sicherheitsgefühl ergab die theoretisch postulierte Partitionierung im Sinne des Modells von Levy und Guttman (1989). Da zwei der insgesamt 16 vorgegebenen Stressoren unterschiedliche Formen krimineller Viktimisierung (Körperverletzung bzw. Diebstahl, Raub und Betrug) repräsentieren, ist eine theoretisch begründete, strukturelle Verortung von (deliktbereichsspezifischer) Kriminalitätsfurcht möglich (vgl. Abbildung 4). Dabei ist offensichtlich die Konkretheit des hinsichtlich seiner Bedrohlichkeit einzuschätzenden Stressors von Bedeutung. So zeigte sich im Rahmen einer Voruntersuchung (Bilsky & Wetzels, 1993, 1994, 1995 a), daß – abweichend von den in Abbildung 4 wiedergegebenen Befunden – bei fehlender Spezifizierung der Stressor Kriminalität dem sekundären sozialen Umfeld zuzuordnen ist.

Mit der Identifikation einer allgemeinen Struktur von Stressoren subjektiven Wohlbefindens ist nun insofern eine theoretisch fruchtbarere Diskussionsebene erreicht, als das konkrete Item aus Fragebögen zum persönlichen Sicherheitsgefühl (und insofern auch zur Kriminalitätsfurcht) – als bloßer Vertreter einer bestimmten, facettentheoretisch definierten Stressorengruppe – grundsätzlich austauschbar wird. Daher können die in der KFN-Studie identifizierten Strukturen, über die Deskription des vorliegenden Datensatzes hinaus, auch als Forschungshypothese für andere Untersuchungen dienen. Voraussetzung ist lediglich, daß die in diesen Untersuchungen eingesetzten Items a priori auf der Grundlage der zuvor erläuterten Facetten klassifiziert werden. Der gewählte Ansatz ist zudem heuristisch interessant, da seine Überprüfung gegebenenfalls zu einer – theoretisch wie empirisch begründbaren – Modifikation und/oder Erweiterung der hier nur sehr rudimentär vorgenommenen Facettierung führen kann.

Strukturanalytische Untersuchungen gestatten schließlich, die relative Bedrohlichkeit von Stressoren für das persönliche Sicherheitsgefühl systematisch nach unterschiedlichen, theoretisch begründeten Gesichtspunkten (Facetten) darzustellen. In Abbildung 5 ist dies exemplarisch für die Facette möglicher Schädigungen (materiell, physisch, psychisch; Alter der Befragten < 60) geschehen. Wie sich zeigt, werden die vorgegebenen Stressoren durchschnittlich als weniger bedrohlich wahrgenommen. Dabei spielen die beiden Formen krimineller Viktimisierung durchaus keine herausragende Rolle; so wird beispielsweise die Bedrohung durch Umweltschäden als deutlich größer wahrgenommen. Welche Darstellungsform im Einzelfall zu präferieren ist, wird letztlich von der zu beantwortenden Fragestellung und der Differenziertheit des zugrundeliegenden Strukturmodells abhängen.

2 Definition und Operationalisierung von Kriminalitätsfurcht

Neben der Einbettung des interessierenden Konstrukts in einen konzeptuellen Rahmen bietet der gewählte facettentheoretische Ansatz die Möglichkeit, Kriminalitätsfurcht auf der Basis theoretischer Überlegungen und/oder empirischer Befunde systematisch auszudifferenzieren (zu facettieren). Die üblicherweise in Form eines Abbildungssatzes zusammengefaßte Definition des Konstrukts dient als Ausgangspunkt für seine Operationalisierung. Dabei steht nicht die Operationalisierung des konkreten Items im Zentrum des Interesses, sondern die Bestimmung der Grundgesamtheit der auf Basis der gewählten Facetten prinzipiell operationalisierbaren Items. Nur durch die Definition der Population konstruktrelevanter Items ist die über das jeweilige Untersuchungsinstrument und die betreffende Untersuchung hinausgehende Vergleichbarkeit von Forschungsbefunden gewährleistet.

Für die Opferstudie des KFN wurde Kriminalitätsfurcht – über den Rahmen persönlichen Sicherheitsgefühls hinaus – durch den in Abbildung 6 wiedergegebenen Abbildungssatz weiter spezifiziert. Die Population der in diesem Forschungskontext relevanten Items ist demnach durch das kartesische Produkt der Elemente aus den Facetten 'Modalität der Bewertung', 'kriminelle Handlung', 'Täter', 'Tatort', 'Tatzeit', 'Schädigung' (vgl. Bilsky, Pfeiffer & Wetzels, 1993 b) eindeutig bestimmt. Durch dieses Vorgehen wird zum einen der Geltungsbereich der gemachten Aussagen in nachvollziehbarer Weise eingegrenzt, so daß unzulässige Verallgemeinerungen der Forschungsbefunde leichter erkennbar sind. Zum anderen gestattet die Facettierung zu überprüfen, in welchem Ausmaß die verschiedenen Konstruktbereiche durch das verwendete Forschungsinstrument repräsentiert werden.

Die Notwendigkeit, Kriminalitätsfurcht über Ein-Item-Maße hinaus differenzierter zu erfassen, wird deutlich, wenn man die in Tabelle 1 wiedergegebenen Korrelationen zwischen verschiedenen, auf diesem Abbildungssatz fußenden Maßen und dem in der kriminologischen Forschung häufig verwendeten 'Standarditem' (Boers, 1991) betrachtet, das in der KFN-Studie für Kontrollrechnungen zusätzlich mitgeführt wurde. Bedenkt man, daß Kriminalitätsfurcht in der kriminalpolitischen und kriminologischen Diskussion in der Regel wie ein homogenes Konstrukt behandelt wird, so steht diese Praxis in deutlichem Widerspruch zu den eher moderaten bis mittelhohen Korrelationen zwischen den verwendeten Furchtindikatoren. Man muß also die Diskussion um das auch aus anderen Gründen obsolete Standarditem (Bilsky, Wetzels, Mecklenburg & Pfeiffer, 1995; Bilsky & Wetzels, 1995 b) nicht neu beleben, um deutlich zu machen, daß bei einseitiger und/oder unzureichend transparenter Operationalisierung von Kriminalitätsfurcht die externe Validität der berichteten Forschungsbefunde in Frage gestellt ist.

Eine Differenzierung von Kriminalitätsfurcht erscheint auch insofern unumgänglich, als je nach Bezugsgruppe die verschiedenen kriminellen Stressoren einen durchaus unterschiedlichen Stellenwert bezüglich der Einschränkung des individuellen Wohlbefindens besitzen können. Abbildung 7 veranschaulicht wiederum exemplarisch, wie das Ausmaß der Befürchtungen (d.h. der affektiven Komponente von Kriminalitätsfurcht i.S. des Abbildungssatzes) der Frauen, Opfer eines kriminellen Delikts zu werden, in Abhängigkeit von Delikt und Bezugsgruppe variiert. Dabei ist zu beachten, daß die durchschnittlich berichtete Kriminalitätsfurcht über alle Items hinweg eher gering ist.

Zur Vermeidung terminologischer Mißverständnisse ist es schließlich notwendig, auf die Unterscheidung von personaler Kriminalitätsfurcht (i.S. persönlicher Befürchtungen und Risikoabschätzungen) in der zuvor spezifizierten Form und allgemeiner, gesellschaftsbezogener Besorgnis hinzuweisen. Während mit Kriminalitätsfurcht die subjektive Wahrnehmung einer Bedrohung der eigenen Person durch (spezifische) strafrechtlich relevante Akte gemeint ist, steht der Begriff der Besorgnis für die subjektive Wahrnehmung des gesellschaftlichen Kriminalitätsproblems (Bilsky, Wetzels,

Mecklenburg & Pfeiffer, 1995). Letztere ist im wesentlichen medial vermittelt, beruht also nicht auf eigenen oder stellvertretenden Erfahrungen und hat insofern den Status von Meinungen (Bergler & Six, 1972). Aus dem unterschiedlichen Erfahrungshintergrund, auf dem personale Kriminalitätsfurcht und gesellschaftliche Besorgnis basieren, erklärt sich unter anderem die teilweise deutliche Diskrepanz in der Wahrnehmung von Bedrohungen (vgl. Bilsky, Wetzels, Mecklenburg & Pfeiffer, 1995).

3 Kriminalitätsfurcht und sozialer Umbruch

Während in den beiden vorangehenden Abschnitten allgemeine theoretische und methodische Überlegungen im Vordergrund standen, die (auch) für Umbruchsforschung von Bedeutung sind, wird abschließend über einige Befunde der KFN-Studie berichtet, die unter inhaltlichen Gesichtspunkten für die Diskussion der Umbruchsproblematik in der BRD interessant erscheinen (vgl. Bilsky, Mecklenburg, Pfeiffer & Wetzels, 1993; Bilsky, Wetzels, Mecklenburg & Pfeiffer, 1995; Wetzels, Greve, Mecklenburg, Bilsky & Pfeiffer, 1995).

Ein erster Vergleich zwischen alten (ABL) und neuen (NBL) Bundesländern erfolgt auf der Basis der den verschiedenen Lebensbereichen für das subjektive Wohlbefinden beigemessenen Wichtigkeit. In Abbildung 8 sind exemplarisch die entsprechenden Daten für die Gruppe der unter 60jährigen zusammengefaßt; die Gruppierung der Lebensbereiche entspricht dabei den in Abbildung 2 wiedergegebenen Ergebnissen der Strukturanalyse. Auffällig ist zunächst, daß die Unterschiede zwischen ABL und NBL insgesamt eher gering ausfallen. Betrachtet man allerdings die sich aus der Strukturanalyse ergebenden *Muster* der Wichtigkeitseinschätzung, so lassen sich einige tendenzielle Unterschiede zwischen ABL und NBL erkennen. So weisen die ABL im Vergleich zu den NBL für den Bereich 'Soziales' (Erholung/Freizeit, Freundeskreis, Einfluß auf Politik, gesellschaftlich/politische Entwicklung) durchgängig leicht höhere, für die Bereiche 'Finanzen' (Konsum, Einkommen), 'Arbeit' (Arbeit/Beruf, Anerkennung/Erfolg, Arbeitskollegen) und 'Familie' (Ehe/Partnerschaft, Familie, Kinder) demgegenüber niedrigere Werte auf. In den beiden verbleibenden Bereichen, 'Gesundheit' (Gesundheit, Glaube/Religion) und 'Wohnung' (Wohnung, Nachbarschaft, Natur/Umwelt), zeigen sich insofern systematische Unterschiede, als in den NBL den Items des primären Umfelds (Gesundheit und Wohnung), in den ABL denen des sekundären (Glaube/Religion, Natur/Umwelt, Nachbarschaft) größere Wichtigkeit beigemessen wird.

Ein zweiter Vergleich betrifft Wahrnehmungsunterschiede in der Bedrohung des *persönlichen Sicherheitsgefühls* in den ABL und NBL. Entsprechende Daten sind teilweise der bereits in anderem Zusammenhang diskutierten Abbildung 5 zu entnehmen. Dort zeigte sich, daß in den NBL den meisten der vorgegebenen Stressoren eine stärkere Bedrohung des persönlichen Sicherheitsgefühls zugeschrieben wird als in den ABL. Lediglich für Umweltschäden, Naturkatastrophen und Familienstreitigkeiten weisen die ABL höhere Werte auf. Der höheren Bedrohung durch Umweltschäden und Naturkatastrophen entspricht dabei der für die ABL ermittelte höhere Stellenwert von Natur und Umwelt für das subjektive Wohlbefinden (Abbildung 8).

Das insgesamt niedrige Niveau personaler Kriminalitätsfurcht ist bereits zuvor angesprochen worden. Abbildung 9 greift diesen Sachverhalt für Befürchtungen, Opfer eines Raubüberfalls zu werden, aus einer anderen Perspektive nochmals exemplarisch auf. Die Gegenüberstellung der prozentualen Anteile der hochängstlichen und der weniger ängstlichen Befragten zeigt auch in Abbildung 9, daß der relative Anteil Hochängstlicher insgesamt gering ist. Gleichzeitig wird jedoch auch deutlich, daß er in den NBL – über die Altersklassen hinweg – durchgängig etwas größer ist als in den ABL.

Auf den ersten Blick ließen die allgemein größeren Befürchtungen in den NBL erwarten, daß sie mit einer insgesamt häufigeren Opferwerdung korrespondieren.

Eine Gegenüberstellung der Gesamtprävalenzraten für die Zeiträume 1988/89 und 1990/91 zeigt jedoch, daß die Prävalenzraten der NBL diejenigen der ABL hinsichtlich der absoluten Höhe nicht übersteigen (Abbildung 10). Dieser Befund scheint der vermuteten Korrespondenz von Furcht und Viktimisierung zunächst zu widersprechen.

Betrachtet man jedoch nicht den absoluten Umfang der Viktimisierungen, sondern ihre Zunahme über die Zeit (Abbildung 11), so bietet sich eine motivationspsychologische Erklärung für die insgesamt größeren Befürchtungen in den NBL an. Danach rufen leichte Abweichungen vom jeweiligen Adaptationsniveau – unabhängig von dessen jeweiliger Höhe – eine positive, größere dagegen eine negative affektive Reaktion hervor (vgl. Heckhausen, 1989). Dem relativ schnellen Anstieg der Gesamtprävalenzraten könnte in der Bevölkerung der NBL die Wahrnehmung einer im Hinblick auf Delinquenz sich drastisch verschlechternden Situation entsprechen, so daß sich die im Durchschnitt höhere Besorgnis in den NBL nicht aus dem tatsächlichen Umfang, sondern aus der relativ rapiden Steigerung der Kriminalität erklärt.

4 Zusammenfassende Diskussion

Berichte über spektakuläre Verbrechen, gepaart mit Hinweisen auf eine ständig steigende Kriminalität in unseren Medien, zeichnen ein nicht gerade rosiges Bild vom bundesdeutschen Alltag, insbesondere nach der Wiedervereinigung. Wen kann es da verwundern, wenn im gleichen Atemzug auch von der stetig wachsenden Kriminalitätsfurcht der Bevölkerung die Rede ist. Wer jedoch sorgfältig recherchiert und die Seriosität seiner Quellen prüft, wird schnell erkennen, daß es mit dem 'gesicherten

Alltagswissen' um diesen Sachverhalt nicht sehr weit her ist, und so wird auch beim Thema 'Kriminalitätsfurcht' wieder einmal deutlich, daß sich die Gültigkeit von Feststellungen durch ihre beharrliche Wiederholung nicht zwangsläufig erhöht.

So traten bei den in einer vom Kriminologischen Forschungsinstitut Niedersachsen 1992 durchgeführten Repräsentativbefragung in den alten und neuen Bundesländern beispielsweise persönliche Befürchtungen, selbst Opfer von Diebstahl, Körperverletzung, Raub, sexueller Belästigung und Vergewaltigung zu werden, im Durchschnitt nur selten bis manchmal auf. Sie sind damit durchgängig seltener als Befürchtungen, Opfer eines Verkehrsunfalls zu werden (dies ist im übrigen eine keineswegs neue Erkenntnis). Ebenso wie die Daten zur Häufigkeit persönlicher Befürchtungen weisen auch die Einschätzungen des Risikos, selbst Opfer eines der genannten Delikte zu werden, nicht auf ein übersteigertes Maß an Kriminalitätsfurcht hin (vgl. Bilsky, Wetzels, Mecklenburg & Pfeiffer, 1995).

Wie lassen sich diese wenig spektakulären Selbstberichte mit der in der öffentlichen Diskussion immer wieder beschworenen zunehmenden Kriminalitätsfurcht in der Bevölkerung in Einklang bringen? Da ist zunächst der häufig hemdsärmelig vereinfachende Umgang mit einem insgesamt sehr komplexen Phänomen zu nennen. So, wie es wenig sinnvoll ist, von 'der' Kriminalität im allgemeinen zu sprechen, so läßt ein pauschales Fragen nach 'der' Kriminalitätsfurcht offen, ob hier wohl eher an organisierte Kriminalität, Straßenkriminalität, Gewalt in der Familie oder eventuell an noch ganz anderes zu denken ist. Undifferenzierte Fragen produzieren nahezu zwangsläufig pauschale und stereotype Antworten. Da man in diesem Bereich meist ohnehin über nur eingeschränkte eigene Erfahrungen verfügt, muß dann tradiertes Alltagswissen als Basis für die eigene Antwort herhalten. Sie weist dann eher auf eine allgemeine Verunsicherung oder gesellschaftsbezogene Besorgnis als auf konkrete persönliche Befürchtungen oder Risikoeinschätzungen hin.

Fast noch wichtiger als ein differenziertes Fragen nach dem interessierenden Problembereich ist jedoch seine Untersuchung in einem weiteren sozialen (und politischen) Zusammenhang und unter Bezugnahme auf einschlägige wissenschaftliche Theorien. Will man den relativen Stellenwert von Kriminalitätsfurcht in der Bevölkerung erkunden, dann ist man gut beraten, auch nach anderen Faktoren zu fragen, durch die der einzelne seine persönliche Sicherheit gefährdet sieht. Im Fall der KFN-Studie zeigte sich so beispielsweise, daß Eigentums- und Körperverletzungsdelikte von eher durchschnittlicher Bedeutung sind. Dem Faktor 'Umweltschäden' wurde dagegen die – über die Vergleichsgruppen von Alt und Jung in Ost und West hinweg – im Mittel größte Gefährdung der persönlichen Sicherheit zugeschrieben. Darüber hinaus ist es notwendig, die interessierenden Forschungsfragen auf dem Hintergrund eines wohldefinierten theoretischen Rahmens zu stellen, so daß zum einen die Validität der einzelnen Frage überprüfbar ist, zum anderen ein Forschungstransfer nicht bereits durch den Gebrauch unterschiedlicher Instrumente unmöglich wird. Im Fall der KFN-Studie wurde dieser Rahmen durch Bezug auf die Wohlbefindensforschung und den facettentheoretischen Ansatz von Levy und Guttman (1989) zum adjustiven Verhalten hergestellt. Für die Erklärung des scheinbaren Widerspruchs zwischen höherer Kriminalitätsfurcht in den neuen Bundesländern bei gleichzeitig absolut allenfalls gleichhohen Prävalenzraten erschien darüber hinaus der Rekurs auf motivationspsychologische Erklärungsmodelle hilfreich.

Die hier berichteten Befunde zur Kriminalitätsfurcht sollten nun allerdings nicht so verstanden werden, als gäbe es in der Bevölkerung, insbesondere in den neuen Bundesländern, keinerlei Furcht vor Straftaten und eigener Opferwerdung. Zwar ist sie für das Gros der Bundesbürger von eher untergeordneter Bedeutung. Gleichwohl fühlt sich ein kleinerer Personenkreis durch 'Kriminalität' in starkem Maße bedroht und seine Lebensqualität nicht unbeträchtlich eingeschränkt. Diesem stärker betroffenen Personenkreis die gebührende Aufmerksamkeit und Unterstützung zu gewähren, muß daher Gegenstand sozial- und kriminalpolitischer Erwägungen sein. Vermieden werden sollte demgegenüber eine allgemeine Verunsicherung der Bevölkerung, die allenfalls für die Verfolgung eigener Interessen funktional, im Hinblick auf das eigentliche Problem jedoch unangemessen und berufsethisch nicht zu verantworten ist.

Hier sind nun Medien, Politik und Wissenschaft gleichermaßen gefordert: die Medien durch eine ausgewogene und nicht an Auflagensteigerung und Einschaltquoten orientierte Berichterstattung; die Politik durch den Verzicht auf voreilige, repressive Forderungen und Maßnahmen, die sich aus Sicht der Kriminologie zudem als untauglich für einen effektiven Umgang mit Kriminalität erwiesen haben; die Wissenschaft durch eine dem heutigen Wissensstand entsprechende, theoriegeleitete und an etablierten methodischen Standards orientierte Forschung, die sich in anderen Bereichen ja auch nicht damit begnügt, die menschliche Intelligenz am Kopfumfang zu messen.

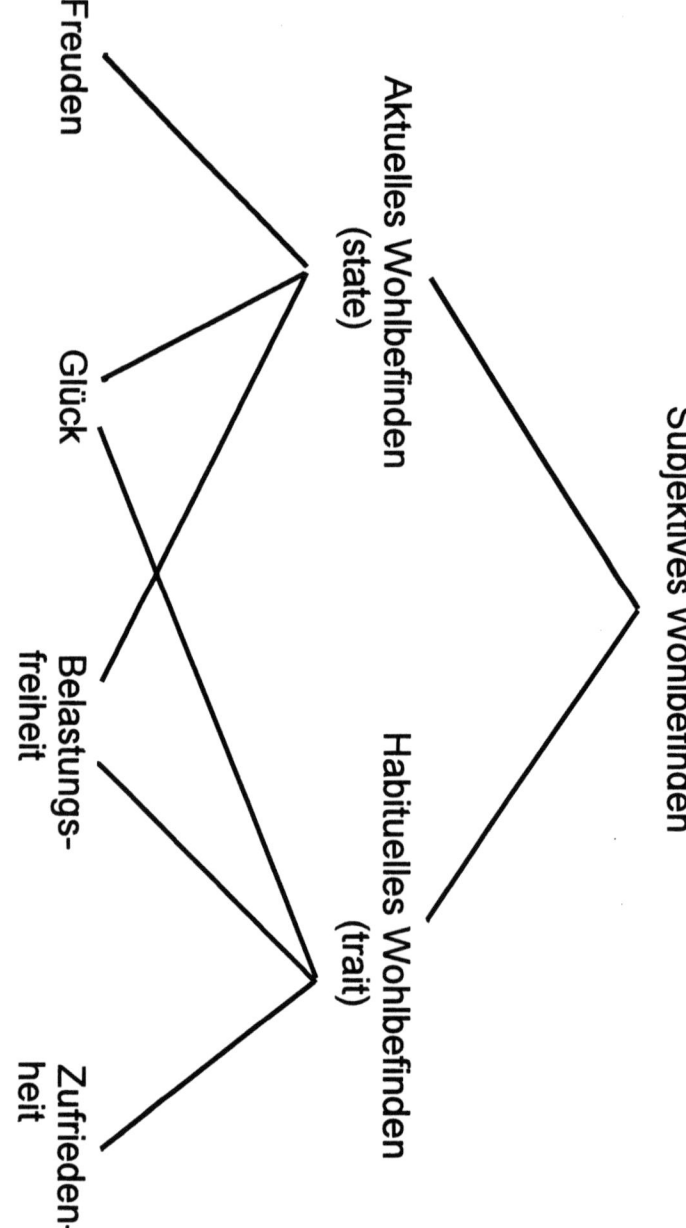

Abbildung 1: Aspekte subjektiven Wohlbefindens (vgl. Mayring, 1991, S. 53)

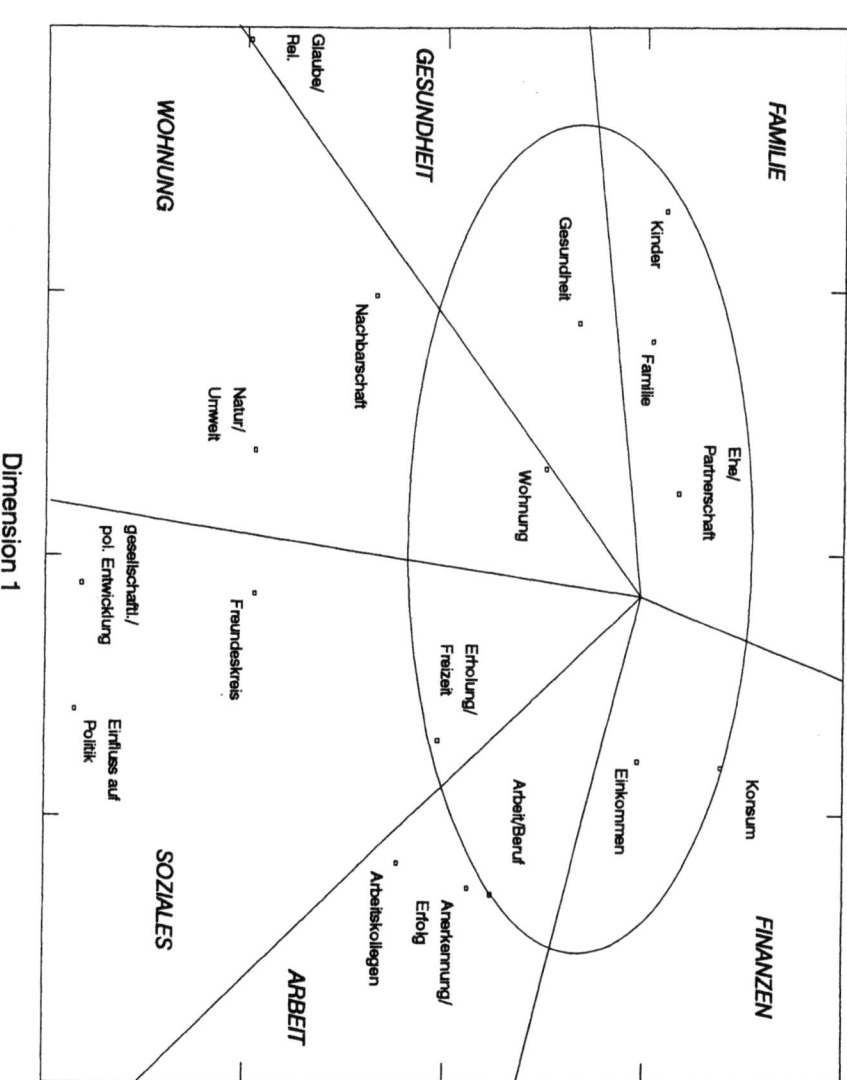

Abbildung 2: Bereiche subjektiven Wohlbefindens – Zweidimensionale SSA
(N = 11.116)

Person (x) fühlt sich durch mögliche *Schädigung* (materielle) (physische) (psychische) Schädigungen

infolge von Ereignissen in ihrem *Umfeld* (primären) (sekundären) sozialen Umfeld

im Lebensbereich *Lebensbereich* (Gesundheit) (Arbeit) (Finanzen) (Soziales) (Wohnung) belastet ⇨ $R_{Belastung}$ (hohe) (...) (geringe) Belastung.

Abbildung 3: Abbildungssatz „Persönliches Sicherheitsgefühl"

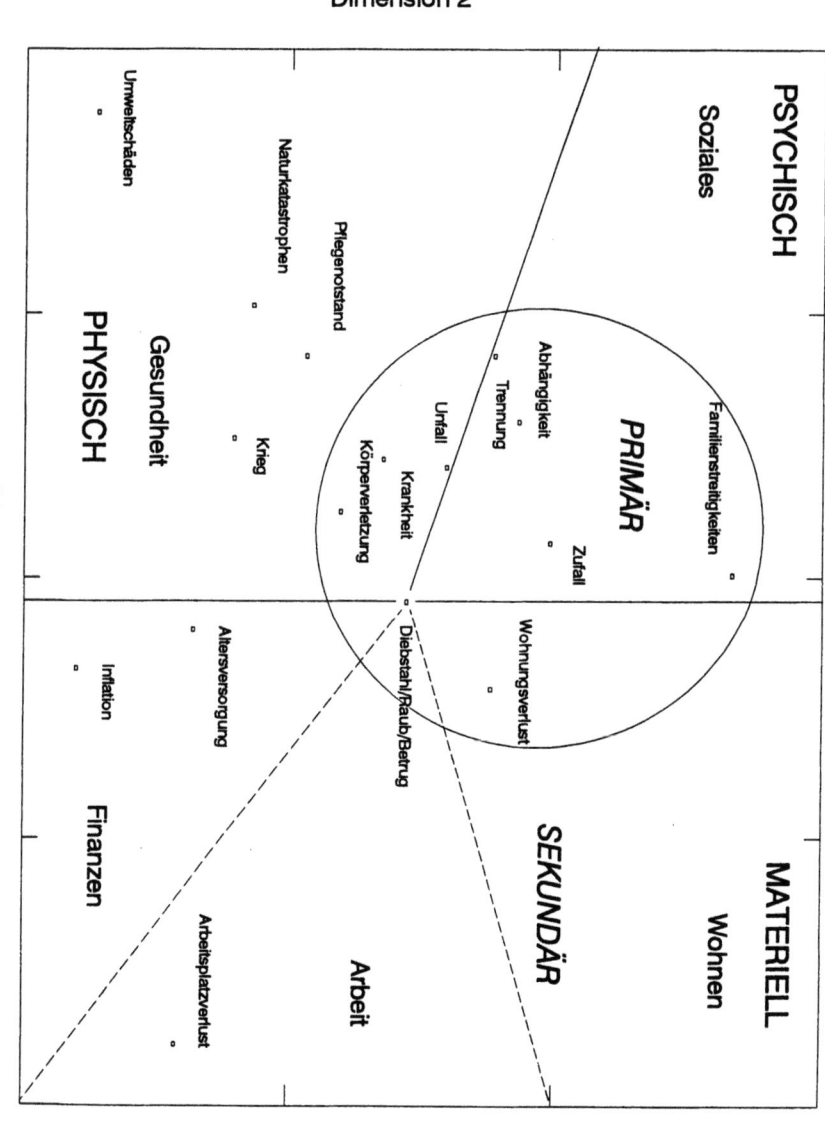

Abbildung 4: Stressoren für das persönliche Sicherheitsgefühl – Zweidimensionale SSA

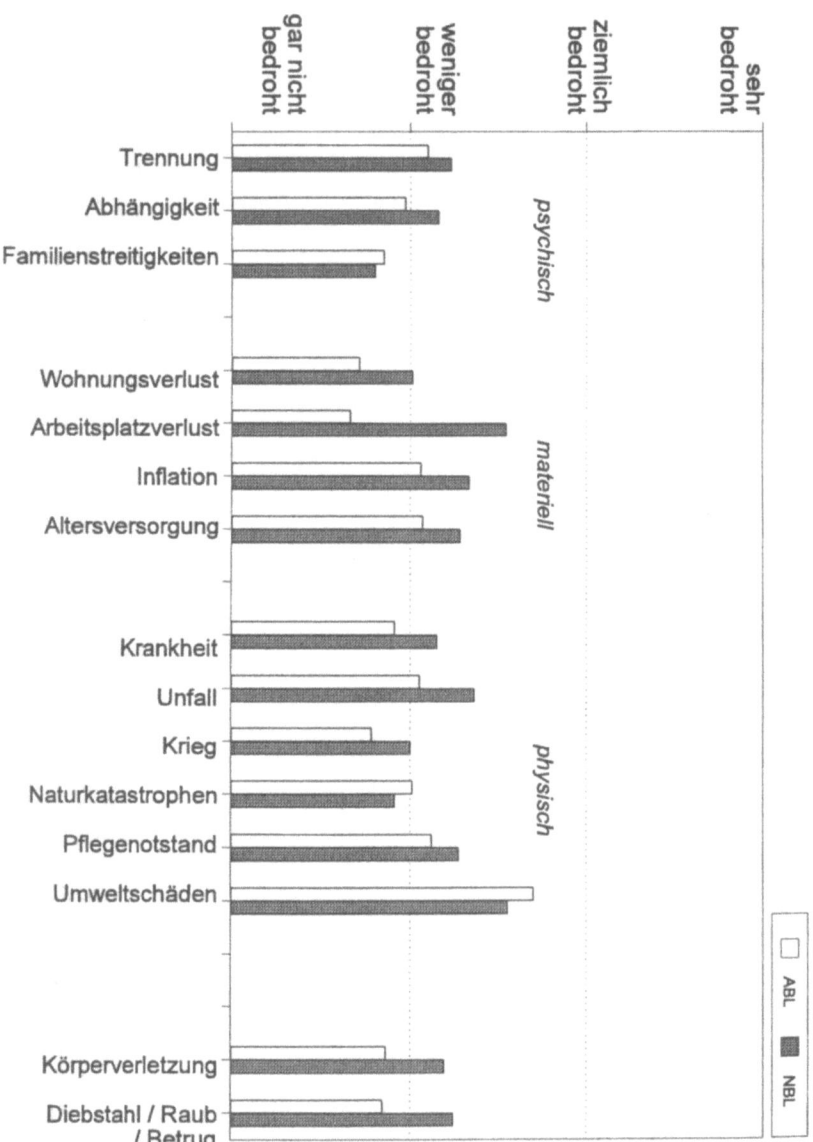

Abbildung 5: Bedrohung des persönlichen Sicherheitsgefühls (Alter < 60; N = 8.997; Mittelwerte)

                                                                          kriminelle Handlung
                                                                          (Person/en
                                                                          (Person/en und Eigentum ⎫
                                                                          (Eigentum   ⎬ ⎫, die von einem
                                                                                                 ⎭ ⎬
                                                                                                   ⎭
                                              Täter/n   Tatzeit
                                              (Unbekannten   ⎫   (tagsüber   ⎫
Person (x) bewertet kriminelle Handlungen gegen (Bekannten   ⎬   (abends   ⎬ begangen wurden und
                                              (Verwandten   ⎭   (nachts   ⎬
oder mehreren   (irgendwann ⎭

                                              Tatort
                                              (zu Hause   ⎫
                                              (bei der Arbeit ⎬
                                              (draußen   ⎬
                                              (irgendwo   ⎭

                              Schädigung   Schädigung der eigenen Person
                              (materiellen   ⎫
die mit einer   (physischen   ⎬
                              (psychischen   ⎭

                                                      R_{Furcht}
                                                      (hohe   ⎫
                              Modalität   ⇧   (...   ⎬ Furcht.
                              (kognitiv ⎫   (niedrige ⎭
verbunden sind,   (affektiv ⎬

Abbildung 6: Abbildungssatz „Personale Kriminalitätsfurcht"

	C06A	C06B	C06C	C06E	C11A	C11B	C11C	C11E
Häufigkeit von Befürchtungen, ...								
bestohlen ... (C06A)								
geschlagen und verletzt ... (C06B)	0.66							
überfallen und beraubt ... (C06C)	0.71	0.75						
sexuell mißbraucht oder vergewaltigt ... (C06E)	0.37	0.50	0.52					
Wahrscheinlichkeit, ... zu werden								
bestohlen ... (C11A)	**0.59**	0.46	0.53	0.28				
geschlagen und verletzt ... (C11B)	0.41	**0.59**	0.51	0.34	0.59			
überfallen und beraubt ... (C11C)	0.49	0.51	**0.60**	0.35	0.66	0.72		
sexuell mißbraucht oder vergewaltigt ... (C11E)	0.24	0.35	0.36	**0.65**	0.34	0.45	**0.47**	
Sicherheitsgefühl in dieser Gegend, nachts, draußen alleine (Standarditem C10)	0.43	0.40	0.47	0.44	0.35	0.32	0.37	0.35

Tabelle 1: Interkorrelation der Furchtindikatoren (Alte Bundesländer; N = 3.631)

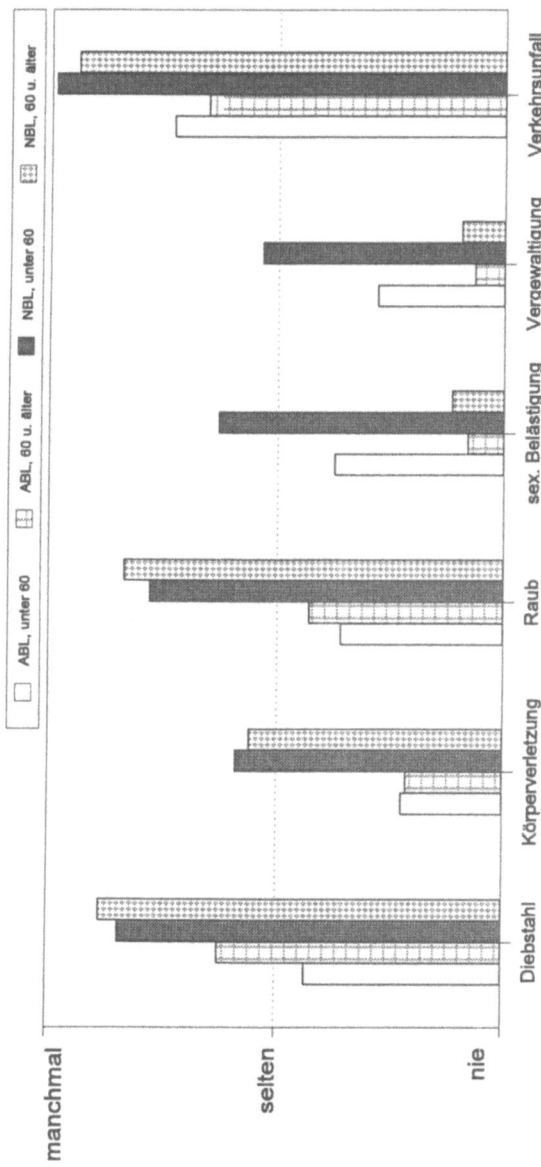

Abbildung 7: Befürchtungen, Opfer zu werden (Frauen; N = 5.024; Mediane)

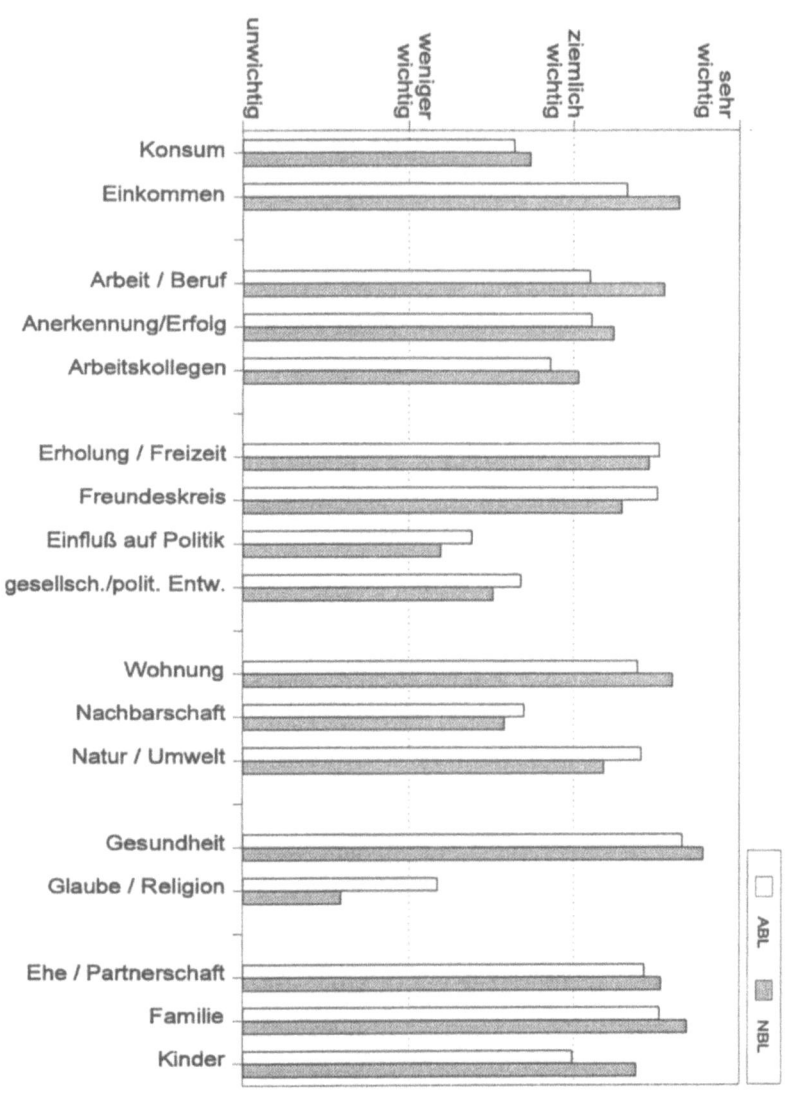

Abbildung 8: Wichtigkeit für das subjektive Wohlbefinden (Alter < 60; N = 8.997; Mittelwerte)

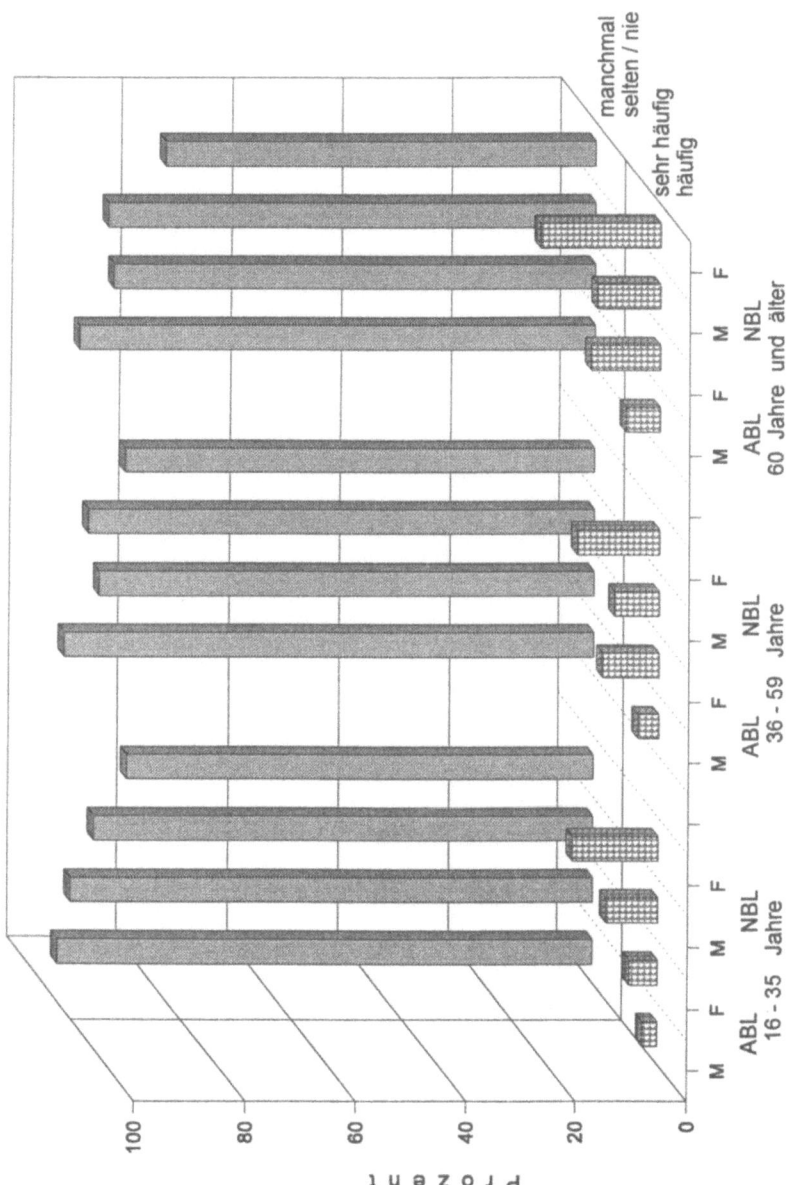

Abbildung 9: Befürchtungen, Opfer eines Raubüberfalls zu werden (N = 9.317)

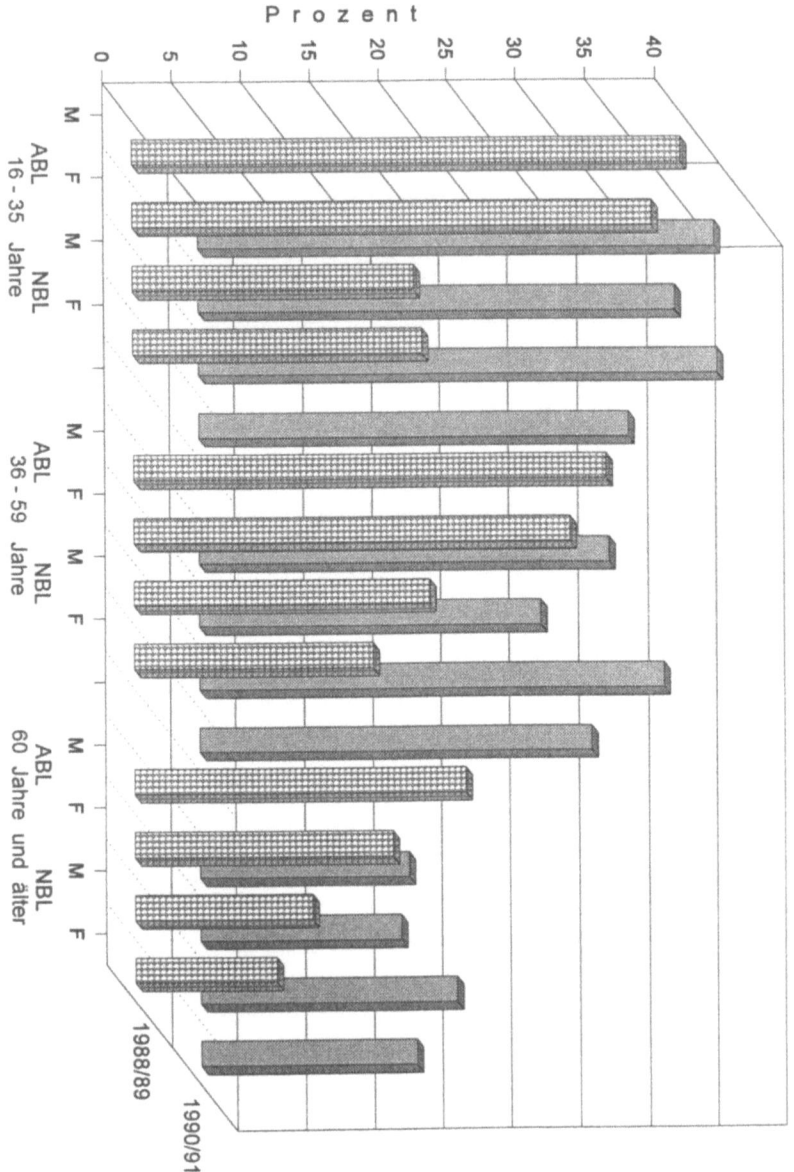

Abbildung 10: Gesamtprävalenzraten: Opfer 1988/89 gegenüber 1990/91
(N = 15.771)

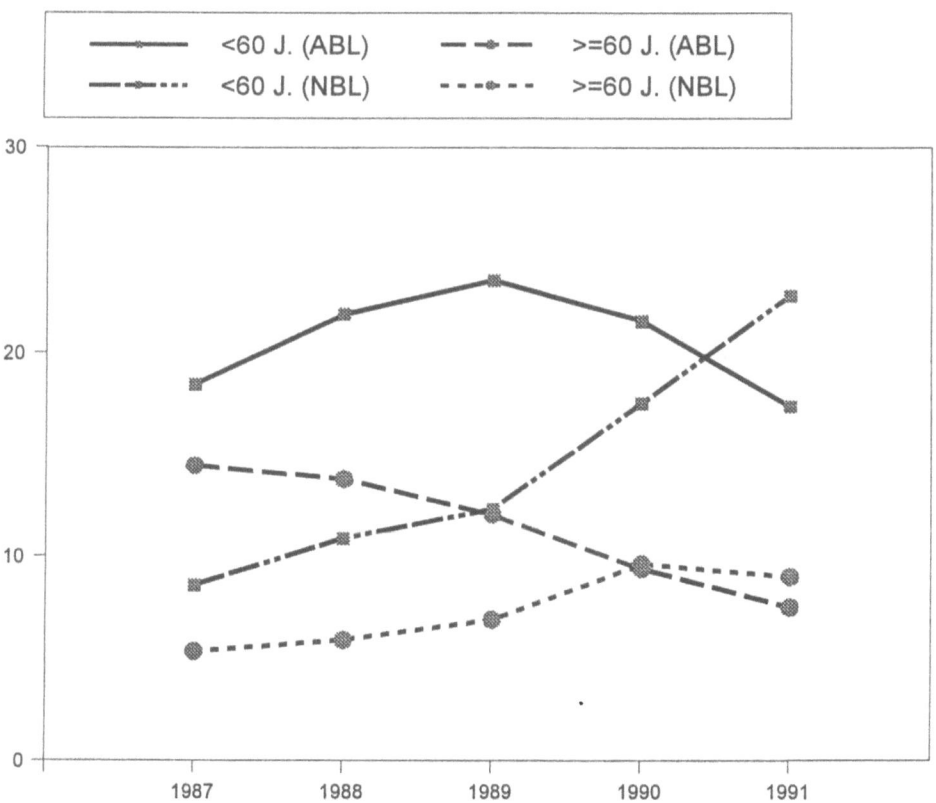

*Abbildung 11: Entwicklung der Gesamtprävalenzraten (%) von 1987 bis 1991
(N = 15.771)*

Literatur

Abele, A./Becker, P. (Hrsg.) (1991): *Wohlbefinden.* Weinheim: Juventa.

Andrews, F. M. (Eds.) (1986): *Research on the quality of life.* The University of Michigan, Ann Arbor, Michigan: Survey Research Center. Institute of Social Research.

Bayley, J. E. (1991): The concept of victimhood. In: D. Sank/D. I. Caplan (Eds.): *To be a victim* (S. 53–62). New York: Plenum.

Bergler, R./Six, B. (1972): Stereotype und Vorurteile. In: C. F. Graumann (Hrsg.): *Handbuch der Psychologie. Sozialpsychologie* (Bd. 2, S. 1371–1432). Göttingen: Hogrefe.

Bilsky, W./Mecklenburg, E./Pfeiffer, C./Wetzels, P. (1993): *Kriminalitätsfurcht und kriminelle Viktimisierung im Leben älterer Menschen in den alten und neuen Bundesländern. Zwischenbericht zur KFN-Opferbefragung 1992.* (KFN Forschungsberichte Nr. 15). Hannover: Kriminologisches Forschungsinstitut Niedersachsen.

Bilsky, W./Pfeiffer, C./Wetzels, P. (Eds.) (1993a): *Fear of crime and criminal victimization.* Stuttgart: Enke.

Bilsky, W./Pfeiffer, C./Wetzels, P. (1993b): Feelings of personal safety, fear of crime and violence, and the experience of victimization amongst elderly people. In: W. Bilsky/C. Pfeiffer/P. Wetzels (Eds.): *Fear of crime and criminal victimization* (S. 245–267). Stuttgart: Enke.

Bilsky, W./Wetzels, P. (1993): Wellbeing, feelings of personal safety, and fear of crime: Towards a conceptual integration. In *Proceedings of the fourth international facet theory conference* (S. 11–19). Prag: Facet Theory Association.

Bilsky, W./Wetzels, P. (1994): Victimization and justice. In: *International Annals of Criminology, 32,* S. 135–154.

Bilsky, W./Wetzels, P. (1995a): Le bien-être, le sentiment de sécurité personnelle et la peur du crime – Un cadre commun de référence. In: *Revue canadienne de criminologie, 37,* S. 229–237.

Bilsky, W./Wetzels, P. (1995b): Psychologische Fundierung des Konstruktes „Kriminalitätsfurcht": Ein Beitrag zur Überwindung der Schieflage psychologischer Forschung. In: K. Pawlik (Hrsg.): *Bericht über den 39. Kongreß der Deutschen Gesellschaft für Psychologie in Hamburg* (S. 514–518). Göttingen: Hogrefe.

Bilsky, W./Wetzels, P./Mecklenburg, E./Pfeiffer, C. (1995): Subjektive Wahrnehmung von Kriminalität und Opfererfahrung. In: G. Kaiser/J.-M. Jehle (Hrsg.): *Kriminologische Opferforschung. Teilband II: Verbrechensfurcht und Opferwerdung. Individualopfer und Verarbeitung von Opfererfahrungen* (S. 73–106). Heidelberg: Kriminalistik Verlag.

Boers, K. (1991): *Kriminalitätsfurcht.* Pfaffenweiler: Centaurus-Verlagsgesellschaft.

Borg, I. (1993): Facet theory: A systematic approach to linking survey research to theoretical reasoning. In: W. Bilsky/C. Pfeiffer/P. Wetzels (Eds.): *Fear of crime and criminal victimization,* S. 99–128.

Heckhausen, H. (1989): *Motivation und Handeln.* Berlin: Springer.

Levy, S. (1990): The mapping sentence in cumulative theory construction: well-being as an example. In: J. J. Hox/J. de Jong-Gierveld (Eds.): *Operationalization and research strategy* (S. 155–177). Amsterdam: Swets & Zeitlinger.

Levy, S., & Guttman, L. (1989): The conical structure of adjustive behavior. *Social Indicators Research, 21,* S. 455–479.

Mayring, Ph. (1991): Die Erfassung subjektiven Wohlbefindens. In: A. Abele/P. Becker (Hrsg.): *Wohlbefinden* (S. 51–70). Weinheim: Juventa.

Sessar, K. (1992): Vergleichende Opferforschung in Deutschland. Einführung in das Thema. In: H. Kury (Hrsg.): *Gesellschaftliche Umwälzung. Kriminologische Forschungsberichte* (Bd. 54, S. 131–139). Freiburg: Max-Planck-Institut für ausländisches und internationales Strafrecht.

Skogan, W. G. (1993): The various meanings of fear. In: W. Bilsky/C. Pfeiffer/P. Wetzels (Eds.): *Fear of crime and criminal victimization* (S. 131–140). Stuttgart: Enke.

Strack, F./Argyle, M./Schwarz, N. (1991): *Subjective well-being.* Oxford: Pergamon Press.

Wetzels, P./Greve, W./Mecklenburg, E./Bilsky, W./Pfeiffer, C. (1995): *Kriminalität im Leben alter Menschen: Eine altersvergleichende Untersuchung von Opfererfahrungen, persönlichem Sicherheitsgefühl und Kriminalitätsfurcht.* Stuttgart: Kohlhammer.

DIE VERBRECHENSFURCHT UND IHRE DERIVATE IN MITTEL-OSTEUROPA

László Korinek

> *Die Demokratie ist leicht zu essen,*
> *aber schwer zu verdauen.*

I Einleitung

Politiker gefallen sich in jeder Gesellschaftsform, vor allem aber in den bürgerlichen Demokratien gern in ihrer Rolle als „Diener der Gemeinschaft". Sie suchen nach Möglichkeiten, diese Rolle spielen zu können, um ihre Verbundenheit mit der „Res publicae" unter Beweis zu stellen. Eigentlich ist daran nichts auszusetzen, wenn Ziele und Motivationen den tatsächlichen Interessen der Gesellschaft entsprechen und die Macht der Regierenden durch eine permanente Kontrolle der Opposition beschränkt wird.

Besonders vor herannahenden Wahlen geißeln Politiker gern die fehlende Wirksamkeit der Kriminalitätsbekämpfung und versprechen dem von der Kriminalität verängstigten „Staatsbürger" ihren Schutz. Allgemein fallen derartige Aussagen Politikern übrigens besonders leicht. Hiermit können nämlich Wähler und – in den glücklichen Gesellschaften, in denen dies das einzige drängende Problem ist – sogar Wahlen gewonnen werden. Man muß nur das Problem des „fehlenden Sicherheitsgefühls der Bevölkerung" zum Wahlkampfthema machen, strengere Strafen fordern und allerlei Versprechungen äußern: den Kriminellen die Todesstrafe, den von der Kriminalität verunsicherten Bürgern ausreichende Sicherheit, der Polizei mehr Personal, Geld und eine neue Führung, usw.

Daran ist eigentlich auch nichts auszusetzen, weil Politik – offen gesagt – eben so funktioniert. Bedenklich wird es nur dann, wenn der verantwortungslos Versprechende, ohne es richtig zu durchdenken, mit „law and order"-Argumenten das Problem der

Kriminalität dermaßen dramatisiert, daß sogar der mit Kriminalität nur in der Presse und im Fernsehen konfrontierte Staatsbürger zu glauben beginnt, daß er vor jemandem beschützt werden müsse, wozu gerade der Politiker geeignet sei und daß es für ihn, den Staatsbürger, ausreiche, hinter den Namen des Politikers ein Kreuzchen zu setzen, und das Problem sei damit bereits gelöst.

Bedenklich ist es auch, wenn in der politischen Diskussion die Frage der Inneren Sicherheit einen zentralen Platz einnimmt und dauernd mit der Kriminalitätsfurcht argumentiert wird. Hier besteht nämlich die Gefahr, daß in gewissen Kreisen und Bevölkerungsschichten an die Lynchjustiz erinnernde, blinde Racheinstinkte gefördert werden, da es besser zu sein scheint, wenn der auf sich selbst angewiesene Staatsbürger, der auf die „machtlose" Polizei nicht mehr vertrauen kann, die Dinge selbst in die Hand nimmt.

Wir sind der Ansicht, daß die vorstehend erwähnten Umstände ausreichend unter Beweis stellen, welche selbstinduzierenden Prozesse in Gang gesetzt werden können, wenn die Kriminalitätsfurcht zu politischen Zwecken instrumentalisiert wird und welche großen Mißbrauchsmöglichkeiten hieraus erwachsen können.

Das subjektive Sicherheitsgefühl ist aber natürlich als Problem dennoch ernst zu nehmen, da eine Bagatellisierung ebenso gefährlich werden kann.

II Die erweiterte Furcht

Einstellungen und Befindlichkeiten der Bürger in den früheren sozialistischen Staaten werden seit der Wende fieberhaft in verschiedenen Studien untersucht. Auch die demokratischen Wahlen, die zeitweise zu verblüffenden Um- und Restrukturierungen führten, können als Gradmesser angesehen werden.

Da die Furcht vor der Kriminalität ein Indikator des Allgemeinbefindens ist und wir im Besitz von Ergebnissen aus Folgeuntersuchungen sind, die nach internationalen Standards durchgeführt wurden, versuchen wir im weiteren anhand einiger Beispiele aus Ungarn, den Stand der Furcht vor Kriminalität zu veranschaulichen.

Schon im Jahre 1982 haben wir mit den Co-Autoren H. Arnold und R. Teske in einem Vergleich (Texas und Baden-Württemberg)[1] durch Befragung von je 2.448 Personen mittels Postfragebögen verschiedene Aspekte der nicht sichtbaren Kriminalität untersucht und uns dabei in besonderem Maße der tatsächlichen Kriminalitätsbelastung und der Furcht vor Kriminalität gewidmet.

---

1   Arnold, H./Teske, R. H. C./Korinek, L.:Viktimisierung, Verbrechensfurcht und Einstellung zur Sozialkontrolle in Ost und West. Ergebnisse vergleichender Opferbefragungen in der Bundesrepublik Deutschland, den Vereinigten Staaten und Ungarn. In: Kaiser/Kury/Albrecht (Hrsg.): Kriminologische Forschung in den 80er Jahren, S. 904–942, Freiburg 1988

Nach zehn Jahren haben wir die Untersuchung im Frühjahr 1992 wiederholt. Nach der Auswertung von 2.069 Fragebögen ließen sich interessante Schlüsse ziehen.

Charakteristisch für die Zusammensetzung der Stichprobe ist, daß hier ebenso wie bei der ersten Erhebung in den achtziger Jahren etwa die Hälfte der Befragten aus der Stadt Pécs stammte. Somit waren die Ergebnisse für die zehnjährige sozialwirtschaftliche Entwicklung mehr oder weniger repräsentativ. Wir versuchten die in bedeutendem Maße verzerrte Altersstruktur durch Standardisierung auszugleichen.

Wir stellten die Anfang der achtziger Jahre als Standard geltenden „affektiven" Furchtfragen („bei Nacht allein zu Hause", „bei Nacht in 100 m Umkreis um die Wohnung", „bei Nacht im Umkreis von einem Kilometer" und „bei Tag in der Umgebung"). Dann wurden die Antworten summiert, und die Auswertung ergab folgendes Ergebnis:

Tabelle 1

„Wann und wo fürchten Sie sich am meisten?"
(Verteilung in Prozent)

	1982	**1992**
In der Umgebung bei Nacht	13,6	17,1
Zu Hause bei Nacht	15,2	10,6
In der Umgebung bei Tag	0,3	0,2
Bei Nacht (zu Hause und in der Umgebung)	23,4	34,7
Tag und Nacht in der Umgebung	1,4	2,0
Überall gleichermaßen	6,6	10,4
Niemals Furcht	39,5	25,0
Insgesamt	100,0	100,0

Die Häufigkeiten der verschiedenen Antwortalternativen veränderten sich in unterschiedlichem Maße. Der Anteil der bei Nacht in der Umgebung bzw. zu Hause ängstlichen Personen betrug 1982 etwa 14 % bzw. 15 %. Die verschlechterte Sicherheitslage in der unmittelbaren Umgebung zeigt sich auch in einer Änderung des Furchtniveaus, indem der Anteil der bei Nacht in der Umgebung ängstlichen Personen zur Zeit der zweiten Befragung um 3,5 Prozentpunkte steigt. Gleichzeitig verringerte sich der Anteil der ausschließlich zu Hause ängstlichen Personen um 4,6 Prozentpunkte.

All dies ist teilweise dadurch erklärbar, daß das durch die Zunahme des Furchtgefühls hervorgerufene Vermeideverhalten, aber besonders die Durchführung von Sicherheitsmaßnahmen zur Verbesserung der Wohnungssicherheit geeignet sind, die Furcht, Opfer einer Straftat zu werden, zu senken. Jene, die die Sicherheit ihrer Wohnung besonders beschäftigt bzw. deren Furchtgefühl mit der fehlenden Sicherheit ihrer Wohnung zu tun hat, sind fähig gewesen, ihr Furchtgefühl durch Schutzmaßnahmen zu dämmen. Dies kann aber nicht von allen behauptet werden, was die Tatsache untermauert, daß auf der Meßskala der Furchtintensität die rationalere Angst und die irrationalere Furcht ebenfalls erscheinen.

Im Jahr 1982 fühlte sich nahezu ein Viertel der Befragten weder in der Wohnung noch in deren näherer Umgebung in Sicherheit. Die bedeutendste Zunahme zeigte sich gerade in dieser Kategorie.

Die Gruppe der bei Nacht ängstlichen Personen blieb 1992 kaum unter 35 %. Gleichfalls ist eine bedeutende Zunahme in der Kategorie der größten Furcht zu verzeichnen. Der Anteil jener Befragten, die sich überall und zu allen Tageszeiten fürchten (bei Nacht in der Umgebung und zu Hause, außerdem bei Tag in der Umgebung der Wohnung), hat auf mehr als das Anderthalbfache zugenommen und erreichte bei der zweiten Befragung 10 %.

In Kenntnis des gestiegenen Angst-/Furchtniveaus ist die ebenfalls starke Änderung des Abwehrverhaltens vielleicht verständlich.

Tabelle 2

„Verriegeln Sie das Türschloß, wenn Sie allein zu Hause sind?"
(Angaben in Prozent)

	Baden-Württemberg 1981	Texas 1980	Baranya (Ungarn) 1982	Baranya (Ungarn) 1992
niemals	9,7	2,5	24,3	14,2
manchmal	7,7	4,1	25,0	17,7
allgemein ja	18,9	10,9	18,8	21,3
immer	64,4	82,5	31,9	46,8
insgesamt	100,0	100,0	100,0	100,0

Bei der Analyse dieser Tabelle ist eine der augenfälligsten Erscheinungen, daß die ungarische Bevölkerung trotz der zunehmenden Angst immer noch nicht das Angstniveau der beiden „post-industriellen" Gesellschaften erreicht hat. Bedenklich ist aber die Umstrukturierung der ungarischen Datenreihen. Es ist nicht feststellbar, welcher Prozentsatz der Veränderungen aus rationalen, vorsichtigen Änderungen im Lebensstil und welcher aus der eine Isolierung verursachenden irrationalen Furcht entspringt, und auch nicht, ob die Daten der Tabelle nur einfach „verrutscht" sind, weil jene, die früher nur „manchmal" absperrten, inzwischen „allgemein" absperren, oder ob sich die Zahlen ins Gegenteil verkehrt haben und jene, die früher niemals Angst hatten, heute bereits große Angst haben. Wir können also die Frage, wie sich die Furcht verteilt, nicht beantworten.

Eines ist jedenfalls sicher: die Bevölkerung nimmt sich in ihrem Umfeld ereignende bedenkliche Erscheinungen wahr und reagiert darauf abwehrend.

III Sozialpolitische Ursachen und Auswirkungen der Furcht in den ehemals sozialistischen Staaten

Um die in unserem Raum allgemein steigende Tendenz der Kriminalität unter diesem Aspekt richtig deuten zu können, sind drei Faktoren gründlicher zu betrachten, die in der Kriminalitätsentwicklung eine wichtige Rolle spielen könnten.

Darüber hinaus prüfen wir eine spezielle Furchtäußerung, die für unseren Raum ebenfalls charakteristisch ist: das Phänomen des Ausländerhasses oder, anders gesagt: fehlende Toleranz.

Die ersten Faktoren sind die den gesamten Raum beeinflussende Wirtschaftsrezession und der gesunkene Lebensstandard als deren unmittelbare Folge sowie die düstere Beurteilung der Zukunftsaussichten durch die Bevölkerung.

Die unproduktive Struktur der sozialistischen Großindustrie, das individuelle Desinteresse und die Erschöpfung der Reserven des früheren Systems sind die vielleicht wichtigsten Faktoren, die zum spektakulären Zusammenbruch der sozialistischen Gesellschaftsordnung geführt haben.

Dem Osteuropäer brachte die Einführung der sozialen Marktwirtschaft als der Alternative zum Sozialismus bedauerlicherweise als erste Auswirkung nicht Existenzsicherheit und eine berechenbare Zukunft, sondern im Gegenteil Arbeitslosigkeit, Anpassungszwang und die ungewollte Heraufbeschwörung in der Vergangenheit liegender, nur zu gern verdrängter Umstände wie der Stasi-Akten. Der Bürger wurde also mit einer Krise konfrontiert, die er als jemand, der im Etatismus Osteuropas aufgewachsen und an den betreuenden Staat gewöhnt ist, nur schwer erträgt. So fürchtet sich der osteuropäische Bürger sowohl vor seiner Zukunft als auch vor seiner Vergangenheit.

Aus diesen Gründen sind für unser Thema sämtliche existentiellen Ängste interessant, die mit den sozialen Verhältnissen in direktem Zusammenhang stehen. In diesem Kontext halten wir die Daten einer von uns im Jahre 1993 durchgeführten Budapester Untersuchung für charakteristisch, wonach sich der Anteil jener, die sich zu den unteren und mittleren Schichten in der Metropole rechnen, kaum vier Jahre nach der Wende verdoppelt hat.

Dieses deklassierende soziale Selbstbildnis hängt vor allem mit dem Rückgang der Mittelschicht zusammen. Es zeigt im Einklang mit anderen Untersuchungen, daß die Befragten die Auswirkungen des Systemwechsels als eine Erschütterung ihrer vormals sicheren Mittelschichtexistenz erleben und daß ihre Zukunftserwartungen negativ sind: Man rechnet mit einer Verschlechterung der eigenen Lebensumstände.

Die gleiche Untersuchung zeigte ferner, daß die Befragten als bedenklichste Erscheinungen vor allem die sozialen Probleme einstufen, die dem Bereich der Kriminalität zuzurechnen sind, wie zunehmende Aggressivität, Gewalttätigkeit, und Organisierte Kriminalität und solche, die den Verlust der sozialen Sicherheit betreffen, wie Preiserhöhungen, Sozialabbau, die Verschlechterung der Wirtschaftslage, Arbeitslosigkeit und den Verfall der Kaufkraft der Renten.

Wenn wir von den das schlechte Allgemeinbefinden beeinflussenden Stressoren als zweiten die Kriminalität unter die Lupe nehmen, so ist festzustellen, daß wir den für unseren Raum am deutlichsten verschlechternden Umstand berührt haben. Die sprunghaft zunehmende Gesamtkriminalität ist mit ihren sich bedenklich ändernden Qualitätsparametern (bewaffnete Gewalttätigkeit, organisiertes Verbrechen, sinkende Aufklärungsraten) für den Durchschnittsbürger leichter verständlich und als Sündenbock für Probleme vorstellbar, weil sie eine der spektakulärsten Manifestationen des Zusammenbruchs der Sozialordnung darstellt.

Die Kriminalität hat nicht nur zugenommen und ist gleichzeitig gefährlicher geworden, sondern Informationen über Kriminalität wurden auch leichter zugänglich. Der bereits mit dem „Glasnost" begonnene Prozeß der Liberalisierung des Medienwesens führt mit der Ausdehnung der westlichen Medienreiche zu Kriminalberichten von vorher niemals gesehener Ausführlichkeit, Geschwindigkeit und Brutalität.

Wenn die Gesellschaftsforscher das Allgemeinbefinden unter die Lupe nehmen, kann der Befragte beim Verlust des Arbeitsplatzes noch eine gewisse auch ihn treffende Verantwortung spüren („warum hat er nicht mehr oder besser verwertbares Wissen bzw. Fachkenntnisse"). Die Reaktion auf den Sozialabbau ist gleicher Art. Mit der Kriminalität verhält es sich dagegen völlig anders. Dafür waren immer „andere" verantwortlich – sowohl für die Begehung der Tat als auch für ihre Bekämpfung. Der Befragte kann also diese Stressoren leichter wählen, wenn er den Grund seiner Furcht bezeichnen soll, was ihm ermöglicht, damit auch das Problem selbst anzugehen.

Natürlich läßt sich auch die Auffassung vertreten, daß man sich an die gleichmäßig hohe Kriminalität gewöhnen kann, weil eine gesunde Persönlichkeit nicht auf Dauer in Furcht leben kann. Sie wendet rationalisierende, neutralisierende Techniken an, gewöhnt sich an die Gefahr und bedient sich selbstschützender Mechanismen. Gleichzeitig kann man sich aber kurzfristig nur schwer an die sprunghaft zunehmende Gefahr – die Kriminalität – anpassen.

Das vorangehend beschriebene Phänomen wurde in der westdeutschen Gesellschaft bereits früher beobachtet und war dementsprechend bekannt. Obwohl aber die den Bürger am meisten beunruhigende Gewaltkriminalität seit Anfang der achtziger Jahre stark zugenommen hat, zeigen die durchgeführten Untersuchungen, daß der Anteil jener Bürger, die sich in ihrem privaten Umfeld verunsichert fühlten, zwischen

Mitte der siebziger und Ende der achtziger Jahre ständig sank. Manfred Murck[2] erklärt diesen scheinbaren Widerspruch damit, daß die allgemein fühlbare positive soziale Entwicklung, der steigende Wohlstand, diese negative Wirkung sozusagen als sozialer „Puffer" aufgefangen hat.

Es zeigt sich also, daß die sprunghaft steigende Kriminalität (die von der veränderten Medienwelt relativ „vergrößert" wurde und die man gern als Grund für das schlechte Allgemeinbefinden anführt) den Osteuropäer in einer Periode erreichte, in der auch der früher immerhin vorhandene, wenn auch nicht zu weiche soziale Puffer verschwunden ist.

Wir sollten einige Gedanken auf die osteuropäische Variante des sozialen Puffers verwenden.

Die frühere Gesellschaftsform hat ihre Untertanen vor allem durch das Informationsmonopol der Herrschenden nicht zu irgendwelcher staatsbürgerlichen Verantwortung erziehen können. („Wir hatten im Lauf der Geschichte niemals Mitspracherechte, alles geschah immer einfach mit uns.") Die Staatsmacht sorgte dafür, daß die Reaktionen des Bürgers berechenbar blieben. Ein Beispiel dafür ist die lange Reihe der Parlamentswahlen, bei denen man aus einem Kandidaten „wählen" durfte.

Ausdruck des paternalistischen Staatsführungsstils war auch, daß die Bevölkerung die Technik der Problemverarbeitung gar nicht erlernen konnte. Und als jetzt die „vaterlose Gesellschaft" mit der Masse der Sorgen konfrontiert wurde, fühlte sie sich in dieser „schönen neuen Welt" (nach Huxley) notwendigerweise unwohl.

Im Jahr 1987 führten wir mit dem „Seminar für Jugendrecht und Jugendhilfe" der Hamburger Universität eine vergleichende deutsch-ungarische Untersuchung durch[3], bei der sich bestätigte, daß die ungarische Bevölkerung ihrer Polizei nicht besonders zugetan war, Normbrüche strenger bestraft sehen wollte und mit einem Täter-Opfer-Ausgleich nicht einverstanden war. Der Bürger betrachtete die Verbrechensbekämpfung und die Rechtsprechung als alleinige Aufgabe des Staates und erwartete dann von diesem als Dienstleistung, daß er vor dem Verbrechen geschützt bleibe.

Das heißt, daß sich der Osteuropäer, dem das verantwortungsvolle Selbstbewußtsein des Citoyen nicht gegeben war, im Laufe seiner Sozialisation den verbrechensbekämpfenden und rechtsprechenden Organen eine seltsame Haßliebe entgegenbrachte. Er fühlte sich „unter der strengen Obhut des betreuenden Staates" nicht wohl, forderte aber gerade jene Sicherheit, die ihm der ungebetene Etatismus doch gewährleistete. Die Furcht vor der Kriminalität ist also in unserem Raum ein viel komplexeres Phänomen, als man zunächst glauben könnte.

---

2   Murck, M.: Wahn oder Wirklichkeit? In: Deutsche Polizei, 1993/2
3   Öffentliche Strafeinstellungen in Pécs und Hamburg im Vergleich, Vortrag auf dem X. Internationalen Kongreß für Kriminologie Hamburg, 1988. Vgl. zu den Daten: Sessar, K.: Wiedergutmachen oder strafen. Pfaffenweiler 1992, S. 90, 107

Boers[4] schreibt in seiner „Soziale-Problem-Perspektive" den Medien eine herausragende Rolle zu, da die Furcht manchmal nichts anderes sei als die irrationale Antwort auf die oft übertriebenen Berichte der Massenberichterstattung.

Dies meinen wir für unseren Raum insoweit ergänzen zu müssen, als mit den Auswirkungen der den sozialen Wandel begleitenden Erscheinungen, wie Arbeitslosigkeit, Verarmung, sozialer Abstieg, weitere soziale Probleme und schließlich die zunehmende Kriminalität die Furcht vor dem Verbrechen als konkretisierbare und dämonisierbare Gefahr zunehmen kann. Die in der gewohnten Ordnung der Gesellschaft eingetretenen Veränderungen, die allgemeine Unordnung und die gesunkene Bedeutung staatlicher Anordnungen wecken oder verstärken bei vielen Menschen die Hoffnung auf neue große Möglichkeiten, bei anderen hingegen (den „Schwachen") erzeugen sie ein Gefühl der Schutzlosigkeit und der Unsicherheit. Ergibt sich eine unsichere, ungeregelte Lage, bietet sich die Möglichkeit zum relativ risikolosen Normbruch. Es gibt immer Menschen, die diese Lage mißbrauchen, und es gibt auch immer welche, die sich als „Tölpel", Ausgelieferte, Betrogene fühlen und sich fast gesetzmäßig von einer Gesellschaft entfremden, die die Normüberschreitungen nicht verhindern kann.

Demnach können wir die soziale Veränderung als einen besonderen Faktor ansehen, der selbständig zur Erklärung der mit der Kriminalität verbundenen Einstellungen bzw. deren Elementen maßgeblich beitragen kann, also auch zur Kriminalitätsfurcht.

Das Bild wird noch bunter, wenn wir eine weitere, für unseren Raum charakteristische Manifestation von Furcht, den Ausländerhaß, in unsere Betrachtungen einbeziehen.

Es ist leicht zu verstehen, daß nach dem Verschwinden des „großen Bruders" aus unserem Leben der auf sich selbst gestellte osteuropäische Bürger inmitten aller Daseinssorgen seinen Platz sucht, sich vor Vergangenheit und Zukunft fürchtet, vor den Verbrechern Furcht hat, die Neureichen beneidet, sich um seinen Arbeitsplatz sorgt und die Fremden manchmal mit Mißtrauen beobachtet, ja sogar haßt.

Bei dieser Entwicklung kommt wieder jener Vergangenheit eine bedeutende Rolle zu, in der die Bevölkerung keine Möglichkeit zum Kennenlernen des Andersartigen hatte; ihr wurde nämlich die Außenwelt klischee-artig und gebrauchsfertig vorgeführt. Es wurde im voraus gesagt, wer für sie der Freund, wer der Feind zu sein hatte, und es wurde ihr vorgeschrieben, wie sie diese Freunde lieben oder diese Feinde hassen sollte.

Jetzt, da Anlaß zur Furcht vor der Zukunft besteht, sucht der Bürger den Grund für sein unfreiwillig verschlechtertes Schicksal. Leider glaubt er in einer allzu vereinfachenden Denkweise dem altbekannten Automatismus der Sündenbocksuche folgend sehr oft, daß seine existentielle Sicherheit gerade durch die Fremden, die Ausländer,

---

4 Boers, K.: Kriminalitätsfurcht, Pfaffenweiler 1991

gefährdet sei. Von hier ist es nur mehr ein Schritt zum Fremdenhaß. Als Einstellung gewinnt er in Zeiten großer Anpassungskrisen an Aktualität. Denken wir nur an die Straßenszenen in Rostock oder Hoyerswerda, als die die von Asylbewerbern bewohnten Häuser in Brand steckenden Rechtsextremisten von ansonsten als „brave Bürger" geltenden Personen mit Applaus belohnt wurden. Man könnte auch sagen, daß sich der Staatsbürger so vielen Anpassungszwängen ausgesetzt sieht, daß weitere, zu anderen Zeiten vielleicht problemlos verarbeitete Impulse – wie in unserem Fall die Andersartigkeit der Ausländer, der Fremden – plötzlich nicht mehr zu bewältigen sind.

Deshalb macht nachdenklich, wie die Politik, die Medienwelt teilweise den Fremdenhaß behandelt. Es scheint aussichtslos zu sein, wenn die Reichen, also die Erfolgreichen die weniger Erfolgreichen zum Verständnis, zur Geduld gegenüber den noch weniger Begüterten mahnen. Die Furchtgefühle und der Mangel an Toleranz der sich als sozial abgestiegen oder geprellt Fühlenden sind ernstzunehmen; vielleicht ist das die Schattenseite des Wohlstandschauvinismus[5].

Zusammenfassend scheint es also so zu sein, daß der auf niedrigen Bedarf eingestellte Wohlstandslevel und die soziale Homogenität der früheren sozialistischen Gesellschaften Osteuropas durch die sozialen und politischen Veränderungen in hohem Maße aus ihrer früheren Gleichgewichtslage herausgekippt wurden.

Wir sind der Meinung, daß die Verunsicherung der Bürger (die zum Teil auch mit der erhöhten Kriminalitätsfurcht identisch ist) so lange anhalten wird, wie sich die Menschen nicht an die stärkeren Belastungen durch gesellschaftliche Veränderungen gewöhnen bzw. wie der soziale Puffer (die Wirtschaftsentwicklung) die negativen Einflüsse nicht fühlbar ausgleicht. Bedauerlicherweise werden diese Gesellschaften lange der sozialen Demagogie ausgesetzt und intolerant bleiben, da eine echte Lösung nur von einer dauerhaften organischen Sozialentwicklung und einer einen allgemeinen Wohlstand hervorbringenden wirtschaftlichen Stabilität zu erwarten ist.

---

5   siehe Kube, E.: Verbrechensfurcht. In: Mut, Nr. 327, Nov. 1994

SOZIALER WANDEL UND DIE FOLGEN FÜR DIE JUGENDKRIMINALITÄT

Ein Vergleich der Kriminalitätsentwicklungen in Prag und Hamburg in den Jahren 1985–1994

Michael Walter, Andrea Wagner, Helena Válková

Geschichte des Vergleichsprojekts

Die Ergebnisse, die wir im folgenden vorstellen, sind aus Arbeiten erwachsen, die auf den Anfang der 80er Jahre zurückgehen. Schon von daher versteht sich, daß die zugrunde liegenden Forschungen zunächst nicht die Erfassung des sozialen Umbruchs ab 1989 und den Übergang zu einer freiheitlichen Demokratie im Auge gehabt haben. Aufgrund eines Partnerschaftsvertrages zwischen der Budapester Eötvös Lorand Universität und der Universität Hamburg kam es im Jahre 1982 zu ersten fachlichen Kontakten zwischen dem Inhaber des kriminologischen Lehrstuhls in Budapest, Jozsef Vigh, und dem damaligen Direktor des Hamburger Seminars für Jugendrecht und Jugendhilfe, Michael Walter. Angesichts unterschiedlicher theoretischer Kriminalitätsverständnisse war es schwer möglich, originäre Daten zu erheben und sodann zu interpretieren. Es sollten deshalb die amtlichen Datenbestände, also die offiziellen Statistiken, verwendet werden. Als Gegenstand wurde die Jugendkriminalität gewählt, bei der ideologische Probleme eine geringere Rolle zu spielen schienen. Angestrebt wurde ein Vergleich, der – zur Gewährleistung der erforderlichen Übersichtlichkeit – mit den beiden Städten Budapest und Hamburg beginnen sollte, verbunden freilich mit der Option, die Vergleichbasis gegebenenfalls durch die Einbeziehung weiterer Städte zu erweitern.

Die Erwartungen an diesen Vergleich waren wiederum verschieden: Während Vigh die Chance sah, im Wettkampf der Systeme einen Sieg des Sozialismus zu erringen, ging Walter der Frage nach, inwieweit und auf welche Weise sich die Unterschiedlichkeit beider politischen Systeme im Erscheinungsbild registrierter Kriminalität spiegelt. Hierbei figurierte Kriminalität nicht als eine unabhängige Größe, die einmal besser und das andere Mal schlechter bekämpft worden ist, sondern als ein institutionell hergestelltes Phänomen, das selbst als Produkt staatlicher Kontrolltätigkeit angesehen werden muß.

Von dem skizzierten Ansatz, der bereits mehrfachen Untersuchungen – unter Einschluß Prags und Warschaus sowie Berlins (West) und Bremens – zugrunde gelegt worden ist[1], gehen auch die hier dargestellten Überlegungen aus. Eine weitere Zusammenarbeit auf dieser Basis hat sich vor allem mit Helena Valkova aus Prag ergeben.

Unserer Auffassung nach besteht eine Abhängigkeit des kriminalrechtlichen Kontrollsystems und seiner konkreten Leistungen und Erträge – so wie sie in den Kriminalstatistiken aufgeführt werden – von den gesamtgesellschaftlichen Rahmenbedingungen. Es gibt keine vorfindliche oder „freischwebende" Kriminalität, sondern nur Kriminalitätserscheinungen, in die die staatliche Kontrolltätigkeit bereits untrennbar verwoben ist[2]. Aus dieser Sicht braucht und darf man die verfügbaren kriminalstatistischen Daten nicht als unzulängliche Hilfsmittel auf der Suche nach den wahren Verhältnissen zu verdammen, sondern kann sie vielmehr als Linien des genannten Erscheinungsbildes begreifen, dessen Konturen in einem erheblichem Maße von den jeweilig vorhandenen Kontrollbedingungen mitbestimmt werden. Wir haben keine fertige Theorie anzubieten, glauben aber doch, einige Orientierungsmarken benennen zu können, nach denen die Kontrolltätigkeit eines Staates beurteilt werden kann oder könnte. Insbesondere über den summarischen Begriff der Punitivität lassen sich Aussagen zum Verhältnis von gesellschaftlicher und staatlicher Verfaßtheit zu bestimmten Kriminalitätserscheinungen ableiten und formulieren[3].

---

1   Walter, S. M./Fischer, W.: Strukturen registrierter Jugendkriminalität und Formen ihrer Bewältigung in Budapest und Hamburg, MschrKrim 71 (1988), S. 228–245; Walter, M./Fischer, W.: Juvenile Delinquency Structures and Forms of Dealing With It in Budapest and Hamburg. In: International Journal of Offender Therapy and Comparative Criminology, Vol. 33, No. 1 (1989), S. 1–21; Fischer, W.: Das Erscheinungsbild registrierter Jugendkriminalität in Prag und Hamburg – Ein Vergleich auf kriminalstatistischer Basis. In: MschrKrim 73 (1990), S. 1–13; Walter, M./Fischer, W.: Deliktsspezifische Selektionsprozesse bei der Strafverfolgung Jugendlicher im Ost-West-Vergleich. In: MschrKrim 74 (1991), S. 146–158; Fischer, W./Valkova, H./Walter, M.: Jugendkriminalität im Ost-West-Vergleich – Eine Momentaufnahme zur Entwicklung in Prag und Hamburg. In: MschrKrim 77 (1994), S. 297–306
2   Vgl. jetzt des näheren Walter, M.: Jugendkriminalität, Stuttgart 1995, S. 103 f. (Rn. 162 f.)
3   Zusf. Eisenberg, U.: Kriminologie, 3. Aufl. 1990, S. 88 f. (Rn. 3); vgl. ferner Walter, M./Pitsela, A./Gosieniecki, P.: Längerfristige stationäre Sanktionen im polnischen und bundesdeutschen Jugendkriminalrecht, BewHi 36 (1989), S. 302–329; Pitsela, A./Valkova, H./Walter, M.: Mit und

Chancen und Grenzen eines Vorher-Nachher-Vergleichs-Designs

Doch blicken wir nunmehr zurück auf unsere Datenbasis. Sie ermöglicht ein Vorher-Nachher-Design, bei dem die statistischen Kriminalitätserscheinungen vor und nach der Zeit des sozialen Umbruchs miteinander verglichen werden können. Dementsprechend haben wir im folgenden die Angaben für das damalige Vergleichsjahr 1985 zu den neueren Werten der 90er Jahre in Beziehung gesetzt. Im Hinblick auf die möglichen Vergleichsperspektiven und Interpretationen sind grundsätzlich zwei Aspekte zu berücksichtigen, aber gleichzeitig auch auseinanderzuhalten: Die Änderungen können zum einen aus dem unterschiedlichen Verhalten der kontrollierten Jugendlichen herrühren, sie können aber auch aus einem unterschiedlichen Kontrollverhalten der beteiligten Instanzen folgen, zu denen auch die Anzeigeerstatter (meist Opfer) gehören. Diesem letzteren Gesichtspunkt gilt unsere besondere Aufmerksamkeit.

Kontrollpolitische Konstanz im sozialen Wandel

Während der 80er Jahre – und so auch im Jahre 1985 – konnte ein wesentlicher Unterschied in den Strukturen westlicher und östlicher Kriminalitätserledigung festgestellt werden. Dieser bestand in erster Linie darin, daß im Westen das polizeiliche Kriminalitätsaufkommen jenes im Osten um ein Mehrfaches überstieg, daß aber im Verlauf der Selektion der Strafverfolgten auf nachfolgenden Selektionsstufen, vor allem auf der Stufe der gerichtlichen Verurteilung, eine starke und eindrucksvolle Angleichung des System-Outputs zu beobachten war[4]. Er kam im Westen durch eine starke Ausfilterung (Diversion) von Tatverdächtigen zustande, wohingegen für den Osten die Regel galt: Wer erst einmal in das Kontrollsystem hineingekommen ist, läuft auch Gefahr, darin zu verbleiben. Bildlich konnten wir für den Westen von einem Trichter sprechen, der von der Polizeiregistrierung auf den Strafvollzug zuläuft, den parallelen Prozeß im Osten verglichen wir mit einem Zylinder: Die Einengung oder Selektion findet schon zu Beginn statt, die einmal Registrierten haben sodann weniger Chancen, vor den späteren Stufen, der gerichtlichen Verurteilung und schließlich dem Freiheitsentzug verschont zu werden, sie fallen gleichsam von oben nach unten durch.

Als erstes gingen wir der Frage nach, ob und gegebenenfalls was sich im Lauf der letzten ca. zehn Jahre an der Gestalt der Selektionsprozesse in Prag und Hamburg geändert hat (s. Abbildung 1).

---

ohne eigenständigem Jugendstrafrecht: Sanktionsunterschiede zwischen der Tschechoslowakei und der Bundesrepublik Deutschland in den 80er Jahren. In: ZStW 104 (1992), S. 865–891

4   Walter, S./Fischer, W. (Anm. 1), 1991

Wie diese Graphik zeigt, haben sich erstaunlicherweise keine großen Veränderungen ergeben, insbesondere ist bisher keine Annäherung des östlichen Profils an den westlichen Trichter erfolgt. Man kann sogar eher noch von einer weiteren Auseinanderentwicklung sprechen. In Hamburg hat sich der Trichter im Laufe der Jahre noch erweitert, wie aus der Abbildung 2 ersichtlich wird.

Für Prag ist insofern mehr Konstanz und keine so einheitliche Entwicklung festzustellen (s. Abbildung 3).

Diese Darstellungen betonen indirekt die Bedeutung der Kontrollstrukturen und -ressourcen für das Bild der registrierten Kriminalität. Kriminalität in der Variante der Jugendkriminalität scheint weniger gesamtgesellschaftliche Probleme zu spiegeln, sondern mehr von den Handlungsbedingungen des (Sub-)Kontrollsystems abhängig zu sein. Die Rahmenbedingungen, unter denen die Kriminalität in beiden Städten zu bewältigen war, haben sich offenbar nicht so stark verändert, wie man hätte erwarten können. In Hamburg ist ein gewisses Mehr an polizeilicher Registrierung durch Diversionsmaßnahmen aufgefangen worden. In Prag erwiesen sich die Verarbeitungskapazitäten als relativ stabil: Es wurde in etwa das gleiche Volumen bewältigt.

Die Prager Konstanz dürfte vor allem auch auf die Fortgeltung der früheren Prozeßvorschriften zurückzuführen sein, die keine Diversionsmöglichkeiten am oberen Ende des Trichters vorsahen. Bedingte Verfahrenseinstellungen (einschließlich des Täter-Opfer-Ausgleichs) sind allerdings durch zwei Gesetzesnovellen vom 10. Dezember 1993 (mit Wirkung zum 1. Januar 1994) und vom 29. Juni 1995 (mit Wirkung teils zum 1. September 1995 und teils zum 1. Januar 1996) eingeführt worden. Insoweit bleibt abzuwarten, ob hieran eine Annäherung der Selektionsstrukturen in der Praxis gegenüber auffälligen Jugendlichen anschließt.

Die Bedeutung der Kontrollressourcen für die Erscheinungsformen der Kriminalität wird besonders deutlich, soweit man die absoluten Zahlen, mithin das vom in etwa gleichbleibenden Kontrollstab zu bewältigende Quantum, in den Blick nimmt (s. Abbildung 4).

Die Hamburg betreffende Graphik zeigt, wie die Spielräume von Kontrollebene zu Kontrollebene immer enger werden. Während die Polizei noch verhältnismäßig viel Varianz zu verarbeiten vermag, verengt sich der Spielraum auf der Ebene der gerichtlichen Verurteilungen und erst recht bei den Freiheitsstrafen immer mehr.

Noch klarer kann die stufenweise Verringerung des Reaktionsspielraums auf der (vergrößerten) Y-Achse für Prag aufgezeigt werden (Abbildung 5).

Kein Wandel, aber doch Bewegungen in beiden Systemen

Auskünfte über Veränderungen im Kontrollprozeß gibt Abbildung 6.
Infolge des genannten trichterförmigen Selektionsprozesses waren in Hamburg die jeweiligen Übergangswahrscheinlichkeiten (von einer Kontrollstufe zur nächsten) oder Selektionsraten insgesamt geringer als beim Prager „Trichter".

Näheren Aufschluß über die Jahre – unter gesonderter Erfassung der 90er Jahre – liefern die folgenden Abbildungen für Prag (Abbildung 7 a) und für Hamburg (Abbildung 7 b).

Im Hinblick auf Prag ist – vermutlich umbruchsbedingt – ein noch unsicherer leichter Rückgang der Verurteilungen zu Freiheitsstrafe zu beobachten und ein etwas deutlicherer und konstanterer Rückgang der Verurteilungen zu vollstreckbarer Freiheitsstrafe. Die Gerichte haben zunehmend von den Möglichkeiten der Strafaussetzung zur Bewährung Gebrauch gemacht.

Das Bild für Hamburg (Abbildung 7 b) läßt zunächst die schon hervorgehobene Ausdehnung der Diversion erkennen, weil in den 90er Jahren die Wahrscheinlichkeit des Übergangs von eingeleiteten Verfahren zu Verurteilungen noch weiter zurückgegangen ist. Andererseits ist im gegenläufigen Sinne die Wahrscheinlichkeit, im Falle einer Verurteilung gerade zu einer Freiheitsstrafe (Jugendstrafe) verurteilt zu werden, angestiegen. Doch dieser Anstieg wird dadurch kompensiert oder sogar überkompensiert, daß sich die Wahrscheinlichkeit, auch zu einer vollstreckbaren Freiheitsstrafe verurteilt zu werden, gegenüber 1985 erheblich verringert hat. Parallel zu der Entwicklung in Prag konnte mithin das Institut der Strafaussetzung zur Bewährung in seinem Anwendungsbereich ausgedehnt werden.

Sozialer Wandel außerhalb des Kriminalrechtssystems und Systemreaktionen

Das übergreifende Gesamtthema des sozialen Umbruchs signalisiert bereits die Fülle und Tiefe der Veränderungen in ihrer Gesamtheit, die kaum einen Menschen in Mittel- und Osteuropa unbetroffen gelassen haben dürften. Wir konnten bislang aus diesem großen und kaum überschaubaren Bereich der allgemeineren Sozialdaten keine Angaben herausgreifen, um sie in einer akzeptablen Weise zu unseren kriminalstatistischen Befunden in Beziehung zu setzen. Vielmehr haben wir uns – sehr bescheiden – zunächst einmal darauf beschränkt, die Entwicklung der Wohnbevölkerung (als gleichsam hauptsächlichem Reservoir an Tatverdächtigen) zu verfolgen. Hier ergab sich für beide Städte eine bemerkenswerte Entwicklung (Abbildung 8):

Bis zum Jahre 1990 hat sich die jugendliche Wohnbevölkerung in Hamburg recht kontinuierlich vermindert, in Prag dagegen in etwa gleichem Maße erhöht. Seither liegen die absoluten Zahlen der Jugendlichen in beiden Städten sehr dicht beieinander. Zugleich wird deutlich, daß es sich um gesonderte Prozesse handelt, die in der Entwicklung der Gesamtbevölkerung keine Entsprechung finden, ja teilweise sogar gegenläufig sind.

Angesichts der Abnahme der Jugendlichen in Hamburg, die hauptsächlich auf den sogenannten „Pillenknick" (Einführung der Antibabypille) zurückgeführt werden kann, fragt sich, ob korrespondierend dazu auch das Aufkommen an jugendlichen Tatverdächtigen abgenommen hat. Gemäß unserem Ansatz, der die Bedeutung des Kontrollapparates für das Erscheinungsbild der registrierten Kriminalität betont, wäre eine Kompensation in der Weise zu erwarten, daß ein anderweitiger „Ersatz" für den Ausfall „gefunden" wurde. Insoweit liegt es nahe, an besondere Problemgruppen oder Randgruppen zu denken. Beachtung verdienen vor allem die jungen Ausländer oder noch präziser – unter Einbeziehung der Staatenlosen – die „Nichtdeutschen" (Abbildung 9).

Wie diese Graphik zeigt, ging in Hamburg bis zum Jahre 1990 die Zahl der jungen deutschen Tatverdächtigen parallel zur Einwohnerzahl zurück. Und in der Tat wurde diese Entwicklung von einem starken Zuwachs an jungen nichtdeutschen Tatverdächtigen „aufgefangen". Anders als bei den jungen Deutschen gestaltete sich dieser Verlauf nicht analog der Entwicklung der Einwohnerzahlen. Die nichtdeutschen Tatverdächtigen nahmen nämlich in einem viel stärkeren Maße zu als die nichtdeutsche Wohnbevölkerung.

Die Kompensationsthese muß jedoch zumindest für die spätere Zeit korrigiert werden. Bereits ab dem Jahre 1991 war bei den jungen Deutschen wieder ein leichter Anstieg zu erkennen, der indessen die Kurve bei den nichtdeutschen Tatverdächtigen nicht zur Abflachung gebracht hat. Der Anstieg der Anzahl nichtdeutscher Tatverdächtiger war im Gegenteil zu dieser Zeit besonders groß.

Wie Abbildung 10 verdeutlicht, ist bereits seit der Mitte der 80er Jahre ein recht kontinuierlicher Anstieg des Anteils der jugendlichen nichtdeutschen Tatverdächtigen an der Gesamtheit der jugendlichen Tatverdächtigen zu beobachten, ohne daß am „Wendepunkt" 1990, als der Abwärtstrend bei den deutschen Verdächtigen zu Ende ging, eine Veränderung zu bemerken wäre. Eine Modifikation, die jedoch noch nicht interpretierbar ist, zeichnet sich erst ab 1993 ab.

Vor dem Hintergrund der recht ungebrochenen Zunahme der Ausländer unter den Tatverdächtigen kann man schwerlich von einer nur temporären Kompensation „fehlender" deutscher Tatverdächtiger ausgehen. Das bedeutet freilich noch nicht, daß die Kompensationsthese schon widerlegt wäre. Sie bedarf aber auf alle Fälle der Relativierung und der Ergänzung.

Die Abbildung 10 läßt zugleich erkennen, daß die Entwicklung der Jugendkriminalität in Deutschland weitgehend von der Entwicklung bei den jungen Ausländern abhängt, daß sie die Anstiege sowie auch die jüngste Verringerung im wesentlichen mitbedingt haben. Die Situation bei den Deutschen war vergleichsweise wesentlich konstanter.

Man könnte hierin einen kriminalitätsrelevanten sozialen Wandel in Deutschland erblicken und damit grundlegende Veränderungen nicht allein auf die ehemals sozialistischen Staaten beschränken. In Hamburg ist die Jugendkriminalität zu mehr als der Hälfte „Ausländerkriminalität" geworden.

Entwicklung der Jugendkriminalität gegenüber der Gesamtkriminalität

Obwohl die Hamburger Jugendkriminalität für sich betrachtet erhebliche Veränderungsprozesse aufweist, stellt sie sich vor dem Hintergrund der wesentlich komplexeren Gesamtkriminalität als relativ konstanter Teil dar (Abbildung 11).

Mit einem leichten, aber unregelmäßigen Anstieg der Aufklärungsquote zu Ende der 80er Jahre geht ein leichter Anstieg des Anteils Jugendlicher an allen Tatverdächtigen einher.

Blicken wir nunmehr zum Vergleich auf die Prager Daten. Wie in Hamburg zeigt sich auch hier die recht begrenzte Rolle der Jugendkriminalität (immer: im Sinne einer Jugendlichenkriminalität), wenn die Gesamtkriminalität miterfaßt wird (s. Abbildung 12).

Bemerkenswerterweise ist die registrierte Jugendkriminalität von der Wandlungsdramaturgie weitgehend verschont geblieben. Während die Delikte insgesamt ab 1990 um mehr als das Doppelte zugenommen haben, hielt sich der Anstieg der Straftaten Jugendlicher in deutlich engeren Grenzen (Vergleich der Säulen).

Die Jugendkriminalität imponiert nicht als Ausweis für einen Werteverfall oder einen Kollaps der öffentlichen Sicherheit. Bestimmend für das Erscheinungsbild scheint die relative Konstanz der Arbeit der Kontrollbehörden zu sein, die mit jungen Menschen zu tun haben.

Freilich kann für Prag ebenso wie für Hamburg ein gewisser Anstieg des Anteils Jugendlicher am Gesamtaufkommen der Tatverdächtigen festgestellt werden. Ab dem Jahr 1991 korrespondiert mit der in Prag sehr stark abgesunkenen Aufklärungsquote eine zahlenmäßig zunehmende Bedeutung der jugendlichen Tatverdächtigen. Insoweit erhebt sich die Frage, ob die Jugendlichen den Hebel für eine Steigerung der Aufklärungsquote abgeben, da sie ja, wie seit langem bekannt ist, regelmäßig leichter entdeckt und überführt werden können. Der Absturz der Aufklärungsquote seinerseits dürfte auf mehreren Umständen beruhen. Zum einen ist der Anreiz aus sozialistischer Zeit, große Erfolge vorzuführen, weggefallen. Im Gegenteil wird bei manchen Ordnungshütern das berufliche Engagement abgeflacht sein. Schließlich standen einer Zunahme von Normverstößen, insbesondere von Vermögensdelikten, oft weniger und teilweise noch nicht so erfahrene Polizisten gegenüber.

Zusammenfassend läßt sich folgendes sagen:

Die Wende zum Ende der 80er Jahre hat auch einen starken Niederschlag bei der registrierten Kriminalität gefunden: Einem rasanten Anstieg der Delikte steht ein ebenso deutliches Absinken der Aufklärungsquote gegenüber. Doch diese Dramaturgie hat die Jugendkriminalität im Sinne einer Jugendlichenkriminalität nur wenig erfaßt. Insoweit herrscht mehr Konstanz als Wandel vor. Freilich stieg – in Prag wie in Hamburg – der Anteil der Jugendlichen an der Gesamtzahl der Tatverdächtigen an. In den vergangenen zehn Jahren war der soziale Wandel nicht auf die ehemals sozialistischen Staaten Mittel- und Osteuropas beschränkt. Im Hinblick auf die Jugendkriminalität ist für Deutschland, und dort insbesondere für Großstädte wie Hamburg, ein „Austausch" der auffälligen Jugendlichen festzustellen: Obwohl in letzter Zeit die Anzahl der deutschen Tatverdächtigen wieder zugenommen hat, gestaltet sich dennoch aufs Ganze gesehen die Jugendkriminalität zunehmend zu einer „Ausländerkriminalität" um, bei der der Anteil der nichtdeutschen Tatverdächtigen den der deutschen Verdächtigen überragt.

Abschließende Bemerkung zur Angleichungsthese: Haben sich „westliche" Kriminalitätsphänomene herausgebildet?

Auf der Grundlage unserer wenigen Daten ist zunächst festzustellen, daß der eingangs durchgeführte Vergleich der Selektionsfilter keine Anhaltspunkte für eine Angleichung geliefert hat. Freilich muß auch an dieser Stelle die begrenzte Bedeutung der Jugendlichenkriminalität berücksichtigt werden. Anzeichen einer Annäherung der Strukturen registrierter Kriminalität bietet demgegenüber der Verlauf der Aufklärungsquote. Die stürmische Entwicklung in Prag hat hier die westlichen, konkret die Hamburger Verhältnisse noch „unterboten" (s. Abbildung 13).

In beiden Städten und Ländern muß die Polizei verstärkt versuchen, den Anteil der Fälle, für die ein Tatverdächtiger benannt werden kann, zu erhöhen. Eine Gesetzmäßigkeit dieses Strebens könnte nach unserer nur vorläufigen Analyse darin bestehen, daß zur Effizienzsteigerung vorzugsweise die Jüngeren und Jüngsten herangezogen werden, wodurch dann der Anteil der jugendlichen Tatverdächtigen an allen Tatverdächtigen ansteigt.

Sozialer Wandel und die Folgen für die Jugendkriminalität 197

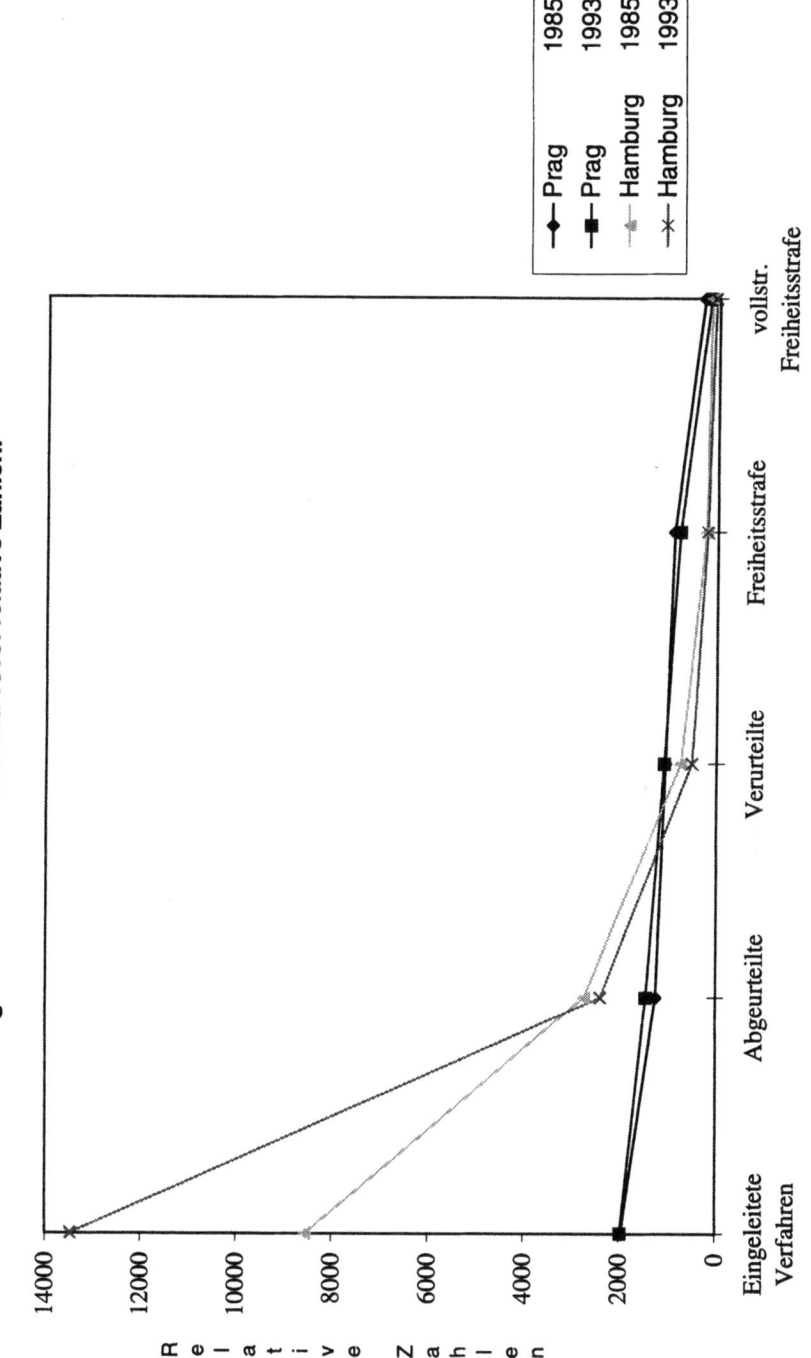

Abbildung 1:
Jugendliche im Prozeß selektiver Strafverfolgung: Delikte insgesamt. Prag und Hamburg im Vergleich der Jahre 1985 und 1993: relative Zahlen.

Tabelle zu Abbildung 1:
**Jugendliche im Prozeß selektiver Strafverfolgung:
Delikte insgesamt. Prag und Hamburg im Vergleich der Jahre 1985
und 1993; relative Zahlen; BZ = absoluter Wert entsprechend
Wohnbevölkerung * 100.000.**

	Prag 1985	Prag 1993	Hamburg 1985	Hamburg 1993
Eingeleitete Verfahren	1947,99	1964,97	8536,83	13470,63
Abgeurteilte	1244,05	1446,78	2726,02	2384,95
Verurteilte	1046,95	1072,91	727,03	501,73
Freiheitsstrafe	883,12	766,86	222,87	200,02
vollstr. Freiheitsstrafe	286,69	159,98	148,12	66,11

Quellen: Polizeistatistik, Innenministerium, Prag; Statistik des Justizministeriums der CR;
Tschech. Statistisches Amt; Generalstaatsanwaltschaft der CSFR; PKS Hamburg
1985, 1993, Tab.20; Strafverfolgungsstatistik Hamburg; LKA 131 Hamburg;
Statistisches Landesamt Hamburg; sowie eigene Berechnungen.

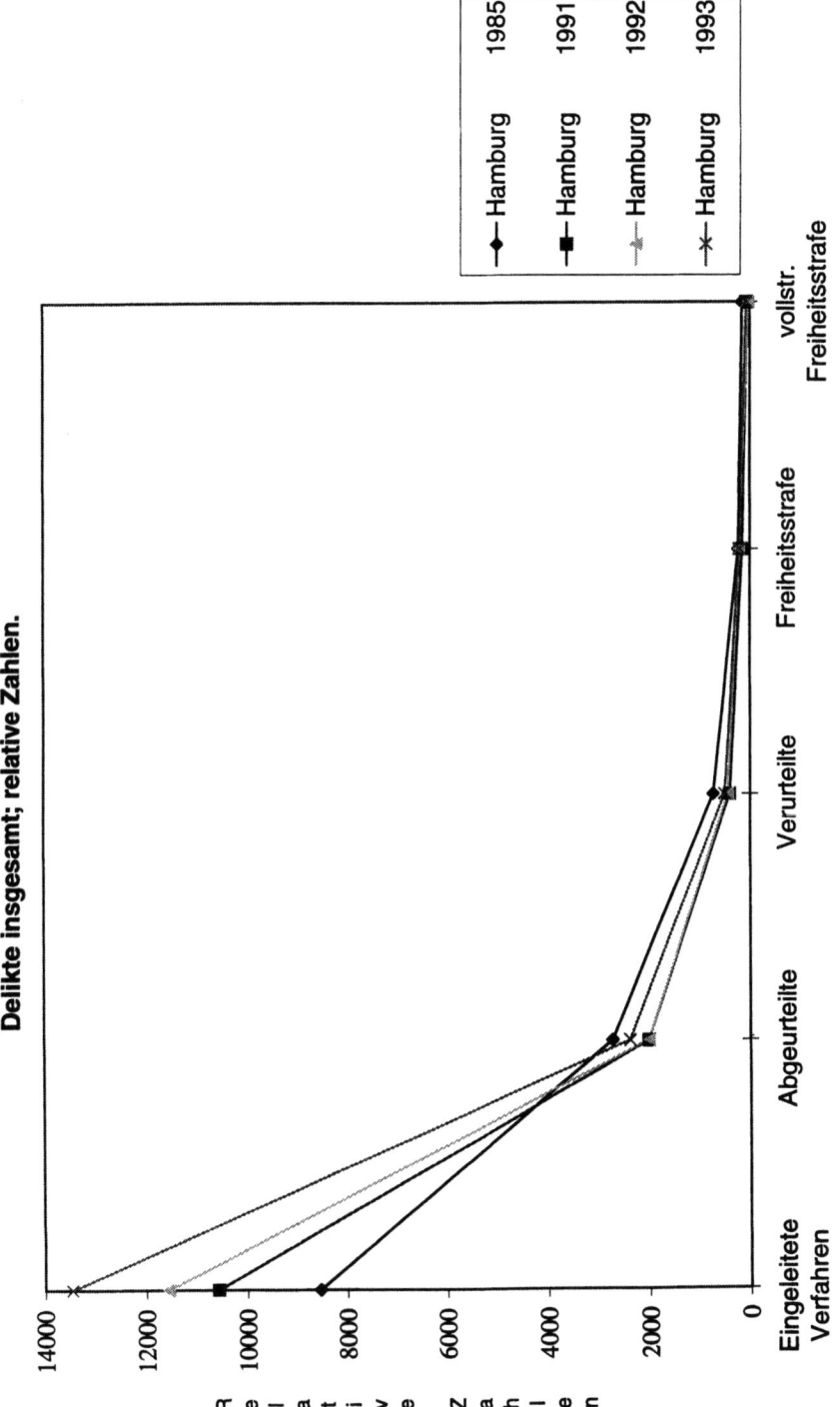

Tabelle zu Abbildung 2:
Jugendliche im Prozeß selektiver Strafverfolgung - HAMBURG - :
Delikte insgesamt; relative Zahlen; BZ = absoluter Wert entsprechend
Wohnbevölkerung * 100.000.

	Hamburg 1985	Hamburg 1991	Hamburg 1992	Hamburg 1993
Eingeleitete Verfahren	8536,83	10577,75	11563,85	13470,63
Abgeurteilte	2726,02	2012,71	2012,05	2384,95
Verurteilte	727,03	399,73	436,09	501,73
Freiheitsstrafe	222,87	146,16	203,73	200,02
vollstr. Freiheitsstrafe	148,12	45,78	21,89	66,11

Quellen: PKS Hamburg 1985, 1991-1993, Tab.20; Strafverfolgungsstatistik 1985, 1991-1993; LKA 131 Hamburg; Statistisches Landesamt Hamburg; sowie eigene Berechnungen.

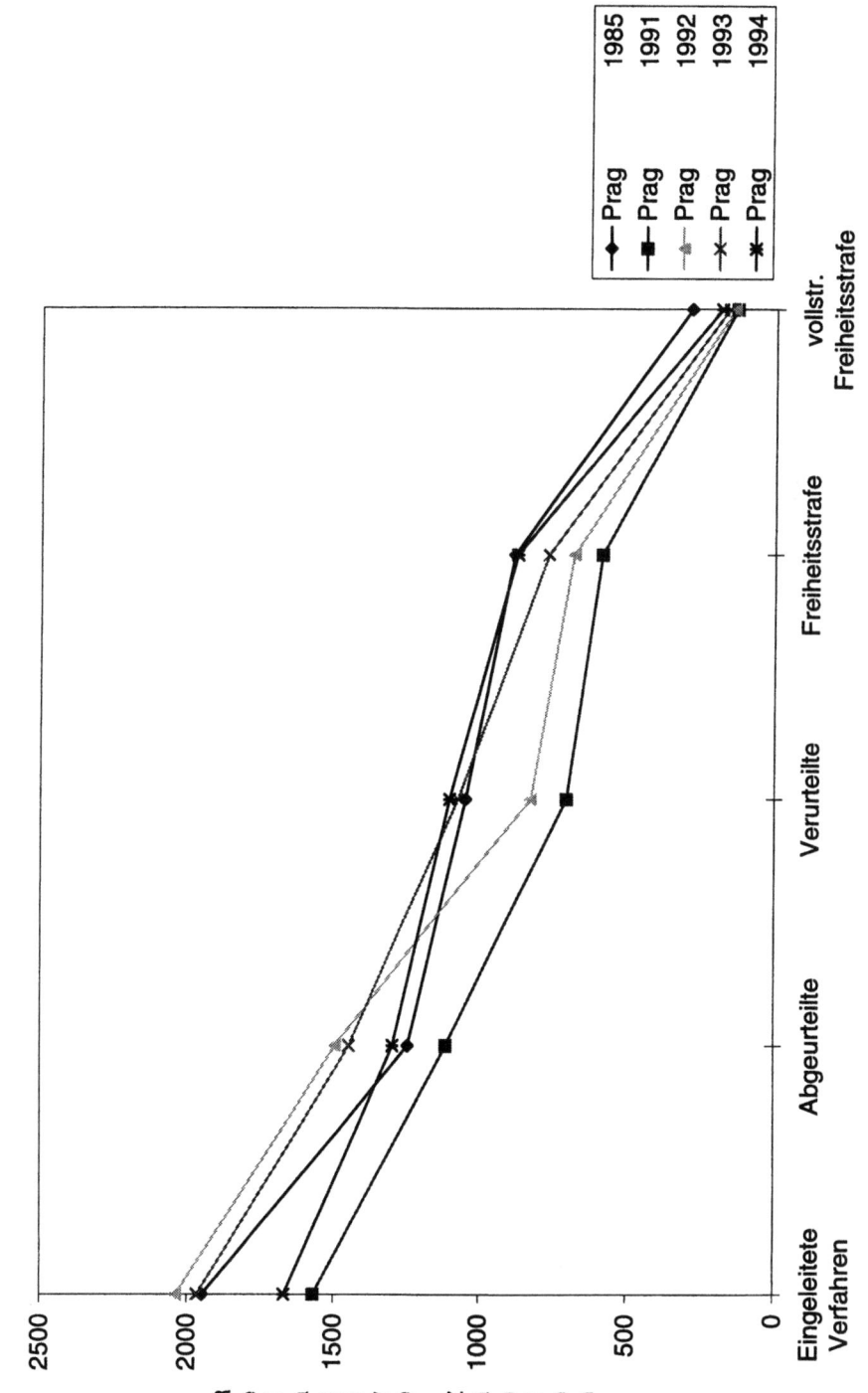

Abbildung 3:
Jugendliche im Prozeß selektiver Strafverfolgung - Prag - : Delikte insgesamt; relative Zahlen.

Tabelle zu Abbildung 3:
Jugendliche im Prozeß selektiver Strafverfolgung - PRAG - : Delikte insgesamt; relative Zahlen; BZ = absoluter Wert entsprechend Wohnbevölkerung * 100.000.

	Prag 1985	Prag 1991	Prag 1992	Prag 1993	Prag 1994
Eingeleitete Verfahren	1947,99	1569	2036,78	1964,97	1668,97
Abgeurteilte	1244,05	1113,59	1495,23	1446,78	1296,48
Verurteilte	1046,95	704,59	825,95	1072,91	1102,58
Freiheitsstrafe	883,12	586,01	681,19	766,86	873,54
vollstr. Freiheitsstrafe	286,69	132,33	139,64	159,98	184,65

Quellen: Polizeistatistik, Innenministerium, Prag; Statistik des Justizministeriums der CR; Generalstaatsanwaltschaft der CSFR; Tschech. Statistisches Amt 1985, 1991-1994; sowie eigene Berechnungen.

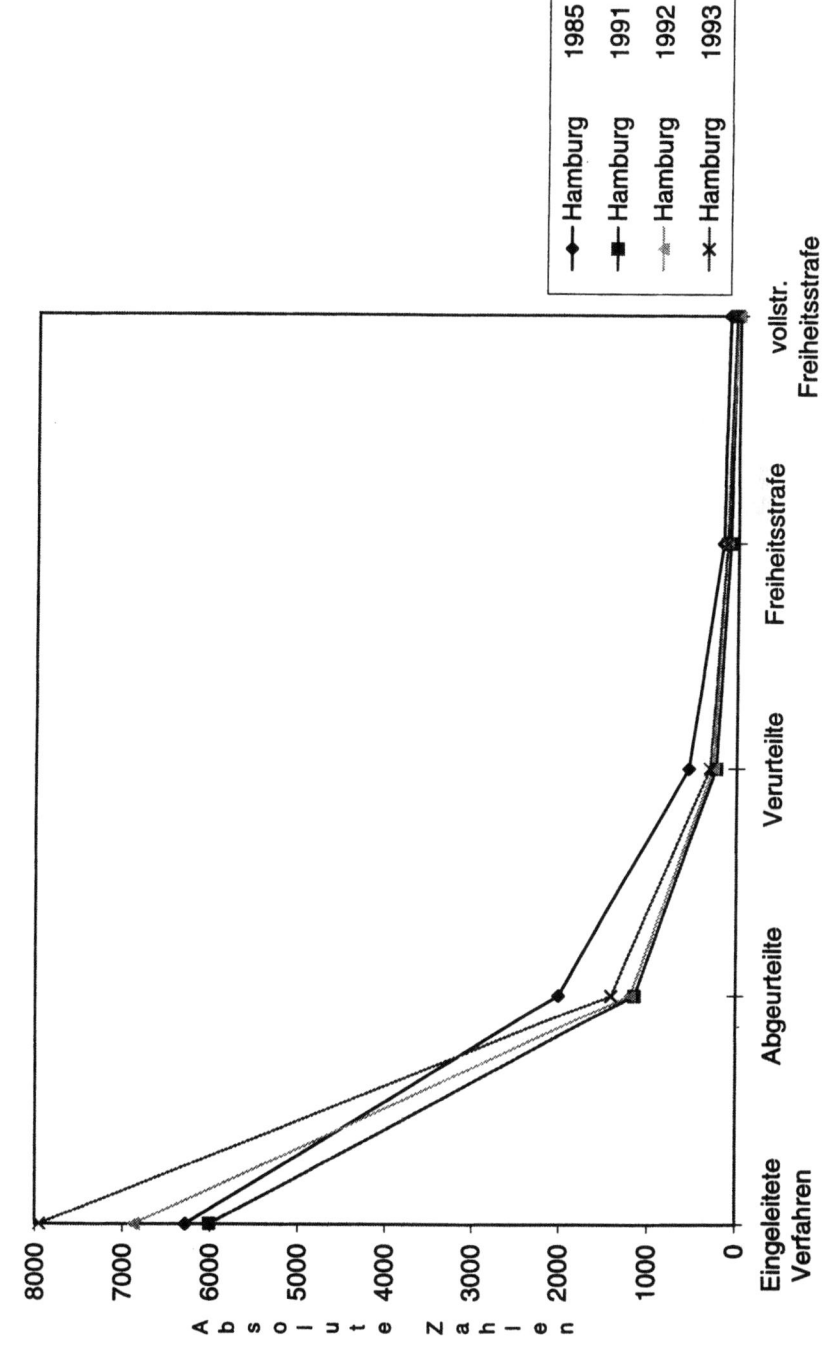

Abbildung 4:
Jugendliche im Prozeß selektiver Strafverfolgung - HAMBURG-: Delikte insgesamt; absolute Zahlen

Tabelle zu Abbildung 4:
Jugendliche im Prozeß selektiver Strafverfolgung - HAMBURG -:
Delikte insgesamt; absolute Zahlen.

	Hamburg 1985	Hamburg 1991	Hamburg 1992	Hamburg 1993
Eingeleitete Verfahren	6282	6007	6868	7947
Abgeurteilte	2006	1143	1195	1407
Verurteilte	535	227	259	296
Freiheitsstrafe	164	83	121	118
vollstr. Freiheitsstrafe	109	26	13	39

Quellen: PKS Hamburg 1985, 1991-1993, Tab. 20; Strafverfolgungsstatistik Hamburg 1985, 1991-1993.

Sozialer Wandel und die Folgen für die Jugendkriminalität 205

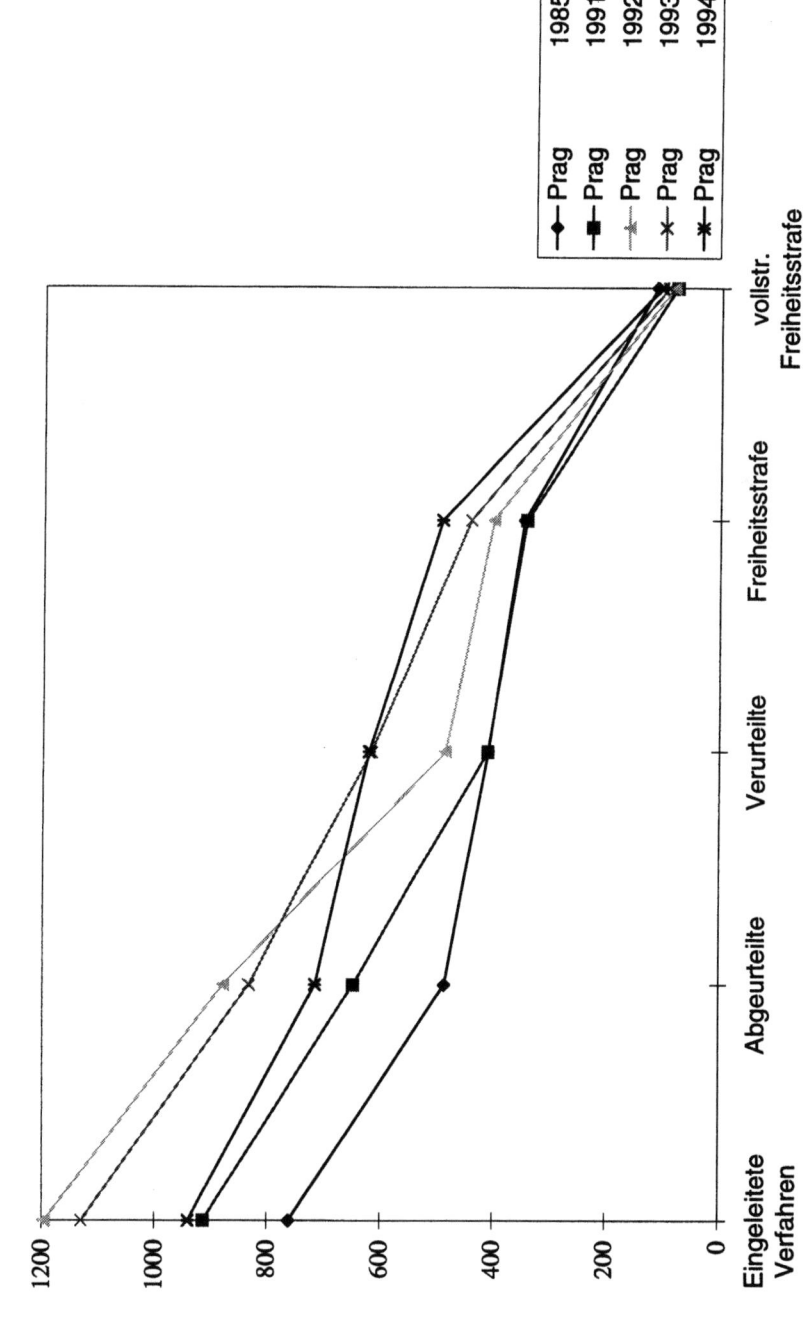

Abbildung 5:
Jugendliche im Prozeß selektiver Strafverfolgung - PRAG -. Delikte insgesamt; absolute Zahlen.

Tabelle zu Abbildung 5:
Jugendliche im Prozeß selektiver Strafverfolgung - PRAG -:Delikte insgesamt; absolute Zahlen.

	Prag 1985	Prag 1991	Prag 1992	Prag 1993	Prag 1994
Eingeleitete Verfahren	761	913	1196	1130	940
Abgeurteilte	486	648	878	832	715
Verurteilte	409	410	485	617	621
Freiheitsstrafe	345	341	400	441	492
vollstr. Freiheitsstrafe	112	77	82	92	104

Quellen: Polizeistatistik, Innenministerium, Prag; Statistik des Justizministeriums der CR; Generalstaatsanwaltschaft der CSFR.

Sozialer Wandel und die Folgen für die Jugendkriminalität

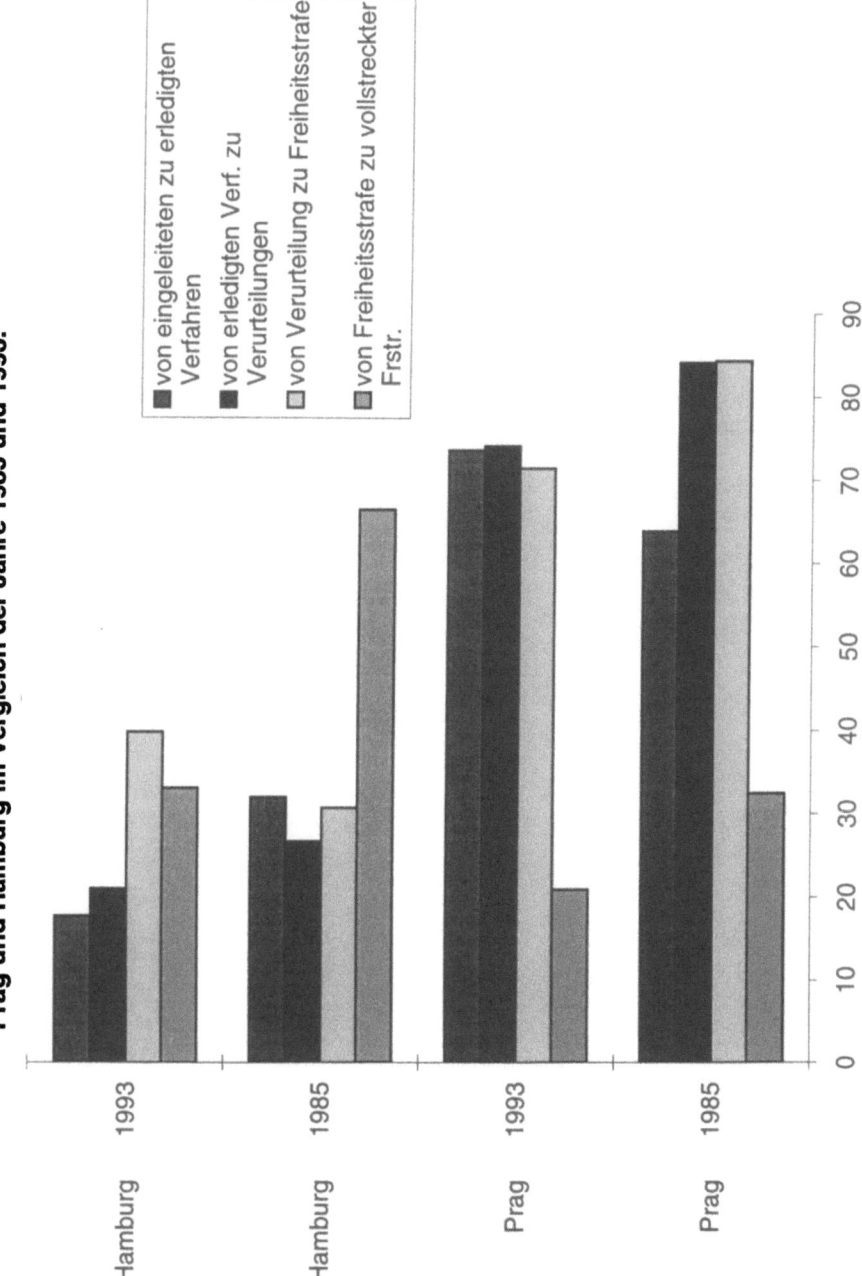

Abbildung 6:
Jugendliche im Prozeß selektiver Strafverfolgung: Delikte insgesamt; Selektionsrate in Prozent - Prag und Hamburg im Vergleich der Jahre 1985 und 1993.

Tabelle zu Abbildung 6:
Jugendliche im Prozeß selektiver Strafverfolgung: Delikte insgesamt;
Selektionsrate in Prozent - Prag und Hamburg im Vergleich der Jahre 1985 und 1993.

Selektionsrate	Prag 1985	Prag 1993	Hamburg 1985	Hamburg 1993
von eingeleiteten zu erledigten Verfahren	63,86	73,62	31,93	17,7
von erledigten Verf. zu Verurteilungen	84,15	74,15	26,66	21,03
von Verurteilung zu Freiheitsstrafe	84,34	71,47	30,65	39,86
von Freiheitsstrafe zu vollstreckter Frstr.	32,46	20,86	66,46	33,05

Quellen:Siehe Angabe zu Abbildung 1; sowie eigene Berechnungen: als Selektionsrate p wurde definiert: p= $(E_{i+1}) : E_i$ *100, wobei E_i eine Ebene im Filtermodell bezeichnet und E_{i+1} die nächstfolgende. Die Selektionsrate steht also für den Prozentanteil derjenigen Betroffenen, die von einer Ebene in die nächsthöhere gelangen.

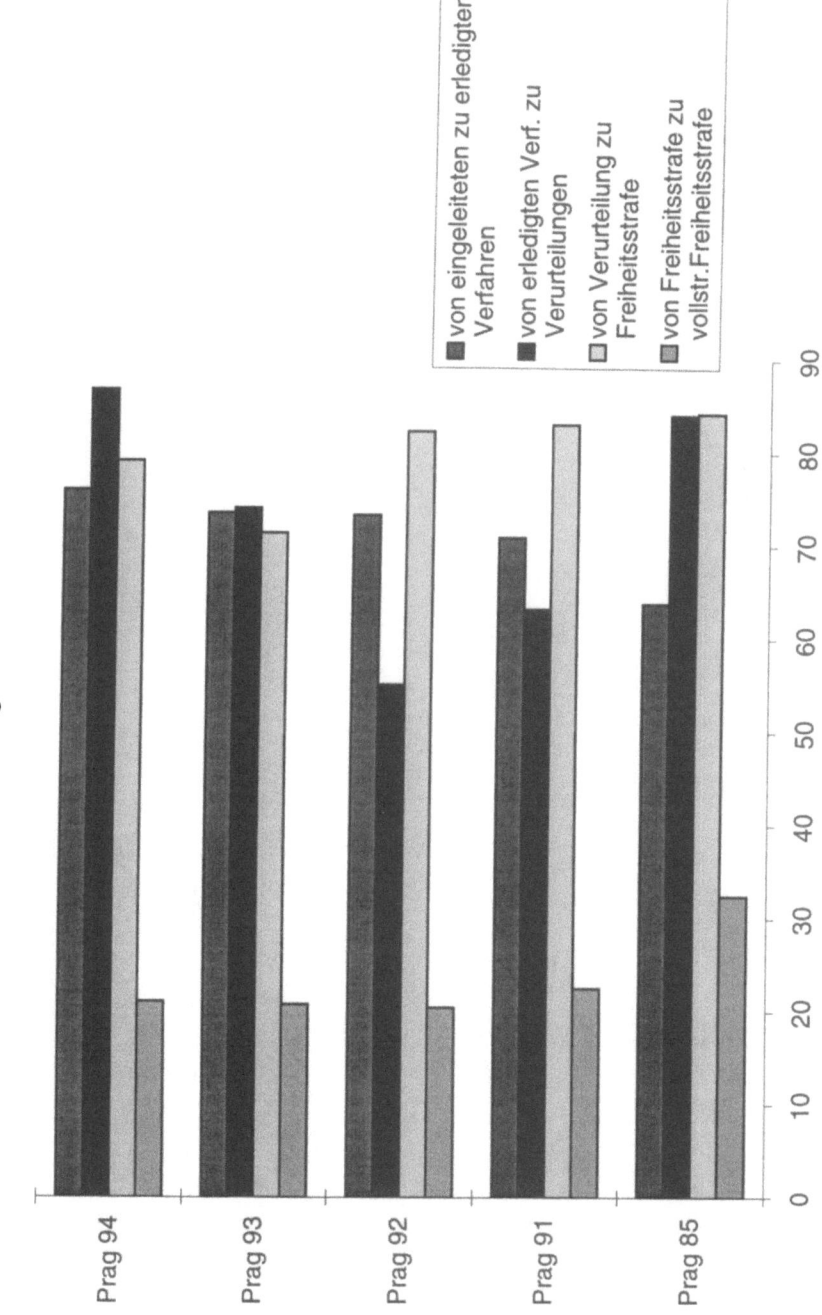

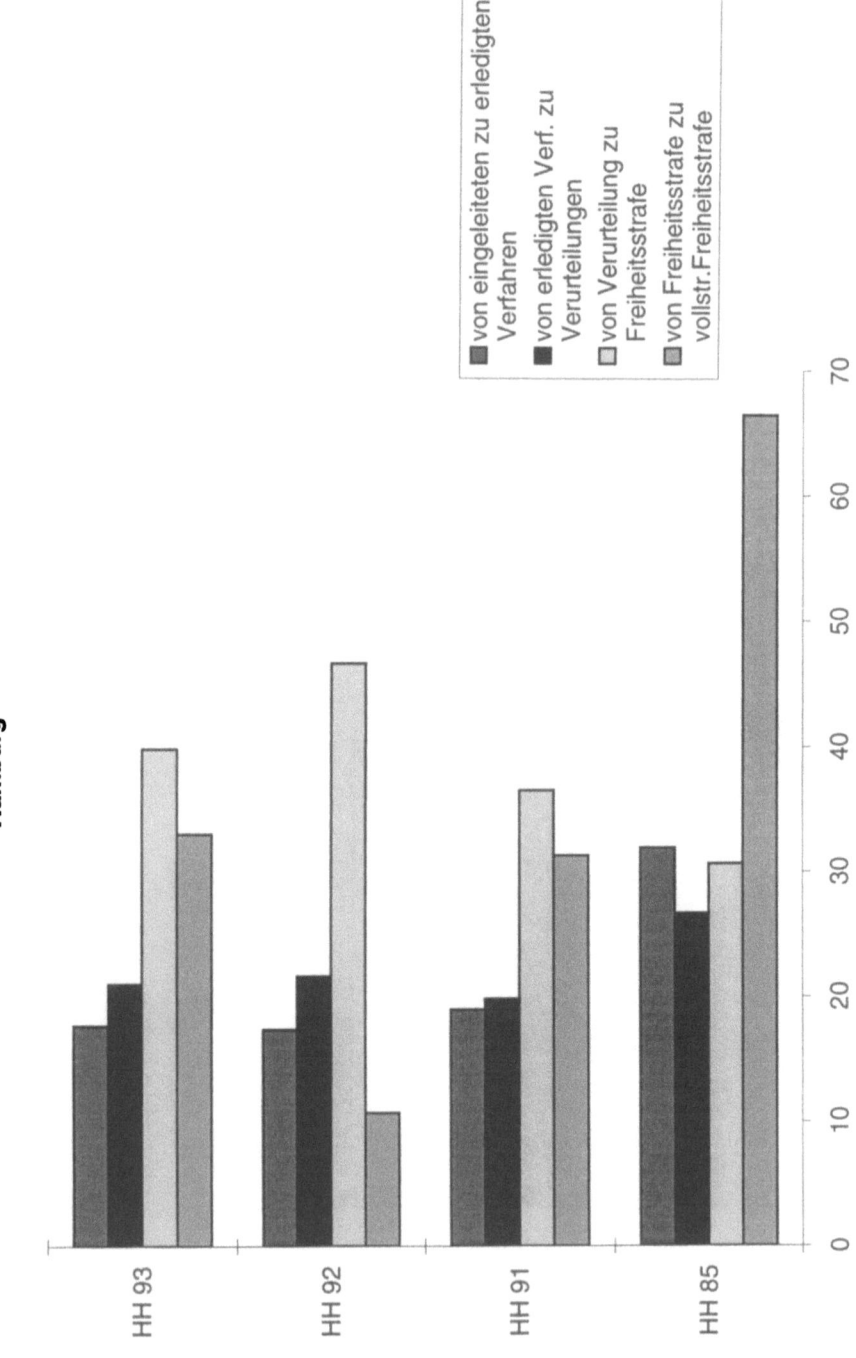

Abbildung 7b:
Jugendliche im Prozeß selektiver Strafverfolgung: Delikte insgesamt; Selektionsrate in Prozent
- Hamburg -

Tabelle zu Abbildung 7:
Jugendliche im Prozeß selektiver Strafverfolgung: Delikte insgesamt; Selektionsrate.

Selektionsrate (p)	Prag 85	Prag 91	Prag 92	Prag 93	Prag 94	85	91	92	93
von eingeleiteten zu erledigten Verfahren	63,86	70,97	73,41	73,62	76,06	31,93	19,02	17,39	17,7
von erledigten Verf. zu Verurteilungen	84,15	63,27	55,23	74,15	86,85	26,66	19,86	21,67	21,03
von Verurteilung zu Freiheitsstrafe	84,34	83,17	82,47	71,47	79,22	30,65	36,56	46,71	39,86
von Freiheitsstrafe zu vollstreckter Frstr.	32,46	22,58	20,5	20,86	21,13	66,46	31,32	10,74	33,05

Quellen: Siehe Angabe zu Abbildung 1; sowie eigene Berechnungen: als Selektionsrate p wurde definiert:
p= $(E_{i+1}) : E_i$ *100, wobei E_i eine Ebene im Filtermodell bezeichnet und E_{i+1} die nächstfolgende.
Die Selektionsrate steht also für den Prozentanteil derjenigen Betroffenen, die von einer Ebene in die nächsthöhere gelangen.

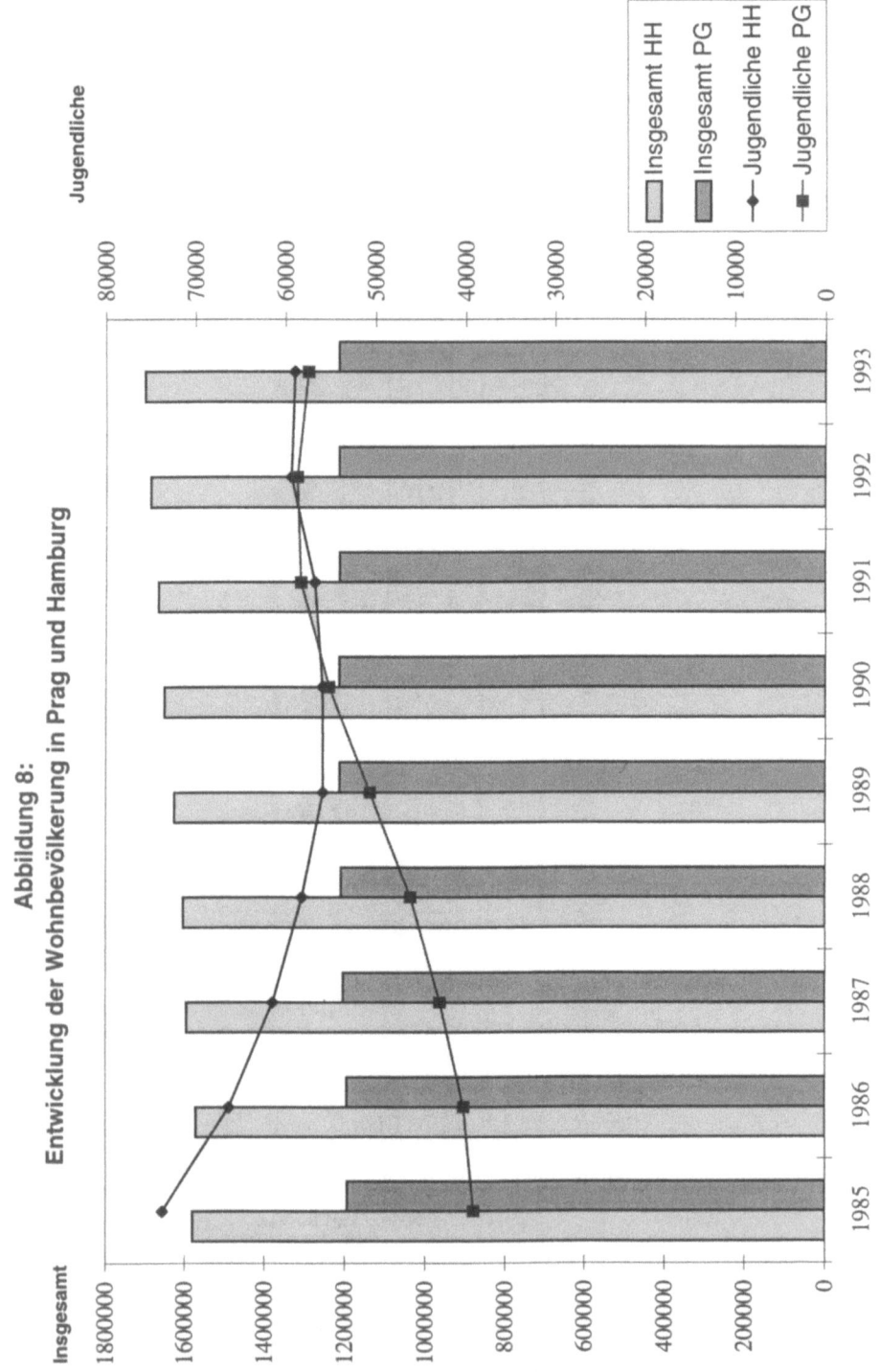

Abbildung 8:
Entwicklung der Wohnbevölkerung in Prag und Hamburg

Tabelle zu Abbildung 8:
Entwicklung der Wohnbevölkerung in Prag und Hamburg.

	1985	1986	1987	1988	1989	1990	1991	1992	1993
Insgesamt HH	1579884	1571267	1594190	1603070	1626220	1652363	1668757	1688785	1702887
Insgesamt PG	1193023	1194562	1203487	1209039	1213960	1215800	1214957	1217315	1217023
Jugendliche HH	73587	66186	61293	58071	55833	55917	56789	59392	58995
Jugendliche PG	39066	40138	42750	46082	50584	55174	58299	58720	57507

Quellen: Statistisches Landesamt Hamburg, 1985-1986 nach Fortschreibungsdatei, 1987-1990 nach Einwohnerdatei, 1991-1993 nach Fortschreibungsdatei (Statistische Berichte 1991-1993); Tschech. Statistisches Amt, Prag 1985-1993.

214 *Michael Walter/Andrea Wagner/Helena Válková*

Abbildung 9:
Jugendliche in Hamburg: deutsche und nichtdeutsche Einwohner und Tatverdächtige im Vergleich.

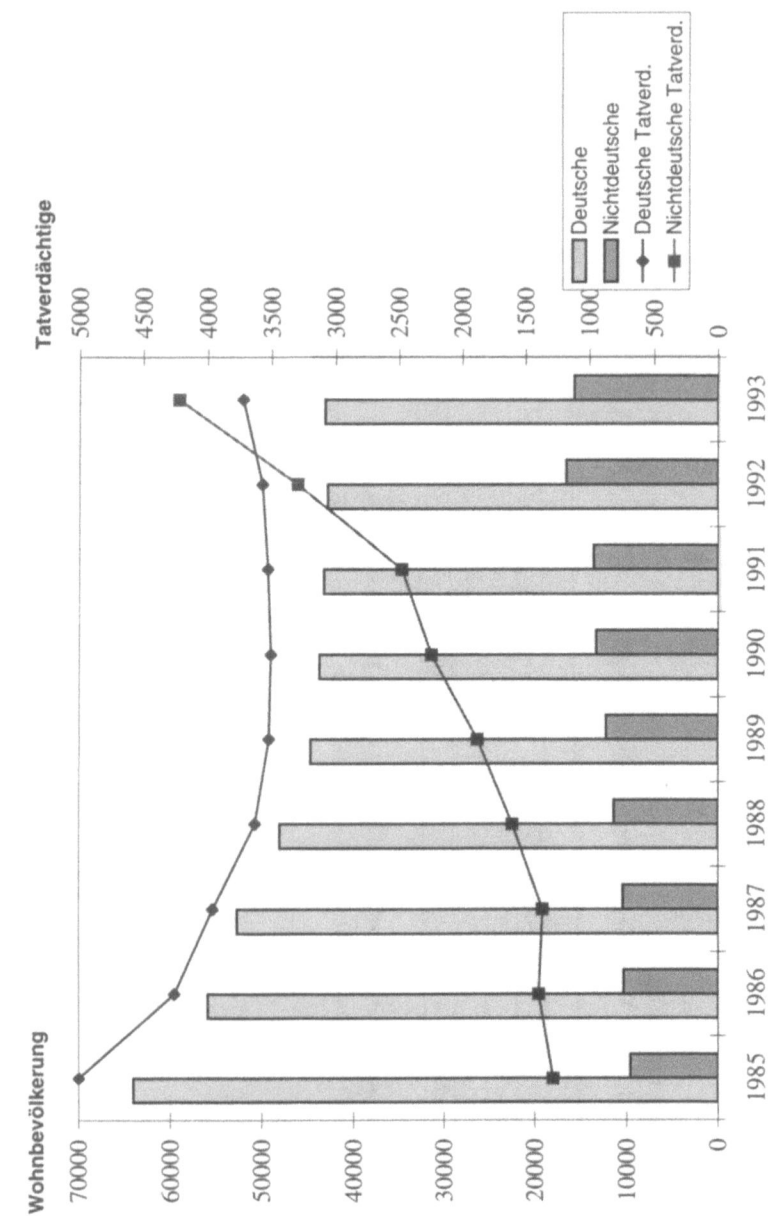

Tabelle zu Abbildung 9:
Jugendliche in Hamburg: deutsche und nichtdeutsche Einwohner und Tatverdächtige im Vergleich.

	1985	1986	1987	1988	1989	1990	1991	1992	1993
Deutsche	64006	55872	52709	48010	44690	43731	43255	42863	43152
Nichtdeutsche	9581	10314	10390	11374	12215	13287	13534	16529	15663
Deutsche Tatverd.	4998	4254	3955	3625	3517	3504	3528	3571	3724
Nichtdeutsche Tatverd.	1284	1396	1366	1604	1880	2246	2479	3297	4223

Quellen: PKS Hamburg, Tab. 40, 50; LKA 131 Hamburg; Statistisches Landesamt Hamburg,
1985 - 1986 nach Fortschreibungsdatei, 1987-1990 nach Einwohnerdatei, 1991-1993 nach Fortschreibungsdatei.

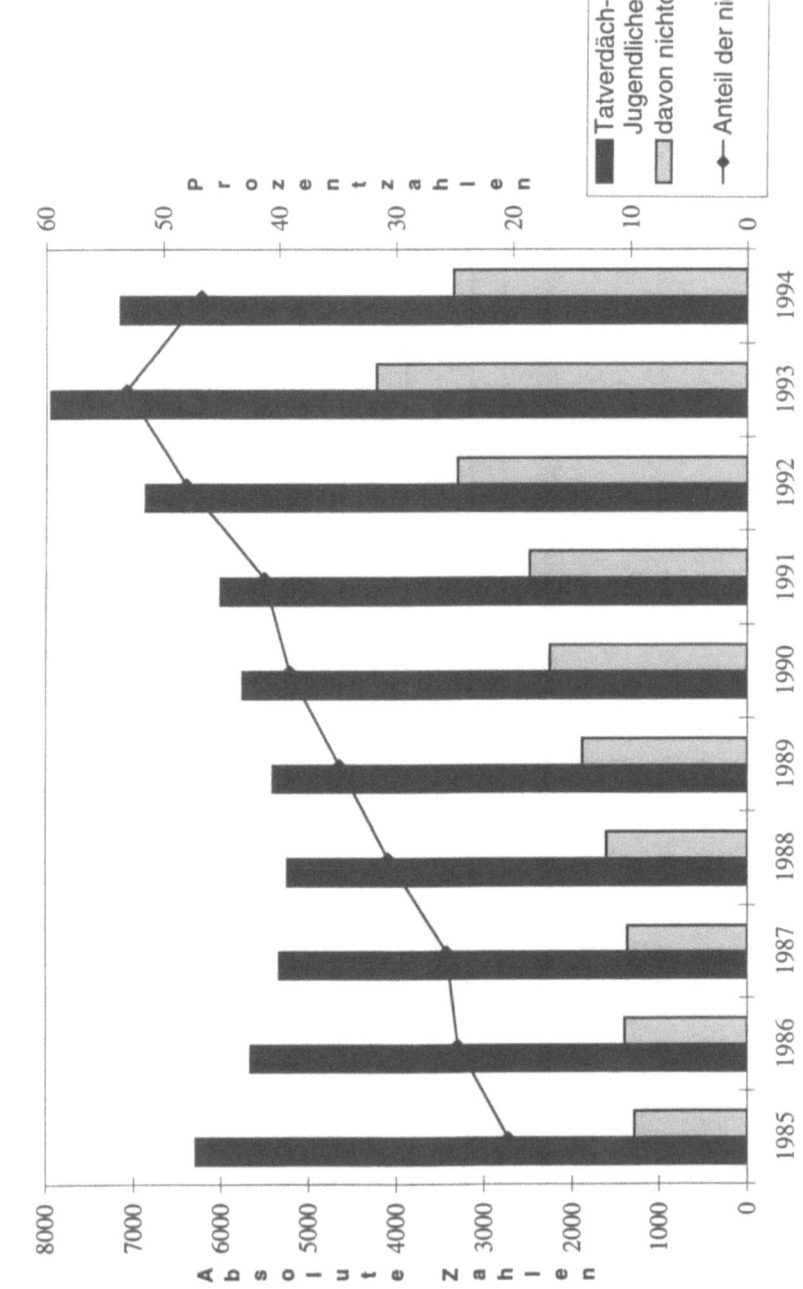

Abbildung 10:
Anteil der nichtdeutschen an allen jugendlichen Tatverdächtigen in Hamburg

Tabelle zu Abbildung 10:
Anteil der nichtdeutschen an allen jugendlichen Tatverdächtigen in Hamburg.

	1985	1986	1987	1988	1989	1990	1991	1992	1993	1994
Tatverdächtige Jugendliche	6282	5650	5321	5229	5397	5750	6007	6868	7947	7154
davon nichtdeutsche	1284	1396	1366	1604	1880	2246	2479	3297	4223	3345
Anteil der nichtdt. in %	20,44	24,71	25,67	30,68	34,83	39,06	41,27	48,01	53,14	46,75

Quelle: PKS Hamburg, Tab. 20, 40, 50.

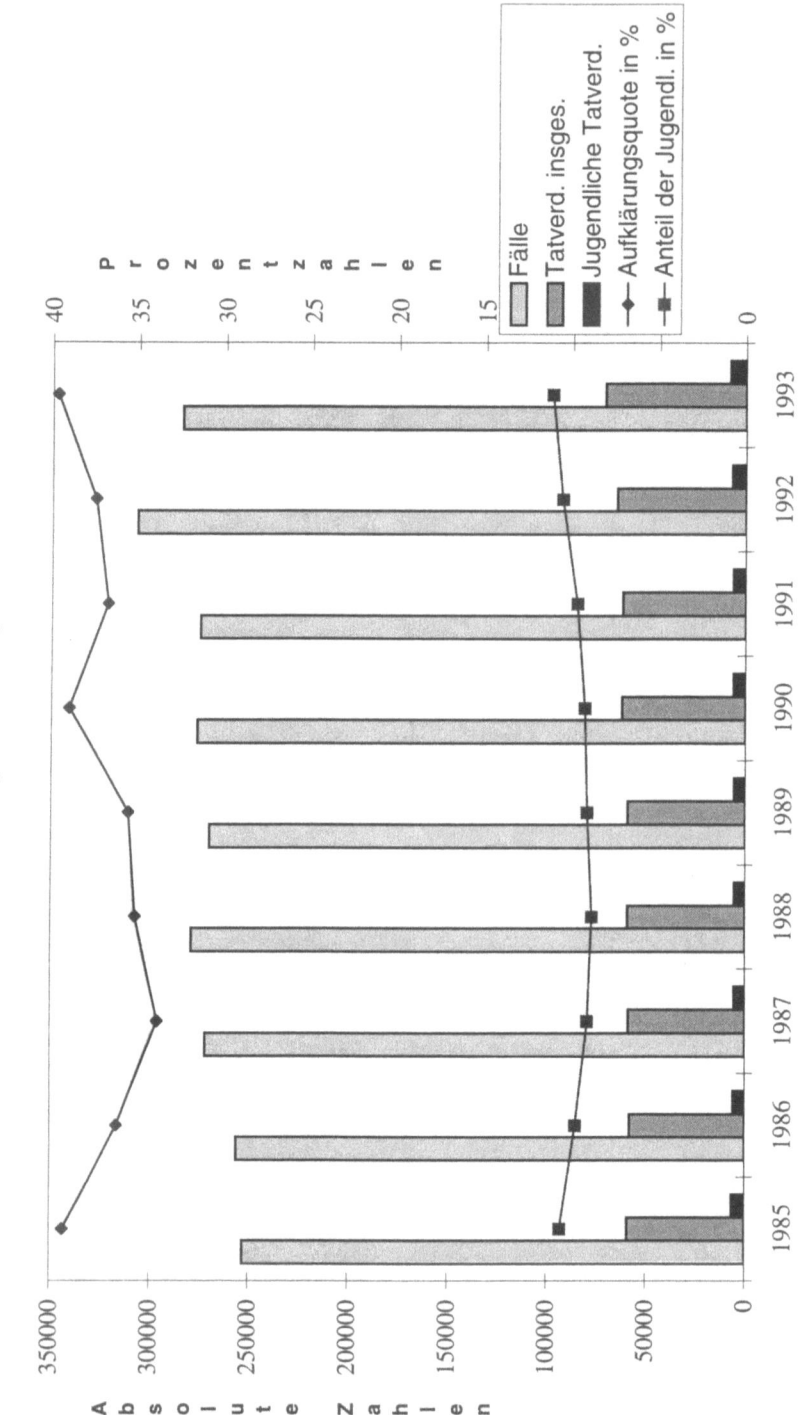

Tabelle zu Abbildung 11:
Kriminalitätsentwicklung in Hamburg: Straftaten insgesamt - erfaßte Fälle, Aufklärungsquoten und Anteil der tatverdächtigen Jugendlichen.

	Fälle	Aufklärungs-quote	Tatverdächtige insgesamt	Jugendl.Tat-verdächtige	Anteil der Jugendl. in %
1985	252724	39,25	59078	6282	10,63
1986	255742	36,11	57961	5650	9,75
1987	271667	33,82	58659	5321	9,07
1988	278856	35,09	59256	5229	8,82
1989	269987	35,5	59265	5397	9,11
1990	276413	38,97	62167	5750	9,25
1991	275027	36,76	61922	6007	9,7
1992	306643	37,5	64990	6868	10,57
1993	284414	39,7	71070	7947	11,18

Quellen: PKS Hamburg 1985-1993, Tab. 01, 20; sowie eigene Berechnungen.

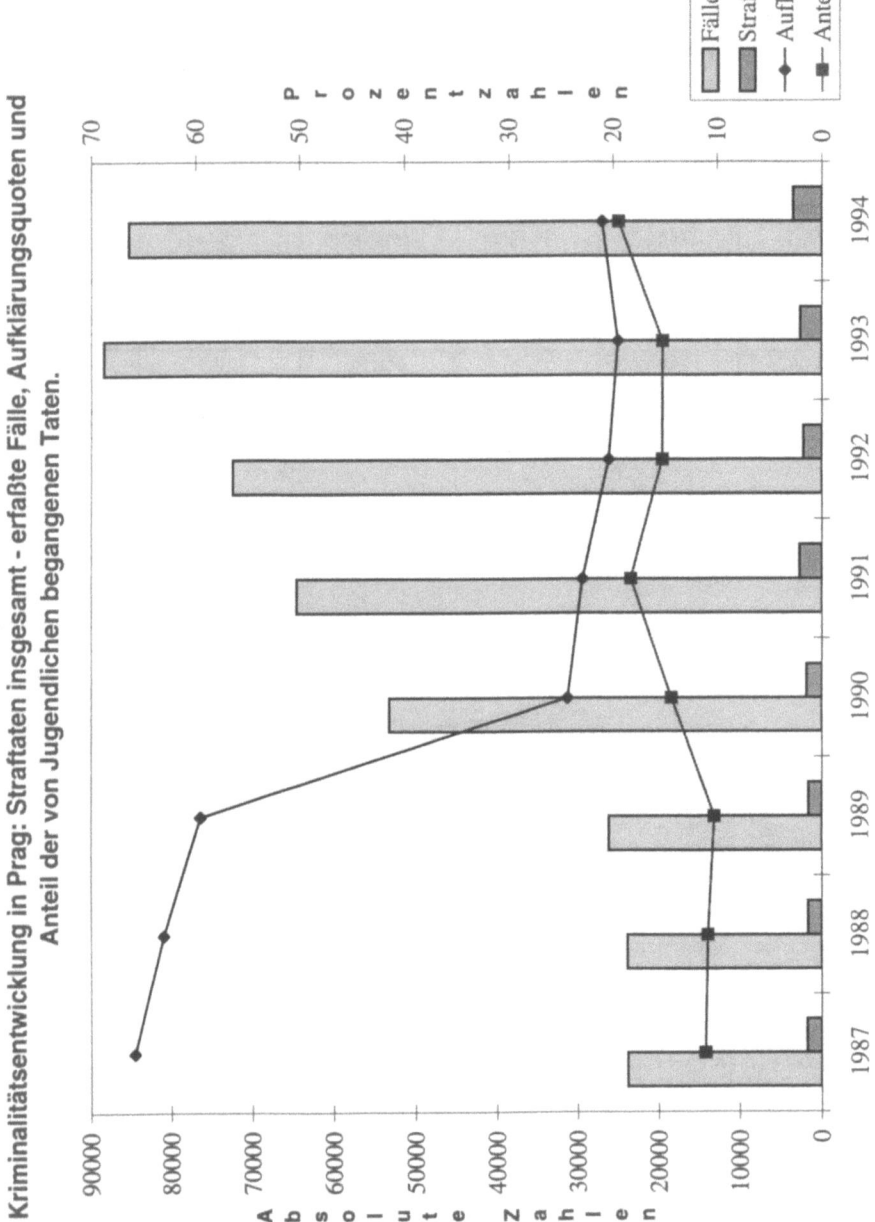

Abbildung 12:
Kriminalitätsentwicklung in Prag: Straftaten insgesamt - erfaßte Fälle, Aufklärungsquoten und Anteil der von Jugendlichen begangenen Taten.

Tabelle zu Abbildung 12:
**Kriminalitätsentwicklung in Prag: Straftaten insgesamt:
erfaßte Fälle, Aufklärungsquoten und Anteil der von Jugendlichen begangenen Taten.**

	1987	1988	1989	1990	1991	1992	1993	1994
Fälle	23772	23850	26184	53204	64598	72508	88457	85427
davon aufgeklärt	15637	15017	15567	12932	14795	14770	17246	17976
Aufklärungsquote in %	65,78	62,96	59,45	24,31	22,9	20,37	19,49	21,04
Straftaten Jugendlicher	1733	1632	1596	1857	2701	2248	2622	3499
Anteil Jugendlicher in %	11,08	10,87	10,25	14,36	18,26	15,22	15,2	19,46

Quellen: Polizeistatistik, Innenministerium, Prag; sowie eigene Berechnungen.

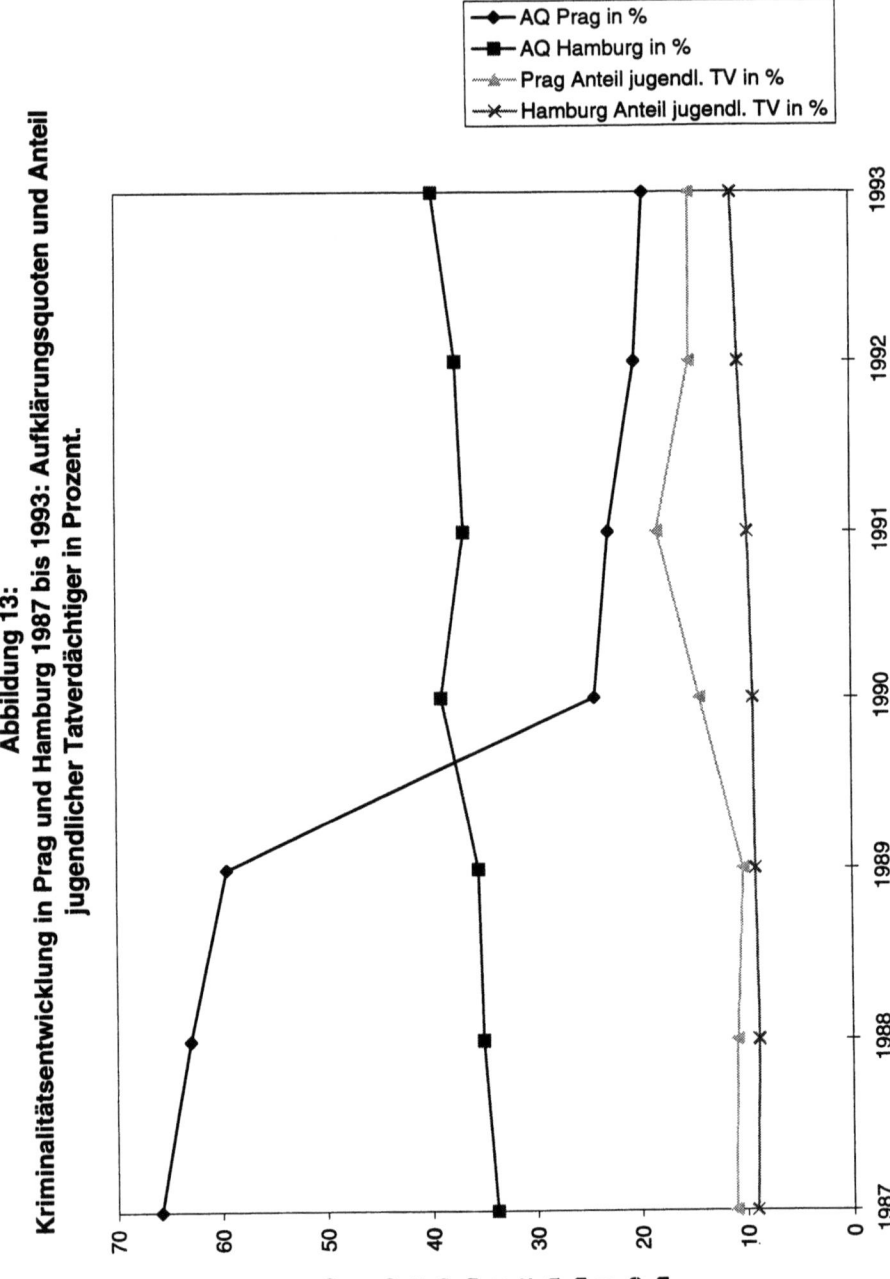

Tabelle zu Abbildung 13:

Kriminalitätsentwicklung in Prag und Hamburg 1987 bis 1993: Aufklärungsquoten und Anteil Jugendlicher in Prozent.

	1987	1988	1989	1990	1991	1992	1993
AQ Prag in %	65,78	62,96	59,45	24,31	22,9	20,37	19,49
AQ Hamburg in %	33,82	35,09	35,5	38,97	36,76	37,5	39,7
Prag Anteil jugendl. TV in %	11,08	10,87	10,25	14,36	18,26	15,22	15,2
Hamburg Anteil jugendl. TV in %	9,07	8,82	9,11	9,25	9,7	10,57	11,18

Quellen: PKS Hamburg; Polizeistatistik, Innenministerium, Prag; sowie eigene Berechnungen.

IV.

TRANSNATIONALE KRIMINALITÄT ALS FOLGE DES UMBRUCHS

TRANSNATIONALE KRIMINALITÄT ALS FOLGE DES UMBRUCHS UND KRIMINALPOLITISCHE KONSEQUENZEN

Hans-Jörg Albrecht

1 Transnationale Kriminalität als Folge des Umbruchs?

Transnationale Kriminalität meint zunächst nichts anderes als die Sachverhalte, die auch durch die Begriffe „grenzüberschreitende Kriminalität" oder „internationale Kriminalität" erfaßt werden. Wenn von transnationaler Kriminalität die Rede ist, fallen deshalb zuallererst solche Kriminalitätsphänomene ein, die – wie beispielsweise organisierte Eigentums- und Vermögenskriminalität, Waffen-, Menschen- und Drogenhandel, Wirtschaftskriminalität und bestimmte Formen der Umweltkriminalität – bekanntermaßen auf Grenzüberschreitungen nicht nur normativer Art angewiesen sind. Transnationale Kriminalität ist demnach gekennzeichnet durch den grenzüberschreitenden Straftäter, der jenseits nationaler Grenzen Gelegenheiten zur Begehung von Straftaten wahrnimmt, oder durch den Transfer von verbotenen Gütern und den unerlaubten Transfer von Gefahren. Darüber hinaus ist unabhängig von der Art der Delikte an kriminelle grenzüberschreitende Netzwerke gedacht. Im übrigen wird mit dem Begriff der grenzüberschreitenden Kriminalität ein Ausschnitt angesprochen, der sich den traditionellen Werkzeugen kriminologischer Datenerhebung und Analyse, nämlich den auf individuelle Begehung von Massendelikten und von zumeist auf junge Männer zurückzuführende Straßenkriminalität ausgerichteten Opfer- und Tätersurveys, zu einem erheblichen Teil entzogen hat[1]. Denn auf die traditionellen Formen

---

1 Vgl. hierzu Shapland, J.: Crime: A Social Indicator or Social Normality? In: Robert,Ph./Sack, F. (Hrsg.): Normes et Déviances en Europe. Un Debat Est-Ouest. Paris 1994, S. 101–126; vgl. auch

der Kriminalität war vor allem das Augenmerk der Kriminologie nach dem Umbruch gerichtet[2], mit der sicheren Erwartung, daß die Nach- und Aufhol-Hypothese, sei sie aus veränderten Gelegenheiten oder Überlegungen zu Modernisierung und veränderten Risikostrukturen abgeleitet, sei sie anomietheoretisch begründet, zutreffen werde[3]. Das systematische Abtasten der Einstellungen, Perzeptionen und Erfahrungen zu Kriminalität und Kriminalitätsangst in den seit Anfang der neunziger Jahre auf die neuen Bundesländer sowie die östlichen Transformationsgesellschaften ausgedehnten Opfersurveys[4] hat unter anderem die erwartungsgemäße Bestätigung der bereits angesprochenen Erwartungen und bekannte methodische Probleme retrospektiver und international vergleichender Forschung erbracht[5]. Freilich war aus dieser Forschung das Phänomen der grenzüberschreitenden Kriminalität, die sich ja teilweise deckt mit den sog. „opferlosen" Delikten, vollständig ausgeschlossen[6].

Selbstverständlich ist aus den eingangs genannten Gründen transnationale Kriminalität weder eine Folge des Umbruchs in Osteuropa noch sind durch den Umbruch und den sozialen und wirtschaftlichen Wandel in Osteuropa samt den auf Westeuropa ausstrahlenden Konsequenzen Kriminalitätsphänomene entstanden, die ausschließlich oder doch überwiegend als ganz spezifische Folgen dieses Umbruches gedeutet werden könnten. Denn die bislang als besondere Folgen des Umbruchs ausgegebenen Phänomene[7] sind nämlich nichts weniger (aber auch nicht mehr) als die Ausweitung bekannter Formen der Betrugs- und Wirtschaftskriminalität oder wenigstens im Graubereich liegender Techniken der wirtschaftlichen und sozialen Ausbeutung in andere Räume. Ihre besondere Qualität bekommen diese Delikte und Techniken nur über die besondere Wahrnehmung der Opfer oder besondere Zuschreibungen, die maßgeblich durch die Wahrnehmung einer Einzigartigkeit des hier erfolgten Wandels gespeist werden sowie die hieraus wohl resultierende Vermutung, daß so Einzigartiges auch ganz Besonderes in der Devianz und in der sozialen Kontrolle nach sich ziehen muß.

De Nike, H. J./Ewald, U./Nowlin, Ch. J. (Hrsg.): Victimization Perception after the Breakdown of State Socialism. First Findings of a Multi-City pilotstudy 1993. Berlin 1995

2   Vgl. beispielsweise auch Gönczöl, K.: The changing face of crime in Hungary, European Journal of Criminal Policy and Research 1 (1993), S. 123–132

3   Vgl. beispielsweise Joutsen, M.: Crime Trends in Central and Eastern Europe. In: Council of Europe (Hrsg.): Proceedings of the Pan-European Seminar Crime Policies and the Rule of Law – Problems of Transition. Ljubljana 1995, S. 11–32

4   Vgl. nur Boers, K.: Crime, fear of crime and social transition in Germany, European Journal of Criminal Policy and Research 1 (1993), S. 124–136

5   Siemaszko, A.: Central and Eastern European Victimisation Rates: To Compare or Not To Compare? In: del Frate, A. A./Zvekic, U./van Dijk, J. J. M. (Hrsg.): Understanding Crime. Experiences of Crime and Crime Control. Rom 1993, S. 87–92

6   van Dijk, J. J. M./Mayhew, P.: Criminal Victimisation in the Industrialised World: Key Findings of the 1989 and 1992 International Crime Surveys. In: del Frate, A. A./Zvekic, U./van Dijk, J. J. M. (Hrsg.): Understanding Crime. Experiences of Crime and Crime Control. Rom 1993, S. 1–50

7   Vgl. beispielsweise Sack, F.: Conflicts and Convergences of Theoretical and Methodological Perspectives in Criminology. In: Ewald, U. (Hrsg.): New Definitions of Crime in Societies in Transition. Bonn 1994, S. 7–34 (S. 18 ff.)

In der Erklärung des Einzigartigen wird dann freilich auf durchaus herkömmliche Ansätze zurückgegriffen. Solche Zuschreibungsprozesse wurden im übrigen auch wirksam, wenn beispielsweise eine besondere Anfälligkeit für Kfz-Diebstahl in osteuropäischen Ländern oder eine besondere Gewalttätigkeit und außerordentliche Gewaltbereitschaft bei Kosovo-Albanern und den Tschetschenen festgestellt wird. Ferner ist es die besondere Anfälligkeit für kriminelle Organisationen, die anscheinend die ehemalige Sowjetunion prägen soll.

Dabei ist nicht von Bedeutung, daß Unterschiede zwischen sozialem Wandel in Gesellschaften und sozialem Wandel einer Gesellschaft gemacht werden[8], denn natürlich kann hier nicht eingelöst werden, wie überhaupt und dann mit welchem Nutzen eine solche Differenzierung durchgeführt werden sollte. Daß andererseits die Forderung erhoben wird, Unterschiede zwischen stabilen und differenzierten Gesellschaften und instabilen bzw. undifferenzierten Gesellschaften andererseits zu machen[9], stellt eine theoretische Selbstverständlichkeit dar, die gerade in der strukturfunktional ausgerichteten theoretischen Kriminologie auf eine ausgewiesene Tradition zurückblicken kann. Warum im übrigen die Vergangenheit in Form eines autoritären Regimes als herausragende Gemeinsamkeit von Umbruchgesellschaften herangezogen und hervorgehoben werden sollte[10], ist ebenfalls nicht selbstverständlich. Immerhin würde auch einleuchten, in der Betrachtung weiter auszuholen und zu fragen, aus welchen wirtschaftlichen, kulturellen und sozialen Zuständen und Prozessen heraus die jetzigen Umbruchgesellschaften einmal in autoritäre, staatssozialistische Unternehmen verwandelt worden sind und welche spezifischen Probleme sich aus dieser Geschichte für die heutige Entwicklung ergeben. Hier mag der Staatssozialismus zwar eine Gemeinsamkeit darstellen, freilich könnte es sich um das am wenigsten ergiebige Merkmal für Beschreibung und Erklärung der heute sichtbaren Prozesse handeln[11]. Nach alledem ist offensichtlich zu beobachten, daß der Umbruch und hierin insbesondere der Zusammenbruch der früher fast undurchlässigen Grenzkontrollen eine Faszination ausüben, die auch den Erwartungshorizont und damit die theoretisch als relevant betrachteten Variablen bestimmt.

Soweit Modernisierung als Stichwort in die Debatte geworfen wird[12], so haben wir zu fragen, welche Elemente einer Modernisierung in Gesellschaften, der die osteuropäischen Länder in stärkerem Maße unterzogen sind, für die Strukturierung und Er-

---

8   Larrauri, E./Ewald, U.: Preface. In: Ewald, U. (Hrsg.): New Definitions of Crime in Societies in Transition. Bonn 1994, S. 1–6 (S. 2)
9   Larrauri, E./Ewald, U. (Anm. 8), S. 2
10 Larrauri, E./Ewald, U. (Anm. 8)., S. 3.
11 Wenig ergiebig scheint es im übrigen auch, die Frage nach den „wirklichen" Akteuren in den Normsetzungsprozessen zu stellen. Auch hiermit wird bloß eine allgemeine Fragestellung aufgeworfen, die unabhängig von jedem Umbruch ihre Berechtigung hat, vgl. Larrauri, E./Ewald, U. (Anm. 8), S. 6
12 Vgl. beispielsweise Ewald, U.: Crime and Social Unrest: Current Developments and Trends. In: Robert, Ph./Sack, F. (Hrsg.) (Anm. 1), S. 127–145 (S. 129)

scheinungsformen von transnationaler Kriminalität Bedeutung erlangen können. Die allgemeinen Überlegungen zur Modernisierung von Gesellschaften helfen dabei zunächst nicht viel. Damit sind Annahmen zur Veränderung gesellschaftlicher Integrationsmechanismen[13], partiell auch Überlegungen zur Individualisierung angesprochen, die in den Hypothesen zu den Modernisierungsverlierern gipfeln[14].

Was sich in dem hier interessierenden Feld und vor dem Hintergrund des politischen, sozialen und wirtschaftlichen Umbruchs bzw. Wandels abspielt – dies ist eine einleuchtende und leicht nachweisbare These –, ist eine Integration der osteuropäischen Länder in bereits vorhandene wirtschaftliche und kulturelle, vor allem aber subkulturelle Systeme. Diese Integration hat freilich bereits vor 1989 begonnen. Die Integrationsprozesse, die hier verfolgt werden können, sind ihrerseits nicht neu, sondern können als Folge der Internationalisierung der Märkte und drastischer Erweiterung der Mobilität im Verhältnis von Westeuropa zu anderen Regionen dieser Welt beobachtet werden. Es handelt sich allesamt um Begleiterscheinungen der modernen Gesellschaft und in ihr der modernen Wirtschaft, in die nunmehr auch der vormals sozialistisch verfaßte Teil Europas einbezogen wird.

Denn die Kriminalitätsphänomene, die unter den Begriff der transnationalen Kriminalität gefaßt werden, lassen sich ohne weiteres in ein Koordinatensystem einsetzen, aus dem heraus schon vor dem Umbruch, jedoch ebensogut nach diesem Umbruch, die wesentlichen Kennzeichen einer transnationalen, grenzüberschreitenden oder internationalen Kriminalität abgeleitet werden konnten.

Die Koordinaten sind aus insgesamt vier Konzepten zu entnehmen, die erst erschöpfend taxieren lassen, was (auch) im Ost-West-Verhältnis transnationale Kriminalität überhaupt bedeuten und welche Formen sie annehmen kann. Zum einen geht es hier natürlich um Märkte und das den Markt steuernde Gesetz von Nachfrage und Angebot. Sodann hat transnationale Kriminalität offensichtlich mit Migration zu tun und ist damit bezogen auf die die Migration erst auslösenden Push- und Pull-Faktoren, die in verschiedenen Regionen vorgefunden werden. Das dritte Konzept, das in der theoretischen Analyse transnationaler Kriminalität Eingang finden sollte, bezieht sich auf die organisierte Kriminalität, wobei freilich anstelle der kriminalpolitisch motivierten diffusen Rhetorik zu einer ebenso diffusen Bedrohung innerer Sicherheit, wie sie gerade in Deutschland heute an der Tagesordnung ist, theoretisch begründete Ansätze treten müssen, die eine weitere Differenzierung und vor allem über die rechtspolitische Mobilisierung sowie den Nachweis von besonderen Ermittlungsproblemen hinaus auch die Erklärung erlauben, aus der dann triftige rechtspoliti-

---

13 Zusammenfassend Münch, R.: Elemente einer Theorie der Integration moderner Gesellschaften, Berliner Journal für Soziologie 1995, S. 5–24
14 Heitmeyer, W. u.a.: Gewalt. Schattenseiten der Individualisierung bei Jugendlichen aus unterschiedlichen Milieus. Weinheim, Basel 1995

sche Konsequenzen abgeleitet werden können[15]. Schließlich ist das Konzept der ethnischen oder ausländischen Minoritäten in der Analyse transnationaler Kriminalität einzubeziehen.

2 Kriminelle Märkte, organisierte Kriminalität, Migration und ethnische Minoritäten

2.1 Schwarzmärkte

Daß für transnationale Kriminalität Märkte maßgeblich sind, überrascht nicht, ist doch ein erheblicher Teil der unter dem Begriff der transnationalen Kriminalität angesprochenen Phänomene einem Marktgeschehen zuzuordnen, das dem Gesetz von Angebot und Nachfrage gehorcht und die politischen wie administrativen Grenzziehungen überlagert. Ferner kann natürlich ebenfalls nicht überraschen, daß nach dem Umbruch eine relativ schnelle und effiziente Integration Osteuropas in Subkulturen und Milieus sowie damit partiell zusammenhängende Schwarzmärkte stattgefunden hat, die insoweit keine Besonderheiten (von der Integration und den Integrationsmechanismen her gesehen) aufweist. Dabei geht es einmal um die Beteiligung an den bekannten Schwarzmärkten der Drogen; andererseits entstehen in Osteuropa, vor dem Hintergrund der bereits vorhandenen jahrzehntealten und sofort zur Verfügung stehenden Schwarzmarkterfahrungen wohl auch besonders begünstigt[16], neue Schwarzmärkte. Im übrigen sind die kriminellen Märkte zu differenzieren. Neben Märkten für illegale Güter (insbesondere Drogen, Falschgeld) stehen kriminelle Märkte für legale Güter, deren illegaler Charakter entweder in der Akquisition (Diebstahlsware), in devianten steuerlichen bzw. Subventionspraktiken (EG-Subventionsbetrug[17]) oder im ungenehmigten bzw. unerlaubten Umgang mit Risiken (beispielsweise illegale Abfallbeseitigung), Dienstleistungen (Anlagebetrug, Immobilienbetrug, nicht konzessioniertes Glücksspiel, Geldwäsche, illegale Immigration über Schleusung, Paß- und Visa-Fälschungen) und Sachen (beispielsweise illegaler Technologietransfer, Softwarepiraterie) begründet ist. Schließlich gibt es neben einem legalen (Arbeits-)Markt auch einen grauen und schwarzen Markt für Menschen, der sich im wesentlichen auf

---

15 Kritisch auch Ostendorf, H.: Organisierte Kriminalität. Eine doppelte Herausforderung für die Justiz, Kriminalistik 1991, S. 509–513 (S. 509), sowie Meertens, Ch.: Das Gesetz gegen die Organisierte Kriminalität, eine unerträgliche Geschichte, Zeitschrift für Rechtspolitik 1992, S. 205–208 (S. 205)
16 Vgl. zur Rolle der Schattenwirtschaft in der ehemaligen Sowjet-Union Sinuraja, T.: Internationalization of Organized Economic Crime. The Russian Federation Case, European Journal of Crime Policy and Research 1995, S. 34–53 (S. 41 f.)
17 Vgl. hierzu neuerdings van Dijk, Th., Ruimschotel, D./de Doelder, H.: Eurofraud: Country-Report for the Netherlands. Rotterdam 1995, S. 31 ff.

Arbeitsvermittlung (illegale Arbeitnehmerüberlassung), Vermittlung und Plazierung von Prostituierten sowie Kindern (im Rahmen der internationalen Adoption) bezieht. Die Einbeziehung der osteuropäischen Staaten in internationale Schwarzmärkte und die Ausbildung lokaler Schwarzmärkte führt schließlich zu einem ebenfalls nicht überraschenden Phänomen, nämlich zur Akkumulation von (frei bewegbarem) Kapital, die teilweise außerhalb der kontrollierten und konventionellen Geldwirtschaft stattfindet und damit der Reintegration von schwarzem Kapital in den legalen, internationalen Geldmarkt dienende Prozesse in Gang setzt[18]. Kapitalakkumulation ist unter den gegenwärtigen Schwarzmarktbedingungen und in den sogenannten Umbruchgesellschaften in besonderem Maße zu erwarten. Zum einen handelt es sich bei den betroffenen Aktivitäten um allgemeine Wachstumsbereiche. Ferner ist diese Wachstumsindustrie charakterisiert durch fehlende Regulierung, ausbleibende Besteuerung und wegen hoher Strafverfolgungsrisiken durch enorme Gewinnspannen[19]. Im übrigen fehlen, jedenfalls in der ersten Phase des Umbruchs, die in den Industrieländern entwickelten Kontrollsysteme, die sich auf Wirtschaft, Gewerbe und Geldkreislauf beziehen.

Neben Schwarzmärkten ist freilich auch die Internationalisierung der Wirtschaft insgesamt zu nennen, aus deren Strukturen heraus, wie partiell mit Phänomenen wie EG-Subventionsbetrug bereits hervorgehoben, transnationale Kriminalität in unterschiedlichen Formen entsteht[20]. So dreht sich beispielsweise das „Mehrwertsteuer-Karussell", um nur ein Beispiel zu nennen, bereits seit den achtziger Jahren unter Einschluß von damals noch sozialistischen Ländern. Insoweit treten kriminelle Firmen auf (die zu unterscheiden sind von dem Konzept der organisierten Kriminalität), deren Feld die Ausbeutung von Mehrwertsteuererstattung, EG-Subventionen etc. ist.

2.2 Migration und Immigration

Transnationale Kriminalität ist dann mit Migration verbunden. Migration wiederum kann auf Push- und Pull-Faktoren zurückgeführt werden, die angeben lassen, wann und warum, mit welcher Dauer und in welchen Formen Wanderungsbewegungen in welche Richtung entstehen, seien sie mit kurzfristigen oder langfristigen Zielen verbunden. Die wesentlichen Bedingungen für die Wanderungen, die aus dem Blickwinkel von Strafrecht und Kriminalitätsanalyse interessieren, liegen natürlich in der sozialen und wirtschaftlichen Ungleichheit zwischen West- und Osteuropa begründet (die Erweiterung der physischen Mobilität stellt lediglich ein technisches, gleichwohl

---

18 Sinuraja, T. (Anm. 16), S. 46 f.
19 Timmer, D.: The Producivity of Crime in the United States: Drugs and Capital Accumulation. In: South, N. (Hrsg.): Drugs, Crime and Criminal Justice. Bd. 1. Histories and Use, Theories and Debates. Aldershot u.a. 1995, S. 385–400
20 Vgl. Wilzing, J./Mangelaars, F.: Where does politics meet practice in establishing Europol?, European Journal of Criminal Policy and Research 1 (1993), S. 71–82 (S. 72)

wichtiges Element dar). Was in europäischen Metropolen anzieht und Migration auslöst, das sind die besseren Bedingungen des Verkaufs von wirtschaftlichen und anderen Dienstleistungen. Umgekehrt stellen preiswertere Angebote in osteuropäischen Grenzregionen und Metropolen Anziehungskräfte für Teile der westeuropäischen Bevölkerung dar. Andererseits darf nicht übersehen werden, daß der Wegfall von Grenzbarrieren auch ein gewisses Potential an Abenteurertum[21], das in seinen strafrechtsbezogenen Auswirkungen eher dem Typus der individualisierbaren Kriminalität entspricht, geweckt haben kann.

Freilich gilt es in diesem Bereich, Migration von Immigration zu differenzieren. Denn unter den sozialen, wirtschaftlichen und geographischen Bedingungen Europas sind die traditionellen Immigrationskonzepte offensichtlich nicht mehr in der Lage, die spezifischen Probleme der Migration wie die besonderen Problemlagen von Migranten zu beschreiben und zu erklären. Zu sehr sind die theoretischen und politischen Überlegungen noch bestimmt von den Immigrations- und Emigrationswellen des ausgehenden 19. und beginnenden 20. Jahrhunderts und damit von den Konzepten, die sich im Verhältnis von Europa und Nordamerika entwickelt haben. Hier stand die auf Dauer angelegte Aus- und Einwanderung im Vordergrund. In der europäischen Situation geht es aber weitgehend schon, und dies gerade im Verhältnis zwischen den Ländern, die die größten Einwanderungsgruppen stellen (Türkei, ehemaliges Jugoslawien), um die Erweiterung von Handlungsoptionen (wie sie im Konzept der Europäischen Union und der europäischen Integration ja auch angelegt ist). Insoweit stehen allerdings neben den eigentlichen Immigrantengruppen (die repräsentiert werden durch Einwanderer aus Südostasien und Afrika sowie ethnische Deutsche aus der ehemaligen Sowjetunion) solche Gruppen, in denen trotz gegebenenfalls langfristiger und dauerhafter Verlagerung der Lebensmittelpunkte die Zugehörigkeit zum Herkunftsland und damit zusammenhängende Optionen gar nicht mehr in Frage gestellt werden müssen. Hinzu treten solche Gruppen, bei denen eher kurzfristige Migration (zu welchem Zweck auch immer) dominiert. Hier werden allerdings die Übergänge zu den Konzepten des Tourismus fließend.

2.3 Organisierte Kriminalität

Transnationale Kriminalität deckt sich dann teilweise mit den Sachverhalten, die als organisierte Kriminalität bezeichnet werden. Freilich muß der Begriff der organisierten Kriminalität differenziert werden und über die kriminalpolitisch motivierten Bedeutungsgehalte (denen im wesentlichen ein politisch mobilisierender Nutzen zukommt) hinaus verschiedene Sachverhalte erfassen. Unter organisierter Kriminalität sollen demnach einmal lokale und historisch gewachsene Subkulturen verstanden werden. Die hiermit gekennzeichnete klassische Unterwelt bezieht sich auf das sub-

---

21 Vgl. hierzu v. Trotha, T.: Recht und Kriminalität. Tübingen 1982

kulturelle Milieu der Großstädte, das vor allem in der kriminologischen Literatur der ersten Hälfte dieses Jahrhunderts erhebliche Aufmerksamkeit auf sich gezogen hat. Hier steht der subkulturelle Bezug von professionellem Verbrechen und rationaler Kriminalitätsbegehung im Vordergrund. Andererseits sind mit dem Begriff der organisierten Kriminalität Sachverhalte gemeint, in denen die Organisation selbst, und zwar die betriebswirtschaftliche bzw. unternehmensmäßige Aufbereitung, das wesentliche Kennzeichen darstellt. Beides mag sich zu gewissen Teilen überlappen.

2.4 Ethnische/ausländische Minderheiten

Jedoch ist hier wie dort mit der Organisation der subkulturellen Milieus, der Beteiligung an Schwarzmärkten und der Migration etwas verbunden, was im vierten, hier herangezogenen Konzept erfaßt wird. Dies ist die ethnische Minderheit oder, um einen Begriff aufzunehmen, der in Deutschland wohl eher gebräuchlich scheint, die ausländische Minderheit. Ethnische oder ausländische Minoritäten sind in der Kriminalpolitik und in der kriminologischen Forschung zunächst fest mit organisierter Kriminalität und kriminellen Märkten verknüpft. Dies hängt mit den klassischen Verschwörungstheorien bzw. Importtheorien der Kriminalität zusammen, die Immigranten und bestimmten Minderheiten ein ganz besonderes Gefährdungspotential zuordnen[22].

3 Konzeptuelle Bezugspunkte grenzüberschreitender Kriminalität

3.1 Kriminelle Märkte: Drogen- und Menschenhandel

Nach dem Umbruch hat sich eine schnelle Integration der osteuropäischen Länder in die existierenden Schwarzmärkte ergeben. Die Integration fand in allen Teilen der Schwarzmärkte statt und bezieht sich auf die Nachfrage- sowie auf die Angebotsseite[23]. Die Voraussetzungen hierfür sind in allen osteuropäischen Ländern ideal gewesen, traf doch eine erhebliche Freisetzung von Menschen aus dem Berufsleben mit wenig ausgebautem System sozialer Sicherung und wirtschaftlicher Krise zusammen.

Der Drogenschwarzmarkt ist in westeuropäischen Ländern wohl etabliert. Der Umbruch hat, von den Gesetzen des Schwarzmarkts her gesehen, verschiedene Konsequenzen. Zunächst erweitern die Öffnung der Grenzen und die Veränderungen in den wirtschaftlichen und gewerblichen Strukturen die Anpassungsoptionen der Anbie-

---

22 Vgl. beispielsweise Anderson, M.: The United Kingdom and Organised Crime – the International Dimension, European Journal of Crime, Criminal Law and Criminal Justice 1 (1993), S. 292–308 (S. 294 f.) für England
23 Vgl. Saberschinski, H.: Berlin: Theatre of East-West Organized Crime, European Journal of Crime Policy and Research 1995, S. 26–33 (S. 28) für die Prostitution in Berlin

ter in Form der Transportrouten[24]. Erkennbar wurde dies im Falle der Seewegsbenutzung durch das Ausweichen auf polnische und baltische Häfen. Dasselbe gilt für den Landweg. Zum anderen treten osteuropäische Länder heute als Anbieterländer auf, sowohl für synthetische als auch für natürliche Drogen. Schließlich entsteht in osteuropäischen Ländern Nachfrage nach Drogen. So mögen in diesem Zusammenhang als Beispiele die Herstellung und der Export von Amphetaminen aus Polen sowie der Anbau von Hanf in Polen (Verlagerung der Aktivitäten von Haschischproduzenten und -händlern) herangezogen werden.

Freilich gibt es bislang keine Hinweise, daß Kokain- oder Heroin-Märkte sich verändern.

Diese Märkte sind relativ geschlossen[25]. Anders sieht es aus bei synthetischen Drogen (Amphetamine und Ableger hiervon), die in Polen, freilich auch in den Niederlanden für den deutschen Markt produziert werden[26]. Der Cannabis-Markt ist offener strukturiert und läßt damit auch mehr Raum für freies Unternehmertum, das zunächst auf wenig Ressourcen zurückgreifen kann. Vergleichbar ist die Entwicklung des Zigarettenschwarzmarktes in verschiedenen europäischen Regionen, insbesondere aber in den neuen Bundesländern[27].

Mit den Begriffen des Menschenhandels und materieller Ausbeutung von Menschen werden dann Phänomene angesprochen, die lange Zeit vergessen schienen, nunmehr aber unter den Bedingungen moderner Industriegesellschaften und der internationalen Migration einerseits auf die Ausbildung von Verhaltensnischen selbst in devianten Subkulturen und Milieus verweisen, andererseits erkennen lassen, daß neue und profitable (internationale) Märkte entstanden sind[28].

Der Handel mit Arbeitskräften und der Handel mit Frauen zum Zwecke der Eheschließung und der Prostitution haben in den letzten Jahrzehnten immer größere Aufmerksamkeit auf sich gezogen[29] und den Blick darauf gelenkt, daß unter den heutigen sozialen und ökonomischen Bedingungen spezifische Formen der Sklaverei, die man ja seit der Aufklärung überwunden zu haben glaubte, wieder vorstellbar sind. Jedoch tritt die Sklaverei nunmehr in einem anderen, in einem modernen Gewande in Erscheinung. Strukturell bedingte soziale und wirtschaftliche Zwänge und deren Nut-

---

24 Saberschinski, H. (Anm. 23), S. 29
25 Saberschinski, H. (Anm. 23), S. 29 für den Drogenmarkt in Berlin
26 Nach Saberschinski, H. (Anm. 23), S. 29 kommen in Berlin aufgegriffene Amphetamine freilich noch ganz überwiegend aus den Niederlanden.
27 Zum Zigarettenschwarzmarkt in Berlin sowie den Gewinnpotentialen Saberschinski, H. (Anm. 23), S. 32
28 Zusammenfassend Sieber, U./Bögel, M.: Logistik der organisierten Kriminalität. Wiesbaden 1993, S. 200 ff.
29 Vgl. hierzu beispielsweise die Einrichtung einer Parlamentarischen Untersuchungskommission zum Zusammenhang von Menschenhandel und Prostitution in Belgien und die für die Beratungen erstellte empirische Studie über Frauenhandel und Prostitution von Fijnaut, C.: Prostitutie, Vrouwenhandel en (vermeende) Politiecorruptie in Antwerpen. Leuven, Amersfoort 1994

zung in den Beziehungen zwischen Menschen haben die unmittelbare physische Gewalt als Mittel zur Ausbeutung von Menschen und als Mittel, sich eines Menschen zu bemächtigen bzw. einen Menschen in nicht tolerierbare Abhängigkeit zu bringen, abgelöst. Zu der Bekämpfung dieser modernen Formen der Sklaverei fehlen aber offensichtlich die angemessenen Instrumente[30]. Menschenhandel mag zwar von den Motivausprägungen der Nachfrageseite sehr unterschiedlich gelagert sein, wird jedoch im wesentlichen dominiert durch die wenig greifbaren, und insbesondere durch die individuellen Zurechnungsbedingungen des Strafrechts kaum erfaßbaren, strukturellen Zwänge, die die Opfer nicht sofort als Objekt unmittelbaren, wiederum auf Menschen verweisenden Zwangs erscheinen, sondern ganz im Gegenteil als dem Handel zustimmende Partei sichtbar werden lassen. Dies führt auch zu einer Fragestellung, die die Kriminologie bereits seit längerem beschäftigt. Es geht nämlich partiell auch um Phänomene, die denen bei „opferlosen" Delikten gleichen. Das Strafrecht, die Strafverfolgungsbehörden und die Strafjustiz haben sich als reaktives System entwickelt. Die Initiierung von Strafverfahren bleibt dabei ganz wesentlich dem Opfer einer Straftat überlassen und ist damit natürlich von der Anzeigebereitschaft der Privaten (seien es Opfer oder seien es Zeugen) abhängig. Fehlen aber, wie im Falle opferloser Delikte, die Opfer als Anzeigeerstatter oder sind diese, wie beispielsweise bei Straftaten am Kind, aus besonderen Gründen zur Anzeige nicht in der Lage und fallen darüber hinaus andere potentielle Kenntnisnehmer als Anzeigeerstatter aus, dann sind die Strafverfolgungsbehörden vor besondere Probleme der Identifizierung der Straftat in Form der Schöpfung von Tatverdacht und der Kenntnisnahme von strafrechtlich relevanten Sachverhalten gestellt. Diese besonderen Probleme der Herstellung des Tatverdachts haben bei Phänomenen wie dem Drogenschwarzmarkt zu der Entwicklung und zum Einsatz „besonderer Ermittlungsmethoden" geführt[31]. In anderen, im Hinblick auf die Anzeigesituation strukturell vergleichbaren Deliktsbereichen wie der Umwelt- und Wirtschaftskriminalität hat sich freilich das Ausgangsproblem, nämlich das Anzeigeproblem und die Entstehung des Tatverdachts, als sperrig erwiesen und sich partiell in einer chronisch defizitären und verzerrten Ausschöpfung der dem Strafrecht grundsätzlich zugänglichen Sachverhalte niedergeschlagen[32]. Fraglos ist

---

30 Heine-Wiedenmann, D./Ackermann, L.: Umfeld und Ausmaß des Menschenhandels mit ausländischen Mädchen und Frauen. Stuttgart/Berlin/Köln 1992, S. 186 ff.
31 Vgl. dazu insgesamt das Gesetz zur Bekämpfung des illegalen Rauschgifthandels und anderer Erscheinungsformen der organisierten Kriminalität vom 15.7.1992, BGBl I, 1302
32 Vgl. nur Albrecht, H.-J.: Particular Difficulties in Enforcing the Law Arising out of Basic Conflicts between Different Agencies with Regard to the Best-Suited Reaction Upon Highly Sensitive Kinds of Crime. In: Council of Europe (Hrsg.): Interactions Within the Criminal Justice System. Strasbourg 1987, S. 41 ff.; Braithwaite, J.: To Punish or to Persuade. Enforcement of Coal Mine Safety. Albany 1985; Rüther, W.: Die behördliche Praxis bei der Entdeckung und Definition von Umweltstrafsachen – unter besonderer Berücksichtigung des „Zusammenarbeitserlasses" von 1985. Bonn 1991; Kühne, H.-H./Görgen, Th.: Die polizeiliche Bearbeitung von Umweltdelikten. Wiesbaden 1991

auch der Menschenhandel durch das Problem der Anzeigeerstattung charakterisiert. Denn Frauen, die aus dem Ausland in die Bundesrepublik Deutschland zum Zwecke der Prostitutionsausübung oder zur Heiratsvermittlung verbracht werden, sind ebenso erpreßbar wie Arbeitssuchende, die außerhalb der Ausländer- und Arbeitsgesetzgebung in Arbeitsverhältnisse oder zur Immigration vermittelt werden. Sie fallen deshalb für die Funktion des Opfers als Anzeigeerstatter weitgehend aus. Im Falle des Kinderhandels ist das eigentliche Opfer, nämlich das Kleinkind selbst, wie im Falle der Kindesmißhandlung aus physischen Gründen nicht in der Lage, eine Anzeige zu erstatten oder die Unterstützung formeller Sozialkontrolle in Anspruch zu nehmen; handelt es sich um ältere Kinder, liegen die Gründe in mangelnder Kompetenz und sozialer Unterlegenheit gegenüber Erwachsenen. Die hieraus resultierenden Defizite für die Strafverfolgung, teilweise auch als Implementationsdefizite benannt, können sich Ausbeuter in Form der Reduzierung des Strafverfolgungsrisikos zunutze machen.

Die achtziger Jahre haben dann im übrigen auch das Bewußtsein dafür geschärft, daß die Nachfrage nach Kindern aus ganz unterschiedlichen Quellen gespeist sein kann. Hier geht es natürlich zuvörderst um eine emotional begründete Nachfrage, deren Ursprung im Wunsch unfreiwillig kinderlos gebliebener Erwachsener nach Kindern gesehen werden muß und deren Ziel in der Adoption eines Kleinkindes besteht. Zum anderen geht es aber partiell auch um eine sexuell begründete Nachfrage, wie die in den letzten Jahren geführte Diskussion um die sexuelle Mißhandlung und sexuelle Ausbeutung von Kindern sowie nicht zuletzt auch die Debatte um die Kinderpornographie zeigt[33]. Ferner ist der Kinder- und Menschenhandel in die Nähe des Organhandels gerückt worden[34]. Im übrigen verweisen in Deutschland und in Frankreich aufgedeckte Fälle von Kinderhandel, daß so beschaffte Kinder auch zu Diebstählen und zur Beschaffung von Sozialleistungen und damit als Instrument in der Begehung von Eigentums- und Vermögensdelikten eingesetzt werden können[35].

Darüber hinaus sind diese Verhaltensmuster auch durch die Gewinnerwartung auf seiten der Anbieter geprägt. Denn der Menschenhandel ist sodann Teil eines interna-

---

33 Campagna, D. S./Poffenberger, D. L.: The Sexual Trafficking of Children. An Investigation of the Child Sex Trade. Dover 1988, S. 149 ff.; vgl. ferner die Nachweise bei Tate, T.: Child Pornography. An Investigation. London 1990, sowie Thönnissen, A./Meyer-Andersen, K.: Dunkelziffer. Das geheime Geschäft mit der schmutzigen Pornographie. München 1990, und das Strafrechtsänderungsgesetz – Kinderpornographie, BundestagsDS 12/3001, mit dem der Besitz von Kinderpornographie unter Strafe gestellt wurde.
34 Jimenez, M.: Trafficking in Central America: The Case of Honduras, International Childrens Monitor 10 (1993), S. 6–8 berichtet von der Einsetzung einer Regierungskommission in Honduras, deren Aufgabe es ist, das „Verschwinden" von Kindern und in diesem Zusammenhang auch den Verdacht des Kinderhandels zur Erlangung von Organen zu Transplantationszwecken zu untersuchen (S. 8).
35 International Children's Rights Monitor 10 (1993), Nr.1–2, S. 11, wo von einem Ring berichtet wird, der afrikanische Kinder nach Frankreich einschmuggelte, um diese für 10.000 FF pro Kind an Familien zu verkaufen, die damit zusätzliche Sozialleistungen beantragten.

tionalen Marktgeschehens, das den Gesetzen von Angebot und Nachfrage gehorcht[36] und von den Gewinnchancen für die Anbieter einerseits und den Gewinn- oder Problemlösungserwartungen der Nachfrager andererseits getrieben wird. Ähnlich den Erscheinungen des Drogenschwarzmarktes hat sich offensichtlich auch für Menschen und durch diese ermöglichte Dienstleistungen ein Schwarzmarkt etabliert, dessen Strukturen nicht durch Einzelpersonen, sondern durch organisierte Verfahrensweisen und durch Organisationen, die das Angebot und den Nachweis von Gelegenheiten beherrschen, bestimmt werden. Soweit hier das Verhältnis zwischen Entwicklungsländern und Industrieländern angesprochen wird, darf freilich nicht vergessen werden, daß vor nicht allzu langer Zeit das Armutsgefälle auch in Deutschland selbst zu einem offensichtlich recht großen Kindermarkt beigetragen hat[37]. Mit dem Hinweis auf Schwarzmärkte sind natürlich bereits Bezüge zur organisierten Kriminalität hergestellt. Insbesondere der Handel mit Arbeitskräften und der Handel mit Frauen wird offenbar in organisierter Form vollzogen[38]. Dabei sind einerseits Hinweise vorhanden, daß sich Gruppen aus etablierten Subkulturen und Milieus diesem Handel widmen, andererseits scheinen sich andere Gruppen und Organisationen erst mit einer steigenden Nachfrage herauszubilden und als Folge der schwarzmarktbedingten Gewinnmöglichkeiten zu entstehen.

Der so umschriebene Handel mit Menschen zu den unterschiedlichsten Zwecken wird freilich eine Wachstumsbranche auf den Schwarzmärkten bleiben. Dies gilt für die Organisation der illegalen Einwanderung, für die illegale Vermittlung von Arbeit in der konventionellen Wirtschaft wie im Milieu und schließlich auch für den Handel mit Kindern. Gerade die Nachfrage nach Kindern ist tendenziell ansteigend. Der auf die Adoption gestützte Kinderwunsch kann nämlich in westlichen Industriestaaten nicht mehr in den dafür vorgesehenen und zugelassenen bzw. aus pädagogischen und jugendwohlfahrtszentrierten Überlegungen heraus als angemessen betrachteten Adoptionsverfahren zufriedengestellt werden. Die auf dem gesetzlich zugelassenen Wege erfolgenden Adoptionsvermittlungen tendieren nämlich national gesehen und im internationalen Vergleich gegen Null, während die Anzahl Adoptionswilliger steigt oder doch auf einem hohen Niveau konstant bleibt[39]. Die bloßen Zahlen, die das lega-

---

36 Vgl. nur Regtmeier, W.: Menschenhandel – Erfahrungen einer Sonderkommission in einem besonderen Deliktsbereich der Organisierten Kriminalität. Polizeiführungsakademie, Münster 1990, S. 81–94
37 Arendt, H.: Kinder des Vaterlandes. Neues vom Kinderhandel mit Jahresbericht über meine Recherchen und Fürsorgetätigkeit vom 1.9.1912 bis 31.8.1913. Stuttgart 1913
38 Vgl. Sieber, U., Bögel, M. (Anm. 8), S. 131 ff., S. 200 ff.
39 Campagna, D. S./Poffenberger, D. L.: The Sexual Trafficking of Children. An Investigation of the Child Sex Trade. Dover 1988, S. 149, wo für die USA berichtet wird, daß hier jährlich etwa 2 Millionen adoptionswillige Paare gezählt werden, während andererseits lediglich ca. 50.000 Kinder für Adoptionszwecke zur Verfügung stehen; starke Diskrepanzen zwischen der Zahl der Adoptionswilligen und der Zahl zur Adoption freigegebener Kinder werden aus Frankreich berichtet, vgl. Le Courrier de la Chancellerie: Mensuel d' Information du Ministère de la Justice. Oktober 1993, Nr. 19; in Deutschland warten jährlich rund 20.000 Adoptionsbewerber vergeblich auf die

le „Angebot" an Kindern einerseits und die Nachfrage nach Kindern andererseits kennzeichnen, verweisen deshalb auf ein ganz erhebliches Schwarzmarktpotential[40].

Das Phänomen des Kinderhandels kommt weitgehend mit der (organisierten) internationalen Adoption zur Deckung. Aktivitäten internationaler Adoption beziehen sich seit ihrem ersten Auftreten in der Neuzeit in den sechziger Jahren vor allem auf die Entwicklungsländer einerseits und nach dem Umbruch gegen Ende der achtziger Jahre in zunehmendem Maße auf osteuropäische Länder. Hier kann die eingangs skizzierte Vermutung über die Integration der Umbruchländer in die wirtschaftlichen und subkulturellen Strukturen der Industrieländer überprüft werden. Im Verhältnis zur internationalen Adoption sind im übrigen die in Deutschland bekanntgewordenen Fälle des direkten Verkaufs und Kaufs von Kleinstkindern zu vernachlässigen. Sie betreffen recht einfach gelagerte Sachverhalte, sind individueller Natur und vor allem nicht eingebettet in organisatorische Strukturen[41].

Was die Hintergründe der internationalen Adoption bzw. Auslandsadoption betrifft, so sind sichere Hinweise dafür vorhanden, daß in verschiedenen Entwicklungsländern und nunmehr auch in Osteuropa Kinderhandel bzw. der Verkauf von Kindern in organisierter Form beobachtet werden kann[42]. Neben verschiedenen mittelamerikanischen Ländern werden auch südamerikanische Länder wie beispielsweise Brasilien genannt, in denen gegen ein teilweise erhebliches Entgelt die schnelle Verschaffung eines Kindes zum Zwecke der Adoption angeboten wird. Dabei wird wohl in der Regel bereits mit einer schwangeren Frau Kontakt aufgenommen und ein Preis für das Kind festgelegt. Die Adoption wird dann sofort nach der Geburt im Ausland selbst durchgeführt. Die zur Durchführung internationaler Adoption eingesetzten Methoden sind offensichtlich vielfältig und zielen im wesentlichen auf die Umgehung der in den Nachfrageländern implementierten Adoptionskontrollen. So können sich Ehepaare im

---

Vermittlung eines Kindes, Bach, R. P.: Ausmaß, Methoden und Ursachen des Handelns mit Adoptivkindern aus der sog. Dritten Welt in der Bundesrepublik Deutschland. Berlin u.a. 1986; aus Italien wird berichtet, daß derzeit etwa 16.000 Adoptionsanträgen etwa 1.000 vermittlungsfähige Kinder gegenüberstehen.

40 Vgl. auch Eisenblätter, P.: History and Causes of Intercountry Adoptions in a „Receiving" Country. Contribution to the Expert Meeting: „Protecting Children's Rights in Intercountry Adoptions and Preventing Trafficking and Sale of Children". Manila, Philippines, April 6–12, 1992, wo für die Bundesrepublik Deutschland mit etwa 2,2 Millionen unfreiwillig kinderloser Ehepaare gerechnet wird.

41 Entsprechende Fälle werden auch aus anderen europäischen Ländern nach der Öffnung der Grenzen berichtet, vgl. beispielsweise Frankfurter Rundschau vom 3.5.1994, wo aus Griechenland die Festnahme, Verurteilung und Ausweisung von 14 illegal eingewanderten Bulgaren mitgeteilt wird, die versucht hätten, drei Säuglinge zum Preis von jeweils 3.500 DM zu verkaufen.

42 Der Kinderhandel in dieser Form wird aus fast allen westeuropäischen Ländern berichtet. Vgl. nur neuerdings wieder Badische Zeitung vom 6.5.1994, wo mitgeteilt wird, daß in Italien ausweislich von Erhebungen des Italienischen Zentrums für internationale Adoptionen im Jahre 1992 etwa 2.000 Kinder aus Rumänien „importiert" worden sein sollen, von denen die Hälfte „gekauft" worden sei; zusammenfassend Albrecht, H.-J.: Der (auch kommerzielle) Handel mit Kindern. Bonn 1994

Herkunftsland eines adoptierten Kindes als leibliche Eltern registrieren lassen. Dies setzt freilich voraus, daß in dem betreffenden Land eine gewisse Infrastruktur des Kinderhandels vorhanden ist[43]. Eine weitere Umgehungsmöglichkeit stellt offensichtlich die Durchführung einer Auslandsadoption und deren förmliche, freilich nicht inhaltlich kontrollierte Registrierung (in Deutschland in Form der sog. „Beischreibung"). Diese Form der Umgehung scheint insbesondere deshalb recht reibungslos zu funktionieren, weil bei den Jugendämtern mit recht vorsichtigen Ermittlungen im Falle fragwürdiger Auslandsadoptionen bzw. unklarer und undurchsichtiger Herkunft adoptierter Kinder verfahren wird[44].

Berichtet wird im übrigen von der organisierten Einreise von Kindern aus südostasiatischen Ländern zusammen mit den angeblichen oder tatsächlichen Müttern auf der Grundlage eines Touristenvisums. Unmittelbar nach Ankunft erfolgt dann vor einem Notar die Freigabe des Kindes zur Adoption. Verknüpft war diese Variante bislang partiell mit einer Anerkennung der Vaterschaft durch einen bereits vorhandenen männlichen Adoptionswilligen, dessen Ehefrau dann später das für ehelich erklärte Kind adoptieren konnte[45]. Berichtet wird ferner von der Verbringung südostasiatischer Kinder zur Pflege nach Deutschland mit schriftlichen Einwilligungserklärungen der leiblichen Eltern, wobei dies in der Erwartung geschieht, daß nach einem gewissen Zeitablauf solche Bindungen des Kindes entstehen, die eine andere Lösung als eine Adoption im Interesse der Kinder nicht mehr zulassen[46]. Der Verkaufs- bzw. Kaufpreis eines Kindes liegt in den in Deutschland den zuständigen Verwaltungen bekanntgewordenen Fällen im Durchschnitt bei etwa 20.000 DM[47]. Dies entspricht

---

43 Freilich werden entsprechende Fälle auch aus Griechenland berichtet, vgl. Frankfurter Rundschau vom 3.5.1994, wo wohl vor allem Frauen aus Albanien, Mazedonien und Bulgarien diese Form der Vereinbarung über eine entgeltliche Abgabe eines noch nicht geborenen Kindes eingehen. Für Brasilien wird im übrigen vom Angebot eines „vollkommenen Adoptionsservice" ausgegangen, der durch Rechtsanwälte organisiert wird.

44 Begründet wird dies ausweislich von Expertenmeinungen dadurch, daß für die Sozialarbeit bislang das Adoptionsrecht und die Adoptionsvermittlung als einige der wenigen Ausnahmen außerhalb jeder negativen Diskussion gestanden hätten. Denn ansonsten seien die Jugendämter fast nur mit negativen und unangenehmen sozialen Phänomenen befaßt. Deshalb bestehe ein erhebliches Interesse daran, den Adoptionsbereich nicht zu problematisieren und die damit verbundene sozialarbeiterische Tätigkeit nicht abzuwerten. Nicht umsonst wohl sei bereits der Vorschlag geäußert worden, die Jugendämter sollten sich vollständig aus dem Bereich der Auslandsadoptionen zurückziehen.

45 Vgl. Eisenblätter, P. (Anm. 40); Gemeinsame Zentrale Adoptionsstelle der Norddeutschen Bundesländer: Tätigkeitsbericht 1987, S. 13

46 Gemeinsame Zentrale Adoptionsstelle der Norddeutschen Bundesländer: Tätigkeitsbericht 1987, S. 14

47 Vgl. Albrecht, H.-J. (Anm. 42)

im wesentlichen den aus anderen Quellen bekannten Preisen im Falle internationaler privater und kommerzieller Adoption[48].

Die Reform des Adoptionsvermittlungsrechts aus dem Jahre 1989 zeigte offenbar unmittelbar Auswirkungen. Es kam zu Verlagerungen, wie sie auch aus anderen Bereichen neupönalisierten Verhaltens durchaus bekannt sind. Die Einführung von Straftatbeständen im Zusammenhang mit internationalen Adoptionsaktivitäten führte zu einer Verlagerung der Vermittlungsaktivitäten deutscher bzw. in Deutschland ansässiger Organisationen in das Ausland[49]. Ferner wurden in den Ländern selbst, die zu den Hauptherkunftsländern internationaler Adoptionen gezählt werden, Vermittlungsstrukturen aufgebaut, so daß sich die Vermittlung in Deutschland auf den Nachweis der dort vorhandenen Strukturen beschränken kann[50].

Eine weitere Veränderung folgt gleichfalls den Bedingungen des Schwarzmarkts. Unter Schwarzmarktbedingungen entsteht für Angebots- und Nachfrageseite das Problem der Herstellung von Kontakten zwischen Käufer und Verkäufer bzw. zwischen Interessent und Vermittler. Der zunehmende Druck in Form öffentlicher Problematisierung wie rechtspolitischer Maßnahmen hat offensichtlich seit den achtziger Jahren zu Anpassungsstrategien und hierbei dazu geführt, daß sich ein wenig überschaubarer Markt entwickelt hat, der auf der Basis der „Mund-zu-Mund-Propaganda" funktioniert[51]. Zu solchen Netzwerken tragen auch erfolgreiche Adoptiveltern bei, die durch Weitergabe von Adressen und anderen Hinweisen die private Vermittlung fördern[52].

Ferner trägt die öffentliche Berichterstattung über Kinderhandel, der sich seit den achtziger Jahren großer Beliebtheit in den Medien erfreut, zu einem, so läßt sich plausibel vermuten, prekären Mechanismus bei. Die öffentliche Berichterstattung ersetzt teilweise die ansonsten untersagte Annoncierung von Vermittlungen, wie sich an den mit dem Hinweis auf besonders leichte Beschaffung von Adoptivkindern ver-

---

48 Für Italien werden Preise zwischen 30.000 und 60.000 DM pro vermitteltes Kind genannt, vgl. Badische Zeitung vom 6.5.1994 (nach Quellen des Italienischen Zentrums für Internationale Adoptionen).
49 Marx, A.: Perspektiven der internationalen Adoption. Frankfurt 1993, S. 76 f.; Bach, R. P.: Neue Regelungen gegen Kinderhandel und Ersatzmuttervermittlung – Zur Neufassung des Adoptionsvermittlungsgesetzes –. FamRZ 1990, S. 574–577; so ist beispielsweise in Italien die Adoptionsvermittlung durch Dritte nicht verboten; im übrigen soll sich die kommerzielle Adoptionsvermittlung in bestimmte Länder der Dritten Welt, genannt werden Brasilien und Paraguay, verlagert haben.
50 Dies gilt offensichtlich insbesondere für Brasilien, vgl. Gemeinsame Zentrale Adoptionsstelle der Norddeutschen Bundesländer: Tätigkeitsbericht 1992, S. 24 f.
51 Vgl. Gemeinsame Zentrale Adoptionsstelle der Norddeutschen Bundesländer: Jahresbericht 1985, S. 18.
52 Vgl. Gemeinsame Zentrale Adoptionsstelle der Norddeutschen Bundesländer: Jahresbericht 1986, S. 8

bundenen Ansteigen der Nachfragen belegen läßt[53]. Die damit verbundene Erörterung hat aber wohl bislang in verschiedenen Fällen auch dazu geführt, daß die betroffenen Länder die Adoptionsvoraussetzungen verschärften und teilweise auch die Kontrolle intensivierten. Dies führt dann gegebenenfalls (wird die Kontrolle tatsächlich implementiert) zu einem Rückgang des Interesses, das sich dann anderen Ländern zuwendet. Offensichtlich kommt es aber, dies ist erwartungsgemäß, läßt die Problematisierung eines bestimmten Landes nach, zu entsprechenden Rückgängen in den Kontrollen, die dann wiederum zu einer Neubelebung der Adoptionsvermittlung führen können[54]. Die Entwicklung der Auslandsadoptionen, die durch die Gemeinsame Zentrale Adoptionsstelle der Norddeutschen Bundesländer registriert wurden, mag Ausdruck solcher Interaktionen zwischen Nachfrage und Nachfrage- bzw. Angebotskontrolle sein (vgl. *Graphik 1*. Sämtliche Graphiken am Ende des Beitrags).

Als Interaktion zwischen strafrechtlicher Sozialkontrolle und Kindermarkt mag aber auch ein Prozeß verstanden werden, über den die Konstitution als strafrechtliches Problem erst dazu führt, daß sich ein erheblicher Schwarzmarkt bilden kann. Die Problematisierung der internationalen Adoption und das damit verbundene Stigma des Kinderhandels hat nämlich dazu geführt, daß sich verschiedene Organisationen aus der Vermittlungsarbeit weitgehend zurückgezogen haben, um dem negativen Urteil, am Kinderhandel beteiligt zu sein, insbesondere an einer Ausbeutung der Dritten Welt mitzuwirken, zu entgehen[55]. Die Konsequenz dieses Rückzugs mag nun aber auch darin liegen, daß sich die eher transparenten Vorgänge der verwalteten Vermittlung von Adoptionen noch stärker in private Bereiche verlagern, wo im übrigen die kommerzielle Zielsetzung dominiert.

Die Daten zur internationalen Adoption lassen sich auch so interpretieren, daß in der Phase des Umbruchs und damit als Folge der drastischen Veränderung in der sozialen Kontrolle, mehr noch als Folge in den Umbruchländern noch nicht vollzogener Problemkonstitution, die ergänzt werden mag durch die Dominanz wirtschaftlicher Kalküle in sozialen Institutionen, erhebliche Bereitschaft, sei sie individueller Art oder auch Institutionen (wie beispielsweise Krankenhäuser, Waisenheime etc.) zurechenbar, zur Teilnahme am Markt der internationalen Adoption entstanden ist. Die drastische Zunahme der Adoptionen aus osteuropäischen Ländern in *Graphik 1* weist dies aus. Freilich war diese Phase wohl recht kurz. Immerhin hat solchermaßen eine Integration der osteuropäischen Länder in das System der internationalen Adoption stattgefunden, wobei freilich heute noch nicht endgültig entschieden ist, wie die damit zusammenhängenden Fragen nach Problematisierung und Kriminalisierung im internationalen Maßstab entschieden werden. Denn dem in Deutschland partiell erfolgrei-

---

53 Vgl. beispielsweise Gemeinsame Zentrale Adoptionsstelle der Norddeutschen Bundesländer: Tätigkeitsbericht 1989, S. 16 f.
54 Vgl. entsprechende Hinweise für Indonesien in: Gemeinsame Zentrale Adoptionsstelle der Norddeutschen Bundesländer: Tätigkeitsbericht 1989, S. 23; für Sri Lanka (S. 24)
55 Vgl. zur Entwicklung Albrecht, H.-J. (Anm. 42)

chen Ansatz staatlicher Monopolisierung oder wenigstens staatlich strikt überwachter Lizenzierung der Adoption wird in anderen Regionen die Idee der Privatisierung und des freien Marktes entgegengestellt, die dann legale Kommerzialisierung des Umgangs mit internationaler Adoption enthält und damit Schwarzmarktbildung überflüssig macht.

3.2 Organisierte Kriminalität und transnationale Bezüge

Mit dem Konzept der organisierten Kriminalität ist zunächst auf die subkulturellen Ausprägungen der klassischen großstädtischen Milieus verwiesen, die ebenfalls auf Schwarzmärkten, partiell auf grauen Märkten aufbauen. Hier ist es zunächst die Gestalt des Berufsverbrechers oder des Gewohnheitsverbrechers, der die Beschreibung der Unterwelt bestimmt. Heindl hat dies in der Untersuchung über den „Berufsverbrecher" anschaulich beschrieben. Die Berufsverbrecher, so führte er aus, stellen eine organisierte Macht dar[56], eine bedrohliche Macht gar, die sich in einer wenig zugänglichen Unterwelt forme und die Oberwelt bedrohe. Diese Macht beruhe auf der Professionalität in der Begehung von Verbrechen einerseits. Freilich liegt das Bedrohliche auch in etwas, was heute im Begriff der organisierten Kriminalität ebenfalls eine zentrale Rolle spielt. Die Berufsverbrecher sind nämlich keine Einzeltäter, sondern haben enge Beziehungen untereinander, eine eigene Hierarchie, Arbeitsteilung etc., eigene Normen und Werte und ein eigenständiges Disziplinar- oder Strafensystem, mit dem Abweichungen der Mitglieder dieser Unterwelt bestraft werden[57]. Es handelt sich damit also um eine Gegengesellschaft, die mit dem Konzept des Berufsverbrechers beschrieben wurde. Gleichzeitig wird auch ein ganz entscheidender Unterschied im Vergleich zu den organisierten Räuberbanden des 17. und 18. Jahrhunderts beschrieben. Auch dies hat Heindl bereits gesehen, wenn er die Frage stellt, warum man Anfang des 20. Jahrhunderts nichts mehr über den Räuberbanden des ausgehenden Mittelalters vergleichbare Phänomene höre[58]. Die Gewalt und die Gewalttätigkeit haben andere Funktionen angenommen[59]. Die Rolle der Gewalt ist reduziert auf disziplinarische Funktionen. Gewalt dient nicht mehr der Auseinandersetzung mit der Zentralgewalt; sie ist nicht mehr mit Geltungsansprüchen verbunden und zielt nicht mehr auf territoriale Herrschaft, sondern ist funktional begrenzt auf die Anwendung gegenüber normbrechenden Angehörigen der Unterwelt selbst[60]; wirkt

---

56 Heindl, R.: Der Berufsverbrecher. Ein Beitrag zur Strafrechtsreform. 6. Aufl., Berlin 1928, S. 157
57 Zusammenfassend Fijnaut, C.: Organized Crime: The Forms it Takes, Background and Methods Used to Control It in Western Europe and the United States. In: Kaiser, G./Albrecht, H.-J. (Hrsg.): Crime and Criminal Policy in Europe. Proceedings of the II. European Colloquium. Freiburg 1990, S. 53–97 (S. 54 f.)
58 Heindl, R. (Anm. 56), S. 157
59 Grundsätzlich von Trotha, T. (Anm. 21), S. 60 f.
60 Dies kommt auch in neueren Untersuchungen zum Ausdruck, wenn beispielsweise Rebscher, Vahlenkamp: Organisierte Kriminalität in der Bundesrepublik Deutschland. Wiesbaden 1988,

also nur mehr gruppenintern, in bestimmten Opfergruppen, wobei aber gerade für letztere der besondere Ruf bzw. Mythos einer besonderen Gewalttätigkeit eine wichtige Rolle zu spielen scheint[61].

Die Unterwelten oder Milieus der Großstädte haben in Westeuropa bis in die sechziger Jahre hinein ein relativ ruhiges und fast unbeachtetes Leben geführt. Die Kriminologie und das Strafrecht haben das Interesse an solchen subkulturellen Phänomenen verloren, die sich nach damaligen Sprachregeln aus Zuhältern und Dirnen, professionellen Einbrechern und Hehlern, Gewohnheits- und Berufsverbrechern zusammensetzten. In den sechziger Jahren entsteht nämlich das Interesse an der Massenkriminalität und hierauf bezogener rechtspolitischer Konzepte (wie beispielsweise Diversion), das sich bis in die neunziger Jahre hineinzieht. Damit kommt zur Deckung das Interesse an einem individuellen Täter und einer Kriminalitätstheorie, die – wie vor allem Streßtheorien und Sozialisationstheorien – den vereinzelten, aus der konventionellen sozialen Bahn (oder aus den sozialen Strukturen) geworfenen Straftäter fokussiert und die Bezüge und Bindungen zu Gruppen und Subkulturen (nimmt man die theoretischen Analysen der Jugendbanden aus) aus den Augen verliert. Weitgehend ähnlich verlief im übrigen die theoretische Entwicklung in den sozialistischen Ländern, in denen der einzelne oder vereinzelte Straftäter, nämlich der Fehler im Muster, ebenfalls das passende Modell darstellte; war doch der organisiert und rational handelnde Täter eine beständige latente Bedrohung (hierauf bezog sich ja auch das Konzept des Konterrevolutionärs und das politische Strafrecht mindestens in der ersten Hälfte des Jahrhunderts), der individuelle Täter aber durchaus ummünzbar in bloßes schlechtes Einzelbeispiel und in Ansporn, die sozialistischen Strukturen feiner auszufeilen.

Partiell ist auch eine symbiotische Beziehung zwischen Unter- und Oberwelt, Subkultur und sozialen Kontrollinstanzen entstanden, die schon deshalb funktional ist, weil die Unterwelt mit Prostitution und anderen unmoralischen Dienstleistungen zunächst primär eine Nachfrage, die sich außerhalb der Unterwelt bildet, zufriedenstellt[62]. Im übrigen ist diese Symbiose in unterschiedlichem Ausmaß auf die wirtschaftlichen und sozialen Strukturen wie auf die Herrschaftsstrukturen oder politischen Strukturen bezogen[63]. Sie kann sich in unterschiedlichen Formen entwickeln, sei es über individuelle Beziehungen, sei es über systematische Korruption und Vorteilsannahme[64]. Schließlich ist an dieser Stelle auch an die Verknüpfungen zwischen Subkulturen und Strafverfolgungsbehörden zu denken, die beispielsweise in Form

---

S. 94, betonen, daß Gewalt gegen Personen keineswegs als symptomatisch für organisierte Kriminalität gelten könne.

61 Vgl.hierzu Anderson, M. (Anm. 22), mit Beispielen aus England
62 Williams, Ph.: The Geopolitics of Transnational Organized Crime. Paper presented for the Conference on Global Security. University of Pittsburgh, November 2–3, 1995, S. 5 ff.
63 Vor allem die letztere zieht freilich Aufmerksamkeit auf sich, vgl. Williams, Ph. (Anm. 62), S. 6 ff., mit den Beispielen Yakuza/Japan; Cali-Kartell/Kolumbien; Mafia/Italien.
64 Williams, Ph. (Anm. 62), S. 6 ff.

systematischer verdeckter Ermittlungen oder der Abschöpfung von Informationen durch V-Leute entstehen kann. Derartige soziale Arrangements haben offensichtlich auch dazu beigetragen, daß sich als eigentliches theoretisches und empirisches Problem der Kriminologie und der Kriminalpolitik in Ost und West der sozial und psychologisch derangierte Täter und die Jedermanns-Kriminalität herausgebildet hat, während die Unterwelt (oder andere Subkulturen) als ernstzunehmende potentielle Gegenentwürfe zur konventionellen Gesellschaft verblaßten und jedenfalls als ernst zu nehmender Gegenstandsbereich der Forschung nicht mehr in Frage kamen.

Die organisierte Kriminalität taucht erst wieder mit dem Erscheinen italienischer Arbeitsmigranten als Problem auf. Hier äußern sich die ersten Befürchtungen einer Infiltration der Gesellschaft durch die sizilianische Mafia. Hier prägt sich offensichtlich auch das Bild der organisierten Kriminalität in Deutschland und dann in anderen europäischen Ländern. Hinzu tritt in den siebziger und dann vor allem in den achtziger Jahren der organisierte Rauschgifthandel, der sich als Folge des damals entstehenden Heroinmarktes in Europa bildet. Die organisierte Kriminalität erfährt dann in den achtziger Jahren eine Erweiterung mit einer Definition, die freilich auch die subkulturellen Bezüge unsichtbar werden läßt und in ihren politischen Verwertungen nur mehr ethnische Minoritäten betont. Der Begriff wird nun unabhängig von den traditionellen Konzepten des Berufsverbrechers und der Unterwelt und auf alle rationalen und vernetzten Formen der Straftatbegehung erstreckt.

Mit dieser Definition ist eine andere Seite der organisierten Kriminalität angesprochen, nämlich Kriminalität in Unternehmensformen. Hier wird auf die rationalen, betriebswirtschaftlichen und ökonomischen Elemente in der Verbrechensbegehung abgehoben. Denn die subkulturellen Phänomene, die mit organisierter Kriminalität gleichgesetzt werden, werden infolge der bereits im Ansatz eher toleranten, dann aber ab den sechziger Jahren zunehmend liberalen rechtspolitischen Zugänge zu Prostitution, Glücksspiel und anderem nur noch in den Randbereichen als Anknüpfungspunkte für das repressive Strafrecht sichtbar. Bemerkbar wird dies in der zunehmend auch ordnungs- und steuerrechtlichen Kontrolle der Milieus ab den sechziger Jahren, in der dann Ordnungsämter, Steuerfahndung und Zoll größeres Gewicht bekommen und die präventive Orientierung strafrechtlicher Sozialkontrolle in den Vordergrund tritt[65]. Das Großstadtmilieu rückt in den Status eines Vorfelds strafrechtlicher Ermittlungen ein.

---

65 Vgl. nur die Darstellung in Wahl, A.: Zur Bekämpfung der Zuhälterkriminalität. Vorbildliche Zusammenarbeit von Kripo, Ordnungsamt, Zoll, Steuerbehörde und Gericht, Kriminalistik 1982, S. 406–411; vgl. auch Vogel, P.: Die Bekämpfung des organisierten Serienbetrugs am Beispiel des betrügerischen Automatenvertriebes, der kriminalist 1982, S. 149–150, zur präventiven Nutzung des Finanzamts bzw. der Registergerichte.

Auch in Osteuropa haben städtische Unterwelten, so kann vermutet werden, unter den Bedingungen sozialistischer Herrschaft (weiter) existiert[66]. Freilich geschah dies in anderen und eher verdeckten Formen, unter einer Camouflage, die wohl ähnlich dem unter Bedingungen der Marktwirtschaft beobachteten Gebrauch legaler Unternehmensformen in der Nutzung sozialistischer Formen politökonomischer Organisation und in Verflechtungen zwischen Staats- und Schattenwirtschaft bestand[67]. Mutmaßlich hatte die Unterwelt auch nicht den Umfang wie in westeuropäischen oder nordamerikanischen Metropolen. Nur auf der Grundlage der Annahme der Existenz einer solchen Subkultur kann aber offensichtlich erklärt werden, daß partiell traditionelle oder historische professionelle Kriminalität, alte Techniken des Trickdiebstahls oder Taschendiebstahls zumal, die in Westeuropa jahrzehntelang verschüttet waren, wieder importiert werden konnten. Nur so kann auch erklärt werden, daß die Integration von Frauen aus Osteuropa in die Bordelle Westeuropas so schnell und im wesentlichen auch reibungslos stattgefunden hat. Schließlich wird in der Entwicklung organisierter Kriminalität in osteuropäischen Ländern ein bedeutsamer Mechanismus in Form der Korruption sichtbar, der sich freilich ebenfalls nicht als Folge des Umbruchs erklären läßt, sondern seine Ursprünge in der sozialistischen Schattenwirtschaft hat[68].

Freilich darf nicht vergessen werden, daß, obgleich der Begriff der organisierten Kriminalität neben den subkulturellen Implikationen und dem jeweiligen Zustand der Zentralgewalt eine Rationalisierung andeutet, unschwer den Phänomenen (wie beispielsweise rumänische Einbrecherbanden) entnommen werden kann, denen gemäß bestimmte Formen einer Abenteurerkriminalität, die durch Gewaltbereitschaft auch gegenüber der Polizei charakterisiert ist, transnationale Kriminalität partiell ebenfalls prägen.

Das Konzept der organisierten Kriminalität enthält in seiner rechtspolitischen Ausformung im übrigen ein Element, das die mit organisierter Kriminalität beschriebenen Phänomene als Reaktion auf einen „schwachen" Staat und eine schwache Gesellschaft ausweist. Freilich lenkt eine solche Ausrichtung des Konzepts den Blick wieder auf kriminologische Grundlagenfragen sowie auf eine Re-Politisierung des Kriminalitätsbegriffs. Denn die mit einem solchen Ansatz verbundenen Annahmen beziehen sich auf gesellschaftliche Prozesse einerseits, die Rolle des Staats und staatlicher Institutionen andererseits sowie auf eine aktive Rolle von Berufsverbrechern (oder Unterweltangehörigen), die eine schwache Zentralgewalt zum Vorrücken und zum Erweitern ihrer Handlungsoptionen ausnutzen[69]. Die Hypothesen sind dynamischer

---

66 Vgl. hierzu beispielsweise Shelley, L. I.: Post-Soviet Organized Crime. Problem and Response, European Journal on Criminal Policy and Research 1995, S. 7–25, mit kurzen Ausführungen zur Geschichte des organisierten Verbrechens im vorrevolutionären Rußland
67 Sinuraja, (Anm. 16), S. 34 ff.
68 Sinuraja, T. (Anm. 16), S. 39, für die russische Ölwirtschaft
69 Williams, Ph. (Anm. 62), S. 3

Natur und beruhen auf einer pessimistischen Diagnose von Entwicklungen und Zuständen der konventionellen Gesellschaft. Die Ausgangspunkte werden nämlich gesetzt mit den Feststellungen, daß Werte und Normensysteme konventioneller Gesellschaften verblassen und ihre integrative Kraft verlieren[70]. Schon deshalb ist verständlich, daß mit organisierter Kriminalität mehr verbunden wird als einfache Kriminalitätsbekämpfung; es geht um nichts weniger als um die Selbstbehauptung des demokratischen Rechtsstaats[71] und insoweit natürlich um die Maßnahmen und Methoden, die für einen solch existentiellen Kampf zur Verfügung gestellt werden müssen. Befürchtet wird ein beschleunigter Autoritätsverlust des Staates[72] und die Bedrohung der Fundamente des demokratischen Gemeinwesens[73]. Ferner zeigen sich nach diesen Analysen die Schwächen der konventionellen Gesellschaft in der bereitwilligen Teilnahme an den Schwarzmärkten, aus denen wiederum organisierte Kriminalität die finanziellen Mittel zieht, um durch Korruption die bereits anfälligen staatlichen Institutionen weiter zu schwächen. Hier geht es insbesondere um die Unterminierung des Rechts- und Politiksystems[74]. Die mit solchen Analysen gezeichnete Gefahr betrifft natürlich das Risiko einer Ersetzung des konventionellen Wertesystems durch dasjenige der Gegengesellschaft oder der Unterwelt. Wenn man so will, handelt es sich bei diesem Szenario um einen Umsturzversuch, der, obwohl nicht politischen Zielsetzungen folgend, sondern ungezügelter Profitmaximierung, politischen Charakter trägt. Freilich bleibt die Bedrohung schemenhaft, wie sich in einer neueren Untersuchung über die innere Sicherheit zeigt. Denn danach können die organisiert vorgehenden Straftätergruppen zwar in ihrer Gesamtheit eine Bedrohung für die Fundamente des Staates werden[75]. Freilich bleibt unklar, wie eine solche Gesamtheit zu verstehen ist, was Staatsfundamente sind und warum vor allem Strukturen verändert werden sollen, die doch offensichtlich Teil der Strukturen der organisierten Kriminalität selbst sind. Wenn diese nämlich tatsächlich charakterisiert sein soll durch die Verwendung gewerblicher oder geschäftsähnlicher Strukturen, die Einflußnahme auf Politik, Medien, öffentliche Verwaltung, Justiz oder Wirtschaft, Arbeitsteilung, Gewinn- und Machtstreben[76] (oder gar durch die Ausnutzung moderner Infrastruktur[77]), dann ist es eben bloß die Begehung von Straftaten zuzüglich gelegentli-

---

70 Sehr deutlich Wilhelms, U.: Politische und polizeiliche Dimensionen der organisierten Kriminalität, der kriminalist 1993, S. 233–236 (S. 235)
71 Schlee, D.: Bekämpfung der Organisierten Kriminalität – Weichenstellung durch die Politik notwendig! Schriftenreihe der Polizeiführungsakademie 1990, S. 10–17 (S. 11)
72 Schlee, D. (Anm. 71)
73 Wittkämper, G. W./Krevert, P./Kohl, A.: Europa und die innere Sicherheit. Wiesbaden 1996, S. 46
74 Ebenda
75 Ebenda
76 Bundeskriminalamt: Lagebild Organisierte Kriminalität Bundesrepublik Deutschland 1992. Wiesbaden 1993, Anlage I
77 Was immer dies auch über die Benutzung von Kfz, PC und Telefon hinaus heißen mag, vgl. Sieber, U./Boegel (Anm. 28), S. 30

cher Anwendung von Gewalt, was letztlich Unterschiede (zu legalen wirtschaftlichen Aktivitäten) setzt. Der bedeutsame Unterschied zur individuellen Kriminalität besteht somit nicht in einer Bedrohung der staatlich verfaßten Gesellschaft, sondern in sehr viel ausgeprägteren Ermittlungsproblemen, die wiederum als Folge der Anpassungsleistungen rationalen Verbrechens entstehen[78]. Die Anpassungsleistungen bestehen in einer Annäherung an die konventionelle Gesellschaft und damit auch in der Aufgabe subkulturell begründeter, vor allem sichtbarer, Differenzen. Nur insoweit macht die Aussage Sinn, erkennbare organisierte Kriminalität sei schlecht organisierte Kriminalität[79]. Nur insoweit macht es auch Sinn, den organisierten Terrorismus aus einer solchen Perspektive organisierter Kriminalität auszuklammern (denn gerade hier treten die Merkmale einer Desperadokriminalität zutage, die gewalttätig, deshalb spektakulär und sichtbar auftritt, letztlich aber immer ausreichende Anhaltspunkte für erfolgreiche strafrechtliche Ermittlungen bieten wird). Gut organisierte Kriminalität ist eben deshalb nicht erkennbar, weil die Formen und Arbeitsweisen der konventionellen Wirtschaft genutzt werden[80]. Im übrigen trägt hierzu auch das moderne, teils verwaltungsakzessorische, Strafrecht, wie nicht nur am Beispiel des Geldwäschetatbestands nachgewiesen werden kann, bei. Dieses hat nicht mehr den unmittelbar unrechtstypisierenden Charakter des klassischen Erfolgsstrafrechts, sondern setzt an prinzipiell legitimem und legalem Handeln an.

Andererseits wird transnationale organisierte Kriminalität heute in den Umbruchländern als gefördert angesehen durch die Probleme, die im Gefolge des Versuchs auftreten, einen dualen Übergang der Gesellschaften, nämlich zur Marktwirtschaft einerseits und zu einem System liberaler Demokratie andererseits, zu organisieren. Diese Probleme haben allenthalben zu chronischen Defiziten im Steueraufkommen und damit verbunden zu entsprechenden Defiziten in der Finanzierung und im Ausbau der Rechtsdurchsetzungsapparate (Polizei, Staatsanwaltschaften, Gerichte) geführt[81] und damit tendenziell zu Bedingungen, die gewalttätige oder jedenfalls abweichende Durchsetzung wirtschaftlicher Ziele fördern.

In den Zusammenhang mit den erwähnten Anpassungsleistungen, die sich als organisiertes Verbrechen bezeichnen lassen mögen, sind auch Überlegungen zu Interaktionen zwischen strafrechtlicher Sozialkontrolle und Abweichung sowie Rationalisierung einzuordnen. Hierfür ist wiederum der Drogenschwarzmarkt geeignet, zu dem heute ganz unbestritten Organisationen gehören, die die Herstellung, die Einfuhr und

---

78 So liest sich der bei Wittkämper, G. W./Krevert, P./Kohl, A. (Anm. 73), S. 52 ff. sorgfältig zusammengestellte Katalog von Indikatoren der organisierten Kriminalität wie ein Problemkatalog der großen Wirtschaftsstrafverfahren.
79 Rebscher, E., Vahlenkamp, W.: Organisierte Kriminalität in der Bundesrepublik Deutschland. Bestandsaufnahme, Entwicklungstendenzen und Bekämpfung aus der Sicht der Polizeipraxis. Wiesbaden 1988, S. 151
80 Vgl.hierzu bereits v. Trotha, T.: Recht und Kriminalität. Tübingen 1982, freilich auf einer überzeugenden theoretischen Grundlage.
81 Vgl. beispielsweise Shelley, L. I. (Anm. 66), S. 10, S. 12 f.

den Großhandel besorgen. Plausibel erscheint in diesem Zusammenhang eine Hypothese, die davon ausgeht, daß auch im Bereich des Drogenhandels organisierte und professionelle Kriminalität mit der Intensivierung strafrechtlicher Kontrolle zusammenhängt[82]. Es handelt sich dabei um einen zunächst recht paradox erscheinenden, in der Folge aber um einen durchaus einleuchtenden und einfachen Zusammenhang. Wenn das Risiko der Entdeckung, Verfolgung und Bestrafung von Drogendelikten niedrig ist, dann lohnt es sich für eine größere Zahl von Personen, auch von Amateuren, im Drogenhandel aktiv zu werden. Sind die Sanktionen jedoch sehr hart, ist die Kontrolle sehr eng, dann fallen immer mehr der kleinen Straftäter und der Amateure, die nur zu einer gelegentlichen Straftat bei geringem Risiko bereit sind, aus[83]. Bei gleichbleibender Nachfrage nach Drogen wird der Markt von organisierten Gruppen übernommen, die das Risiko kalkulieren und minimieren können. Im übrigen trägt erfolgreiche Prohibition natürlich dazu bei, daß die Preise steigen. Damit wird erst ein Preisniveau erreicht, das Anreize für den Einstieg organisierten Verbrechens setzt.

3.3 Migration, Immigration, ethnische Minderheiten und transnationale Kriminalität

3.3.1 Ethnische/ausländische Minderheiten und organisierte Kriminalität

Offizielle Erfassungen zur organisierten Kriminalität geben an, daß die Mehrheit von Tatverdächtigen, die gleichzeitig unter Verdacht stehen, zur organisierten Kriminalität zu gehören, Ausländer sind[84]. Sodann wird ethnischen und ausländischen Populationen in europäischen Ländern nachgesagt, sie dienten auch der logistischen Unterstützung für „OK"-Täter[85] und als Netzwerke, über die die Ausbreitung organisierter Kriminalitätsformen erleichtert wird, da diese als unerläßliche soziale Brückenköpfe in fremdem Land, zur Tarnung und Abschottung gegenüber Strafverfolgungsmaßnahmen sowie zur Rekrutierung neuer Mitglieder dienten. Es wird gar ein „weltweit gesponnenes kriminelles Netzwerk" beobachtet, in dem sich Tätergruppen bewegen[86]. Die Debatten zu diesem global village der Kriminalität kreisen sehr stark um die chinesischen Immigranten, die kolumbianische Kokain-Verbindung nach Nord-

---

82 Zu diesem Zusammenhang allgemein von Trotha, T. (Anm. 21)
83 Kerner, H.-J.: Moderne Formen der Gruppenkriminalität und Konsequenzen für kriminalpolizeiliche Ermittlungen, Kriminalistik 10 (1978), S. 518–522
84 Ahlf, E.-H.: Ausländerkriminalität in der Bundesrepublik Deutschland nach Öffnung der Grenzen, Zeitschrift für Ausländerrecht 1993, S. 132–138 (S. 138); Bundeskriminalamt (Hrsg.): Lagebild Organisierte Kriminalität, Bundesrepublik Deutschland. Wiesbaden 1991, S. 14; 1992, S. 21; Gewerkschaft der Polizei: Organisierte Kriminalität in Deutschland. Hamburg 1994, S. 6; zusammenfassend Wittkämper, G. W./Krevert, P./Kohl, A. (Anm. 73), S. 69
85 Bovenkerk, F.: Crime and the Multi-Ethnic Society: A View from Europe. Crime, Law and Social Change 19 (1993), S. 271–280 (S. 279)
86 Wittkämper, G. W./Krevert, P./Kohl, A. (Anm. 73), S. 99

amerika oder die Teilnahme von Nigerianern am internationalen Heroinhandel[87], erstrecken sich jedoch, nach dem Umbruch, auch auf russische[88] und vietnamesische Gruppierungen[89]. Während derartige Unterstützungsfunktionen ethnischer Minoritäten ganz sicher für die Analyse der grenzüberschreitenden Verbreitung organisierter Kriminalität wichtig sind, fand ein anderer Aspekt des Verhältnisses zwischen ethnischen Minoritäten und organisierter Kriminalität ganz offensichtlich bis heute noch nicht viel Aufmerksamkeit. So mag es sein, daß sich in ethnischen Minoritäten von Beginn der Einwanderung an Kriminalitätsmuster entwickelt haben, beispielsweise im Hinblick auf Drogenimport und Drogenhandel in örtlichen Drogenmärkten, die dann Neuankömmlinge in diese organisierten bzw. vernetzten Aktivitäten einbeziehen. Denn solche Teilnahme an Schwarzmärkten kann für Einwanderer durchaus einen ökonomisch rationalen Weg darstellen, dann nämlich, wenn andere legitime Gelegenheiten versperrt sind[90]. Insoweit mag das Konzept der „ethnischen Leiter" durchaus brauchbar sein in der Erklärung von augenscheinlichen Präferenzen in kriminellem Verhalten innerhalb bestimmter Minoritäten und der entsprechenden Überrepräsentation in den Polizei- und Justizstatistiken bestimmter Regionen. Die Erörterung von Ethnizität, Minderheiten und organisierter Kriminalität hatte im übrigen einen Vorläufer in Form des Themas „ausländischer Terrorismus und politisch motivierte Gewalt in ethnischen Minderheiten"[91]. Auf der anderen Seite werden ethnische Minoritäten hiermit gleichzeitig als besonders verletzliche Gruppen betrachtet, da sie offensichtlich einem höheren Risiko der Viktimisierung durch organisierte Kriminalität, beispielsweise in Form der heute besonders beachteten Schutzgelderpressung, ausgesetzt sind[92]. Jedoch kann organisierte Kriminalität, so wie sie oben skizziert wurde, wohl tatsächlich als Bestandteil der Handlungsmuster und Vergesellschaftungsformen ausgegrenzter, vom konventionellen gesellschaftlichen Aufstieg ausgeschlossener Minderheiten erklärt werden.

Ein Beispiel für eine solche Erklärung bietet das Nordamerika des ausgehenden 19. und beginnenden 20. Jahrhunderts. Die restriktiven Bedingungen für bestimmte Einwanderungsgruppen, beispielsweise solche katholischen Glaubens und für Schwarze,

---

87 Williams, Ph. (Anm. 62), S. 8 f.
88 Williams, Ph. (Anm. 62), S. 9; Wittkämper, G. W./Krevert, P./Kohl, A. (Anm. 73), S. 109 ff., freilich ist die Datenlage hier wenig vertrauenerweckend, kann doch die Schätzung von Experten für 1994 mit der immerhin recht präzisen Zahl von 5.691 kriminellen Organisationen samt Angaben über deren Personalbestand aufwarten.
89 Saberschinski, H. (Anm. 23), S. 32 f.
90 Vgl. beispielsweise Buiks, P. E. J.: Surinaamse jongeren op de Kruiskade, oberleben in een ethnische randgroep. Deventer 1983; Korf, D. J.: Neue Grenzen – neue Szenen? Die Bedeutung von Entwicklungen in Mittel- und Osteuropa für den illegalen Drogenhandel in Deutschland. In: Sucht 39 (1993), S. 105–110
91 Jäger, J.: Ethnic Minorities and Police Problems in Germany. In: Brown, J. (Hrsg.): Policing and Social Policy. The Cranfield-Wolfson Colloquium on Multi-Ethnic Areas in Europe. London 1984, S. 44–50
92 Vgl. nur Saberschinski, H. (Anm. 23), S. 32 ff.

führt sicher auch zur stärkeren Ausbildung der Beteiligung an Schwarzmärkten, an der stärkeren Segregation bestimmter Bevölkerungsgruppen und damit zu Bedingungen, die einmal die Entstehung illegaler Netzwerke begünstigen, in denen dann Aufstiegsmöglichkeiten sowie Arbeitsplätze angeboten werden können, und zum anderen von vornherein zu die Chancen der Strafverfolgung mindernden Bedingungen (insbesondere auch zum Problem der Diskriminierung durch die Strafverfolgung und reduzierte Bereitschaft der Kooperation mit der Polizei)[93]. „Ethnische Leitern" sind denn auch vor allem im Bereich des Drogenhandels beobachtet worden.

3.3.2 Die Kriminalität der Einwanderer

Die aus den deutschen Bundesländern zur Verfügung stehenden Polizeidaten erlauben auch die Analyse von Kriminalitätstrends innerhalb einzelner ausländischer Minderheiten. Betrachtet man die Entwicklung in der Kriminalitätsstruktur in verschiedenen ausländischen Minderheiten am Beispiel des Bundeslandes Hessen, dann können wenigstens vier Gruppen ausländischer Tatverdächtiger unterschieden werden, die jeweils sehr markante, sich deutlich unterscheidende Deliktsmuster ausweisen.

3.3.2.1 Immigrationskriminalität

Die *Graphiken 2 und 3* zeigen die Entwicklung der Deliktsmuster für indische und pakistanische Tatverdächtige. In diesen Gruppen herrschen Verstöße gegen das Ausländergesetz und Urkundenfälschung vor. Im wesentlichen handelt es sich damit um typischerweise mit dem Versuch einer Einreise ohne die hierfür notwendigen Dokumente und Erlaubnisse verbundenen Delikte (die Urkundenfälschung bezieht sich hauptsächlich auf den Gebrauch von gefälschten Ausweisen). Klassische Kriminalität, insbesondere Eigentumskriminalität, jedoch auch Formen neuer Kriminalität wie Drogendelikte spielen lediglich eine marginale Rolle. In den Gruppen afghanischer und ceylonesischer Tatverdächtiger können dieselben Deliktsmuster beobachtet werden. Es handelt sich insoweit um eine Ausländergruppe, deren Kriminalitätsbelastung fast ausschließlich „Einwanderungskriminalität", also die Verschaffung illegalen Zugangs, repräsentiert. Im übrigen dürfte es sich um in hohem Maße konforme Gruppen handeln, die, gelingt der Zutritt, in die Unauffälligkeit entschwinden.

3.3.2.2 Kleine Eigentumskriminalität

Eine zweite Gruppe ausländischer Tatverdächtiger ist bestimmt durch einen extrem hohen Anteil von Eigentumsdelikten und Verstößen gegen das Ausländergesetz (*Graphiken 4 und 5* belegen diese Trends für polnische und rumänische Tatverdächtige, entsprechende Tendenzen können für bulgarische und russische Tatverdächtige

---

93 Zu entsprechenden Sachverhalten in Rußland vgl. Shelley, L. I. (Anm. 66), S. 9

beobachtet werden). Andere Straftaten (insbesondere Gewaltstraftaten und Drogendelikte) sind in diesen Gruppen zu vernachlässigen.

3.3.2.3 Kriminalität ansässiger ethnischer Minoritäten

Eine dritte Gruppe ausländischer Tatverdächtiger setzt sich aus Nationalitäten zusammen, die den ehemaligen Gastarbeiterländern zugeordnet werden können (und die im übrigen durch eine ziemlich stabile und große Wohnbevölkerung in Deutschland gekennzeichnet sind). In dieser Gruppe, repräsentiert durch türkische Tatverdächtige in *Graphik 6*, können mehr oder weniger „normale" Deliktsmuster beobachtet werden mit einem hohen Anteil von Eigentumsdelikten auf der einen Seite und einem etwas erhöhten Niveau an Gewaltdelikten auf der anderen Seite. In dieser Gruppe sind dafür Verstöße gegen das Ausländergesetz nur randständig.

3.3.2.4 Migration und Schwarzmarktbeteiligung

Eine vierte, von den erwähnten drei Populationen abgehobene Gruppe betrifft Nationalitäten mit einem bedeutsamen Anteil von Drogenstraftätern. *Graphik 7* legt über diese Gruppe Rechenschaft ab. Mehrere Untergruppen können in diesem Zusammenhang differenziert werden, wobei Senegalesen und gambische Tatverdächtige ein Extrembeispiel liefern. Senegalesische und gambische Tatverdächtige tauchen zu Beginn der achtziger Jahre in mehreren Bundesländern auf und werden fast ausschließlich wegen Drogendelikten (und Verstößen gegen das Ausländergesetz) registriert. Diese Gruppen sind ganz offensichtlich in den Drogenmarkt involviert (insbesondere in den Heroinmarkt). In der zweiten Hälfte der achtziger Jahre verschwinden senegalesische und gambische Tatverdächtige aus den Polizeistatistiken, da offensichtlich der durch die Strafverfolgung ausgeübte Druck auf die Drogenverteilungsnetze zu stark wird und auf der anderen Seite eine bedeutsame senegalesische oder gambische Wohnbevölkerung in Deutschland (für die eine „normale" Deliktsstruktur notiert werden könnte) nicht existiert. Auch kolumbianische Tatverdächtige scheinen zu dieser extremen Gruppe zu gehören, da sie in einigen Jahrgängen hauptsächlich wegen Kokaineinfuhr (zuzüglich Verstößen gegen die Ausländergesetze) registriert werden.

Eine zweite Untergruppe betrifft Nationalitäten, in denen der Anteil an Drogendelikten zwar relativ hoch ist, jedoch in der allgemeinen Verteilung von Delikten nicht dominiert. In diesem Zusammenhang können marokkanische Tatverdächtige Erwähnung finden, die sehr stark in der Einfuhr und im Handel mit Cannabis engagiert sind. Freilich existiert neben marokkanischen Drogenhändlergruppen eine, wenn auch kleine, Gemeinde von Marokkanern (die sozusagen dazu beitragen, die Struktur der Straftaten zu einer normalen Verteilung zu korrigieren). Eine dritte Untergruppe betrifft spanische, italienische und türkische Tatverdächtige. In diesen Nationalitäten liegen die Anteile von Drogendelikten etwas über dem allgemeinen Durchschnitt. Damit wird auch angezeigt, daß, über die Kriminalität der Wohnbevölkerungen hinaus, bestimmte Gruppen gegenwärtig in starkem Maße in Drogendelikte involviert sind (freilich sowohl auf der Nachfrage- wie auf der Angebotsseite).

3.3.2.5 Diskussion und Bewertung

Insoweit ergeben sich aus den Polizeidaten, die für verschiedene ausländische Minoritäten zur Verfügung stehen, unterschiedliche Tendenzen. Auf der einen Seite hat die Grenzöffnung nach dem Zusammenbruch des „eisernen Vorhangs" ganz offensichtlich zu einem steilen Anstieg in Eigentumsdelikten, freilich solcher sehr leichter Natur, geführt, die maßgeblich von Kurzzeitbesuchern bzw. Touristen oder Asylbewerbern (die teilweise sich überlappende Kategorien darstellen) begangen werden. Der in Kaufhäusern und Läden vor allem in Grenzstädten ausgestellte Reichtum hat ganz sicher als wichtiger „pull"-Faktor nach Öffnung der Grenzen gedient. Dies wird durch den starken Anstieg in den Ladendiebstahlszahlen in einigen grenznahen Städten in den neuen Bundesländern belegt[94]. Ferner sind riesige Schwarzmärkte in Osteuropa entstanden, die eine wachsende Nachfrage nach allen Arten von Gütern mit sich bringen, die nicht oder nicht in ausreichendem Maße in den osteuropäischen Ländern selbst produziert werden (insbesondere Kraftfahrzeuge, Kommunikationstechnologie, etc.). Auf der anderen Seite tragen Jugendliche aus Einwanderergruppen sowie weitere Gruppen aus der ausländischen Wohnbevölkerung in starkem Maße zu allen Arten „normaler" Kriminalität bei. Schließlich sind es Schwarzmärkte, insbesondere Drogenschwarzmärkte, die in Deutschland selbst Angebot anziehen, das nunmehr von verschiedenen ethnischen und ausländischen Gruppen (beispielsweise südamerikanische Gruppen im Falle von Kokain, nordafrikanische, schwarzafrikanische, kurdische und arabische Gruppen im Falle von Heroin und Cannabis, etc.) organisiert wird. Die Schwarzmärkte enthalten heute – vergleichbar den normalen Märkten – internationale Netzwerke, die natürlich die Beteiligung von Staatsangehörigen anderer Länder notwendig machen (sei es auf der Angebotsseite, sei es auf der Nachfrageseite der Schwarzmärkte). Die Handelswege illegaler Produkte verändern sich, indem sie sich an den fortschreitenden, durch die Polizei auch durch internationale Zusammenarbeit ausgeübten Verfolgungsdruck anpassen. Auf diese Art und Weise verändert sich natürlich auch die Struktur ausländischer Tatverdächtiger, die in Drogenhandel und Drogentransport einbezogen sind und in Deutschland festgenommen und damit sichtbar werden[95].

---

94 Ahlf, E.-H. (Anm. 84), S. 137, der auch darauf hinweist, daß die starke Zunahme bei Ladendiebstählen nach 1989 in einigen westdeutschen Städten in der Nähe der früheren deutsch-deutschen Grenze die plötzliche erhebliche „grenzüberschreitende" Mobilität der ostdeutschen Bevölkerung widerspiegelte.

95 Vgl. hierzu die Fallstudien, die für die Stadt Frankfurt vorliegen. Während der 80er Jahre waren verschiedene Gruppen afrikanischer Staatsangehöriger sehr stark in den Heroinhandel involviert. In der Folge wurde eine besondere polizeiliche Einsatzgruppe zusammengestellt, die sich auf Senegalesen, Gambier und Nigerianer (Arbeitsgruppe Lagos) konzentrierte; Kriminalabteilung Frankfurt a. M.: Rauschgiftbericht 1989. Frankfurt 1990, S. 3. Die Folge hiervon war wiederum

4 Kriminalpolitische Konsequenzen

4.1 Kriminalpolitik und Schwarzmärkte

Die Ausführungen zur transnationalen Kriminalität haben gezeigt, welche Prozesse im einzelnen die Ausprägungen grenzüberschreitender oder transnationaler Kriminalität bestimmen. Hierzu gehören zuallererst die Schwarzmärkte und damit die Frage, wie kriminalpolitisch mit diesen Märkten umgegangen werden soll. Die Entwicklungen deuten in mehrere Richtungen. Freilich werden die Rahmenbedingungen für das Strafrecht und die Strafrechtsanwendung durch die schlichte Eigenheit von Schwarzmärkten bestimmt, das Strafrecht selbst als existentielle Bedingung zu benötigen. Zwar hat sich in den westlichen Industriestaaten vor dem Hintergrund der Kapitalakkumulation bzw. großer Schwarzmarktgewinne eine Kriminalpolitik ausgebildet, die großes Gewicht auf die finanzielle Seite der Verbrechensbekämpfung legt. So war in Deutschland die Vermögensstrafe (§ 43a StGB) die Antwort auf das Problem von insbesondere im Zusammenhang mit organisierter Kriminalität entstehenden illegalen Gewinnen, ihrer Abschöpfung und des überzeugenden Nachweises der kriminellen Herkunft von Profiten[96]. Das Interesse, gewinnabschöpfende Maßnahmen zu stärken, entstand primär im Bereich des Drogenhandels bereits Anfang der achtziger Jahre. Auf dieses Feld zielt auch das Übereinkommen der Vereinten Nationen gegen den unerlaubten Verkehr mit Suchtstoffen und psychotropen Stoffen vom 19.12.1988 und die internationale Kriminalpolitik[97]. Doch hat sich die Erörterung gewinnabschöpfender Maßnahmen nunmehr auch auf andere Delikte erstreckt, von denen vermutet wird, daß sie typischerweise organisiert begangen werden[98]. Der Gewinnabschöpfung wird heute herausragende Bedeutung zugemessen. Sie gilt als ein effizientes Mittel in der strafrechtlichen Bekämpfung organisierter Kriminalität, gar als „Dritte Dimensi-

---

offensichtlich die Anpassung von Kurierrouten, da die Anzahl von Drogendeliktstatverdächtigen aus diesen Nationalitäten in der Folge sehr stark zurückging. Ende der 80er Jahre und zu Beginn der 90er Jahre fiel die Zahl von Tatverdächtigen aus schwarzafrikanischen Ländern praktisch auf Null. Andererseits wurde Ende der 80er Jahre festgestellt, daß nunmehr andere Ausländergruppen (Algerier und Marokkaner) es geschafft hatten, einen größeren Teil des Cannabis- und Heroinmarktes im Frankfurt an sich zu ziehen. Auch dies führte auf der Strafverfolgungsseite zu einer Veränderung in den Ermittlungsschwerpunkten, die nunmehr auf Einwanderer aus dem Maghreb zielte (mit der Schaffung einer Arbeitsgruppe „Marokko"). Vgl. hierzu Kriminalabteilung Frankfurt a.M.: Rauschgiftlagebericht 1991. Frankfurt 1992, S. 10

96 Hoffmann, G.: Reicht unser Beschlagnahmerecht noch aus?, Monatsschrift für Deutsches Recht 1984, S. 617–621
97 Meyer, J./Dessaecker, A./Smettan, R. (Hrsg.): Gewinnabschöpfung bei Betäubungsmitteldelikten. Freiburg 1989; Pieth, M.: Gewinnabschöpfung bei Betäubungsmitteln, Strafverteidiger 1990, S. 558 ff.; Keyser-Ringnalda, F.: European Integration with Regard to the Confiscation of the Proceeds of Crime, European Law Review 17 (1992), S. 499–515
98 Lemke, M.: Entwurf eines Gesetzes zur Einführung der Vermögensstrafe, Strafverteidiger 1990, S. 87–90 (S. 88)

on" im Sanktionenrecht[99]. Demgegenüber wird die klassische Strafe des Gefängnisses teilweise als vergleichsweise ineffektiv bezeichnet[100]. Die Vermögensstrafe ist im übrigen Teil einer Gesamtstrategie in der Bekämpfung organisierten Verbrechens, die auf der „Spur des Geldes" (money trail) ansetzt. Die Strategie umfasst die Einführung der Geldwäschestrafbarkeit (§ 261 StGB), des erweiterten Verfalls (§ 73d StGB) sowie den Erlaß des Geldwäschegesetzes (Gesetz über das Aufspüren von Gewinnen aus schweren Straftaten, BR Dr 456/93 vom 2.7.1993). Sie ist in internationale Verträge eingebettet. Sowohl der Europarat als auch die Europäische Gemeinschaft haben die Thematik der Gewinnabschöpfung und der Geldwäsche[101] in Richtlinien[102] bzw. Konventionen[103] aufgegriffen.

Die Vermögensstrafe zielt auf Prävention durch die Reduzierung von Gelegenheiten zur Begehung weiterer Straftaten sowie einen Zuwachs an Abschreckung und Sicherung. Denn bei der Einführung der Vermögensstrafe hat die Überlegung Pate gestanden, daß die organisierte Kriminalität am effektivsten getroffen werden kann, wenn die sie tragenden finanziellen Strukturen wenn nicht zerstört, so doch beschädigt werden. Dies ist verständlich, gelten doch Gewinne als bedeutsame Anreize für organisiertes Engagement in deliktischem Verhalten einerseits[104] und als wesentliche Bedingung für den Fortbestand und vor allem die Ausweitung organisierten Verbrechens infolge einer Re-Investition der kriminellen Profite[105] andererseits. Freilich steht dann im Hintergrund der Vermögensstrafe immer noch das Prinzip, daß sich Verbrechen nicht auszahlen dürfe und deliktisch erlangte Vorteile zurückgegeben werden müssen. Nur so könne, so wird argumentiert, eine legitime Vermögensordnung gewahrt bleiben und die Korrumpierung von Wirtschaft und Gesellschaft vermieden werden[106]. Die Gesamtvermögenskonfiskation vertrug sich nicht mit der

---

99 Boge, H.: Gewinnabschöpfung als „Dritte Dimension" der Bekämpfung des illegalen Rauschgifthandels und -schmuggels. In: Bundeskriminalamt (Hrsg.): Macht sich Kriminalität bezahlt? Aufspüren und Abschöpfen von Verbrechensgewinnen. Wiesbaden 1987, S. 89–96; Krey, V./Dierlamm, A.: Gewinnabschöpfung und Geldwäsche – Kritische Stellungnahme zu den materiell-rechtlichen Vorschriften des Entwurfs eines Gesetzes zur Bekämpfung des illegalen Rauschgifthandels und anderer Erscheinungsformen der organisierten Kriminalität, Juristische Rundschau 1992, S. 53–360.
100 Boge, H. (Anm. 99)
101 Zusammenfassend Pieth, M. (Anm. 97); Kuckelsberg, S.: Gibt es einen Weg zu einem europäischen Betäubungsmittelrecht?, Zeitschrift für Rechtspolitik 1994, S. 259–263
102 Vgl. Council Directive 91/308/EEC on the Prevention of the use of the Financial System for the Purpose of Money Laundering
103 Council of Europe Convention on Laundering, Search, Seizure and Confiscation of the Proceeds of Crime, 8. November 1990
104 Perron, W.: Vermögensstrafe und erweiterter Verfall, Juristenzeitung 1993, S. 918–925
105 Lemke, M. (Anm. 98), S. 87 ff.
106 Eser, A.: Die strafrechtlichen Sanktionen gegen das Eigentum, Tübingen 1969; Eser, A.: Neue Wege der Gewinnabschöpfung im Kampf gegen die organisierte Kriminalität? In: Festschrift für Walter Stree und Johannes Wessels, Tübingen 1993, S. 833–854; Kaiser, G.: Gewinnabschöp-

Entstehung des modernen Strafrechts und dessen Betonung der Einzelschuld, ferner der Rehabilitation und Reintegration. Sie ist eine absolute Strafe und wird einhellig als verfassungswidrig angesehen[107]. Im übrigen deuten die bisherigen Forschungsergebnisse keine Einlösung der hohen Erwartungen an die neue Politik der Gewinnabschöpfung an.

Begründet sind Gewinnabschöpfungsstrategien durch die Annahmen, daß organisierte Kriminalität erhebliche Profite abwirft, daß diese Profite zur Stabilisierung und Ausweitung organisierter Kriminalität beitragen (und damit bedeutsame Bedingungen in der Entstehung von Verbrechen darstellen), daß der Entzug von Gewinnen präventiv wirkt und daß schließlich mit anderen Formen des Zugriffs auf illegale Profite (insbesondere mit den Instrumenten des Verfalls und der Einziehung bzw. der Geldstrafe) vor allem aus Beweisproblemen heraus dieses Ziel nur unzureichend umgesetzt werden kann[108]. Freilich zeigt ein Blick in die empirische Forschung, daß die Rollen finanzieller Vorteile in der Verbrechensentstehung und in der Prävention kaum systematisch erforscht sind[109]. Die kriminologische Forschung hat sich freilich international mit der Fragestellung beschäftigt, ob und inwieweit der Einsatz gewinnabschöpfender Mittel zu einer Veränderung in Kriminalitätsraten, insbesondere zu Veränderungen im Drogenhandel und organisierter Drogenkriminalität führt. Ökonomische Studien haben gezeigt, daß selbst recht optimistische Schätzungen zum Ausmaß abschöpfbarer Gewinne mit kaum sichtbaren Zuwächsen in den Kleinhandelspreisen von Drogen zusammenhängen[110]. Auch zu den Entscheidungskalkülen des individuellen Akteurs liegen Forschungsbefunde vor. Dabei ist davon auszugehen, daß die Profitgelegenheiten grundsätzlich mit Schwarzmärkten entstehen. Deshalb ist es von vornherein unwahrscheinlich, daß Strafen, die auf die Ausschaltung von Anreizen zielen, einen bedeutsamen Einfluß haben werden, solange die Grundlagen für die Entstehung derartiger Kalküle (und das ist der Schwarzmarkt) bestehen bleiben. Die Forschung stützt diese Vermutung[111]. Gezeigt werden kann, daß zwar einerseits die Profitmöglichkeit einen wesentlichen Anreiz für die Entscheidung zu kriminellem Verhalten darstellt, andererseits aber das Risiko, die Gewinne wieder zu verlieren, nur ganz marginale Effekte auf die Entscheidung selbst hat.

---

fung als kriminologisches Problem und kriminalpolitische Aufgabe. In: Festschrift für Herbert Tröndle, Berlin 1989, S. 685–704

107 Eser; A. (Anm. 106), S. 837 m.w.N.; Weßlau, E.: Neue Methoden der Gewinnabschöpfung? – Vermögensstrafe, Beweislastumkehr, Strafverteidiger 1991, S. 226–235 (S. 234 m.w.N.)

108 Kaiser, G. (Anm. 107), S. 685 ff.

109 Kerner, H.-J.: Der Verbrechensgewinn als Tatanreiz – aus kriminologischer Sicht. In: Bundeskriminalamt (Hrsg.): Macht sich Kriminalität bezahlt? Aufspüren und Abschöpfen von Verbrechensgewinnen. Wiesbaden 1987, S. 17–50

110 Dessecker, A.: Gewinnabschöpfung im Strafrecht und in der Strafrechtspraxis. Freiburg 1991; Wagstaff, A./Maynard, A.: Economic Aspects of the Illicit Drug Market and Drug Enforcement Policies in the United Kingdom. London 1988

111 Smettan, J.: Kriminelle Bereicherung in Abhängigkeit von Gewinnen, Risiken, Strafen und Moral. Freiburg 1992

4.2 Polizeiliche und justizielle Kooperation sowie Rechtsvereinheitlichung

Die eingangs skizzierten Bezüge transnationaler Kriminalität samt den eher äußerlichen Zeichen des Umbruchs, nämlich Mobilität und Abbau der Grenzkontrollen, lassen sofort einen Bezug herstellen zu den Debatten, die in Westeuropa seit den siebziger Jahren um Strategien der Zusammenarbeit auf polizeilicher, justizieller und kriminalpolitischer Ebene geführt werden[112]. Insbesondere sind es zunächst der Terrorismus, sodann die illegalen Drogen, schließlich internationale oder transnationale Kriminalität, die die Forderungen nach einer Verstärkung der polizeilichen Kooperation, mehr noch, nach einer europäischen Polizei munitionieren. Die Entwürfe zu einer europäischen Politik der inneren Sicherheit haben ihren Niederschlag zunächst in TREVI gefunden[113], schließlich in den Schengen-Verträgen und im Maastricht-Vertrag ihren Ausdruck gefunden. Daneben treten die Konventionen des Europarats. Im übrigen sind spezifische Entwürfe zur Rechtsvereinheitlichung zu nennen, beispielsweise die Geldwäscherichtlinien der Europäischen Union, die entsprechende Konvention des Europarats zu gewinnabschöpfenden Maßnahmen und Geldwäsche. Auch die Angleichung der rechtlichen Strukturen wird jedenfalls notwendig sein zur Beseitigung von Gelegenheiten, die aus Unterschieden der rechtlichen Rahmenbedingungen wirtschaftlichen und riskanten Handelns entstehen.

Die polizeiliche Zusammenarbeit hat in den Schengenverträgen[114] und im Maastrichtvertrag (beispielsweise in Form des Schengener Informationssystems und des Europäischen Kriminalamts[115]) im übrigen auf operationeller Ebene Grundlagen gefunden. Der Ausbau supranationaler Strukturen der Exekutive und exekutiver Operationen hat freilich auch Kritik erfahren, da sich entsprechende supranationale Kontrollen und Machtbalance nicht zeitgleich entwickelt haben und ferner die Bedingung eines formellen Gesetzes im Maastrichter Vertrag nur unzureichend gesehen werden kann[116]. Im übrigen wurde sehr nachdrücklich die Frage der Praktikabilität einer supranationalen Polizeibehörde aufgeworfen, angesichts sehr unterschiedlicher Organisationsnormen formeller und informeller bzw. professioneller Art sowie angesichts unterschiedlicher Polizei- und Strafverfahrensgesetze[117]. Tatsächlich dürfte sich der

---

112 Vgl. zusammenfassend Anderson, M. (Anm. 22), S. 303 ff.
113 Zur Organisation von TREVI vgl. Fijnaut, C. (Anm. 57), S. 55; Woodward, R.: Establishing Europol, European Journal of Criminal Policy and Research 1 (1993), S. 1–33 (S. 9 ff.)
114 Fijnaut, C.: The Schengen Treaties and European Police Co-operation, European Journal of Crime, Criminal Law and Criminal Justice 1 (1993), S. 37–56
115 Fijnaut, C. (Anm. 57), S. 52 ff.
116 Walker, N.: The accountability of European police institutions, European Journal of Criminal Policy and Research 1 (1993), S. 34–52
117 Zusammenfassend Woodward, R.: a.a.O. (Anm. 113), S. 23 ff.; vgl. auch Bevers, H.: Police observation and the 1990 Schengen Convention. European Journal of Criminal Policy and Research 1 (1993), S. 83–107, S. 88 ff., mit einer eingehenden vergleichenden Analyse der strafprozessualen und polizeirechtlichen Regelungen über die „polizeiliche Beobachtung" (beobachtende Fahndung, kontrollierte Lieferungen etc.).

praktische Nutzen von Europol im Informationsaustausch erschöpfen[118], womit sich auch das Problem des Verhältnisses zwischen Europol und Interpol (deren Informationstransfers sich im übrigen zu etwa 80 % auf Europa beziehen) ergibt. Jedoch besteht gerade an der Informationssammlung und -auswertung, insbesondere im Hinblick auf transnationale und organisierte Kriminalität, ein erheblicher Bedarf. Freilich ist unabdingbare Voraussetzung für eine nützliche Informationsverarbeitung ein theoretisches Konzept der transnationalen und organisierten Kriminalität, mit dem erst brauchbare Ansatzpunkte für Reform und Weiterentwicklung der europäischen Kooperation sichtbar gemacht werden können.

4.3 Die Modernisierung des Strafrechts

Mit der strafrechtlichen Kontrolle von Schwarzmärkten, in denen anzeigebereite Opfer nicht mehr vorhanden sind, und auf der Basis eines Konzepts der organisierten Kriminalität, in dem nicht mehr die Person des Straftäters, sondern Beziehungen zwischen Personen im Vordergrund stehen, schließlich auch mit der Fokussierung von Risiken als Anknüpfungspunkte für die Strafrechtssetzung, entstand bereits seit längerem ein Anpassungs- bzw. Modernisierungsbedarf im Straf-, Strafverfahrensrecht und Polizeirecht. Hiermit verbunden sind Tendenzen zu einer weiten Verwendung von abstrakten Gefährdungsdelikten (samt der hierin liegenden Vorverlagerung von Strafbarkeit sowie der bloß noch schemenhaften Typisierung von Unrecht in den Tatbeständen), zu einer Neubestimmung der Prinzipien individueller Zurechnung im Rahmen des Handelns in oder durch Organisationen[119], zur Ausweitung der Opportunität und der proaktiven Ausrichtung strafrechtlicher Ermittlungen sowie zu einem massiven Einsatz verdeckter Ermittlungen. Verdeckte Ermittlungsmethoden (erheblicher Einsatz von V-Leuten und Untergrundpolizisten, Lockspitzel, Scheinaufkäufe, begleitete Rauschgifttransporte etc.) beruhen freilich tendenziell auf Täuschung und Geheimhaltung, widersprechen also den traditionellen Ansprüchen an eine staatliche und mit Eingriffsbefugnissen ausgestattete Polizei, die von Verfassungsschutz und Geheimdiensten strikt getrennt ist. Die Neubestimmung des Verhältnisses zwischen Strafverfolgungsbehörden und Geheimdiensten einerseits, die Reform der Polizeigesetze und die Annäherungen zwischen Strafverfahrensrecht und Polizeigesetzen verweisen ferner auf die bedeutsame Rolle, die dem Konzept der Prävention als Leitmotiv der Entwicklungen zukommt. Die Bewegung polizeilichen Ermittlungsverhaltens hin zu einer sachverhalts- und tatbestandsunabhängigen Vorfelderforschung, die damit zusammenhängende Abkehr vom Tatverdacht als Legitimation für die Auslösung von Ermittlungsaktivitäten kommt dem Interesse an einer vollen Ausschöpfung

---

118 Woodward, R. (Anm. 113), S. 21
119 Heine, G.: Von individueller zu kollektiver Verantwortlichkeit. Einige Grundfragen der aktuellen Kriminalpolitik. In: Arnold, J. u.a. (Hrsg.): Grenzüberschreitungen. Beiträge zum 60. Geburtstag von Albin Eser. Freiburg 1996, S. 51-76

des Potentials verdeckter und proaktiver Ermittlungsmethoden entgegen. Dies deutet aber darauf hin, daß in der Bearbeitung der Risiken der modernen Welt mit Hilfe des Strafrechts der Erfolg oder der Zweck des Verfahrens höchste Priorität erfährt; das Verfahren selbst und seine Beurteilung in anderer als zweckdienlicher Hinsicht, damit die rechtsstaatliche Komponente, treten nunmehr in den Hintergrund[120]. Derlei Abwägungsergebnisse sind allerdings nicht unerwartet, geht es doch nach verbreiteter Auffassung, wie weiter oben dargestellt, geradezu um die Selbstbehauptung nicht nur des Strafrechts, sondern der staatlich verfaßten Gesellschaft insgesamt. Gerade hier trifft die ehemalige Ausrichtung des Strafrechts in den autoritären sozialistischen mit modernen Tendenzen der Strafrechtsentwicklung in den westlichen Industriestaaten zusammen. Dies betrifft die besondere Betonung der Exekutive ebenso wie die präventive Orientierung und damit verbunden die Erforschungen der sogenannten Vorfelder des eigentlich strafrechtlich relevanten Verhaltens. Mit dem letzteren wird die Bedeutung der Ausforschung von Netzwerken menschlicher Interaktionen ebenso markiert wie die Techniken, die hierzu genutzt werden. Der wesentliche Unterschied besteht dann allein darin, daß die Techniken der Informationsgewinnung und die gesellschaftliche Vorsorge durch das Strafrecht nunmehr zu einem guten Zweck eingesetzt werden.

---

120 Kritisch auch Ostendorf H. (Anm. 15), S. 512 f.

Grafik 1: Entwicklung der Auslandsadoptionen 1981-1992

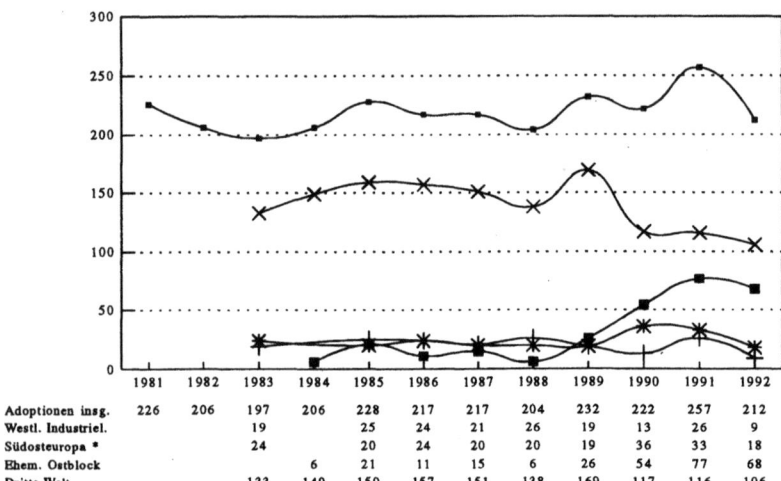

Quelle: Tätigkeitsberichte der Gemeinsamen Zentralen Adoptionsstelle Hamburg

* Türkei, ehem. Jugoslawien, Griechenl.

Graphik 2: Deliktsstruktur indischer Tatverdächtiger
1984 - 1993
Hessen

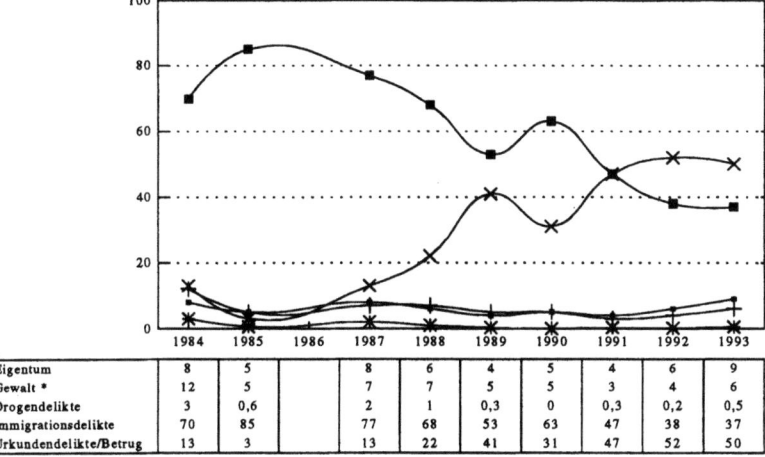

	1984	1985	1986	1987	1988	1989	1990	1991	1992	1993
Eigentum	8	5		8	6	4	5	4	6	9
Gewalt *	12	5		7	7	5	5	3	4	6
Drogendelikte	3	0,6		2	1	0,3	0	0,3	0,2	0,5
Immigrationsdelikte	70	85		77	68	53	63	47	38	37
Urkundendelikte/Betrug	13	3		13	22	41	31	47	52	50

← Eigentum   +Gewalt *   ※ Drogendelikte   ■ Immigrationsdelikte   ✕ Urkundendelikte/Betrug

* Tötungs-, Körperverletzungs-, Sexual-, Raubdelikte
Quelle: Landeskriminalamt Hessen: Polizeiliche Kriminalstatistik 1993. Wiesbaden 1994.

Grafik 3: Deliktsstruktur pakistanischer Tatverdächtiger
1984 - 1993
Hessen

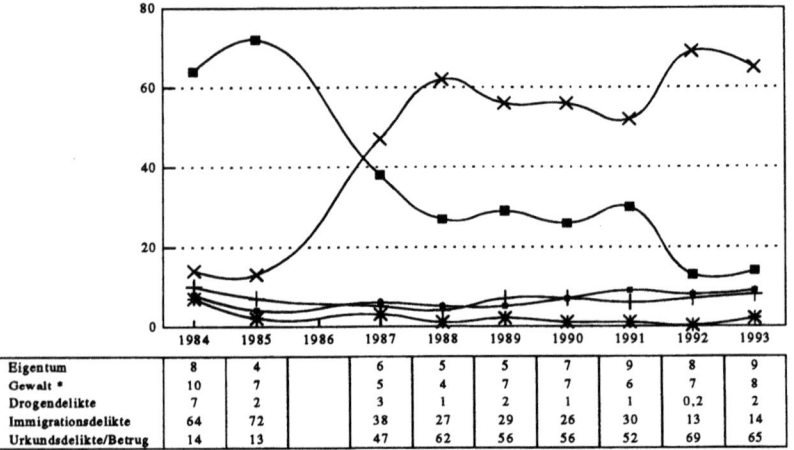

	1984	1985	1986	1987	1988	1989	1990	1991	1992	1993
Eigentum	8	4		6	5	5	7	9	8	9
Gewalt *	10	7		5	4	7	7	6	7	8
Drogendelikte	7	2		3	1	2	1	1	0,2	2
Immigrationsdelikte	64	72		38	27	29	26	30	13	14
Urkundsdelikte/Betrug	14	13		47	62	56	56	52	69	65

→ Eigentum + Gewalt * ※ Drogendelikte ■ Immigrationsdelikte ✕ Urkundsdelikte/Betrug

* Tötungs-, Körperverletzungs-, Sexual-, Raubdelikte

Quelle: Landeskriminalamt Hessen: Polizeiliche Kriminalstatistik 1993. Wiesbaden 1994.

Grafik 4: Deliktsstruktur polnischer Tatverdächtiger
1984 - 1993
Hessen

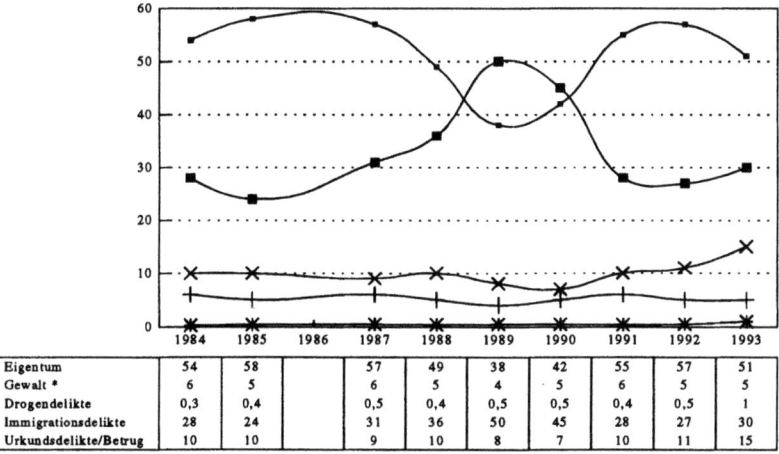

	1984	1985	1986	1987	1988	1989	1990	1991	1992	1993
Eigentum	54	58		57	49	38	42	55	57	51
Gewalt *	6	5		6	5	4	5	6	5	5
Drogendelikte	0,3	0,4		0,5	0,4	0,5	0,5	0,4	0,5	1
Immigrationsdelikte	28	24		31	36	50	45	28	27	30
Urkundsdelikte/Betrug	10	10		9	10	8	7	10	11	15

━ Eigentum ╋ Gewalt * ✳ Drogendelikte ■ Immigrationsdelikte ✖ Urkundsdelikte/Betrug

* Tötungs-, Körperverletzungs-, Sexual-, Raubdelikte

Quelle: Landeskriminalamt Hessen: Polizeiliche Kriminalstatistik 1993. Wiesbaden 1994.

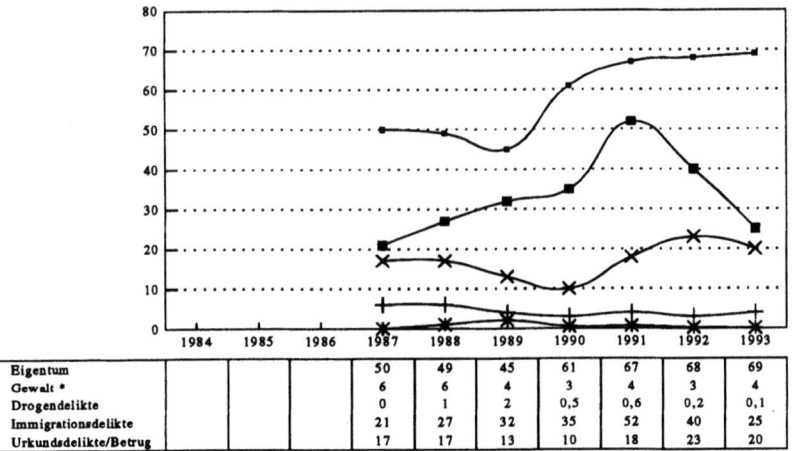

Grafik 5: Deliktsstruktur rumänischer Tatverdächtiger
1984 - 1993
Hessen

	1984	1985	1986	1987	1988	1989	1990	1991	1992	1993
Eigentum				50	49	45	61	67	68	69
Gewalt *				6	6	4	3	4	3	4
Drogendelikte				0	1	2	0,5	0,6	0,2	0,1
Immigrationsdelikte				21	27	32	35	52	40	25
Urkundsdelikte/Betrug				17	17	13	10	18	23	20

← Eigentum + Gewalt * ※ Drogendelikte ■ Immigrationsdelikte ✕ Urkundsdelikte/Betrug

* Tötungs-, Körperverletzungs-, Sexual-, Raubdelikte

Quelle: Landeskriminalamt Hessen: Polizeiliche Kriminalstatistik 1993. Wiesbaden 1994.

Grafik 6: Deliktsstruktur türkischer Tatverdächtiger
1984 - 1993 Hessen

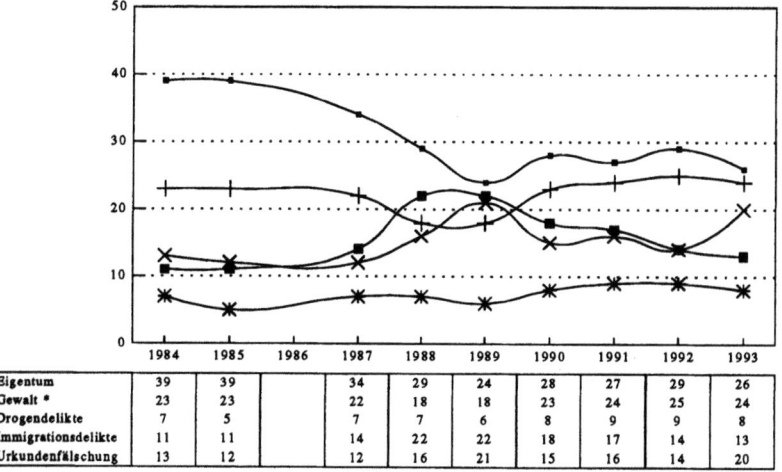

	1984	1985	1986	1987	1988	1989	1990	1991	1992	1993
Eigentum	39	39		34	29	24	28	27	29	26
Gewalt *	23	23		22	18	18	23	24	25	24
Drogendelikte	7	5		7	7	6	8	9	9	8
Immigrationsdelikte	11	11		14	22	22	18	17	14	13
Urkundenfälschung	13	12		12	16	21	15	16	14	20

→ Eigentum + Gewalt * ※ Drogendelikte ■ Immigrationsdelikte ✕ Urkundenfälschung

* Tötungs-, Körperverletzungs-, Sexualdelikte, Raub

Quelle: Landeskriminalamt Hessen: Polizeiliche Kriminalstatistik 1993. Wiesbaden 1994.

Grafik 7: Anteile von Drogendelikten in verschiedenen Gruppen ausländischer Tatverdächtiger 1984-1993 in Hessen

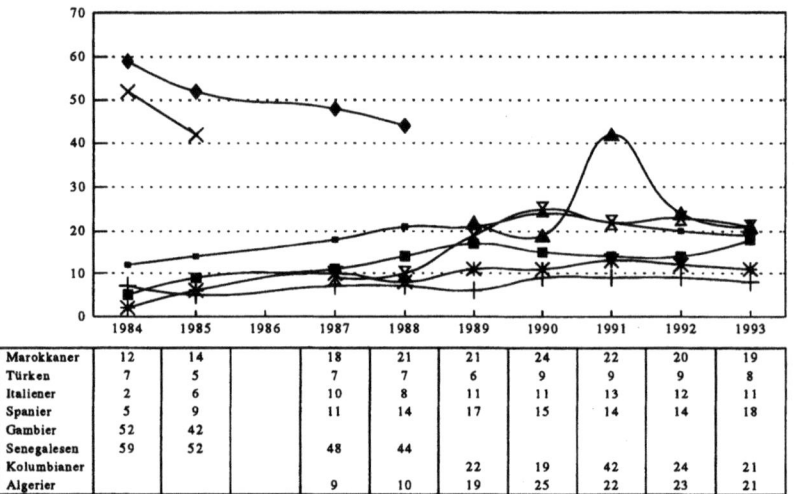

	1984	1985	1986	1987	1988	1989	1990	1991	1992	1993
Marokkaner	12	14		18	21	21	24	22	20	19
Türken	7	5		7	7	6	9	9	9	8
Italiener	2	6		10	8	11	11	13	12	11
Spanier	5	9		11	14	17	15	14	14	18
Gambier	52	42								
Senegalesen	59	52		48	44					
Kolumbianer						22	19	42	24	21
Algerier				9	10	19	25	22	23	21

◆ Marokkaner ╋ Türken ✳ Italiener ■ Spanier ✕ Gambier ◆ Senegalesen ▲ Kolumbianer ✕ Algerier

Quelle: Landeskriminalamt Hessen: Polizeiliche Kriminalstatistik 1993. Wiesbaden 1994.

GRENZÖFFNUNG UND KRIMINALITÄT IN UNGARN

István Szikinger

Als Verfassungsrechtler kommen mir immer Bedenken, wenn von Bedrohungen gesprochen wird, denen wegen „übertriebener und voreiliger" Demokratisierung und Übernahme von bei uns nicht benötigten Menschenrechtsregelungen kaum zu begegnen sei. Dazu gehört unter anderem die internationale oder grenzüberschreitende Kriminalität mit allen Auswirkungen.

Man muß natürlich überlegen, ob die allgemeinen Prinzipien der Rechtsstaatlichkeit zugunsten der elementaren Lebensinteressen der Gesellschaft zurückgedrängt werden sollen, wenn es sich um unversöhnliche Konflikte zwischen ihnen handelt. Dies führt uns zum grundsätzlichen Konflikt: Freiheit oder Sicherheit?

Ein Mitglied des Parlamentarischen Rates zitierte einst während der Beratungen über das deutsche Grundgesetz Benjamin Franklin. Der amerikanische Politiker hätte gesagt: „Der Mensch, der bereit ist, seine Freiheit aufzugeben, um Sicherheit zu gewinnen, wird beides verlieren"[1]. Die Richtigkeit dieses Satzes wurde auch in der deutschen Geschichte mehrmals bestätigt. Damit wird aber unsere eigentliche Frage noch komplizierter, gerade wenn man mögliche Konsequenzen einer polizeistaatlichen Lösung des Problems des internationalen Organisierten Verbrechens berücksichtigt.

Bevor man sich aber auf die philosophische Ebene der erwähnten Problematik begibt, stellt sich die Frage nach der realen Lage. Bei der Untersuchung der tatsächlichen Situation ist festzustellen, daß auch hier – wie in vielen anderen Fällen der Sicherheitsdiskussion – tiefgehende theoretische Betrachtungen im Grunde genommen überflüssig sind, weil die Beschreibungen und Interpretationen der ganzen Problematik den bloßen Fakten widersprechen und kein überzeugender Zusammenhang zwischen den Problemen und den vorgeschlagenen Reaktionen besteht. Letztere sind eher Versuche, aus anderen Quellen stammende autoritäre Vorstellungen durchzusetzen.

---

1 Abg. Dr. Seebohm (Deutsche Partei), Parlamentarischer Rat, Sten. Ber., dritte Sitzung, Bonn, 9. Sept. 1948, S. 46

Die Fakten

Es ist nicht zu leugnen, daß in Ungarn, wie auch in anderen ehemaligen sozialistischen Ländern, nach der offiziellen (bei uns von Polizei und Staatsanwaltschaft gemeinsam geführten) Kriminalstatistik die Gesamtzahl der Straftaten stark angestiegen ist.

Bekanntgewordene Straftaten 1984–1994

1984 – 157.036	1988 – 185.344	1992 – 447.215
1985 – 165.816	1989 – 225.393	1993 – 400.935
1986 – 182.867	1990 – 341.061	1994 – 389.451
1987 – 188.397	1991 – 440.370	

Da Ungarn eine Bevölkerung von etwa 10,5 Millionen hat, entsprechen die obengenannten Zahlen einer Kriminalitätsrate (Straftaten/100.000 Einwohner) von 1.470,5 im Jahre 1984 und von 3.789,2 im Jahre 1994.

Betrachtet man die Struktur der Kriminalität, zeigt sich, daß die Vermögensdelikte den weitaus größten Anteil ausmachen (73,7 % im Jahre 1994). Die Straftaten gegen die öffentliche Ordnung (eine zusammenfassende Kategorie für Straßenkriminalität, Dokumentenfälschung und verschiedene andere Verbrechen und Vergehen) machen 11,1 % und Verkehrsdelikte 6,8 % aus. Danach kommen die Straftaten gegen die Person mit 4,1 %. 1994 gab es bei uns 310 Fälle von vollendetem Mord bzw. Totschlag, außerdem 129 Versuche. Der Rest entfällt auf die übrigen Delikte.

Die Zahl und Rate von Straftätern zeigt eine ähnliche Tendenz wie die Kriminalitätsentwicklung nach begangenen Delikten. 1984 gab es bei uns 83.493 bekanntgewordene Täter (781,9 auf 100.000 Einwohner), während es 1994 bereits 119.494 (1.162,6) waren. Ein starker Anstieg ist hierbei vor allem in den Jahren der politischen Wende zu beobachten.

Die genannten Daten scheinen die Argumente hinsichtlich der kriminogenen Auswirkung des Systemwechsels zu bestätigen. Meines Erachtens ist das Problem jedoch wesentlich komplexer, vor allem im Bereich der kausalen Verhältnisse. In dieser Studie möchte ich mich aber lediglich auf die internationalen Aspekte konzentrieren.

Hierzu finden sich relativ wenige Informationen in der offiziellen Kriminalstatistik. Noch am eindeutigsten feststellbar sind die Zahl und der Anteil ausländischer Straftäter. Zu dieser Kategorie gehören diejenigen, die keinen Wohnsitz in unserem Lande haben. Merkwürdigerweise kann man keine deutliche Zunahme in dieser Gruppe feststellen. Wenn man die Tatsache berücksichtigt, daß sich im Vergleich mit den siebziger Jahren die Anzahl der in Ungarn einreisenden Besucher vervielfacht hat, kann man sogar von einem relativen Rückgang sprechen.

Die Sicherheitspolitik läßt sich aber von den Fakten nicht beeinflussen. Der Landespolizeipräsident sprach 1992 von 500.000–600.000 Personen, die unter dem Gesichtspunkt der öffentlichen Sicherheit unerwünscht gewesen seien. Hierzu gehören unter anderem Abenteurer ohne ausreichende finanzielle Mittel. Diese Ausländer hätten ihren Lebensunterhalt durch die Begehung kleinerer Straftaten bestritten[2]. Wenn wir berücksichtigen, daß die Aufklärungsquote in jenem Jahr im Bereich der Vermögensdelikte bei 36,1 % lag, dann müßte es eigentlich mehr als 200.000 ausländische Täter gegeben haben. Dagegen registrierte die Kriminalstatistik lediglich 5.740 nichtungarische Delinquenten.

Jahr	Straftäter insgesamt	davon Ausländer
1984	83.493	1.678
1985	85.766	2.448
1986	93.176	3.425
1987	92.643	4.733
1988	82.329	3.474
1989	88.932	4.602
1990	112.254	5.849
1991	122.835	5.478
1992	132.644	5.647
1993	122.621	5.232
1994	119.494	5.145

Noch verständlicher, sogar beruhigender wird das Bild, wenn wir den Anteil der ausländischen Täter mit der Zahl der in Ungarn einreisenden Besucher vergleichen. Während 1984 nur rund 13 Millionen Ausländer unsere Grenze überschritten, lag diese Zahl 1994 bei 42 Millionen.

Ein anderer Autor, der Vizepräsident der ungarischen Polizei und Generaldirektor der Schutzpolizeieinheiten, András Túrós, stellt die Lage durch die bloße Wiedergabe der statistischen Daten völlig korrekt dar. Er weist darauf hin, daß die Zahl der ausländischen Täter in den letzten Jahren im wesentlichen unverändert geblieben sei. Auch Straftaten *gegen* Ausländer werden von ihm erwähnt, wobei er klar aufzeigt, daß die Mitglieder dieser Gruppe grundsätzlich wesentlich häufiger Opfer als Täter

---

2 Pintér, S.: A társadalmi változások hatása a rendőrségre (Auswirkungen der gesellschaftlichen Veränderungen auf die Polizei). In: Vígh – Katona (Hrsg.): Társadalmi változások, bűnözés és rendőrség (Gesellschaftliche Veränderungen, Kriminalität und Polizei). Rendészeti Kutatóintézet – ELTE, Kriminológiai Tanszék, Budapest 1993, S. 115;

sind (mit Ausnahme von 1993). Daran ändert auch die Tatsache nichts, daß einige hundert Delikte von Ausländern gegen Ausländer begangen werden[3].

Wenn man die vom Vizepolizeipräsidenten publizierten Daten analysiert und mit den Angaben der Migration vergleicht, dann ergibt sich als Konsequenz: Die sogenannte „Ausländerkriminalität" bleibt weit hinter den entsprechenden Zahlen vieler Länder Westeuropas zurück, auch wenn der Begriff nicht übereinstimmend verwendet wird. Zumindest kann die beschriebene Situation als „ganz normal" bezeichnet werden, wenn auch nicht als eben beruhigend. Sogar das Ausmaß der von Ausländern begangenen Straftaten entspricht dem Umfang der von der ungarischen Bevölkerung verübten, wenn man das Verhältnis zwischen der Zahl der Täter und der Zahl der Taten betrachtet.

Neben den von Ausländern begangenen Straftaten könnte man natürlich auch auf dem Gebiet der Organisierten Kriminalität nach Anhaltspunkten zur Begründung verschärfter staatlicher Reaktionsmittel suchen, weil internationales und organisiertes Verbrechen oft – und nicht immer zu Unrecht – gleichgesetzt werden.

Hier wird man nochmals mit überraschend enttäuschenden Fakten konfrontiert. Zur Definition der Organisierten Kriminalität gehört, daß Straftaten, die einzeln oder in ihrer Gesamtheit von erheblicher Bedeutung sind, begangen werden, wobei mehr als zwei Beteiligte auf längere oder unbestimmte Dauer unter Verwendung gewerblicher oder geschäftsähnlicher Strukturen verbrecherische Tätigkeit ausüben[4]. Nach diesem Begriffsverständnis sind die publizierten Daten in diesem Bereich ziemlich bescheiden. 1993 wurden in Ungarn insgesamt 3.503 Straftaten organisiert begangen, 1992 nur 1.718. Auch wenn man berücksichtigt, daß der tatsächliche Umfang dieser Aktivitäten, der Natur der Sache folgend, wesentlich größer sein muß, so kann kaum die Rede von einer Notlage im Bereich der Organisierten Kriminalität in Ungarn sein.

Mit der kritischen Darstellung des Problems möchte ich keinesfalls die Existenz neuer Erscheinungen bzw. Tendenzen auf dem Gebiet der Kriminalität und ihrer internationalen Aspekte leugnen. Natürlich sind die qualitativen Aspekte der neueren Entwicklungen sorgfältig zu analysieren und die empirischen Erfahrungen der Strafverfolgungsorgane zu berücksichtigen. Auf der Grundlage dieser Quellen skizziere ich aus dem besonderen Blickwinkel unseres Themas nun die Grundzüge der neueren Kriminalitätslage in Ungarn.

Túrós, A.: Tények, adatok egy intézkedés hátterében (Fakten und Daten im Hintergrund einer Maßnahme). Rendészeti szemle (12) 1994, S. 3–13

4 Vgl. z.B. Lisken – Denninger (Hrsg.): Handbuch des Polizeirechts, München 1992, S. 110

Rauschgiftkriminalität

Etwa 40.000–50.000 Personen in unserem Lande konsumieren regelmäßig Rauschgiftsubstanzen. Seit 1990 ist hierbei der Anteil klassischer Drogen, wie Marihuana, Haschisch, LSD, Amphetamine, Heroin und Kokain angestiegen. Während diese Stoffe zuvor lediglich 35 % ausgemacht hatten und der weitaus größere Teil auf betäubungsmittelhaltige Medikamente entfiel, liegt jetzt ihr Anteil bei 80 %. Während Haschisch und LSD-Briefmarken meistens via „Drogentourismus" aus den Niederlanden kommen, wird Heroin hauptsächlich auf dem „Balkanweg" eingeführt, kleinere Lieferungen aber auch aus Fernost direkt eingeflogen. Unmittelbare Quellen des Kokainschmuggels sind vor allem Rumänien und Österreich, teilweise aber auch die südamerikanischen Herstellungsländer selbst.

Der Markt zwar wird überwiegend von ausländischen Organisationen beherrscht, aber immer mehr ungarische Staatsbürger knüpfen Verbindungen zu ihnen und nehmen an deren kriminellen Aktivitäten teil. Sogar der Anbau von Cannabis und die Herstellung von illegalen Betäubungsmitteln wurden auf ungarischem Staatsgebiet beobachtet.

Geldfälschung

Die Grenzöffnung in Ungarn wurde nicht von einer vollständigen Liberalisierung der Devisenpolitik begleitet. Dadurch entstand eine Situation, in der ausländische Währungen in großen Mengen über den Schwarzen Markt in Umlauf gesetzt wurden. Unter diesen Umständen ist es selbstverständlich schwierig, eine Kontrolle durchzuführen. Früher beschlagnahmten wir jährlich einige hundert gefälschte Banknoten, seit 1992 sind es mehr als 1.000. Technisch ist hier eine Verbesserung der Qualität zu beobachten; nach den Farbkopien sind neuerdings auch im Offsetdruck hergestellte D-Mark- und US-Dollar-Scheine aufgetaucht.

Fahrzeugdiebstahl und -verschiebung

Es bedarf keiner weiteren Erläuterung, daß dieser Bereich der Kriminalität viel mit Freizügigkeit zu tun hat. 1989 verschwanden in Ungarn 1.928 Pkws, 1994 lag diese Zahl schon bei 10.045. Dazu kommen immer mehr Wirtschaftsdelikte im Zusammenhang mit Einfuhr, Verkauf und Leasing von Autos. Die illegale Tätigkeit in diesem Bereich ist eine der profitbringendsten geworden. In Westeuropa oder in Ungarn selbst gestohlene Fahrzeuge werden nach Polen, Rußland und in den Mittleren Osten verschoben und dort verkauft. Unter den Dieben, Schleppern, Fälschern (Dokumente, Kennzeichen) und Hehlern ist eine hochentwickelte Arbeitsteilung entstanden.

Menschenschmuggel

18 Tamilen sind im Juli 1995 in einem Lastwagen nicht weit von Györ (Westungarn) erstickt aufgefunden worden. Dieser tragische Fall weist auf verbreitete und international gut organisierte Aktivitäten im Bereich der illegalen Migration hin. In diesem Fall führte die Spur nach Bulgarien, bekannt sind aber auch Schmuggelzentren in Rumänien und in der Ukraine. Immer mehr Menschen aus Afrika, Nah- und Fernost streben nach Westeuropa, wobei Ungarn teilweise als Transitland dient.

Einen anderen Zweig des Menschenhandels stellt der Nachschub von Prostituierten dar, wobei typischerweise Mädchen im Rahmen legaler Arbeitsverträge nach Westeuropa geschickt, dort aber zur Prostitution gezwungen werden.

Mit diesen Beispielen ist das Inventar der neuen oder veränderten gefährlichen Erscheinungen, die zweifellos mit der Grenzöffnung im Zusammenhang stehen, bei weitem nicht erschöpft. Warenschmuggel, Geldwäsche und viele andere Begehungsformen gehören ebenfalls dazu.

Die erwähnten Beispiele belegen aber noch nicht die Entstehung ursprünglich neuer Gefahren. Kriminalität ist und bleibt flexibel, paßt sich selbstverständlich den neuen Umständen und Möglichkeiten an. Unbestritten ist das Verbrechen viel beweglicher als jede staatliche Tätigkeit, wobei die Strafverfolgung keine Ausnahme macht. Daraus folgt die Notwendigkeit engerer Zusammenarbeit einzelner Länder im Bereich der Verbrechensbekämpfung, wobei jedoch in der Praxis der Kooperation nicht nur grundsätzlich positive Entwicklungen, sondern auch neu entstandene Probleme und Meinungsverschiedenheiten zu beobachten sind.

Bis 1989 war außer der engen Kooperation mit den sozialistischen Staaten fast die einzige Verbindung unseres Landes zur internationalen Szene auf dem Gebiet der öffentlichen Sicherheit die in den achtziger Jahren wiederbelebte Interpol-Mitgliedschaft. Seitdem haben wir viele Verträge über die Bekämpfung grenzüberschreitender Kriminalität unterschrieben. Intensive Kontakte sind mit den entsprechenden Organisationen in Frankreich, Holland, der Schweiz, Deutschland, Großbritannien, Belgien und den USA entwickelt worden. Ausgezeichnet funktioniert die Mitteleuropäische Polizeiakademie, die auf ungarisch-österreichische Initiative 1991 gegründet worden ist. Dort lernen Polizeibeamte aus den verschiedenen Ländern unserer Region nicht nur theoretisch, sondern *in situ* auch praktisch die Institutionen der betreffenden Staaten kennen. Das FBI eröffnete dieses Jahr ebenfalls eine internationale Polizeiakademie in Budapest, die die Ausbildung mittel- und osteuropäischer Polizeioffiziere übernehmen wird.

Verfehlte Antwort

Die beschriebene Situation spiegelt meines Erachtens nicht mehr wider als die normalen und voraussehbaren Auswirkungen der Grenzöffnung. Daraus folgt, daß die Lage keine wirkliche Überraschung für die Polizei mit sich gebracht hat. Das Wort von der „Ausländerkriminalität" bleibt aber attraktiv als Argument für mehr Mittel, vor allem wenn nationale Gefühle eine gute Unterstützung dieses Anliegens in Öffentlichkeit und Politik gewährleisten. Deshalb werden auch die beschriebenen Fakten und Erscheinungen im Interesse der Erweiterung des Arsenals der Polizei nicht selten übertrieben dargestellt oder falsch interpretiert. Die oben erwähnte Zahl (500.000–600.000 Personen) des Landespolizeipräsidenten, könnte natürlich auch ein Druckfehler sein (wenn auch ein besonders bemerkenswerter). Keinesfalls als solcher kann aber die Aussage eines leitenden Kriminalbeamten aufgefaßt werden, der öffentlich die angeblich von Ausländern im Jahre 1989 (5.000) begangenen Straftaten mit der Angabe für 1994 (8.000–8.500) verglich[5]. Die Daten sind natürlich falsch, wie aus der oben wiedergegebenen Tabelle ersichtlich ist.

Typisch ist auch, daß ganz verschiedene Erscheinungsformen der „Ausländerkriminalität" bewußt oder unbewußt miteinander vermengt werden. Natürlich unterscheidet sich der „Kleinhandel", den die Bevölkerung im Grenzgebiet zum Überleben ausübt, fundamental vom internationalen Terrorismus. Die vorgeschlagenen Abwehrmaßnahmen differenzieren aber kaum zwischen den einzelnen, konsequenterweise nicht pauschal zu behandelnden Manifestationen des „grenzüberschreitenden" Verbrechens.

Besonders falsch und gefährlich ist die generalisierte Verdächtigung der Ausländer. Das heißt, diskriminatorisch gegen sie gerichtete Maßnahmen und rechtliche Regelungen anzuwenden bzw. zu statuieren führt natürlich zu Spannungen zwischen ihnen und der Macht. Begründete Differenzierung kann grundsätzlich erlaubt sein, mehr Polizeirechte aber, ausschließlich auf Grund der nicht-ungarischen Staatsangehörigkeit ohne weitere spezielle Bedürfnisse, natürlich nicht. Das Verhältnismäßigkeitsprinzip muß auch hier respektiert werden.

Das ungarische Gesetz vom Jahre 1993 (No. LXXXVI) über die Einreise, den Aufenthalt in Ungarn und die Einwanderung von Ausländern (Ausländerpolizeigesetz) bringt sowohl berechtigte als auch meiner Meinung nach unbegründete Polizeibestrebungen zum Ausdruck. Besonders bedenklich ist § 28, Abs. (4) des Gesetzes, wo eine generelle Ermächtigung der Polizei erlaubt, Privatwohnungen und die Privatsphäre zur Kontrolle der Fremdenpolizeiregelungen jederzeit betreten zu können. Hier handelt es sich um ein klassisches Beispiel der Erleichterung der Polizeiarbeit durch unbegründete Unterdrückung von Menschenrechten. Natürlich hätte der Gesetzgeber entsprechende Befugnisse der Polizei zur Ausübung ihrer Funktion, in begründeten

---

5 Dr. Kovács, Lajos: Beitrag zur regionalen Tagung der Leiter der Interpol-Nationalbüros, Budapest, 16.–18. November 1994. Landespolizeipräsidium Budapest 1995, S. 19

Fällen sogar das Recht des Betretens vorschreiben können; solche pauschale Lockerung der Garantien des Schutzes der Privatwohnung ist aber keinesfalls akzeptabel.

Eine andere Form verfassungswidriger Behandlung von Ausländern stellt die informationelle Diskriminierung dar[6]. Keine plausible Erklärung ist zum Beispiel erteilt worden zur obligatorischen Untersagung der Auskunft gegenüber den ausgewiesenen und unter Einreiseverbot stehenden Personen, unter anderem hinsichtlich ihrer eigenen Staatsangehörigkeit, Wohnsitz, usw. (§§ 53–54).

Der Verfasser möchte hier darauf hinweisen, daß, abgesehen von dem diskriminatorischen Charakter der erwähnten Eingriffsbefugnisse, ihr Wirkungskreis natürlich nicht auf Ausländerkontrolle begrenzt wird. Die Polizei kann nicht nur in die Wohnung von Ausländern im Rahmen der Fremdenüberwachung eindringen, sondern auch in Privaträume ungarischer Staatsbürger. Keine konkreten Verdachtsgründe sind vorausgesetzt, das heißt, praktisch sind lediglich die generellen Kontrollmöglichkeiten der Polizei erweitert worden.

Ein weiteres Beispiel für inhaltlich unbegründete Entscheidungen stellt die Regelung der Position des Grenzschutzes dar. Unter dem Sozialismus hatte niemand Sorgen wegen der Vermischung von Verteidigungs- und Polizeifunktionen, die die Rolle des Grenzschutzes im Institutionssystem der damaligen Staatsmacht charakterisierte. Grenzsoldaten, die auf Grund der allgemeinen Wehrpflicht dienten, erfüllten sowohl Militäraufgaben als auch Funktionen wie Paßkontrolle und andere Formen der Verwaltungstätigkeit. Entsprechend den demokratischen Erwartungen hat die im Jahre 1989 total revidierte Verfassung des Landes eine resolute Trennung zwischen Polizei- und Verteidigungsaufgaben vorgeschrieben. Trotzdem bestätigte das Landesverteidigungsgesetz vom Jahre 1993 die alte Struktur und die Doppelfunktion des Grenzschutzes mit dem Hinweis – unter anderem – auf die Bedrohungen durch die international organisierte Kriminalität[7]. Vergeblich sucht man auch diesmal nach Argumenten, die die konkreten Vorstellungen über den Mechanismus der besseren Verbrechensbekämpfung durch die beibehaltene militarisierte Organisation betreffen.

Zusammenfassend ist festzustellen, daß das „Freiheit-oder-Sicherheits"-Dilemma in vielen Aspekten nicht nur unrichtig beantwortet, sondern auch falsch exponiert worden ist. Nach der Meinung der Verfasser könnten tiefgehende Forschungen in einer ersten Phase die Probleme und die möglichen Reaktionen einander zuordnen. Davon ausgehend, könnte die Politik entsprechendes Ermessen ausüben. Bis es dann zweckmäßig wäre, die unaufschiebbaren Lösungen im Verfassungsgefüge zu suchen.

---

6   Vgl. Weichert, T.: Ausländererfassung in der Bundesrepublik, Bürgerrechte & Polizei/CILIP 45 (2) 1993, S. 30–38
7   Kiss, Kálmán: A magyar határőrség feladatai, a működés főbb tapasztalatai (Aufgaben des ungarischen Grenzschutzes, die wichtigsten Erfahrungen von dessen Tätigkeit). Rendészeti Szemle (11) 1993, S. 18–24

V.

SCHLUSSBETRACHTUNG

SOZIALER UMBRUCH UND KRIMINALITÄT IN MITTEL- UND OSTEUROPA

Gedanken zu einer Tagung[1]

Klaus Boers

Der soziale Umbruch in Mittel- und Osteuropa hat im Bereich der sozialwissenschaftlichen und kriminologischen Forschung zwei Prozesse in Gang gesetzt, die auch auf dieser Tagung eine große Rolle gespielt haben:

Zum einen hat die theoretische wie empirische Forschung über gesamtgesellschaftliche Zusammenhänge, die vor allem in den achtziger Jahren in eine gewisse Latenzphase geraten war, einen nicht zu übersehenden Aufschwung erfahren. Freilich ist vieles noch immer empirische Begleitforschung, ein Protokollieren der neuen Tatbestände und Entwicklungen. Aber wenn man es recht besieht, dann hat inzwischen eine umfassendere Diskussion begonnen, die die gewonnenen Daten und Befunde im Kontext der historischen Ereignisse und des gesamten Transformationsprozesses zu analysieren versucht.

Zum anderen kann man feststellen, daß in der kriminologischen Umbruchsdiskussion die Kriminalität als ein soziales Problem betrachtet wird, und das ist für ein Fach, das einen erheblichen Teil seiner Wurzeln in biologistischen, psychiatrischen oder persönlichkeitsorientierten Konstrukten hat (die ehemals „real-sozialistischen" Staaten machten hier keine Ausnahme), bemerkenswert genug. Diese soziologische Orientierung zeigte sich insbesondere auch in den Beiträgen der Kolleginnen und Kollegen aus Mittel- und Osteuropa, die nicht müde wurden, das Thema im Gesamtzusammenhang historischer, politischer und ökonomischer Bedingungen zu analysieren (wobei, so will mir scheinen, die kritische und analytische Seite der marxistischen Denktradition positiv zum Tragen kam).

---

1 Der Beitrag beruht auf dem mündlich vorgetragenen Tagungsresümee. Der Vortragsstil wurde, soweit es ging, beibehalten.

Wenn ich im folgenden einige zusammenfassende Gedanken über diese Tagung entwickeln soll, dann komme ich mir ein wenig wie jemand vor, der ohne große Kenntnisse in ein Flugzeug steigt, die Instrumente und Armaturen dieses technischen Systems betrachtet, daran herumprobiert, irgendwann startet und während des Fluges das Fliegen lernt, nur ungefähr ahnend, wo und wie er am Ende landen wird (eine Bruchlandung eingeschlossen!). Ich bin aber jetzt schon etwas weiter, habe die ersten Armaturen schon erfolgreich bedient, bekomme langsam eine ungefähre Ahnung, was geschehen könnte und möchte deshalb zunächst, nach einigen allgemeinen Bemerkungen zum Verhältnis zwischen Kriminalität und Kriminalisierung (1), auf die soziologischen Modernisierungstheorien eingehen (2) und vor diesem Hintergrund fragen, in welchem Zusammenhang (nachholende) Modernisierungsprozesse und deren Risiken mit der Kriminalitätsentwicklung stehen können (3). Sodann soll überlegt werden, inwieweit die unterschiedlichen Ebenen des wirtschaftlichen, sozialen und politischen Umbruchs mit verschiedenen Formen der Kriminalität und Kriminalisierung, einschließlich der organisierten Kriminalität, korrespondieren (4). Ferner werde ich auf subjektive Bevölkerungreaktionen gegenüber der Kriminalität eingehen. Denn vor allem die Kriminalitätsfurcht war hier in vielen Beiträgen immer wieder ein zentrales Thema (5). Schließlich sollen noch einige Anmerkungen zu den Erfolgsaussichten kriminalpräventiver Programme gemacht werden (6).

1 Kriminalität und Kriminalisierung

Es mag eingangs vielleicht als etwas übertrieben erscheinen, aber es ist in diesem neuen Kontext west-ost-europäischer kriminologischer Diskussionen doch noch erwähnenswert, daß die Rede über die „Kriminalität" immer nur kriminalisierbares und kriminalisiertes Verhalten meinen kann. Im realen Sozialismus wurde dies aus Gründen, auf die ich sogleich noch eingehen werde, kaum thematisiert. Auch im Westen spielt diese Einsicht, zumindest im kriminalpolitischen Diskurs, keine allzu große Rolle, so daß „Kriminalität" häufig ontologisch, als individuelles Verhalten mit allenfalls noch sozialen Ursachen verstanden wird. Was „Kriminalität" ist, beruht jedoch auf sozialen Unterscheidungen und Bezeichnungen. Es handelt sich eben nicht um ein personales und natürliches Faktum. Man wird deshalb die Kriminalisierung, den sozialen Definitionsprozeß also, an die erste Stelle setzen müssen, sie ist das „methodische a priori", die Bedingung der Möglichkeit des Redens, Handelns und Forschens über Kriminalität (Kunz 1994, S. 166). Dies ist die wesentliche Erkenntnis der westlichen Kriminologie in den sechziger und siebziger Jahren gewesen, die bekanntlich im sogenannten Labeling-Approach zusammengefaßt wurde (Becker 1981 [1963]; Sack 1972).

In der real-sozialistischen Kriminologie war diese Art des Denkens noch 1983 als „typisch kleinbürgerliche Reaktion auf erlebte Widersprüche", als in „seinem Klassenwesen ... imperialistische Theorie" abgetan worden (Lekschas et al. 1983, S. 256 ff.). Das war wissenschaftlich ein folgenschwerer Irrtum. Denn über Prozesse der Kriminalisierung nachzudenken, heißt, über die Instanzen sozialer Kontrolle nachzudenken und das hätte in einer „Volksdemokratie" zu der Frage führen müssen: Ob und inwieweit sind Organe des sozialistischen Staates am Konstruktionsprozeß von Kriminalität beteiligt? Vor diesem Hintergrund ist das ideologische Motiv der allzu einfachen und vorschnellen Art der Ablehnung des Labeling-Ansatzes nicht zu übersehen, und auch dies mag darauf hindeuten, daß im Rahmen der realsozialistischen Kriminologie eine wissenschaftliche, das heißt vor allem kritische und unabhängige Beobachtung der Gesellschaft und des Strafrechtssystems kaum möglich war, sondern daß es sich hierbei wohl überwiegend um eine Staatskriminologie handelte.

In der konstruktivistischen Perspektive des Labeling Approach liegt ein großes und noch längst nicht ausgeschöpftes Erkenntnispotential. Man sollte die Erkenntnisfrage allerdings nicht mit der Frage „Who's side are we on?" (Becker 1967) vermischen oder gar verwechseln. Die Frage „Who's side are we on?" ist beim Nachdenken über Kriminalität nicht unwichtig, aber es ist primär eine kriminalpolitische Frage, die den Diskurs in der kritischen westlichen Kriminologie nach und nach, mehr und mehr überlagert hat. Das ist verständlich, wenn man erinnert, welche große Bedeutung das Politische in der Auf- und Umbruchszeit der sechziger und siebziger Jahre hatte. Aber es hatte gleichwohl zur Folge, daß das Erkenntnispotential des interaktionistischen Ansatzes zu einem nicht unerheblichen Teil verschenkt wurde (vgl. hierzu auch Peters 1996). Nach einigen aufschlußreichen Forschungen über die Arbeitsweise der Instanzen sozialer Kontrolle (zusammenfassend Blankenburg 1975), die vor allem zu weiteren Differenzierungen herausforderten, erlahmte das forscherische Bemühen zunächst. Die Diskussion innerhalb der kritischen Kriminologie war bis vor einiger Zeit nicht unerheblich von politischen oder ideologischen Codes geprägt: Es ging dann beispielsweise weniger um die strukturellen und interaktiven Zusammenhänge von Kriminalisierungsprozessen (bei denen, wie wir inzwischen wissen, der private Anzeigeerstatter als „Torhüter des Strafjustizsystems" fungiert, Hindelang und Gottfredson 1976, S. 58), sondern in nicht unerheblichem Maße darum, in den Funktionären von Machtapparaten die Kriminalisierungsverantwortlichen festzumachen (sehr vereinfachend konnte man manchmal den Eindruck gewinnen, als habe sich die Forschungsperspektive vom „bösen Kriminellen" zum „bösen Kriminalisierer" gewandelt). Spätestens mit dem in den achtziger Jahren erwachten Interesse an der informellen Konfliktlösung gelangte die kriminologische Forschung im Westen (aber auch z.B. in Ungarn, Korinek 1988; Sajo 1990) freilich wieder zu neuen und weiter ausdifferenzierten Sichtweisen (vgl. z.B. Hanak et al. 1989; Sessar 1992), die zudem von erheblichem kriminalpolitischen Einfluß, z.B. hinsichtlich der neuen Sanktionsalternativen im Rahmen der Diversion oder des Täter-Opfer-Ausgleichs, waren. Auch auf dieser Tagung konnten wir erleben, daß die kriminologische Diskussion – nun im Osten und im Westen – an Offenheit und Differenziertheit gewonnen hat. Der soziale Umbruch in Europa fordert eben alle gesellschaftlichen Kräfte heraus, alte Konzepte zu überdenken und hat die Türen zu einer neuen Ebene makro-soziologischen Reflektierens und Forschens aufgestoßen, das sich zur Zeit auf die „Modernisierung" und „Modernisierungstheorie" konzentriert (vgl. z.B. die Beiträge in Clausen 1996). Dies war auch unumgänglich, nachdem sich die Forschung seit Ende der siebziger Jahre zunehmend in den mikro- und mesosozialen Bereich zurückgezogen hatte (zu den wenigen Ausnahmen gehören insbesondere Niklas Luhmanns umfassende Arbeiten zur soziologischen Systemtheorie) und der soziale Umbruch die professionellen Beobachter der Gesellschaft, Wirtschaft und Politik recht unvorbereitet antraf.

2 Sozialer Umbruch und Modernisierung

In der Kriminologie ist die Diskussion über den sozialen Umbruch nur recht schleppend in Gang gekommen und wird bislang kaum im Kontext modernisierungstheoretischer Überlegungen geführt. So führte z.B. der Budapester Weltkongreß vor zwei Jahren den sozialen und politischen Umbruch zwar im Titel (wie konnte es zu dieser Zeit in einer osteuropäischen Metropole auch anders sein), aber hauptsächlich diskutiert wurde hierüber nur in einigen kleineren Veranstaltungen[2].

Auf dieser Tagung nun, also zwei Jahre später, spielt der Modernisierungsprozeß eine weitaus größere Rolle. Dabei wurden, wozu ich eigentlich auch neige, vor allem die Probleme und Risiken der Modernisierung in den Mittelpunkt der Überlegungen gestellt. Man sollte aber ergänzen, daß die in der soziologischen Diskussion wohl am meisten beachtete Auffassung, die auf Parsons (1964) zurückgehende sogenannte „Modernisierungstheorie", die künftige Entwicklung westlicher und östlicher Gesellschaften grundsätzlich optimistisch beurteilt[3]. Zapf (1994, S. 300 f.), als ein Hauptvertreter der Modernisierungstheorie, geht beispielsweise davon aus, daß neben der modernen Gesellschaft mit ihren „evolutionären Universalien": Konkurrenzdemokratie, Marktwirtschaft und Wohlstandsgesellschaft (mit Massenkonsum und Wohlfahrtsstaat), sowie ihren Problembearbeitungsmechanismen: Inklusion, Wertegenera-

---

2 Für mich ist es bis heute unverständlich geblieben, warum dieser doch überaus bedeutsame historische Prozeß im Hauptprogramm kaum eine Rolle spielte.
3 Auf die sog. kriminalhistorische Modernisierungstheorie (z.B. Shelley 1981) ist hier aus Zeitgründen nicht eingegangen worden. In der Literatur wird nicht zu Unrecht vermerkt, daß es sich dabei weniger um eine Theorie als eine interpretierende Zusammenfassung von historischen Kriminalitätstrends handele (z.B. Thome 1992); des weiteren kann der dort behauptete Verlauf dieser Trends bezweifelt werden (z.B. Eisner 1995).

lisierung, Differenzierung und Statusanhebung „kein konkurrenzfähiges Entwicklungsmodell" existiert.

Hieran wird naheliegenderweise kritisiert, daß dem ein statisches Gesellschaftsmodell zugrundeliege, mit dem die (auch historisch zu verstehende) Entwicklungsdynamik sozialer Prozesse nicht analysiert werden könne. „Modernisierung" werde zu einseitig als „Wachstum von Optionen und von Sicherheit" (so Zapf 1994, S. 301) begriffen, während die selbstvernichtenden, vor allem aus der ökologischen Krise und zunehmenden Individualisierung erwachsenden Modernisierungsrisiken nicht hinreichend bedacht würden (vgl. Joas 1993; Reißig 1994, S. 331 f.; Müller 1996).

Angesichts des Zukunftsoptimismus der Modernisierungstheorie steht man vor einem Phänomen, das man als „Modernisierungsdilemma" bezeichnen könnte: Die den Modernisierungsprozeß begleitenden Risiken sollen (strukturell) mit Hilfe derselben Mechanismen kontrolliert werden, die eben diese Risiken hervorgebracht haben. Hierin zeigt sich, daß der Modernisierungstheorie ein entscheidendes Charakteristikum spät-moderner, nach-industrieller Gesellschaften aus dem Blick geraten ist: die Ambivalenz fortgeschrittener Modernisierungsprozesse. Indem sie dies übersieht, erweist sich die Modernisierungstheorie als die Theorie der Nachkriegs-*Industrie*gesellschaft. In anderen Theorieentwürfen spielt die Ambivalenz der Moderne allerdings eine zentrale Rolle:

Fritz Sack hat hier mit Verweis auf neuere Überlegungen von Niklas Luhmann (1995) darauf aufmerksam gemacht, daß die optimistischen Annahmen der „Modernisierungstheorie" über die künftige Wohlstandsentwicklung nicht unbedingt typisch systemtheoretisch, sondern lediglich der auf Parsons beruhenden strukturell-funktionalen Tradition eigen sind. In der Weiterentwicklung, die die soziologische Systemtheorie in einer funktional-strukturellen und autopoietischen Perspektive erfahren hat, ist die Basisoperation moderner Gesellschaften, die funktionale Differenzierung, keineswegs ausschließlich mit Wachstum und Inklusion verbunden. Schon allein anhand des Elends in den Armenvierteln der (ersten, zweiten und dritten) Welt zeige sich, so Luhmann (1995, S. 143 ff.), daß es auch in modernen Gesellschaften Exklusion gebe, daß funktionale Differenzierung, „anders als die Selbstbeschreibung der Gesellschaft es behauptet, die postulierte Vollinklusion nicht realisieren" könne und deshalb „Inklusion und Exklusion" die Leitdifferenz des nächsten Jahrhunderts werden könnten.

Die prominenteste handlungstheoretische Gegenposition zur Modernisierungstheorie findet sich in der Theorie der Risikogesellschaft und dem Konzept der „reflexiven Modernisierung", das von Ulrich Beck (1986) entwickelt wurde. Danach zeichnen sich spätmoderne Gesellschaften des ausgehenden 20. Jahrhunderts dadurch aus, daß sie vor allem in Gestalt der ökologischen Gefährdungen mit globalen, alle Gesellschaftmitglieder gleichermaßen treffenden Risiken konfrontiert sind. Im Unterschied zur Industriegesellschaft des 19. und der ersten Hälfte des 20. Jahrhunderts mit ihren typischen Armuts- und Verelendungsrisiken („einfache Modernisierung") können die Modernisierungsfolgen nicht mehr dem „technisch-ökonomischen Fortschritt" sowie einer der Verteilung des Reichtums entsprechenden ungleichen Risikoverteilung anheim gegeben werden, sondern werden jetzt selbst zum Problem ökonomischen und politischen Handelns – und zwar quer zu Klassen- und Schichtlinien („reflexive Modernisierung"; a.a.O., S. 25 ff.).

Neben dieser „Risikodimension" arbeitet Beck (a.a.O., S 113 ff.) mit dem Prozeß der „Individualisierung" eine zweite, die soziale Integration berücksichtigende Dimension reflexiver Modernisierung heraus, die für Erklärungsansätze abweichenden Verhaltens verschiedentlich rezipiert wurde: Im Verlauf des wohlfahrtstaatlichen Modernisierungsprozesses haben sowohl das allgemeine Niveau der Einkommen und der Bildung (bei bleibenden Ungleichheiten, sog. „Fahrstuhleffekt") als auch die soziale und regionale Mobilität in einer Weise zugenommen, daß nicht nur, wie schon zu früheren Zeiten, Angehörige bürgerlicher Schichten, sondern weite Teile der Gesellschaft aus tradierten institutionellen und normativen Bindungen „freigesetzt" werden. In der Folge beginnen sich traditionelle Sozialformen, wie Klasse, Schicht, Berufsrolle, soziale Verbände, Nachbarschaft, regionale Zugehörigkeit, Familie, Ehe, Geschlechterrolle, aufzulösen. Diese Freisetzungs- und Auflösungsprozesse sind mit Blick auf die gesellschaftliche Integration von höchst ambivalenter Natur: Auf der einen Seite ermöglichen sie das Ausprobieren neuer Freiheiten, neuer Lebens-, Arbeits- und Gesellungsformen, bedeuten mehr Flexibilität und Kreativität. „Individualisierung" kann also eine Emergenz der sozialen Integration mit sich bringen. Auf der anderen Seite verringern sich aber die Möglichkeiten, den nach wie vor bestehenden Ungleichheitsrisiken kollektiv zu begegnen. Die gesellschaftliche Verantwortung für Modernisierungsrisiken wandelt sich zunehmend in die individuelle Verantwortlichkeit für die eigene Lebensführung. Exemplarischer Ausdruck der sozialen Desintegration in spätmodernen Gesellschaften sind deshalb die chronische Massenarbeitslosigkeit sowie die neue Armut (vgl. dazu Hanesch et al. 1994).

Sozialstrukturell führen diese Individualisierungsprozesse zu einer Differenzierung von Lebensstilen und Lebensformen, die mit den herkömmlichen, vornehmlich am Problem sozialer Ungleichheit orientierten Klassen- und Schichtmodellen nicht mehr zufriedenstellend analysiert werden können. Die „jenseits von Klasse und Schicht" (Beck a.a.O., S. 121) ablaufende Pluralisierung von Lebensstilen steht deshalb im Mittelpunkt neuerer Theorien sozialer Milieus, die in Ergänzung zur vertikalen Differenzierung sozial-ökonomischer Lagen die für spätmoderne Gesellschaften typische, anhand kultureller Präferenzen und normativer Orientierungen erfolgende *horizontale* Differenzierung in verschiedene soziale Milieus berücksichtigen (Bourdieu 1987; Hradil 1992; Vester et al. 1993; 1995; Müller 1993).

Mit Blick auf die Erklärung abweichenden Verhaltens wurde die Individualisierungsthese bislang vor allem von Heitmeyer aufgegriffen. In seinem „Desintegrations-Theorem" bezieht er sich insbesondere auf die „Schattenseiten des Individualisierungsprozesses" und bringt die desintegrativen Potentiale der reflexiven Modernisierung mit Phänomenen des jugendlichen Rechtsextremismus und jugendlichen Gewalthandlungen in Verbindung (Heitmeyer 1994; Heitmeyer et al. 1995, S. 56 ff.). Desintegration umfaßt danach als Oberbegriff zwei Dimensionen: zum einen die strukturelle Dimension der Desorganisation von sozialen Institutionen und Lebenszusammenhängen, die zu „isolierten und anonymisierten Lebensformen führen kann oder die Teilnahme an gesellschaftlichen Institutionen überflüssig macht"; zum anderen die kulturelle Dimension der Desorientierung, die auf im Zuge der Pluralisierung auftretende „kognitive Irritationen" über „gemeinsam geteilte Werte und Normen" verweist. Für eine kriminologische Betrachtung bleibt zu betonen, daß Prozesse der sozialen Desintegration nicht notwendigerweise mit abweichendem Verhalten oder Kriminalität in einem Zusammenhang stehen. Dies ist nur dort zu erwarten, „wo Desintegration als Verlust von Zugehörigkeit, Teilnahmechancen oder Übereinstimmung erfahren wird" (Heitmeyer et al. 1995, S. 60) und damit im Zusammenhang stehende Verhaltensweisen kommunikativ und institutionell als „abweichend" oder „kriminell" thematisiert werden.

Das Bedeutende an fortgeschrittenen (und fortschreitenden) Modernisierungsprozessen ist mithin, daß diese einerseits mit nie gekannten Risiken einhergehen, andererseits aber nicht in der sozialen Desorganisation, im Zusammenbruch von Gesellschaften, in einer postmodernen Diffusion enden müssen. Die enorme Komplexität moderner Gesellschaften erlaubt mit anderen Worten nahezu keine Vorhersage gesellschaftlicher Entwicklungen, da immer auch andere Entwicklungsmöglichkeiten gegeben sind. Man könnte deshalb neben (oder statt?) der Ambivalenz „Komplexität" und „Kontingenz" als die zentralen Charakteristika der Moderne ansehen (vgl. Luhmann 1992).

Wenn man noch einen Satz zu Niklas Luhmann verlieren darf, der kein „postmoderner" Denker, sondern ein Beobachter der Moderne ist, dann möchte ich in diesem Zusammenhang die Aufmerksamkeit auf die erkenntnistheoretische Seite seiner soziologischen Rezeption der vor allem aus den Naturwissenschaften kommenden allgemeinen Systemtheorie lenken. Aus der konstruktivistischen Erkenntnisperspektive der allgemeinen Systemtheorie kann man kein besseres Wissen, kein überlegenes Kriterium zur Entscheidung über „Wahrheit" und „Unwahrheit" und damit zur Steuerung sozialer Prozesse, auch nicht in Gestalt der „Vernunft" ableiten (Luhmann 1993). Keine Beobachtung, auch nicht die wissenschaftliche, kann den blinden Fleck, der jeder operativen Unterscheidung eines beobachtenden Systems eigen ist, umgehen. Systeme, soziale, personale wie natürliche, sind von ihrer Umwelt nur deshalb zu unterscheiden, weil sie rekursiv geschlossen und selbstreproduktiv operieren. Nur unter der Bedingung dieser Autopoiesis können sich soziale Systeme gegenüber ihrer aus anderen sozialen Systemen bestehenden Umwelt öffnen. Dies kann freilich nicht in Form kausaler Abhängigkeits- und Unterordnungsbeziehungen erfolgen, sondern geschieht in der Weise, daß „Irritationen" aus der Umwelt im Rahmen „struktureller Kopplungen" nach Maßgabe der jeweiligen internen Strukturvorgaben selbständig bearbeitet, eingebaut oder verworfen werden, also so, daß das Resultat unter komplexen Verhältnissen kaum vorhersagbar sein wird (Luhmann 1990).

So kann beispielsweise das Rechtssystem nicht existieren, ohne seine Umwelt – etwa als einen Teil dessen: das Wirtschaftssystem – zu beobachten. Betrachten wir das hier ausführlich erörterte Phänomen der organisierten Kriminalität, dann geht es dabei dem Wesen nach um eine wirtschaftliche Tätigkeit, nämlich um die Befriedigung von Bedürfnissen durch den Aufbau und die Sicherung von Märkten, die, da sie illegale Bedürfnisse versorgen, besonders lukrativ sind. Das Wirtschaftssystem steht Fragen der Legalität (oder gar der Moralität) zunächst einmal gleichgültig gegenüber (es „versteht" sie eigentlich gar nicht), was bekanntlich zu erheblichen Irritationen im Polizei- und Rechtssystem führen kann, die bearbeitet und reguliert werden müssen. Man kann aber nicht wissen, wie dies im einzelnen vonstatten geht. Denken wir nur einmal daran, daß in der Bundesrepublik Deutschland die organisierte Kriminalität bis vor kurzem offiziell nicht zu existieren hatte, inzwischen aber zum inneren Feind Nr. 1 mit einer prognostizierten (!) hohen Wachstumsrate avanciert ist.

Damit wird die Problematik der noch immer weit verbreiteten Vorstellungen von der Steuerbarkeit gesellschaftlicher Prozesse sichtbar. Diese sind auf die Vorhersagbarkeit künftiger Entwicklungen angewiesen und beruhen damit auf kausalen Modellen, einerlei ob probabalistischer oder deterministischer Art, also auf hierarchisch strukturierten Wirklichkeitsarrangements, in denen eine unabhängige Ursache eine davon abhängige Wirkung hervorbringt. Für minder komplexe Gegebenheiten (vor allem des Alltags) erweist sich dies in der Regel als ausreichend, nicht jedoch für komplexe Verhältnisse, also sicherlich nicht für spätmoderne Gesellschaften, die nicht mehr hierarchisch um ein (staatliches) Zentrum herum organisiert sind, sondern sich durch eine polykontexturale Struktur autopoietisch operierender sozialer Systeme auszeichnen. Vor diesem Hintergrund erscheinen kausalistische Steuerungsvorstellungen, von denen auch die frühe Systemtheorie ausging, mehr oder weniger als Steuerungsillusionen. Luhmann (1970) hat dies früh bemerkt und den am Erhalt der gesellschaftlichen Struktur orientierten Parsonsschen Kausalfunktionalismus (Parsons 1976) durch einen problemorientierten Äquivalenzfunktionalismus ersetzt. Danach stehen oder fallen soziale Systeme nicht unbedingt mit spezifischen Leistungen: „Wichtige Beiträge zu ihrer Erhaltung werden durch Leistungen erbracht, die durch andere, funktional äquivalente Leistungen ersetzbar sind. Außerdem kann ein soziales System auf das Ausfallen bisheriger Leistungen durch Änderung seiner Struktur und seiner Bedürfnisse reagieren, die den Fortbestand unter veränderten Bedingungen ermöglicht, ohne daß sich eindeutig feststellen ließe, von wann ab solche Änderungen ein neues System konstituieren. Mit Rücksicht auf derartige Bedenken gegen den Bestandsbegriff sprechen Funktionalisten heute weniger von bestandswirksamen Leistungen als von Problemlösungen" (a.a.O., S. 33; siehe auch Luhmann 1970 a). Es könnte sich also, wenn man bei der Bearbeitung eines sozialen Problems mit den Mitteln des Strafrechts, zumindest mit seinen klassischen Mitteln, nicht weiterkommt, die Frage nach funktionalen Äquivalenten, nach alternativen Formen der Konfliktlösung stellen (ohne daß dies mit einem normativen Zusammenbruch verbunden sein müßte, etwa dergestalt, daß das Rechtssystem außer Kraft gesetzt würde).

Kommen wir nun noch einmal auf die Modernisierungsfrage in den mittel- und osteuropäischen Staaten zurück: Die Zeit nach dem Zusammenbruch der „real-sozialistischen" Systeme wird häufig als „nachholende Modernisierung" bezeichnet, Habermas (1990) sprach gar von einer „nachholenden Revolution". Von vielen wird diese Phase freilich auch als politische, wirtschaftliche und soziale Bevormundung oder gar als Entmündigung („Kolonialisierung") durch den Westen empfunden. Wenn man die Situation in Ostdeutschland betrachtet – die Situation dort ist mir vertrauter –, dann spricht manches sicherlich für die letztere Auffassung. Dabei geht es wohl weniger um den weitgehenden Austausch der Eliten in der Politik, Verwaltung, Justiz oder Wissenschaft. Denn das entsprach politisch der mehrheitlichen Erwartung der ostdeutschen Bevölkerung, wobei die Bürgerrechtler diesbezüglich offenbar noch weit mehr erwartet haben, und war im großen und ganzen auch strukturell unumgänglich. Eigentlich problematisch ist, man könnte es als die strukturellen Geburtsfehler der deutschen Einheit ansehen, daß sich trotz der enormen west-ostdeutschen Transferleistungen von inzwischen über einer Billion D-Mark zum einen kaum Vermögen in ostdeutschen Händen gebildet hat und zum anderen der Anteil an zukunftssicheren Arbeitsplätzen viel zu gering ist. Sicherlich hat dabei die Richtlinie: „Rückgabe vor Entschädigung" eine große Rolle gespielt. Tatsache ist jedenfalls, um nur eine Zahl zu nennen, daß an den Privatisierungsverkäufen der Treuhandanstalt nur 6% Ostdeutsche (gemessen an der Zahl der privatisierten Arbeitsplätze) als Käufer beteiligt gewesen sind (Hettlage und Lenz 1995, S. 248).

Vielen Osteuropäern erscheint die Situation in der ehemaligen DDR verglichen mit anderen Umbruchsländern zu Recht als privilegiert. Man sieht an den genannten Beispielen jedoch, daß eine große Tante im Westen (eine Schwester ist sie ja doch kaum), auch erhebliche Nachteile haben kann, zumal dann, wenn die Tante sich allzusehr auf das Alimentieren verlegt und außerdem noch viele (unversorgte) Kinder hat, die bereit sind, den Nichten und Neffen unter die Arme zu greifen (wenn auch nicht immer mit Begeisterung).

Man darf gleichwohl nicht verkennen, daß Prozesse der nachholenden Modernisierung, hier wird man Zapf (1994, S. 301) wohl zustimmen mögen, einen „Lernvorteil" enthalten. Es besteht mit anderen Worten die Chance, bestimmte Risiken und Fehler, die im Verlauf der Modernisierung westlicher Länder auftraten, wenn schon nicht zu vermeiden, so doch zu minimieren, und man könnte, was noch bedeutsamer wäre, neue, modernere und das heißt vor allem: umweltadäquatere Wege finden und beschreiten. Eine solche Lernperspektive wird unter dem Begriff der „doppelten Modernisierung" auch von „post-realsozialistischen" Theoretikern vorgeschlagen. Danach sollen die Errungenschaft der Demokratie und Marktwirtschaft dazu genützt werden, um gemeinsam mit dem Westen diejenigen Veränderungen der bürgerlichen

Gesellschaften herbeizuführen, die für die Überlebensfähigkeit der Menschheit unverzichtbar seien (Klein 1994). Als Beispiel für gelungene Prozesse der nachholenden Modernisierung könnte man – freilich mit aller bei solchen Vergleichen gebotenen Vorsicht – die Entwicklung oder besser den Aufstieg der Kriegsverlierer (West-) Deutschland und Japan nach dem 2. Weltkrieg nennen[4].

Auf dieser Tagung ist die Frage der nachholenden Modernisierung des öfteren in den Diskussionen über die Rezeption des westlichen Strafrechts angeklungen. Muß das Strafrecht westlicher Länder denn unbedingt übernommen werden, mit all den Problemen, die westliche Kriminologen und Strafrechtswissenschaftler daran seit langem kritisieren: die mangelnden Resozialisierungswirkungen; Konfliktverschärfung statt Konfliktlösung; die Verengung von Lebensperspektiven insbesondere durch den Strafvollzug; Instrumentalisierung für politische Interessen; die Unfähigkeit, makrosoziale Gefahren zu regulieren, usw. Natürlich kann man auch hier aus den Fehlern wie aus den neueren Erkenntnissen mit einer differenzierteren und behutsameren Sanktionspolitik lernen und die eigenen Erfahrungen, zum Beispiel mit den gesellschaftlichen Gerichten, weiterentwickeln. Aber man darf sich wohl auch keine Illusionen darüber machen, daß vierzig Jahre real-sozialistischen Rechts (das heißt, es gab keine unabhängige Justiz und, vor allem, wenn es für Staat und Partei darauf ankam, kein rechtsstaatliches Strafverfahren), nicht ohne weiteres übersprungen werden können. Für osteuropäische Ohren mag sich deshalb die Kritik westlicher Kriminologen und Strafrechtswissenschaftler am westlichen Strafrecht, an der Beschneidung strafprozessualer Rechte, ja überhaupt an der Bestrafung (noch) befremdlich anhören. Denn zum einen möchte man zunächst einmal einen mit westlichen Demokratien vergleichbaren Standard im materiellen und formellen Strafrecht erreichen und zum anderen, so scheint es jedenfalls, ist in den ehemaligen Warschauer Vertragsstaaten der gesellschaftliche Konsens über den konsequenten Einsatz klassischer strafrechtlicher Mittel als Reaktion auf die nach der Wende angestiegene Kriminalität größer als dies derzeit zumindest in westeuropäischen Staaten der Fall ist.

3 Kriminalität als Modernisierungsrisiko

Aus der Diskussion über die Theorien der Modernisierung möchte ich, sozusagen als kriminologische Arbeitshypothese ableiten, daß Kriminalität ein Modernisierungsrisiko darstellt, ebenso wie die Armut, die Massenarbeitslosigkeit oder die Umweltzerstörung. Man kann dem letztlich nicht normativ begegnen, etwa mit Vorstellungen einer kriminalitätsfreien Gesellschaft und entsprechenden Bekämpfungsprogrammen, die zur Zeit vor allem (und nicht zum ersten Mal) den Kriminalitätsdiskurs in den

---

4 Vgl. ausführlicher zu den Theorien der Modernisierung und ihrer kriminologischen Bedeutung, Boers 1995.

Vereinigten Staaten prägen. Entwickeln wir den Gedanken der Ambivalenz oder Reflexivität der Modernisierung einmal anders herum, dann beinhalten dieselben sozialen Kontexte, aus denen heraus sich die Risiken und Gefahren der Modernisierung ergeben, auch deren Entwicklungschancen. Hierin liegt einer der Gründe, warum abweichendes oder delinquentes Verhalten kein Ausdruck mangelnder sozialer Integration sein muß. Daß die Kriminalität sogar sozialintegrative Funktionen hat, ist ja bereits seit Durkheim (1984 [1895], S. 157) bekannt.

In den verschiedenen Prozessen des sozialen Umbruchs läßt sich diese Doppeldeutigkeit der Modernisierung recht gut beobachten: So können die für die Reproduktion des wirtschaftlichen Systems erforderlichen Konsum- und Investitionsanreize nur in eingeschränktem Maße mit (polizeilicher) sozialer Kontrolle einhergehen, womit in zweifacher Hinsicht Gelegenheiten zur Begehung von Eigentums- und Wirtschaftsdelikten geschaffen werden. Oder: Ein freier Warenverkehr kann insbesondere mit Blick auf die osteuropäischen Märkte nicht bei wie ehedem geschlossenen Grenzen erfolgen. Angesichts des Wohlstandsgefälles zwischen den westeuropäischen und osteuropäischen Ländern bringen offene Grenzen aber auch Migrationskriminalität mit sich. Und schließlich können nicht riesige Staatsvermögen aufgelöst und neue Vermögen durch Privatisierung und öffentliche Subventionierung gebildet werden, ohne daß dies mit Korruption, Subventionsbetrug oder auch mit gewaltsamen Verteilungskämpfen einherginge.

Im folgenden sollen nun die Ergebnisse, die hier über die Kriminalitätsentwicklung in den Ländern Mittel- und Osteuropas vorgetragen worden sind, anhand von drei Ebenen des Transformationsprozesses, nämlich des sozialen, des wirtschaftlichen und des politischen Umbruchs, dargestellt werden.

4 Kriminalität und sozialer Umbruch

Vorab ist etwas hervorzuheben, das so nicht unbedingt erwartet werden konnte: die bemerkenswerte Übereinstimmung der (generellen) Kriminalitätsentwicklung in den Umbruchsgesellschaften. Aus fast allen Ländern wurde berichtet, daß die polizeilichen Kriminalitätsraten nach der Wende im Jahre 1989 bis etwa 1992 sprunghaft angestiegen sind, sich dann stabilisiert haben und seit 1994 zum Teil sogar rückläufig sind[5]. Da eine solche Übereinstimmung in den Kriminalitätstrends angesichts der zum Teil großen historischen, wirtschaftlichen, gesellschaftlichen, geografischen und

---

5 Aus den fünf seit 1990 in der ehemaligen DDR durchgeführten Opferbefragungen ist ersichtlich, daß der Kriminalitätsanstieg nach der Wende wahrscheinlich schneller, als es aus den polizeilichen Registrierungen ersichtlich ist, vonstatten gegangen ist: Danach wurde spätestens im Frühjahr 1991 das Kriminalitätsniveau Westdeutschlands erreicht und ist bis 1993 im wesentlichen unverändert geblieben. Zwischen 1993 und 1995 konnten in Ost- und Westdeutschland vor allem bei den Eigentumsdelikten geringfügige Steigerungen beobachtet werden (Boers 1996).

kulturellen Unterschiede zwischen diesen Ländern nicht selbstverständlich ist, mag sich hierin andeuten, welche strukturelle Bedeutung der soziale Umbruch sowie wohl auch die institutionellen Ähnlichkeiten aus der Zeit des realsozialistischen Staatenbündnisses, als das all diesen Ländern Gemeinsame, für die aktuelle Kriminalitätsentwicklung hat.

Hinsichtlich des hier berichteten Ausmaßes der registrierten Kriminalität in den verschiedenen Ländern fällt allerdings auf, daß offenbar nur in der ehemaligen DDR und in Tschechien das Niveau westeuropäischer Länder erreicht wurde (eine Ausnahme bilden die Tötungsdelikte, siehe unten). Da diese Länder unter den Umbruchsgesellschaften ökonomisch und infrastrukturell am weitesten entwickelt sind, könnte man in einem ersten Erklärungsversuch annehmen, daß sich hier vor allem die Modernisierungseffekte des wirtschaftlichen Umbruchs bemerkbar machen.

Wirtschaftlicher Umbruch

Der wirtschaftliche Umbruch korrespondiert vornehmlich mit der Massen- und Bagatellkriminalität sowie mit Erscheinungen der Wirtschaftskriminalität. Mit der Einführung der Marktwirtschaft (in all ihren vor allem für Umbruchszeiten typischen Schattierungen) waren die entscheidenden Bedingungen für die Entwicklung einer modernen Massenkriminalität gegeben: Ein zum Teil enorm erweitertes und von starken Konsumanreizen begleitetes Warenangebot und, zunächst vor allem in Ostdeutschland, eine allgemein konvertierbare Währung. Die damit gegebene strukturelle Steigerung von Tatgelegenheiten erklärt – insbesondere, wenn dies mit einer Erosion der Systeme informeller und formeller sozialer Kontrolle einhergeht – den größten Teil des Anstiegs und Umfangs der sog. Massenkriminalität und damit des gesamten Kriminalitätsaufkommens. Andere, etwa soziale oder persönliche Defizite als Kriminalitätsursachen thematisierende Erklärungsversuche sind demgegenüber nur von geringerer Bedeutung[6].

Eine der für den wirtschaftlichen Umbruch – wenn nicht für den Umbruchsprozeß insgesamt – kennzeichnendsten Formen delinquenten Verhaltens ist die mit der Privatisierung und Abwicklung der ehemaligen volkseigenen Betriebe im Zusammenhang stehende Wirtschaftskriminalität. Auch hier haben allein schon die Gelegenheitsstrukturen (Immobilienwerte, Wechselkursschwankungen, Subventionen und, wiederum vor allem in Ostdeutschland, enorme staatliche Transferleistungen aus dem Westen) den „Pioniergeist" moderner Glücksritter und Spekulanten geweckt, wobei in diesen Fällen die Motivation oder vielleicht zutreffender: die ökonomischen und sozialen Fähigkeiten der Akteure eine größere Rolle als bei der Massenkriminalität

---

6 Damit dürften im Bereich der Massenkriminalität zwei der von Cohen und Felson (1979) in ihrer Gelegenheitstheorie genannten Bedingungen für das Auftreten abweichenden Verhaltens gegeben sein.

spielen dürften. Wissenschaftlich ist dieser Bereich bislang noch kaum untersucht worden. Unsere Kenntnisse beruhen im wesentlichen auf journalistischen Recherchen (z.B. Leyendecker et al. 1992, S. 45 ff; Roth 1995, S. 205) und bekanntgewordenen Strafverfahren[7].

Sozialer Umbruch

Mit dem sozialen Umbruch dürften vornehmlich solche Delikte korrespondieren, bei denen über die wirtschaftlich bedingten Tatgelegenheiten hinaus sozialstrukturelle Dispositionen (im weitesten Sinne) von größerer Bedeutung sind. Im einzelnen geht es um Kriminalitätsformen, mit denen sich die Kriminologie, die Kriminalpolitik, die Polizei und die Massenmedien tradtionell intensiv auseinandersetzen: die Gewalt- und schwere Eigentumskriminalität, des weiteren Drogendelikte und die damit einhergehende Beschaffungskriminalität. Abgesehen von den Drogendelikten sind die polizeilichen Registrierungen auch hier – bei inzwischen eingetretener Stabilisierung – in allen Umbruchsgesellschaften rasch angestiegen, haben aber bislang wiederum lediglich in Ostdeutschland und Tschechien westliches Niveau erreicht. Letzteres gilt freilich nur mit einer bemerkenswerten Ausnahme: Die Registrierungsraten für Tötungsdelikte scheinen in einigen osteuropäischen Ländern erheblich höher als in Westeuropa zu liegen. Eine einleuchtende Erklärung wurde dafür bislang eigentlich nicht gegeben. Man könnte hier natürlich auf zivilisationstheoretische Überlegungen (Elias 1976, S. 312 ff.) zurückgreifen und vermuten, daß der Zivilisationsprozeß in Osteuropa insgesamt noch nicht so weit fortgeschritten sei, um Konflikten mit tödlichem Ausgang im Rahmen eines staatlichen Gewaltmonopols sowie durch die Herausbildung individueller Selbstkontrolle in größerem Umfang vorbeugen zu können[8]. Aber dem würde schon die Tatsache widersprechen, daß auch in westeuropäischen Ländern die Registrierungsraten für Tötungsdelikte in den siebziger und achtziger Jahren nicht unerheblich angestiegen sind, nachdem sie seit der Jahrhundertwende bis in die sechziger Jahre hinein stetig zurückgegangen waren (Eisner 1995, S. 22)[9].

---

7   Ein aus dem Bereich der Treuhandanstalt, die für die Privatisierung des ehemaligen DDR-Vermögens zuständig war, stammender Fall ist zumindest hinsichtlich der Vorgehensweisen für die deutsche Situation nicht ganz untypisch: Im Januar 1996 wurde der aus Westdeutschland stammende ehemalige Treuhand-Direktor in Halle vom Landgericht Stuttgart wegen Bestechlichkeit in sechs Fällen und Untreue rechtskräftig zu fünfeinhalb Jahren Freiheitsstrafe verurteilt. Das Verfahren war auf leichter nachweisbare Fälle beschränkt worden. Der Verurteilte hatte gegen Zahlung von Bestechungsgeldern in Millionenhöhe den Verkauf von Betrieben und Grundstücken zu Gunsten eines westdeutschen Unternehmers beeinflußt. Dieser hatte eine Freiheitsstrafe von fünfeinviertel Jahren erhalten (Stuttgarter Zeitung v. 24.1.1996).
8   Insoweit kann die Zivilisationstheorie als eine Variante der Modernisierungstheorien betrachtet werden.
9   Eisners Beobachtungen lagen die polizeilichen Registrierungsraten für Tötungsdelikte aus England und Wales, Schweden, Niederlande, Frankreich, Belgien, der Schweiz und Italien zugrunde.

Gewaltdelikte kommen (außer in Kriegs- und extremen Krisenzeiten, in denen sie freilich auch „heroische" Umdefinitionen erfahren) bekanntlich nur selten vor: So berichteten 1995 in Ostdeutschland nur je rund 2 % der Befragten, Opfer eines Wohnungseinbruchs, einer Körperverletzung (in der Mehrzahl ohne Waffen) oder eines Raubes (einschl. Entreißen von Handtaschen) geworden zu sein. Weniger als 1 % der befragten Frauen waren Opfer einer sexuellen Nötigung oder Vergewaltigung geworden[10]. Und in der bundesdeutschen polizeilichen Kriminalstatistik machten beispielsweise in den 90er Jahren Gewaltdelikte etwa 2,5 % aller registrierten Straftaten aus (für quantitative kriminologische Untersuchungen – aber nicht nur für diese – ist deshalb mitunter „no crime the worst crime").

Diese Delikte können freilich mit größeren finanziellen Verlusten sowie schweren Eingriffen in die körperliche und psychische Integrität der Opfer einhergehen. Dies ist ein Grund, warum sie im kriminalpolitischen Diskurs sowie für das Sicherheitsempfinden der Bevölkerung von großer Bedeutung sind. Solche Delikte offenbaren aber auch eine problematische Lebenssituation der Täter, die bekanntlich nicht selten mit Opfererfahrungen einhergeht („Täter-Opfer-Symbiose").

Angesichts der offenbaren Risiken des sozialen Umbruchs wird in der öffentlichen wie auch wissenschaftlichen Kriminalitätsdiskussion zunehmend auf jene „Kriminalitätsursachen" verwiesen, die im Zentrum der klassischen soziologischen Kriminalitätstheorien stehen (z.B. Anomietheorie, Theorie sozialer Desorganisation): die soziale und ökonomische Benachteiligung der Täter. Betrachtet man die noch immer wachsende Arbeitslosigkeit, die steigende Zahl von Sozialhilfeempfängern und Armen, vor allem unter alleinerziehenden Frauen, Kindern und Jugendlichen sowie die vorerst wohl bleibenden ökonomischen Strukturschwächen im Osten[11], dann sind Annahmen über eine neue Armutskriminalität naheliegend (vgl. Frehsee 1995, S. 270 ff.; Schüler-Springorum 1995, S. 178 ff.; Pfeiffer und Ohlemacher 1995). Empirische Nachforschungen deuten freilich darauf hin, daß diesbezügliche theoretische Überlegungen wegen der vielschichtigen Ausdifferenzierungsprozesse moderner Gesellschaften komplex „gebaut" sein müssen und bivariate Kausalitätsmodelle („Armut oder Arbeitslosigkeit führt zur Kriminalität") nicht ausreichend sind. Denn

---

10 Im Osten lagen die Gesamtkriminalität sowie die Raten für schweren Diebstahl (dazu zählen vor allem der Fahrraddiebstahl und Autoaufbruch) und für Raub 1993 und 1994 etwas höher, die übrige Gewaltkriminalität aber niedriger als im Westen.

11 Neben der bereits erwähnten Tatsache, daß Ostdeutsche bislang kaum eigenes Vermögen bilden konnten, werden die Probleme auch darin sichtbar, daß rd. 50 % der Transferleistungen konsumtiv verwendet werden (Fürstenberg 1995, S. 112), oder daß die Produktivität bei sich angleichenden Löhnen im Osten im Osten immer erheblich geringer als im Westen ist. Nimmt man hinzu, daß es zu einem weiteren strukturellen Arbeitsplatzabbau kommen wird, McKinsey rechnete zu Jahresbeginn in ganz Deutschland mit einem weiteren Rückgang von 3 Mio. Arbeitstellen (DIE WELT v. 5.2.1996), dann gibt die von „Prognos" im Jahre 1993 veröffentlichte Vorhersage, daß der Angleichungsprozeß zwischen Ost- und Westdeutschland bis ins nächste Jahrzehnt hinein – bei weiterhin hohen Belastungen des Sozialsystems und Arbeitsmarktes – fortdauern wird, bislang noch keinen Anlaß zur Korrektur.

nach den Ergebnissen von zahlreichen Untersuchungen – vorzugsweise mit im Längsschnitt erhobenen Individualdaten[12] – konnten bislang allenfalls nur schwache Zusammenhänge zwischen Unterschichtzugehörigkeit, Armut oder Arbeitslosigkeit und der Kriminalität beobachtet werden (vgl. Tittle und Meier 1990, Albrecht und Howe 1992).

Nicht zuletzt deshalb (und im übrigen nach Jahren der Theorielosigkeit bzw. Persönlichkeitsorientierung in der longitudinalen Delinquenzforschung, vgl. Farrington 1994) ist in der kriminologischen Forschung seit einiger Zeit ein stärkeres Bemühen um Differenzierung bei gleichzeitiger Rückbesinnung auf originär soziologisches Denken festzustellen (sog. „neue Ätiologie", vgl. Hagan und Peterson 1995). Dabei finden zunehmend neuere Theorien der sozialstrukturellen Differenzierung, insbesondere die bereits erwähnten Milieutheorien Beachtung (Hagan 1994; mit Blick auf den sozialen Umbruch: Gutsche 1994; sehr instruktiv der Vorschlag zu einer „Kritischen Ätiologie" bei Karstedt 1996, S. 55 ff.). Hierauf beruhende Untersuchungen haben z.B. ergeben, daß rund ein Fünftel der ostdeutschen Bevölkerung zu sozialen Milieus meist jüngerer Leute mit einfachen Berufen und niedrigen Einkommen sowie einem hohen Anteil von Ausbildungsabbrechern und Arbeitslosen gehört. Angehörige dieser Milieus verdrängen die Zukunft, haben vielfältige, aber unerfüllte Konsumwünsche und werden als Verlierer des sozialen Umbruchs bezeichnet (Becker et al. 1992, S. 84, 98 ff.). Nach einer von Heitmeyer et al. (1995, S. 206 ff., 234) in Ost- und Westdeutschland durchgeführten Befragung gehörten 1993 zwei Fünftel der 15-22jährigen Ostdeutschen[13] zu traditionslosen bzw. hedonistischen Arbeiter- oder subkulturellen Milieus, deren Mitglieder häufiger als andere die Begehung von Gewalttaten berichteten.

Vor diesem Hintergrund wird man hinsichtlich der vor allem mit dem sozialen Umbruch im Zusammenhang stehenden und bekanntlich nicht von jedermann begangenen schwereren Delikte im Sinne einer Arbeitshypothese soviel festhalten können, daß Armut und soziale Marginalisierung kaum als solche, sondern allenfalls im Rahmen eines komplexeren Gesamtzusammenhangs, der die Erosion weiterer sozialer, beruflicher, familiärer und personaler Ressourcen einschließt, eine Wirkung zu entfalten vermögen. Junge Menschen, die von solchen Defiziten betroffen sind, können dann wahrscheinlicher als andere Altersgenossen einem subkulturellen Bewältigungs- und Überlebensstil folgen, der zumindest vorübergehend auch delinquentes Verhalten umfaßt und sich spätestens mit einer wiederholten strafrechtlichen Verfolgung und

---

12 Man wird sich hier wegen der Gefahr eines „ökologischen Fehlschlusses" weniger auf regionale Aggregatuntersuchungen stützen können, bei denen also meist aus amtlichen Statistiken zusammengefaßte Raten miteinander verglichen werden (vgl. Hale und Sabbagh 1991; optimistischer wohl Ohlemacher 1995).

13 Dieser Anteil mag deshalb etwas zu hoch sein, weil Heitmeyer et al. (1995) das für die Gesamtbevölkerung, also auch für Erwachsene, von SINUS entwickelte Instrument zur Erhebung sozialer Milieus ohne entsprechende Modifikation für eine nur aus Jugendlichen und jungen Erwachsenen bestehende Stichprobe verwendet haben.

der damit einhergehenden Beschränkung legaler Gratifikationschancen zu einer sogenannten „kriminellen Karriere" verdichten kann. Aber eben nur „kann", denn Komplexität bedeutet – allein schon wegen der situativen Zufälligkeit, aus der heraus sich viele Straftaten ergeben – vor allem, daß immer auch andere Möglichkeiten zur Situations- und Lebensbewältigung sowie zur Definition von Verhaltensweisen gegeben sind. Schwerere Delinquenz ist mit anderen Worten recht unwahrscheinlich. In methodischer Hinsicht geht es bei diesen Überlegungen also nicht darum, die (kausale) Erklärungskraft eines oder mehrerer singulärer Ereignisse für die Veränderung eines anderen als abhängig gedachten singulären Ereignisses nachzuweisen, sondern vielmehr um die komplexe Struktur der vielfältigen Beziehungen, die zwischen den theoretisch als relevant erachteten Faktoren besteht[14]. Und da es sich hierbei zudem um Prozesse handelt, die unter hohem zeitlichen Druck ablaufen, müßte man dies auf längere Sicht beobachten können. Leider ist bislang keine als (quantitative oder qualitative) Panelbefragung angelegte kriminologische Umbruchsforschung durchgeführt worden. Sicherlich wurden damit einige Möglichkeiten vergeben, um einen genaueren Einblick in die strukturelle Dynamik abweichenden Verhaltens und seiner sozialen Konstruktion in modernen Gesellschaft zu gewinnen.

Politischer Umbruch

Im Bereich des politischen Umbruchs sind zunächst Phänomene von Bedeutung, die im Zusammenhang mit dem nach der Wende erstarkten Nationalismus und Rechtsextremismus stehen. Unter anderem aufgrund einiger spektakulärer Einzelfälle verbreitete sich anfangs im Westen der Eindruck, es handele sich um ein „Ostproblem": Nach dem Niedergang der realsozialistischen Ideologie werde eben versucht, in der Nation eine neue soziale Identität zu finden. Nicht immer ohne hämischen Verweis auf die kognitive Zurückgebliebenheit des Ostens wurde gelegentlich auch ein „Umschwenken von einem autoritären Extrem ins andere" angemerkt. Nun wußte man angesichts des auch schon vor der Wende erstarkten Einflusses nationalistischer Parteien und rechtsextremer Gruppierungen in den westeuropäischen Ländern (man denke nur an die Bedeutung der Front National in Frankreich oder an den spektakulären Einzug der Republikaner in das Berliner Abgeordnetenhaus im Jahre 1989), daß

---

14 Empirisch könnte man sich dem mit symmetrischen Analysemodellen – natürlich auch mit qualitativen Erhebungen – annähern; d.h. die theoretisch als bedeutsam erachteten Dimensionen (wie z.B. soziale Struktur, normative Orientierungen, Verhalten, Interventionen durch Systeme sozialer Kontrolle) müssen gleichwertig und nicht als voneinander abhängig (asymmetrische Modellierung) in die Untersuchung eingehen. Demgegenüber können asymmetrische Modelle, zum Beispiel in kriminologischen Untersuchungen, zu einer vorzeitigen, die Komplexität der Interpretation einschränkenden Konzentration auf delinquentes Verhalten als sog. „abhängiger Variable" führen. – Erste Versuche, solche symmetrischen Modelle anhand von 1993 in Ostdeutschland erhobenen Befragungsdaten mit multiplen Korrespondenzanalysen zu berechnen, werden in Boers (1995) vorgestellt.

dies nicht zutraf. In Deutschland, wo der Osten und der Westen wie in keinem anderen europäischen Land aufeinandertreffen, konnte man gut beobachten, daß mit Blick auf den Nationalismus und Rechtsextremismus die ost- und die westeuropäischen Gesellschaften, bei allen sonst bestehenden Unterschieden, von Beginn der Wende an eine gemeinsame Entwicklung durchlaufen. Mit Hoyerswerda kam Mölln und mit Rostock-Lichtenhagen brannte es in Solingen. Daß es sich um ein gesamtdeutsches Phänomen, um ein Ost-West-Phänomen handelt, zeigt sich auch in rechtsextremen Einstellungssyndromen.

Denn im Hinblick auf ausländerfeindliche, ethnozentrische, nationalistische, antisemitische, autoritäre oder nationalistische Orientierungen bestanden in den letzten Jahren keine wesentlichen Unterschiede zwischen West- und Ostdeutschen. Im einzelnen wurden diesbezügliche Statements in zwischen 1991 und 1995 durchgeführten repräsentativen Bevölkerungsbefragungen von einem Viertel bis zur Hälfte der Probanden bejaht (Boers 1996), also von weit mehr Bürgern, als es für eine demokratische Gesellschaft gut ist. Gleichzeitig gab und gibt es aber eine deutliche Bevölkerungsmehrheit, die (dezidiert) gegen den militanten Rechtsextremismus eingestellt ist, so daß man insoweit den Eindruck einer Polarisierung in den politischen Einstellungen gewinnen kann (siehe, auch im europäischen Vergleich, Wiegand 1992, S. 16). Dies zeigte sich nicht nur in den Lichterketten, an denen sich nach den Anschlägen von Rostock und Mölln Millionen von Menschen beteiligten, sondern unter anderem auch darin, daß seit 1991 im Westen, wie wiederum gleichermaßen im Osten, die Bevölkerung im Vergleich mit anderen politischen, sozialen und wirtschaftlichen Problemen vor allem über den Rechtsextremismus beunruhigt ist (bis zu 90 % der Befragten; im übrigen rund die Hälfte mehr als beim Linksradikalismus).

Es mag sein, daß es auch deshalb um den Rechtsextremismus inzwischen etwas ruhiger geworden ist. Die Zahl der offiziell registrierten rechtsextremistischen Gewalttaten ist jedenfalls in Deutschland, nachdem 1992 mit 2.639 Fällen die Welt aufgeschreckt worden war, in den Jahren 1993 (2.232) und 1994 (1.489) zurückgegangen (zum Vergleich: in Westdeutschland wurden 1985: 120 und 1990: 309 Gewalttaten bekannt). 1992 und 1993 waren 24 Menschen von Neonazis getötet worden, 1994 wurden 10 versuchte, aber keine vollendeten Tötungsdelikte registriert (Bundesministerium des Innern 1995 S. 81 ff.)[15].

Rund drei Viertel der Tatverdächtigen rechtsextremistischer Straftaten sind Jugendliche oder Heranwachsende. Zumindest mit Blick auf die Akteure handelt es sich also um ein Jugendphänomen. Die zur Zeit am weitesten verbreitete Erklärung sieht in den jugendlichen Rechtsextremisten in erster Linie Verlierer der gesellschaftlichen Modernisierung (Individualisierungs- und Desintegrationstheorem, Heitmeyer 1994,

---

15 Unter Gewalttaten werden vom deutschen Verfassungsschutz Tötungsdelikte, Sprengstoff- und Brandanschläge, Landfriedensbruch, Körperverletzungen sowie Sachbeschädigungen mit erheblicher Gewaltanwendung zusammengefaßt. – Die Zahlen für die Getöteten wurden zusätzlich den Verfassungsschutzberichten für 1992 und 1993 entnommen.

S. 132 ff.) und kommen, zumindest in Westdeutschland, auch aus aufstiegsorientierten sozialen Milieus (Heitmeyer et al. 1995, S. 217 ff.; vgl. Hagan et al. 1995, S. 1048 f.; Schüler-Springorum 1995)[16].

Ein weiterer kriminologisch relevanter Aspekt des politischen Umbruchs ist die Vergangenheitsbewältigung mit Hilfe des Strafrechts, also die strafrechtliche Aufarbeitung und Verfolgung der Kriminalität der ehemals Mächtigen. Allem Anschein nach gibt es hier ganz erhebliche Unterschiede zwischen den verschiedenen Umbruchsgesellschaften. In Deutschland und Polen hat diese Frage einen weit größeren Stellenwert als in den anderen Ländern. In Polen mag das damit zusammenhängen, daß sich durch den langen Kampf der Solidarnoc und der Oppositionsbewegung, der ja schon in den frühen achtziger Jahren sehr erfolgreich war, ein anderes Bewußtsein über den Umgang mit den alten Eliten herausgebildet hat. Entscheidend dafür, daß diese Frage in den anderen osteuropäischen Ländern keine solche Rolle spielt, auch in der ehemaligen DDR nicht mehr, ist wohl der Primat des Ökonomischen über das Politische. Die ökonomischen und sozialen Probleme sind in diesen Ländern so gravierend und deren Lösung so ungewiß, daß man sich weder politisch noch durch die Inanspruchnahme strafrechtlicher Ressourcen allzusehr mit der Vergangenheitsbewältigung belasten könnte oder möchte. Auch ganz pragmatische Dinge werden eine Rolle spielen. Denn angesichts einer dünnen Personaldecke für leitende Positionen wird es auch nicht immer eine personelle Alternative für die vergangenheitsbewältigende Entlassung ehemaliger Funktionäre geben (die anderen Umbruchsgesellschaften haben – wie gesagt – keine große Tante mit vielen Nichten und Neffen). Wenn man so will, dann kann man hier eine Parallele zur Situation in Westdeutschland – vielleicht in ganz Deutschland – nach 1945 sehen. Auch für Deutschland gab es damals kein anderes Land, das die Lösung der ökonomischen und sozialen Probleme sozusagen „übernommen" hätte (mit den für den Wiederaufbau in der Bundesrepublik zentralen Mitteln des Marshall-Plans war eine alimentierende „Übernahme" weder möglich noch beabsichtigt gewesen). Neben der Angst vor der Verantwortung für die ungeheuerlichen Verbrechen der Nazizeit lag in der Notwendigkeit des Wiederaufbaus sicherlich ein struktureller Hauptgrund, warum man sich mit der Nazivergangenheit nicht auseinandergesetzt, sondern diese zu verdrängen versucht hat – mit all den Folgen, die das zwanzig Jahre später haben sollte. Auch in diesem Zusammenhang wird deutlich, warum Ostdeutschland kein typisches Umbruchsland ist. Mit den enormen westdeutschen Transferleistungen konnte bislang ein großer Teil der ökonomischen und sozialen Probleme in den neuen Bundesländern aufgefangen werden. Die alte Bundesrepublik hatte sich mit anderen Worten insbesondere in den achtziger Jahren so wohlhabend und sozial homogen entwickelt, daß sie sich den „Luxus" einer

---

16 Das SINUS-Institut (1981, S. 78) hatte bereits zu Beginn der 80er Jahre aufgrund einer im Auftrag des Bundeskanzleramtes durchgeführten Befragung von 6.968 Westdeutschen festgestellt, daß 13 % der Wahlbevölkerung zum rechtsextremen Einstellungspotential gehören. – Vgl. zum Extremismus der Mitte und seiner historischen Dimension, Kraushaar (1994).

vornehmlich politischen Auseinandersetzung mit der DDR-Vergangenheit leisten konnte. Die Bundesregierung lehnt jedenfalls eine Amnestie oder eine „Politik des Schlußstrichs" – nach wie vor mit Unterstützung vieler DDR-Bürgerrechtler – weiterhin ab.

Organisierte Kriminalität

Bislang habe ich ein Problem nicht behandelt, das auf dieser Tagung von einiger Bedeutung war: die organisierte Kriminalität. Die vielfältigen unter diesem Begriff diskutierten Phänomene sind auf allen Ebenen des Transformationsprozesses von Bedeutung: im Bereich des wirtschaftlichen Umbruchs zum Beispiel die Korruption, der Subventionsbetrug, der Drogen-, illegale Waffen-, Währungs-, Auto- und Zigarettenhandel, die illegale Müllentsorgung oder die Geldwäsche; im Zusammenhang mit dem sozialen Umbruch die klassische Milieukriminalität wie Schutzgelderpressung oder Prostitution. Und natürlich wird die politische Dimension des Phänomens sichtbar. Denn ohne gute Beziehungen zur alten und neuen Nomenklatur oder ohne deren Beteiligung könnten viele der illegalen und halblegalen Geschäfte nicht abgewickelt werden.

Aus vielen Beiträgen wurde deutlich, daß es sich bei der „organisierten Kriminalität" in erster Linie um ein ökonomisches und soziales Phänomen handelt (vgl. Beste 1995), und wir es erst in zweiter Linie mit einem rechtlichen oder kriminalistischen Problem zu tun haben. Es geht demnach vor allem um den Aufbau und die Versorgung illegaler und deshalb sehr lukrativer Märkte (Raith 1995). Das heißt dann aber auch: Ohne illegalisierte Bedürfnisse und ohne illegale Nachfrage keine organisierte Kriminalität.

So zugespitzt formuliert ist dies vor allem für die jüngeren und international vernetzten Entwicklungen zutreffend. Die – wenn man dies so sagen darf – klassischen Aktivitäten, wie sie vor allem am Beispiel der sizilianischen Mafia geschildert werden, bezogen (und beziehen) sich vornehmlich auf die Kontrolle eines lokalen Gebietes im Wege der Schutzgelderpressung und gewaltsamen Einschüchterung. Dadurch werden zunächst einmal nicht (bereits vorhandene oder neu erzeugte) illegalisierte Bedürfnisse bedient, sondern legale Märkte sowie soziale und politische Kommunikationsstrukturen monopolisiert. Diese klassischen Formen – dies ist meine These – können vor allem im Zusammenhang mit Modernisierungsrückständen beobachtet werden, also dort, wo aufgrund von wirtschaftlicher Unterentwicklung, Armut sowie einer instabilen staatlichen Leistungs- und Eingriffsverwaltung ein infrastrukturelles Vakuum ensteht, das mafiose Organisationen nutzen können (vgl. Hess 1970; 1994). Insofern weist der Begriff „organisierte Kriminalität" auch auf ein soziales Problem hin. Denn gesellschaftliche Integration basiert hier nicht auf einer Marktwirtschaft und einem demokratischen Sozialstaat mit staatlichem Macht- und Gewaltmonopol, sondern auf Unterwerfung unter mafiose Feudalstrukturen, die in der Folge Vergünstigungen in Form von Arbeitsplätzen, unternehmerischen Gelegenheiten und auch sozialer Absicherung gewähren. Vor diesem Hintergrund könnte die analytische Frage lauten: Welche (kurz- und mittelfristigen) gesellschaftlichen Konsequenzen hätte es, wenn die Mafia ihre Aktivitäten einstellen müßte? (Wenn dem nicht so wäre, handelte es sich nicht um mafiose Strukturen, sondern um Phänomene, die früher häufiger mit „Berufsverbrechertum" bezeichnet wurden). Dies dürfte heute – soweit wir den Berichten trauen können – nicht nur für Sizilien und Süditalien, sondern neben lateinamerikanischen und südostasiatischen auch für ehemals sowjetische und osteuropäische Regionen mehr oder weniger zutreffen (Raith 1994).

In den osteuropäischen Ländern ist die ökonomische Dimension der organisierten Kriminalität nach der Wende vor allem dadurch gekennzeichnet, daß infolge der vormaligen staatlichen Planwirtschaft kaum private Kapitalien existierten, um auf nationalen und internationalen Märkten tätig werden zu können. Der Zusammenbruch der staatlichen und wirtschaftlichen Institutionen bot allerdings günstige Gelegenheiten, um zunächst in Form der beschriebenen klassisch-mafiosen Aktivitäten, sodann aber auch durch Teilnahme an illegalen und schließlich legalen Märkten erste (und insbesondere auch kurzfristig) private Kapitalien bilden zu können. Wir beobachten in Osteuropa mit anderen Worten – dies wäre eine weitere These – Prozesse der ursprünglichen Kapitalakkumulation, vergleichbar denen, wie sie Marx (1975 [1867], S. 741 ff.) für den Wandel vom Feudaleigentum in kapitalistisches Privateigentum beschrieben hat. Die Bedeutung illegaler und gewaltsamer Aktivitäten für die Akkumulation privater Kapitalien sind historisch an Beispielen wie dem Bauernlegen nach Aufhebung der Leibeigenschaft, der Usurpation von Gemeindeeigentum, der Enteignung von Kircheneigentum im Zuge der Reformation oder dem Kolonialismus ebenso gut belegt wie die Geburtshelferfunktion der amerikanischen Alkoholprohibition für die Entstehung großer Familienkapitalien – und für die Herausbildung der organisierten Kriminalität in den Vereinigten Staaten.

So betrachtet sind die unter dem Begriff der „Organisierten Kriminalität" diskutierten Phänomene für die kriminologische Umbruchsforschung deshalb von großer Bedeutung, weil sie eine Schnittstelle von ökonomischen, sozialen und politischen Umbruchsprozessen markieren. Wenn es überhaupt so etwas wie eine „typische Umbruchskriminalität" gibt, dann wird sie am ehesten hier zu finden sein. Und man begegnet hier erneut einer zwar schon älteren, aber immer wieder aktuellen Fragestellung: Welche Bedeutung haben Definitionen von Kriminalität sowie die Gestaltung der sozialen Kontrolle für die Konzeption, die Integration und Desintegration einer Gesellschaft, welchen Wandel durchlaufen sie und unter welchen strukturellen Bedingungen werden welche funktionalen Äquivalente herausgebildet?

Um solchen Fragen nachgehen zu können, dürfte es wohl nicht ausreichen, sich dem Problem allein (ent-)definitorisch anzunähern, also etwa festzustellen: Die „Organisierte Kriminalität" sei wie alle Kriminalität das Ergebnis von Definitionsprozessen, tatsächlich mag es sie geben oder nicht geben, ihre Dramatisierung habe aber vor allem die Funktion, politische und polizeiliche Machtansprüche durchzusetzen. Denn man wird auch für eine genauere Analyse solcher Instrumentalisierungsprozesse ein differenzierteres Bild der vielfältig beobachteten Einzelphänomene gewinnen müssen. Wenn man aber davon ausgeht, daß an der Menge der übereinstimmenden Berichte, die Betroffene, Justiz, Polizei und Journalisten uns präsentieren, „irgend etwas dran ist" (Kerner 1995), dann besteht allerdings eines der größten Probleme mit der „Organisierten Kriminalität" darin, daß wir sehr wenig systematisch und das heißt vor allem: wissenschaftlich über sie wissen. Solche Phänomene sind aus Gründen, die nicht weiter erläutert werden müssen, im Rahmen von quantitativen Dunkelfeldbefragungen nur sehr schwer zugänglich. Und die Polizei berichtet hier lediglich über sogenannte „Holkriminalität", also im wesentlichen über das Ergebnis von (auch taktisch und politisch) bedingten Verfolgungsschwerpunkten. Es kommt hinzu, daß bislang kein Überblick für einen längeren Zeitraum existiert. Man redet also von einer „Zunahme der organisierten Kriminalität", ohne über die dafür erforderlichen Längsschnittdaten zu verfügen.

Angesichts dieses vagen und ungenauen Kenntnisstandes wird man die bereits erwähnte rechtliche und polizeiliche Seite des Problems, insbesondere vor dem Hintergrund der nicht zu übersehenden politischen Instrumentalisierungsversuche, weit kritischer betrachten müssen. So stellten wir bereits fest, daß in Westdeutschland – in realsozialistischen Zeiten wird dies nicht anders gewesen sein – die organisierte Kriminalität (wie im übrigen auch die Korruption) bis in die achtziger Jahre hinein offiziell nicht als gravierendes Problem galt. Mit dem Ende der achtziger Jahre wurde sie dann allerdings zum innen- und rechtspolitischen Hauptthema, obgleich man nicht genau wissen kann, ob auf diesem Gebiet nicht auch in den insoweit vermeintlich sichereren siebziger und achtziger Jahren – der Endzeit des kalten Krieges, der Hochzeit des politischen Terrorismus, steigenden Drogenkonsums und wirtschaftlichen Aufschwungs – ähnliches geschah. Aber erst jetzt nach dem Wegfall der alten Feindbilder, nach der strategischen Niederlage sozialistischer Ideologien, erhalten deutsche Geheimdienste Überwachungsbefugnisse im Bereich des regulären Strafrechts, wird die elektronische Wohnraumüberwachung strafrechtlich zulässig – zur Bekämpfung der organisierten Kriminalität. Dabei dürfte gerade die organisierte Kriminalität nicht von heute auf morgen entstanden sein, bedarf es hierzu doch vor allem einer Struktur vertraulicher Netzwerke und Beziehungen, die nur über einen längeren Zeitraum aufgebaut werden können. Sicherlich müssen die Sicherheitsbehörden angesichts der neuen und unübersichtlicheren Lage nach neuen Arbeitsfeldern (und institutioneller Legitimation) suchen. Es steht wohl auch außer Frage, daß durch den Zusammenbruch in den ehemals realsozialistischen Staaten, durch die Auswirkungen des Krieges im ehemaligen Jugoslawien, die offenen Grenzen, das Wohlstandsgefälle zwischen den west-, mittel- und osteuropäischen Staaten neue und günstige strukturelle Bedingungen für organisierte kriminelle Aktivitäten entstanden sind. Gleichzeitig könnte man aber die im Konzept zur „Bekämpfung der organisierten Kriminalität" eingebundenen neuen Überwachungsmittel und Strategien der „proaktiven Gefahrenabwehr" auch als eine Sequenz in einer längerfristigen Umorientierung der polizeilichen und strafrechtlichen Kontrollstrategien betrachten. Demnach wäre die Terrorismusbekämpfung mit einer Informationalisierung der sozialen Kontrolle einhergegangen, während die Bekämpfung der organisierten Kriminalität mit einer Vergeheimdienstlichung sowie – in einem mit dem Schengener Abkommen und dem Aufbau von Europol bereits begonnenen nächsten Schritt – mit einer Internationalisierung korrespondiert. In dieser Entwicklung sind Tendenzen zu einer „Verpolizeilichung" des Strafrechts nicht mehr zu übersehen, das heißt, daß sich insbesondere das Strafverfahrensrecht den Erfordernissen der polizeilichen Kontrolle häufig nur noch anpassen kann. Wenn soziale Kontrolle aber legitim sein soll, wenn insbesondere die Polizei als demokratisch legitimiertes Organ des staatlichen Gewaltmonopols tätig sein will, dann bedarf sie der kritischen rechtlichen Kontrolle durch unabhängige Institutionen. Man kann durchaus den Eindruck gewinnen, daß hier bereits einiges aus dem Lot geraten ist (gerade auch wenn man im Einzelfall akzeptiert, warum die Polizei die neuen Überwachungsmittel einsetzen möchte). Schließlich fällt auf, daß Möglichkeiten der ökonomischen, politischen und sozialen Bearbeitung der „organisierten Kriminalität" mehr oder weniger unberücksichtigt bleiben. Das ist insofern verständlich, als diese Bereiche institutionell nur schwer zugänglich sind. Gleichwohl wird eine vornehmlich polizeiliche und strafrechtliche Bearbeitung zu einem nicht unerheblichen Teil im Symbolischen verbleiben. Und das könnte sich, sollte die Bedrohung durch die organisierte Kriminalität denn nun doch „wirklich" sein, allerdings als gefährlich erweisen.

5 Kriminalitätsfurcht

In vielen Beiträgen dieser Tagung wurde auf die Kriminalitätsfurcht eingegangen, da sie seit der Wende in allen Umbruchsgesellschaften offenbar stark zugenommen hat und in der öffentlichen und politischen Diskussion eine große Rolle spielt. Dies trifft auch für Ostdeutschland zu, wo die Kriminalitätsfurcht zeitweise – bei im wesentlichen gleichen Opferraten – doppelt so hoch wie im Westen war. Zwischen 1991 und 1993 ist sie landesweit allerdings nicht weiter angestiegen und im Sommer 1995 in Richtung auf das Westniveau zurückgegangen. 1991 war die Zunahme vor allem in den ostdeutschen Metropolen Ostberlin, Leipzig und Dresden zu beobachten. Seitdem haben sich aber je nach Gemeindegröße interessante Unterschiede in der zeitlichen Entwicklung ergeben, die einem „Verzögerungseffekt" zu folgen scheinen: Während im Sommer 1993 das Unsicherheitsgefühl in den ostdeutschen Metropolen leicht zurückgegangen ist, hat es in kleineren Großstädten mit bis zu 500.000 Einwohnern zum Teil erheblich zugenommen. Die Furchtraten sind inzwischen auch hier zurückgegangen, haben jedoch in kleineren Städten und Gemeinden mit 20.000 bis 50.000 Einwohnern erst 1995 die höchsten Werte erreicht.

In begrifflicher Hinsicht ist die „Kriminalitätsfurcht" zunächst nur eine von mehreren Kriminalitätseinstellungskomponenten. Es erscheint sinnvoll, zwischen sozialen und personalen Kriminalitätseinstellungen zu unterscheiden (Boers 1993, S. 74 f.). Wer zum Beispiel im Rahmen eines häufig in Meinungsumfragen verwendeten Rangvergleichs verschiedener sozialer Probleme die „Kriminalität" als gravierendes Problem für „Staat und Gesellschaft" bezeichnet oder härtere Strafen fordert, weil er, etwa einem konservativen Weltbild folgend, grundsätzlich der Auffassung ist, daß zu einem funktionstüchtigen Staat eine konsequente Strafrechtspflege gehört (soziale Kriminalitätseinstellungen), fühlt sich nicht notwendigerweise auch selbst verunsichert oder bedroht (personale Kriminalitätseinstellungen).

„Kriminalitätsfurcht" bezeichnet demnach eine emotionale Reaktion gegenüber solchen delinquenten Verhaltensweisen, die als persönliche Bedrohung empfunden werden. Zu den personalen Einstellungen zählen des weiteren kognitive Komponenten wie vor allem die persönliche Risikoeinschätzung („Für wie wahrscheinlich halten Sie es, daß Sie tatsächlich Opfer einer Straftat werden") und Verhaltensreaktionen wie das Vermeide- und Schutzverhalten. Die Kriminalitätsfurcht wird gemeinhin als das Unsicherheitsgefühl erhoben, das man empfindet, wenn man sich allein im Dunkeln in den Straßen des eigenen Wohnviertels aufhält. Da bei dieser Fragestellung Delikte oder Gefahrsituationen nicht näher benannt werden, handelt es sich um ein unspezifisches Bedrohungsgefühl gegenüber kriminalitätsrelevanten Gefahren (allgemeine Kriminalitätsfurcht). Es ist deshalb sinnvoll, nach bestimmten Delikten, zumindest nach Gewalt- und Sexualdelikten sowie Wohnungseinbruch, zu differenzieren (spezifische Kriminalitätsfurcht).

Der Sinn solcher Unterscheidungen zeigt sich unter anderem darin, daß die ausschließliche Berücksichtigung der allgemeinen Kriminalitätsfurcht bei Bevölkerungsgruppen, die ein höheres Furchtniveau haben (z.B. Ostdeutsche, Frauen), zu einer nicht unerheblichen Überschätzung der Kriminalitätsfurcht führen kann. So waren in den ostdeutschen Metropolen oder bei ostdeutschen Großstädterinnen die Raten für die allgemeine Kriminalitätsfurcht (25 % bzw. 43 % „sehr unsicher") bis zu zweimal höher als die verschiedenen Formen der spezifischen Kriminalitätsfurcht. Bei der persönlichen Risikoeinschätzung hielten es hingegen in der Regel kaum ein Zehntel der befragten Männer oder Frauen für „sehr wahrscheinlich", daß sie auch tatsächlich Opfer eines Gewalt- bzw. Sexualdeliktes werden könnten.

Hinsichtlich der Interpretation des Furchtanstiegs in den Umbruchsgesellschaften haben viele Kolleginnen und Kollegen Erklärungen angeboten, die auffallend mit dem übereinstimmen, was seit den sechziger und siebziger Jahren in den USA, in Westeuropa und in Deutschland diskutiert wird. Es handelt sich im wesentlichen um drei Erklärungsperspektiven, die die Ebenen sozialwissenschaftlichen Reflektierens widerspiegeln: auf der personalen Ebene die sogenannte Viktimisierungsperspektive, wonach die Kriminalitätsfurcht vor allem durch gravierende persönliche Opfererfahrungen hervorgerufen werde und größere Strafbedürfnisse zur Folge habe; auf der gesellschaftlichen Mesoebene die Soziale-Kontroll-Perspektive, wonach die Ursachen der Kriminalitätsfurcht im Verlust der informellen Kontrolle durch Prozesse der sozialen Desorganisation in der Nachbarschaft liegen und schließlich auf der gesellschaftlichen Makroebene die Soziale-Problem-Perspektive, wonach die Kriminalitätsfurcht weniger kriminalitätsrelevante Bedrohungen reflektiere, sondern vielmehr das Ergebnis einer durch Dramatisierungen im politischen und massenmedialen Diskurs verursachten Übertragung von anderen sozialen Ängsten auf das Metasymbol Kriminalität sei[17].

Auch in den nach der Wende in Ostdeutschland durchgeführten Untersuchungen konnte, wie zuvor schon in den meisten der in westlichen Ländern durchgeführten Studien, keiner dieser drei Ansätze überzeugend bestätigt werden (eine gewisse Ausnahme bildet allerdings die Soziale-Kontroll-Perspektive). Gleichwohl spielen sie vor allem – so darf man vermuten – wegen der darin enthaltenen kriminalpolitischen Orientierungen eine erhebliche Rolle in der gegenwärtigen Umbruchsdiskussion. Im Rahmen dieser Zusammenfassung möchte ich nur auf die Soziale-Problem-Perspektive etwas näher eingehen, da diese zum einen von fast allen Teilnehmern als Erklärung favorisiert wurde und sich zum anderen (auch) hieran zeigen läßt, daß man einem Verständnis des komplexen Phänomens Kriminalitätsfurcht nur mit differenzierteren Überlegungen näher kommen kann.

Schon auf theoretischer Ebene könnte man gegen die Übertragungsannahme der Soziale-Problem-Perspektive einwenden, daß die in politischen und massenmedialen Kommunikationszusammenhängen konstruierten und vor allem für deren Selbstreproduktion relevanten Kriminalitätsbilder keine unmittelbare Bedeutung für die nach (gänzlich) anderen strukturellen Vorgaben erfolgende Regulierung und Verarbeitung äußerer Gefahrwahrnehmungen in psychischen Systemen hat. Dem entspricht zum Beispiel ein Standardergebnis der Medienwirkungsforschung, daß Medienberichte nämlich bestenfalls eine Agenda-Setting- und Verstärker-, aber kaum eine Verursacherfunktion haben (Schenk 1987).

Auch empirisch erwiesen sich diese Annahmen bislang als weniger tragfähig, als man dies wegen der in Zeiten gesellschaftlicher Umbrüche verstärkt auftretenden Verunsicherungen erwarten konnte. So deuten hinsichtlich der Kriminalitätsberichterstattung die Forschungsbefunde bereits seit längerem darauf hin, daß diese allenfalls eine differentielle Wirkung auf personale Kriminalitätseinstellungen zu entfalten vermag. Ein positiver Zusammenhang zwischen Medienkonsum und Kriminalitätsfurcht ist demnach weniger bei den zumeist sensationsorientiert aufgemachten Berichten über überregionale Ereignisse, sondern vielmehr dann zu erwarten, wenn

---

17 Ausführlicher zu den einzelnen Erklärungsansätzen, Boers (1991, S. 40 ff.); mit Blick auf den sozialen Umbruch in Deutschland, Boers und Kurz (1997).

die persönliche, soziale oder räumliche Situation der Leser tangiert wird (sog. „lokale Medien", Heath 1984, S. 69). Solche Erkenntnisse wurden freilich vor dem Hintergrund „normaler" Alltagswelten in westlichen Gesellschaften mit an Form und Inhalt massenmedialer Berichterstattung gewöhnten Bevölkerungen gewonnen. Sie mögen in der Übergangszeit eines sozialen Umbruchs weniger Gültigkeit besitzen, weil die neuen Medien, die bald nach der Wende im großen Stil Ereignisse zu vermarkten begannen, über die vorher kaum berichtet werden durfte, als realitätsnäher als die alten Staats- und Parteimedien empfunden wurden[18]. Unabhängig davon, wie sich die Wirkung der Kriminalitätsberichterstattung auf persönliche Einstellungen im einzelnen gestaltet, spielen die Massenmedien natürlich eine bedeutende Rolle im politischen Kriminalitätsdiskurs. Was für die Medien vor allem marktwerte Information ist, wird von Politikern, Verwaltungen oder der Polizei als faktischer Anhaltspunkt für politischen und administrativen Handlungsbedarf und entsprechende Programme aufgefaßt. Solche Programme haben dann wiederum einen Medienwert in der nächsten Runde des Diskurses, der mit der Schlagzeile überschrieben ist: Was tun unsere Politiker gegen die Kriminalitätswelle? Sebastian Scheerer (1978) hat dies den politisch-publizistischen Verstärkerkreislauf genannt.

Schließlich lassen sich – zum Beispiel in unseren ost-west-deutschen Befragungen – die vermuteten Zusammenhänge zwischen sozialen Ängsten und Kriminalitätsängsten zwar beobachten, letztlich allerdings nur auf bivariatem Analysenniveau. Schon Faktorenanalysen deuten darauf hin, daß die Befragten in Ost- (und West-) Deutschland zwischen Kriminalitäts- und anderen sozialen Problemen in der Regel gut unterscheiden konnten (und eben keine leicht manipulierbaren „Reaktionsdeppen" sind). Denn diejenigen, die über die Arbeitslosigkeit, die Rentensicherung, den Zustand der Umwelt, Asylbewerber, den Verlust der Wohnung oder des Zusammengehörigkeitsgefühls beunruhigt waren, fürchteten sich nicht notwendigerweise auch vor Gewalt- oder Sexualdelikten[19]. Zudem erwiesen sich die signifikanten bivariaten Zusammen-

---

18 Man wird eine solche „Umbruchswirkung" der „neuen" Medien vor allem für die ersten ein bis zwei Jahre nach der Wende vermuten dürfen. Leider wurden in dieser Zeit keine Fragen zum Konsum von Kriminalitätsberichten gestellt. Und im Sommer 1993 war ein solcher „Ostmedieneffekt" empirisch kaum noch feststellbar. Insgesamt bestand damals zwischen verschiedenen Formen des Konsums von Kriminalitätsberichten und personalen Kriminalitätseinstellungen kaum ein signifikanter Zusammenhang. Lediglich im Osten äußerten diejenigen, die angaben, sehr häufig Kriminalitätsberichte in der Tagespresse zu lesen oder die Fernsehsendung „Aktenzeichen XY ... ungelöst" zu sehen, etwas mehr Kriminalitätsfurcht als andere Befragte. Allerdings konnte zwischen lokalen und überregionalen Kriminalitätsberichten nicht unterschieden werden.
19 Schon auf univariater Ebene war festzustellen, daß die Beunruhigung über soziale, wirtschaftliche oder politische Probleme, sowohl 1991 als auch 1993 und 1995, weit stärker ausgeprägt war als die auf die eigene Person und das Wohnviertel bezogene Kriminalitätsfurcht. Zu letzterem gehören auch Kriminalitätsphänomene, die in aller Regel keine persönliche Bedrohung, sondern vielmehr ein staatliches oder gesellschaftliches Problem signalisieren, wie z.B. die organisierte Kri-

hänge in weitergehenden multivariaten Analysen überwiegend als Scheinkorrelationen. Immerhin ergab sich ein indirekter Zusammenhang zwischen der Beunruhigung über soziale Probleme und der Kriminalitätsfurcht im Rahmen eines Interaktionseffektes *(soziale Desorganisation des Wohnviertels * Beunruhigung über soziale Probleme)*. Die Beunruhigung über sozio-ökonomische Probleme stand demnach nur dann mit der Kriminalitätsfurcht (zumal vor Gewalt- und Sexualdelikten) in einem Zusammenhang, wenn sie mit der Wahrnehmung von Zeichen sozialer Desorganisation im Wohnviertel verbunden waren. Ähnliche, aber schwächere Effekte ergaben sich auch hinsichtlich der Beunruhigung über politische Probleme, nicht jedoch für familiäre Probleme sowie für die allgemeine Unzufriedenheit (Boers und Kurz 1997).

Die, wenn man denn so will, Versuche zur Invisibilisierung von Umbruchsparadoxien durch die Mobilisierung von Kriminalitätsfurcht scheinen mithin, zumindest mit Blick auf die politische Kommunikation, nicht sonderlich gut zu gelingen: Die Kriminalitätsopfer äußern kaum mehr Furcht als andere (Boers 1995a) und die Betroffenen meinen offenbar auch spezifische Formen von Kriminalität, wenn sie eine entsprechende Furcht artikulieren.

Im Kontext des sozialen Umbruchs lassen sich somit vor allem zwei Phänomene beobachten: Zum einen hängen erhebliche Steigerungen der Kriminalitätsfurcht offenbar nicht mit dem absoluten Kriminalitätsniveau, möglicherweise aber mit einem sprunghaften Anstieg der (Gewalt-)Kriminalität zusammen. Demnach wird beispielsweise das höhere Niveau der Kriminalitätsfurcht in Ostdeutschland darauf beruhen, daß der nach der Wende erfolgte Kriminalitätsanstieg sowie das Bekanntwerden von bislang ungewohnten Phänomenen schwerer Kriminalität als qualitative Änderungen der persönlichen Sicherheitslage empfunden werden. Zum anderen könnte der Rückgang der Furcht in den Metropolen dahingehend interpretiert werden, daß ein anfängliches Erschrecken über die neue Kriminalitätssituation bereits selbstregulativen Anpassungs- und Relativierungsprozessen gewichen ist, Prozessen also, die sich weitgehend unabhängig von Steuerungsversuchen durch präventive Maßnahmen entwickeln.

6 Kriminalprävention

Damit wären wir beim letzten Punkt dieses Resümees angelangt. Die gängigen Vorstellungen über die Kriminalprävention setzen zunächst einmal die Möglichkeit einer positiven Prognose kriminalitätsrelevanter Entwicklungen voraus: Aufgrund der Kenntnis bestimmter Kriminalitätsursachen sollen künftige Ereignisse vorhergesehen und entsprechende vorbeugende Maßnahmen ergriffen werden können. Vor dem Hintergrund der bereits erwähnten Probleme hinsichtlich einer kausalen Modellierung

---

minalität, die Korruption oder – ganz allgemein – „die Kriminalitätsentwicklung" (soziale Kriminalitätseinstellungen).

sowie der Steuerbarkeit sozialer Prozesse sind solche Vorstellungen – so schön es auch wäre, sollten sie sich empirisch bestätigen – zu positivistisch, und das heißt hier vor allem: zu unterkomplex, um als Grundlage für kriminalpräventive Überlegungen dienen zu können. Differenziert man die präventionsrelevanten Bereiche nach den drei bereits erwähnten sozialwissenschaftlichen Forschungsebenen – dies geschieht in einer gewissen Analogie zu der bekannten Unterscheidung zwischen primärer, sekundärer und tertiärer Prävention (Kube 1987) –, dann ist auf der *individuellen Ebene* eine einigermaßen verläßliche Prognose künftigen Verhaltens nicht möglich. Darauf deuten jedenfalls die Ergebnisse der seit den vierziger Jahren vor allem in den Vereinigten Staaten mit großem Aufwand durchgeführten Täterstudien hin (zusammenfassend Albrecht 1990; Kühl und Schumann 1989). Können mithin positiv keine zuverlässigen Feststellungen getroffen werden, dann könnte man freilich zumindest versuchen, im Wege eines negativen Ausschlusses Aussagen über das zu machen, was „nicht geht"[20]. Dies dürfte vor allem für die Entwicklung präventiver Maßnahmen im *mikro- und makrosozialen* Bereich von Bedeutung sein. Denn hier sind strukturale Kontextanalysen am ehesten möglich; symmetrische Analysen also, die den Gesamtzusammenhang sozialer, ökonomischer, politischer, polizeilicher, justizieller und architektonischer sowie situativer Bedingungen von Nachbarschaften, Gemeinden, Regionen beziehungsweise Gesellschaften im Auge behalten und den Blick nicht auf Ursache-Wirkungs-Beziehungen zwischen singulären Ereignisse (wie zum Beispiel. die Gewalt- oder Drogenkriminalität oder die Kriminalitätsfurcht) verengen. Um eine analytisch erforderliche Reduktion von Komplexität zu erreichen, müßten solche Modelle von (distinkten) theoretischen Überlegungen getragen werden, die sich wiederum im Verlauf der Analyse und angesichts praktischer Erfahrungen weiter ausdifferenzieren würden.

Die in diesem Bereich seit einiger Zeit am meisten diskutierten Strategien werden unter dem Begriff kommunale Kriminalprävention zusammengefaßt. Es geht dabei im wesentlichen darum, die Bewohner eines Wohnviertels in die Kriminalitätsverhütung einzubinden. Ursprünglich, das heißt vor allem in den Vereinigten Staaten, wurde dies im Rahmen der vornehmlich an sozialen Problemen ausgerichteten Aktivitäten von bereits bestehenden Nachbarschaftsorganisationen versucht. Heute steht die kommunale Polizeiarbeit im Mittelpunkt. Damit wird einerseits versucht, die polizeiliche Arbeit bürgernäher zu gestalten, andererseits sollen die Bürger zur Teilnahme an Aktivitäten der Kriminalitätsvorbeugung motiviert werden. Die häufigsten Maßnahmen und Tätigkeiten sind verstärkte polizeiliche Fußstreifen (gelegentlich auch Bürgerpatrouillen), polizeiliche Beratungsstellen, Informationsbriefe sowie die Durchführung von Bürgerversammlungen. Vornehmlich in den USA spielen neben diesen bürgernahen auch repressive Taktiken des Community Policing eine große Rolle. Durch die

---

20 Abgesehen von den bereits erwähnten Überlegungen einer konstruktivistischen Epistemologie, könnte man sich hierbei auch schon an das kritisch-rationalistische Prinzip der Falsifizierbarkeit anlehnen (Popper 1994 [1934], S. 47).

konsequente „Entfernung" von „Ordnungsstörern" („Disorderly People" wie Drogen- und Alkoholkonsumenten, bettelnde Personen, herumstehende Gruppen von Jugendlichen) aus dem öffentlichen Raum soll „Order Maintenance" gewährleistet werden.

Vor allem in Europa existieren eine ganze Reihe sogenannter kriminalpräventiver Räte, bei denen über das Gesagte hinaus auch die sozialstrukturelle Seite der Kriminalprävention im Mittelpunkt der Überlegungen steht. Ein solcher Rat setzt sich in der Regel aus Vertretern von Behörden (Bürgermeisteramt, Sozial- und Jugendbehörde, Polizei) sowie von privaten Vereinen und Initiativen zusammen.

Die Ergebnisse methodisch verläßlicher Begleitforschungen – diese wurden überwiegend in den Vereinigten Staaten und in Großbritannien durchgeführt – deuten bislang darauf hin, daß durch die verschiedenen kriminalitätsorientierten Maßnahmen der kommunalen Kriminalprävention keine wesentlichen, insbesondere keine längerfristigen Änderungen im Ausmaß der Kriminalität oder der Kriminalitätsfurcht erreicht werden konnten. Im Rahmen von Community Policing-Projekten konnte allerdings eine Verbesserung des Vertrauensverhältnisses zwischen Bürgern und Polizei beobachtet werden; durch die kommunale Polizeiarbeit können also immerhin polizeiliche Akzeptanz- und Imageprobleme verringert werden. Bei all diesen Ansätzen muß jedoch bedenklich stimmen, daß positive Effekte zumeist nur in Mittelschichtvierteln erreicht wurden, nicht jedoch in überwiegend von Afro-Amerikanern oder ethnischen Minderheiten bewohnten Unterschichtvierteln (zusammenfassend Boers 1995b sowie Becker et al. 1996; in der Einschätzung optimistischer: Feltes 1996). Freilich sind diese Befunde, da die USA staatlich, gesellschaftlich und kulturell zum Teil ganz anders strukturiert sind, nur sehr bedingt auf (kontinental)europäische Verhältnisse übertragbar. Erinnert sei hier nur an die weit größere soziale und ökonomische Heterogenität sowie an die Tatsache, daß die Vereinigten Staaten nicht sozialstaatlich mit einer ausdifferenzierten Leistungsverwaltung organisiert sind. Die amerikanische Polizei ist deshalb – weit stärker als europäische Polizeien – in vielerlei sozialen Konflikten der einzige öffentliche Ansprechpartner. Umso bemerkenswerter mag es dann aber sein, daß sich selbst in den Vereinigten Staaten die kommunale Prävention bislang nicht als erfolgreicher erwiesen hat. Man könnte allerdings auch vermuten, daß gerade dort die Erkenntnis verbreitet ist, daß man mit einer „one-issue"-, also auf die Kriminalität konzentrierten Agenda nicht weiterkommt, die Polizei mit anderen Worten die wirtschaftlichen und sozialen Probleme der betroffenen Nachbarschaften nicht lösen kann. Insofern erscheint der – soweit ich sehen kann – vor allem in Frankreich und Deutschland favorisierte Gedanke einer „sozialen Kriminalprävention" dem sozialen Charakter der Kriminalität sowie der komplexen Struktur moderner Gesellschaften angemessener. Man ist versucht, zu sagen: Wenn überhaupt kommunale Kriminalprävention, dann als soziale Kriminalprävention.

Gleichwohl wird man abschließend einen zentralen theoretischen Einwand gegen alle kommunalen Präventionsbemühungen zu beachten haben. Diese Programme basieren auf Gemeinschaftsvorstellungen, also darauf, daß ein Netzwerk informeller sozialer Beziehungen, gegenseitigen Vertrauens und Aufeinanderangewiesenseins in Nachbarschaften existiert bzw. wiederherstellbar ist. Vor dem Hintergrund der Individualisierungsprozesse in den vor allem urbanen Regionen moderner Gesellschaften könnte sich dies als die „Geburtsillusion" solcher Präventionsprogramme erweisen. Deren (kurzfristige) Funktion bestünde dann überwiegend in der selbstreferentiellen Agenda- und Legitimationsbeschaffung des „Offiziellen" (also für staatliche Institutionen sowie für die unter Mitgliederverlust leidenden traditionellen Parteien, Verbände und Vereine)[21].

Damit sind wir am Ende über die „praktische" Präventionsfrage zu unserem eher theoretischen Ausgangspunkt zurückgekehrt: Was kann man anhand der Entwicklungen im sozialen Umbruch über die sozialen Dimensionen und Funktionen der Kriminalität in modernen Gesellschaften erfahren? Für viele Politiker und Praktiker wird das hier Zusammengetragene angesichts des Erfordernisses (individual-)präventiver Prognosen, wie es sich z.B. in der Strafverfolgungspraxis tagtäglich stellt, oder angesichts des den politischen Diskurs dominierenden Bedürfnisses nach „greifbaren Ergebnissen", freilich mehr oder weniger unbefriedigend sein.

Wenn es allerdings stimmt, daß „Kriminalität" ein Risiko der gesellschaftlichen Modernisierung ist, dann wird man die desintegrativen wie integrativen Funktionen der damit im Zusammenhang stehenden individuellen Verhaltensweisen wie gesellschaftlichen Diskurse ebenso zu akzeptieren haben wie die Tatsache, daß das komplexe soziale Phänomen „Kriminalität" durch andere soziale Systeme, Akteure oder Institutionen allenfalls im Rahmen mittel- bis langfristiger Prozesse zu irritieren ist, sich jedoch gegenüber „einfachen Wahrheiten" sowie Bedürfnissen nach kurzfristigen Lösungen indifferent verhält. Und dabei wird man letztlich immer wieder eine nun schon alte Beobachtung machen können, daß nämlich mit dem Begriff „Kriminalität" nicht nur soziale Probleme, sondern gleichzeitig auch soziale „Lösungen" gekennzeichnet werden.

Literatur

Albrecht, G. (1990): Möglichkeiten und Grenzen der Prognose. In: DVJJ (Hrsg.): Mehrfach Auffällige – Mehrfach Betroffene. Schriftenreihe der DVJJ, Band 18. Bonn: Forum, 99–116.

Albrecht, G./Howe, C.-W. (1992): Soziale Schicht und Delinquenz. Verwischte Spuren oder falsche Fährte? Kölner Zeitschrift für Soziologie und Sozialpsychologie 44, 697–730.

Beck, U. (1986): Risikogesellschaft. Auf dem Weg in eine andere Moderne. Frankfurt a.M.: Suhrkamp.

---

21 Vor allem Ericson et al. (1993) haben ausführlichere Überlegungen zur „kommunalen" Prävention in sich individualisierenden modernen Gesellschaften unter dem Begriff „Communications Policing" entwickelt. Danach wird die Funktion der Polizei in Zukunft vor allem darin bestehen, Informationen über die (Un)Sicherheitslage zu sammeln und den Bürgern zur Verfügung zu stellen. Diese werden dann zu entscheiden haben, ob und um welche Maßnahmen sie auf dem „Sicherheitsmarkt" nachfragen (einem Markt, auf dem die Polizei zukünftig stärker als bisher unter den Konkurrenzdruck privater Anbieter geraten kann).

Becker, H. S. (1981) [1963]: Außenseiter. Zur Soziologie abweichenden Verhaltens. Frankfurt: Fischer.

Becker, M./Boers, K./Kurz, P. (1996): Kriminalitätsfurcht und Prävention im sozialen Nahbereich. In: Kube, E./Schneider, H./Stock, J. (Hrsg.): Kommunale Kriminalprävention in Theorie und Praxis. Lübeck: Schmidt-Röhmhild.

Becker, U./Becker, H./Ruhland, W. (1992): Zwischen Angst und Aufbruch. Das Lebensgefühl der Deutschen in Ost und West nach der Wiedervereinigung. Düsseldorf, Wien, New York, Moskau: Econ.

Beste, H. (1995): Organisierte Kriminalität - soziale, politische und ökonomische Dimension. Neue Kriminalpolitik 7, Heft 3, 30-33.

Blankenburg, E. (1975): Empirische Rechtssoziologie. München: Piper.

Boers, K. (1991): Kriminalitätsfurcht. Über den Entstehungszusammenhang und die Folgen eines sozialen Problems. Pfaffenweiler: Centaurus.

Boers, K. (1993): Kriminalitätsfurcht. Ein Beitrag zum Verständnis eines sozialen Problems. Monatsschrift für Kriminologie und Strafrechtsreform 76, 65-82.

Boers, K. (1995): Sozialer Umbruch, Modernisierung und Kriminalität. In: Peters, H. (Hrsg.): Wandel von Abweichung und Kontrolle im vereinigten Deutschland. Soziale Probleme 6, Heft 2.

Boers, K. (1995a): Kriminalitätseinstellungen und Opfererfahrungen. In: Kaiser, G./Jehle, J.-M. (Hrsg.): Kriminologische Opferforschung. Neue Perspektiven und Erkenntnisse. Teilband 2: Verbrechensfurcht und Opferwerdung. Heidelberg: Kriminalistik, 3-36.

Boers, K. (1995b): Ravensburg ist nicht Washington. Einige Anmerkungen zum Beitrag von Thomas Feltes und Heike Gramckow. Neue Kriminalpolitik 7, Heft 1, 16-21.

Boers, K. (1996): Sozialer Umbruch und Kriminalität in Deutschland. Monatsschrift für Kriminologie und Strafrechtsreform 79, 314–337.

Boers, K./Kurz, P. (1997): Kriminalitätseinstellungen und Sozialer Umbruch. In: Boers, K./Gutsche, G./Sessar, K. (Hrsg.): Sozialer Umbruch und Kriminalität in Deutschland. Opladen: Westdeutscher Verlag, 187–253.

Bundesministerium des Innern. (1995): Verfassungsschutzbericht 1994. Bonn.

Clausen, L. (Hrsg.). (1996): Gesellschaften im Umbruch. Verhandlungen des 27. Kongresses der Deutschen Gesellschaft für Soziologie in Halle an der Saale. Frankfurt a. M.: Campus.

Cohen, L./Felson, M. (1979): Social change and crime rate trends: A routine activity approach. American Sociological Review 44, 588-608.

Durkheim, E. (1984) [1895]: Die Regeln der soziologischen Methode. Frankfurt: Suhrkamp.

Eisner, M. (1995): The effects of economic structures and phases of development on crime. In: Council of Europe (Hrsg.): Crime and economy. Proceedings 11th Criminological colloquium (1994). Strasbourg: Council of Europe, 13-51.

Elias, N. (1976): Über den Prozeß der Zivilisation. Band 2: Wandlungen der Gesellschaft. Entwurf einer Theorie der Zivilisation. 2. Auflage. Frankfurt a. M.: Suhrkamp.

Ericson, R./Haggerty, K./Carriere, K. (1993): Community Policing as communications Policing. In: Dölling, D., Feltes, T. (Eds.). Community Policing - Comparative aspects of community oriented police work. Holzkirchen/Obb.: Felix, 41–70.

Farrington, D. (1994): Human Development and Criminal Careers. In: Maguire, M./Morgan, R./Reiner, R. (Eds.): The Oxford Handbook of Criminology. Oxford: Clarendon Press, 511-584.

Feltes, T. (1996): Bürgernahe Polizeiarbeit - neuer Wein in alten Schläuchen? Anmerkungen zur Frage, ob bürgernahe Polizeiarbeit Konsequenzen für Organisation und Struktur der Polizei haben muß.

In: Hammerschick, W./Karazman-Morawetz, I./Stangl, W. (Hrsg.): Die sichere Stadt. Prävention und kommunale Sicherheitspolitik. Baden-Baden: Nomos, 125-148.

Frehsee, D. (1995): Sozialer Wandel und Jugendkriminalität. DVJJ-Journal 6, 269-278.

Fürstenberg, F. (1995): Deutschlands Wirtschaft nach der Wende. In: Hettlage, R./Lenz, K. (Hrsg.): Deutschland nach der Wende. Eine Bilanz. München: Beck, 93-115.

Gutsche, G. (1994): Der gesellschaftliche Transformationsprozeß in Ostdeutschland aus der Sicht der kriminologischen Forschung - Gedanken zu einem Forschungsdesign. In: Boers, K./Ewald, U./Kerner, H.-J./Lautsch, E./Sessar, K. (Hrsg.): Sozialer Umbruch und Kriminalität. Ergebnisse einer Kriminalitätsbefragung in den neuen Bundesländern. Bonn: Forum, 171-214.

Habermas, J. (1990): Die nachholende Revolution. Frankfurt a. M.: Suhrkamp.

Hagan, J. (1994): Crime and disrepute. Thousand Oaks: Pine Forge.

Hagan, J./Merkens, H./Boehnke, K. (1995): Delinquency and disdain: Social capital and the control of right-wing extremism among East and West Berlin youth. American Journal of Sociology 100, 1028-1052.

Hagan, J./Peterson, R. D. (1995): Crime and Inequality. Stanford, California: University Press.

Hale, C./Sabbagh, D. (1991): Testing the relationship between unemployment and crime: A methodological comment and empirical analysis using time series data from England and Wales. Journal of Research in Crime and Delinquency 28, 400-417.

Hanak, G./Stehr, J./Steinert, H. (1989): Ärgernisse und Lebenskatastrophen. Über den alltäglichen Umgang mit Kriminalität. Bielefeld: AJZ.

Hanesch, W. u.a. (1994): Armut in Deutschland. Reinbek: Rowohlt.

Heath, L. (1984): Impact of newspaper crime reports on fear of crime: Multimethodological investigation. Journal of Personality and Social Psychology 47, 263-276.

Heitmeyer, W. (1994): Das Desintegrations-Theorem. Ein Erklärungsansatz zu fremdenfeindlich motivierter, rechtsextremistischer Gewalt und zur Lähmung gesellschaftlicher Institutionen. In: Heitmeyer, W. (Hrsg.): Das Gewalt-Dilemma. Frankfurt: Suhrkamp, 29-72.

Heitmeyer, W. (1995): Buchbesprechung W. Kowalski u.a.: Rechtsextremismus. Jaschke, H.-G.: Rechtsextremismus und Fremdenfeindlichkeit. Kölner Zeitschrift für Soziologie und Sozialpsychologie 47, 795-796.

Heitmeyer, W. u.a. (1995): Gewalt. Schattenseiten der Individualisierung bei Jugendlichen aus unterschiedlichen Milieus. Weinheim, München: Juventa.

Hess, H. (1970): Mafia. Zentrale Herrschaft und lokale Gegenmacht. Tübingen: Mohr.

Hess, H. (1994): Para-Staat und Abenteuerkapitalismus. Die sizilianische Mafia 1943-1993. Kritische Justiz 27, 23-41.

Hettlage, R./Lenz, K. (Hrsg.) (1995): Deutschland nach der Wende. Eine Bilanz. München: Beck.

Hindelang, M. J./Gottfredson, M. R. (1976): The victim's decision not to invoke the criminal justice process. In: McDonald, W. F. (Ed.): Criminal justice and the victim. Beverly Hills, London: Sage, 57-78.

Hradil, S. (1992): Alte Begriffe und neue Strukturen. Die Milieu-, Subkultur- und Lebensstilforschung der 80er Jahre. In: Hradil, S. (Hrsg.): Zwischen Bewußtsein und Sein. Opladen: Leske u. Budrich, 15-56.

Joas, H./Kohli, M. (1993): Der Zusammenbruch der DDR. Fragen und Thesen. In: Joas, H./Kohli, M. (Hrsg.): Der Zusammenbruch der DDR. Frankfurt: Suhrkamp, 7-28.

Karstedt, S. (1996): Soziale Ungleichheit und Kriminalität - zurück in die Zukunft? In: Bussmann, K.-D./Kreissl, R. (Hrsg.): Kritische Kriminologie in der Diskussion. Opladen: Westdeutscher Verlag, 45-72.

Kerner, H.-J. (1995): Organisierte Kriminalität: Realitäten und Konstruktionen. Neue Kriminalpolitik 7, Heft 3, 34-36.

Klein, D. (1994): Doppelte Modernisierung im Osten. Illusion oder Option der Geschichte. In: Brie, M./Klein, D. (Hrsg.): Umbruch zur Moderne. Hamburg: 9-34.

Korinek, L. (1988): Öffentliche Strafeinstellungen in Pecs und Hamburg im Vergleich. Hamburg: Vortrag für den 10. Internationalen Kongreß für Kriminologie.

Kraushaar, W. (1994): Extremismus der Mitte. Zur Geschichte einer soziologischen und sozialhistorischen Interpretationsfigur. In: Lohmann, H.-M. (Hrsg.): Extremismus der Mitte. Vom rechten Verständnis deutscher Nation. Frankfurt am Main: Fischer Taschenbuch Verlag, 23-50.

Kube, E. (1987): Systematische Kriminalprävention. Ein strategisches Konzept mit praktischen Beispielen. 2. Auflage. Wiesbaden: Bundeskriminalamt.

Kühl, J./Schumann, K. F. (1989): Prognosen im Strafrecht – Probleme der Methodologie und Legitimation. Recht und Psychiatrie 7, 126-148.

Kunz, K.-L. (1994): Kriminologie. Eine Grundlegung. Bern, Stuttgart, Wien: Haupt.

Lekschas, J./Harrland, H./Hartmann, R./Lehmann, G. (1983): Kriminologie. Theoretische Grundlagen und Analysen. Berlin: Staatsverlag der Deutschen Demokratischen Republik.

Leyendecker, H./Rickelmann, R./Bönisch, G. (1992): Mafia im Staat. Deutschland fällt unter die Räuber. Göttingen: Steidl.

Luhmann, N. (1970): Funktionale Methode und Systemtheorie. In: Luhmann, N.: Soziologische Aufklärung 1. Aufsätze zur Theorie sozialer Systeme. Opladen: Westdeutscher Verlag, 31-53.

Luhmann, N. (1970a): Funktion und Kausalität. In: Luhmann, N. Soziologische Aufklärung 1. Aufsätze zur Theorie sozialer Systeme. Opladen: Westdeutscher Verlag, 9-30.

Luhmann, N. (1992): Kontingenz als Eigenwert der modernen Gesellschaft. In: Luhmann, N. (Hrsg.): Beobachtungen der Moderne. Opladen: Westdeutscher Verlag, 93-128.

Luhmann, N. (1993): Was ist der Fall, was steckt dahinter? Die zwei Soziologien und die Gesellschaftstheorie. Zeitschrift für Soziologie 22, 245-260.

Luhmann, N. (1995): Jenseits von Barbarei. In ders. Gesellschaftsstruktur und Semantik: Studien zur Wissenssoziologie der modernen Gesellschaft. Frankfurt a.M.: Suhrkamp, 138-151.

Luhmann, N. (1990): Die Wissenschaft der Gesellschaft. Frankfurt a.M.: Suhrkamp.

Marx, K. (1975) [1867]: Das Kapital. Kritik der politischen Ökonomie. Erster Band. Marx-Engels-Werke, Band 23. Berlin: Dietz.

Müller, H.-P. (1993): Sozialstruktur und Lebensstile. Der neuere theoretische Diskurs über soziale Ungleichheit. 2. Aufl. Frankfurt a.M.: Suhrkamp.

Müller, K. (1996): Paradigmenrevision. Folgen des osteuropäischen Wandels für die allgemeine soziologische Theorie. In: Clausen, L. (Hrsg.): Gesellschaften im Umbruch. Frankfurt a. M.: Campus: 164-178.

Offe, C. (1993): Wohlstand, Nation, Republik. Aspekte des deutschen Sonderweges vom Sozialismus zum Kapitalismus. In: Joas, H./Kohli, M. (Hrsg.): Der Zusammenbruch der DDR. Frankfurt: Suhrkamp, 282-301.

Ohlemacher, T. (1995): Eine ökologische Regressionsanalyse von Kriminalitätsziffern und Armutsraten. Fehlschluß par excellence? Kölner Zeitschrift für Soziologie und Sozialpsychologie 47, 706-726.

Parsons, T. (1964): Evolutionary universals in society. American Sociological Review 19, 339-357.

Parsons, T. (1976): Zur Theorie sozialer Systeme. Opladen: Westdeutscher Verlag.

Peters, H. (1996): Als Partisanenwissenschaft ausgedient, als Theorie aber nicht sterblich: der labelingapproach. Kriminologisches Journal 28, 107-115.

Pfahl-Traughber, A. (1993): Rechtsextremismus. Eine kritische Bestandsaufnahme nach der Wiedervereinigung. Bonn: Bouvier.

Pfeiffer, Ch./Ohlemacher, T. (1995): Anstieg der (Gewalt-)Kriminalität und der Armut junger Menschen. In: Lamnek, S. (Hrsg.): Jugend und Gewalt. Devianz und Kriminalität in Ost und West. Opladen: Leske u. Budrich, 259-276.

Popper, K. (1994) [1934]: Logik der Forschung. 10. Auflage. Tübingen: J. C. B. Mohr (Siebeck).

Raith, W. (1994): Das neue Mafia-Kartell. Wie die Syndikate den Osten erobern. Berlin: Rowohlt.

Raith, W. (1995): Organisierte Kriminalität. Reinbek b. Hamburg: Rowohlt, rororo special.

Reißig, R. (1994): Transformation – theoretisch-konzeptionelle Ansätze und Erklärungsversuche. Berliner Journal für Soziologie 4, 323-343.

Roth, J. (1995): Der Sumpf. Korruption in Deutschland. München: Piper.

Sack, F. (1972): Definition von Kriminalität als politisches Handeln: der labeling approach. Kriminologisches Journal 1, 3-31.

Sajó, A. (1990): Soziale Reaktion auf kriminelles Verhalten. Ein Vergleich von ungarischen und deutschen Meinungen. I. Bericht (Stand: Februar 1988). Arbeiten aus dem Institut für Rechts- und Sozialphilosophie, 30. Saarbrücken: Universität des Saarlandes.

Scheerer, S. (1978): Der politisch-publizistische Verstärkerkreislauf. Zur Beeinflussung der Massenmedien im Prozeß strafrechtlicher Normgenese. Kriminologisches Journal 10, 223-227.

Schenk, M. (1987): Medienwirkungsforschung. Tübingen: Mohr.

Schüler-Springorum, H. (1995): Kriminalität der Randständigen. Kriminologisches Journal 27, 162-185.

Sessar, K. (1992): Wiedergutmachen oder strafen. Einstellungen in der Bevölkerung und der Justiz. Pfaffenweiler: Centaurus.

Shelley, L. I. (1981): Crime and modernization. The impact of industrialization and urbanization on crime. Carbondale, Edwardsville: Southern Illinois University Press.

Thome, H. (1992): Gesellschaftliche Modernisierung und Kriminalität: Zum Stand der sozialhistorischen Kriminalitätsforschung. Zeitschrift für Soziologie 21, 212-228.

Tittle, C. R./Meier, R. F. (1990): Specifying the SES/Delinquency relationship. Criminology 28, 271-299.

Vester, M. u.a. (1993): Soziale Milieus im gesellschaftlichen Strukturwandel. Zwischen Integration und Ausgrenzung. Köln: Bund.

Walter, M. (1995): Von einem realen zu einem imaginären Kriminalitätsverständnis? Über den Wandel kriminologischer Blickrichtung und dessen kriminalpolitische Folgen. Zeitschrift für Strafvollzug 44, Heft 2, 67-73.

Wiegand, E. (1992): Zunahme der Ausländerfeindlichkeit? Einstellungen zu Fremden in Deutschland und Europa. ZUMA-Nachrichten 16, Nr. 31, 7-28.

Willems, H./Würtz, S./Eckert, R. (1993): Materialien zur Jugendpolitik. Fremdenfeindliche Gewalt: Eine Analyse von Täterstrukturen und Eskalationsprozessen. - Forschungsbericht. Bonn: Informationen BMFJ.

Zapf, W. (1994): Die Transformation in der ehemaligen DDR und die soziologische Theorie der Modernisierung. Berliner Journal für Soziologie 4, 295-305.

Die AutorInnen

Hans-Jörg Albrecht
Dr. jur., bis 1997 Professor für Strafrecht und Kriminologie an der Technischen Universität Dresden, seit März 1997 Direktor des Max-Planck-Instituts für ausländisches und internationales Strafrecht, Freiburg/Breisgau. Forschungen in allen relevanten Bereichen der Kriminologie und der Kriminalpolitik.

Wolfgang Bilsky
Dr. phil., Professor für Differentielle Psychologie an der Westfälischen Wilhelmsuniversität Münster. Forschungsschwerpunkte: Rechtspsychologie, Persönlichkeitspsychologie, Täter-Opfer-Ausgleich, Opferforschung, Subjektive Kriminalitätstheorien.

Klaus Boers
Dr. jur., Wissenschaftlicher Rat am Institut für Kriminologie der Universität Tübingen. Forschungsschwerpunkte: Kriminalitätseinstellungen, Sozialer Umbruch und Kriminalität in Deutschland, Kriminelle Karrieren.

Jakov Gilinskij
Dr. jur., Prof. für Soziologie abweichenden Verhaltens, Mitglied der Russischen Akademie der Wissenschaften, Abteilung Soziologie, Sankt Petersburg. Seit 1993 stellvertretender Direktor der „European University at St. Petersburg". Forschungsschwerpunkte: Kriminalitätsentwicklung in Rußland, Opferforschungen, Strafvollzug.

Jan Grajewski
Dr. jur., Professor für Strafrecht, Strafprozeßrecht und Kriminologie an der Universität Danzig. Seit 1990 Richter am Obersten Gerichtshof der Republik Polen.

Kálmán Györgyi
Dr. jur., Universitätsdozent für Strafrecht an der Eötvös-Lórand-Universität Budapest. Seit 1990 Generalstaatsanwalt der Republik Ungarn.

Martin Holler
Wissenschaftlicher Mitarbeiter am Seminar für Jugendrecht und Jugendhilfe der Universität Hamburg. Forschungsschwerpunkte: Kriminalität und sozialer Umbruch in Mittel- und Osteuropa, Kommunale Kriminalprävention.

Ferenc Irk
Dr. jur., Seit 1996 Direktor des Staatlichen Instituts für Kriminologie und Kriminalistik Budapest, Professor für Verkehrsrecht an der Polizeihochschule Budapest, Ehrenprofessor der Rechtswissenschaftlichen Fakultät der Eötvös-Lórand-Universität Budapest, Vizepräsident der Ungarischen Kriminologischen Gesellschaft, Forschungsschwerpunkte: Fahrlässigkeitskriminalität, Kriminalität und sozialer Umbruch.

László Korinek
Dr. jur., Professor für Kriminologie an der Janus-Pannonius-Universität in Pécs, Honorarkonsul der Bundesrepublik Deutschland ebenda; 1990 bis 1993 Unterstaatssekretär im ungarischen Innenministerium mit Zuständigkeit für Polizei und Grenzschutz, verantwortlicher Redakteur der Zeitschrift des Ministeriums für Innere Angelegenheiten.

Die AutorInnen

Klaus Lüderssen

Dr. jur., Professor für Strafrecht, Strafprozeß, Rechtsphilosophie und Rechtssoziologie an der Johann Wolfgang Goethe-Universität Frankfurt, Mitherausgeber der Zeitschrift „Der Strafverteidiger". Wissenschaftliche Schwerpunkte: Regierungskriminalität, Alternativen zum Strafrecht, Strafprozeßrecht, Recht und Kriminalität in der Literatur.

László Pusztai

Dr. jur., bis zu seinem Tod im Jahre 1996 Direktor des Staatlichen Instituts für Kriminologie und Kriminalistik in Budapest und Universitätsdozent für Strafrecht und Strafprozeßrecht an der Eötvös-Lórand-Universität Budapest.

Fritz Sack

Dr. rer. pol., Professor em. für Kriminologie an der Universität Hamburg, Aufbau- und Kontaktstudium Kriminologie (Postgraduierten-Studium). Wissenschaftlicher Schwerpunkt: Soziologische Auseinandersetzung mit dem Phänomen der Kriminalität und der Sozialen Kontrolle.

Klaus Sessar

Dr. jur., M.A. (Sociology), Professor für Kriminologie, Jugendstrafrecht und Strafvollzug an der Universität Hamburg, dort Direktor des Seminars für Jugendrecht und Jugendhilfe. Mitglied des Aufbau- und Kontaktstudiums Kriminologie (Postgraduierten-Studium). Forschungsschwerpunkte: Theoretische Kriminologie, Viktimologie, Alternativen zum Strafen und zum Strafrecht (Diversion, Wiedergutmachung, Täter-Opfer-Ausgleich), Kriminalprävention, Umbruch in Mittel- und Osteuropa

Istvan Szikinger

Dr. jur., Abteilungsleiter am COPI (Constitutional and Legislative Policy Institute) in Budapest. Forschungsschwerpunkt: Polizeiwissenschaften und Umbruchskriminalität.

Helena Válková

Dr. jur., Dozentin für Strafrecht und Kriminologie an der Universität Pilsen. Forschungsschwerpunkt: Jugendkriminalität

Andrea Wagner

Dipl.-Psych., Wissenschaftliche Mitarbeiterin an der Kriminologischen Forschungsstelle der Universität zu Köln. Forschungsschwerpunkte: Vergleichende Untersuchungen der Strukturen registrierter Kriminalität, empirische Polizeiforschung, Geschlechter- und Frauenforschung

Michael Walter

Dr. jur., Professor für Kriminologie und Strafrecht an der Universität zu Köln, Vorstand der Kriminologischen Forschungsstelle der Universität zu Köln. Forschungsschwerpunkte: Jugendkriminologie, Jugendrecht, Alternativen zum Strafrecht, Strafvollzug

If you have any concerns about our products,
you can contact us on
ProductSafety@springernature.com

In case Publisher is established outside the EU,
the EU authorized representative is:
**Springer Nature Customer Service Center GmbH
Europaplatz 3, 69115 Heidelberg, Germany**

Printed by Libri Plureos GmbH
in Hamburg, Germany